KB162499

북한의 학교 문법론

북한의 학교 문법론

이관규

역락

머리말

언어는 인간의 특성을 가장 잘 나타내 주는 표지라고 한다. 한반도에서 사는 한민족의 특성을 제일 잘 나타내 주는 것 역시 우리말이다. 비록 북한에서는 조선어라고 하고 남한에서는 한국어라고 하여 다른 이름을 사용하고 있으나, 이 우리말이 동일한 하나의 언어인 것은 분명하다. 다행히도 남한과 북한은 각급학교에서 '국어'라는 과목 명칭을 동일하게 사용하고 있다.

남북한의 학생들은 국어 과목에서 듣기, 말하기, 읽기, 쓰기와 같은 국어 활동 수업을 하기도 하고 문학 작품을 갖고 공부하기도 한다. 물론 남북한 학생들은 자기들이 사용하는 국어에 대하여 배우는 것을 기본으로 한다. 한국어에 대한 지식이 바로 국어 문법이다. 남한의 학교 문법에 대해서는 우리가 잘 알고 있다. 그러나 북한의 학교 문법은 과연 어떤 모습일지 그리 널리 알려져 있지가 않다. 그나마 최근 북한의 국어 교과서가 학계에 소개되어서 비록 단편적이나마 어떤 문법 내용이 교수 학습되고 있는지 그 모습을 드러내고 있다.

이 책에서는 현재 북한의 각급학교에서 교수 학습되고 있는 학교 문법에 대하여 꼼꼼하게 그 내용적인 측면에서 살피도록 한다. 현행 북한의 학교 문법은 남한의 중학교에 해당하는 초급중학교의 국어 교과서를 통해서 확인할 수 있다. 고등학교에 해당하는 고급중학교는 과목 명칭이 '국어문학'이라고 할 정도로 문법 내용을 아주 소략하게만 다루고 있고 또 초등학교에 해당하는 소학교에서는 '국어' 교과서 안에 기초적인 문법 내용만을 다루고 있다. 문제는 초급중학교 '국어' 교과서에 들어 있는 문법 내용이 활동 중심으로 제시되어 있다는 점이다. 즉 학교 문법은 이러하다고 보여 주는 게 아니라 학습자들의 학습 활동을 통해서 탐구하도록 교과서가 구성되어 있다는 것이다.

결국 북한의 현행 학교 문법을 정확히 알려면 2000년대 학교에서 사용되었던 '국어문법' 교과서 3권을 확인할 수밖에 없다. 실제로 2013년에 나온 현행 북한의 초급중학교 '국어' 교과서 안에 들어 있는 학습 활동 내의 문법 내용이 이전의 '국어문법' 교과서의 것을 전제하고 있다. 심지어는 활동 내용으로 제시된 예문들이 거의 모두 이전 문법 교과서에 나온 것들이다. '국어문법' 교과서는 사실 1996년에 초판이 나왔었는데, 2001년에 같은 내용으로 판만 바꾸어서 나온 것이다.

1980년에는 '국어' 교과서 안에 문법 내용이 통합적으로 있었으며, 좀 더 구체적인 학교 문법 내용은 '조선문화어문법규범'(1976)과 '조선문화어문법'(1979)을 통해서 확인할 수 있다. 특히 전자는 2011년에 제2판으로도 나옴으로써, 지금도 학교 문법에 영향력을 끼치고 있음을 짐작할 수 있다. 따라서 이 책에서 필자는 현재의 북한 학교 문법 내용을 살필 때 이들 책들에 나타난 것들을 참고하여 그 내용을 서술하도록 한다. 결국 이 책은 분단 이후 북한에서 학교 문법이 어떤 식으로 변화를 해 왔는지를 머릿속에 두고서 현재의 북한 학교 문법을 논해 보게 될 것이다.

우리가 북한의 학교 문법을 논한다고 하는 것은 그냥 북한의 현재 학교 문법 실태만을 알아보려고 하는 것은 결코 아니다. 당연히도 남한의 학교 문법 내용들과 비교 혹은 대조하는 방식의 서술이 될 것이다. 그 안에는 공통점도 많이 있고 차이점도 있다. 이러한 작업은 결국은 통일 시대를 준비하면서 통일 학교 문법의 모습을 그려보게 할 것이다. 어떻게 하면 남북한 학생들이 동일한 우리말에 대하여 같은 이해를 할 수 있을까, 또 그런 이해를 바탕으로 하여 충분히 소통할 수 있는 능력을 갖출 수 있을까를 항상 염두에 두게 된다.

정말 다행히도 남북한 학생들이 공부하는 과목 명칭이 '국어'로 동일하다. 비록 남북이 정치 체제는 다르지만, 동일한 언어인 우리말을 남북한 청소년들이 함께 이해하고 사용함으로 해서 동질성을 회복하는 첫 걸음이 이 책을 통해서 이루어진다면 하는 작은 소원을 가진다.

2021년 5월 5일

안암동산에서 이관규

차례

제4장 단어 ● 91

제5장 토 ● 137

제1장 서론 : 북한의 국어 교육과 학교 문법

언어는 인간의 특징을 잘 나타내 준다. 단일 민족이라고 자부하는 한민족의 언어에 대한 사랑은 무척 각별하다. 남한은 한국어라고 부르고 북한은 조선어라고 부르지만, 학생들에게 가르치는 과목으로서는 모두 '국어'라는 명칭을 사용한다. 이 책에서는 남북한의 동질성 회복의 일환으로 남북한이 함께 사용하는 '국어'에 대한 지식으로서의 문법에 대하여 다루도록 한다. 특히 남한에서 접하기 어려운 북한의 학교 문법에 대하여 2013년부터 2021년 지금도 사용되고 있는 북한의 학교 문법을 내용적인 측면에서 구체적으로 다루어보도록 하겠다.

1장에서는 북한의 국어 교육과 학교 문법 내용에 대하여 개관해 보도록 한다. 2013년에 공포된 북한의 교육과정인 '교육강령'과 각급학교에서 사용하는 국어과 교과서를 가지고 살펴보도록 한다. 2021년 현재 북한의 소학교(5년)에서는 ≪국어 1~5≫(2013~2016), 초급중학교(3년)에서는 ≪국어 1~3≫(2013~2015), 고급중학교(3년)에서는 ≪국어문학 1~3≫(2013~2015)이라는 국어과 교과서를 사용하고 있다. 각각의 교과서들은 2013년에 나온 '교육강령'을 토대로 하여 만들어졌다.

1.1. 북한의 국어 교육과 학교 문법

1.1.1. 북한의 교육강령과 국어 교육

북한은 김정은 등장 이후 2013년에 대대적인 교육 개혁을 단행하여 전반적 12년제 의무교육 제도를 실시하기 시작하였다. 이때부터 2021년 지금도 북한의 의무교육은 유치원(높은반) 1년을 포함하여 소학교 5년, 초급중학교 3년, 고급중학교 3년 도합 12년 동안 이루어진다. 이 교육강령에서는 "총적목표"를 제시하고 있는데, 그 가운데 국어과와 관련된 것으로 "국어와 문학에 대한 일반기초지식교육을 강화하여 학생들이 사회에 대한 일반지식과 그 활용능력을 갖추도록 하는것이다."라고 하면서 다음의 구체적인 내용을 제시하고 있다.

(1) 2013 교육강령의 "전반적12년제의무교육의 총적목표" 중 국어과 관련 내용(7쪽)[1]

ㄱ. 우리 말과 글을 정확히 듣고 읽고 쓰고 리해하며 표현하는 언어실천능력을 가지도록 하는것이다.

ㄴ. 론리론법에 맞게 여러가지 형태의 글을 짓고 말할수 있는 능력을 기본적으로 갖추도록 하는것이다.

ㄷ. 언어생활에 필요한 기초적인 문법지식과 그 활용능력을 키워주는것이다.

ㄹ. 문학작품을 감상하고 분석평가하여 창작할수 있는 기초적인 능력을 형성시켜주는 것이다.

북한의 '교육강령'에 나타난 국어과의 전반적 목표는 크게 세 가지로 요약된다. 언어실천능력, 기초적 문법지식과 그 활용능력, 문학작품 감상 및 창작의 기초 능력을 신장하는 것이 바로 그것이다. 이것은 사실 남한에서 표현·이해 능력, 문법 능력, 문학 능력 신장을 국어과의 목표로 하는 것과 일맥상통한

---

1) 이 책에서 제시되는 모든 인용 글은 띄어쓰기나 맞춤법이나 각종 기호를 원문 그대로 표기하도록 한다.

다고 하겠다. (1ㄱ,ㄴ)에서 보듯이 “듣고 읽고 쓰고 리해하며 표현하는 언어실천능력” 신장을 강조하는 것이 두드러져 보이며, 특히 (1ㄴ)에서 “글을 짓고 말할 수 있는 능력”에 대해서 언급하고 있는 것도 주목된다.

문법 분야와 관련하여서는 (1ㄷ)에서 보듯이 “언어생활에서 필요한 기초적인 문법지식과 그 활용능력을 키워주는것”이 중요한 목표로 되어 있다. 다시 말하면 지식을 위한 문법지식이 아니라 실제적 언어생활 능력의 고양에 주목하고 있으며, 이를 위하여 기초적인 문법지식을 교수 학습하고 그리하여 그것을 활용할 수 있는 능력을 키우도록 하고 있다.

(2) 각급학교의 ≪국어≫ 과목의 교수목적(목표)과 교수내용

ㄱ. 소학교

○ 우리 말과 글을 통하여 학생들에게 자주적인 사상의식과 김정일애국주의정신을 실어주고 다정다감한 정서를 키워주며 우리 말과 글에 대한 기초적인 지식과 초보적인 언어실천능력을 갖추어줌으로써 초급중학교 국어교육을 원만히 받을수 있는 능력을 키워주는데 있다. (교수목적, 55쪽)

○ 소학교 국어교수내용은 크게 모든 학습의 시작으로 되는 우리 글자교육단계(1학년)와 우리 말과 글에 대한 기초지식과 언어실천능력을 키워주는 단계(2~5학년)로 나누어 구성한다. (교수내용, 56쪽)

ㄴ. 초급중학교

○ 우리 말과 글에 대한 지식을 습득시키고 언어실천능력을 키워주며 언어행위와 언어문화에 대한 옳바른 관점과 태도를 키워주는것이다. (교수목표)

○ 우리 말과 글에 대한 지식교육 내용/ 언어실천능력교육의 내용 (교수내용)

ㄷ. 고급중학교

○ 초급중학교단계에서 기본적으로 키워진 언어능력을 완성시켜주고 문학일반에 대한 기초적인 지식과 문학작품분석 및 감상능력을 일정한 정도로 갖추어주며 언어행위와 언어문화에 대한 옳은 관점과

태도, 문학에 대한 관심성을 키워주는것이다. (교수목표)

○ 고급중학교 국어문학교수내용은 초급중학교에서 기본적으로 갖추어진 언어능력을 완성시켜주고 문학일반에 대한 기초적인 지식과 능력을 일정하게 키워주도록 구성한다. (교수내용)

(2)는 북한의 교육강령에 나타난 국어과의 교수목표(소학교는 '교수목적')와 교수내용의 일부이다. (2ㄱ) 소학교에서는 "사상의식과 김정일애국주의정신을 심어 주고", "우리 말과 글에 대한 기초적 지식과 초보적인 언어실천능력을 갖추"게 하는 데 교수목적이 있고, 실제적 교수내용에서도 "글자교육단계(1학년)와 우리 말과 글에 대한 기초지식과 언어실천능력을 키워주는 단계(2~5학년)"가 들어가 있다. 소학교에서는 문학 능력에 대한 표현은 나오지 않는다. (2ㄴ) 초급중학교에서는 교수목표나 교수내용에서 공히 "우리 말과 글에 대한 지식과 언어실천능력" 신장을 언급하며, 특히 "언어행위와 언어문화에 대한 옳바른 관점과 태도를 키워주는것"을 담고 있다. 마지막 (2ㄷ) 고급중학교에서는 뒤(1.2.)에서 다루겠지만 ≪국어문학≫ 교과서만을 교수 학습하는데, 대부분 문학에 관한 내용을 다룬다. 즉 "문학일반에 대한 기초적인 지식과 문학작품분석 및 감상능력" 신장을 교수목표로 하고 있다.

요컨대 소학교에서는 표현·이해와 문법을 다루고, 초급중학교에서는 표현·이해와 문법 및 "언어문화"를 다룬다. 이에 비해 남한의 고등학교에 해당하는 고급중학교에서는 주로 문학만을 다루게 된다.[2] 그런데 실제 고급중학교의 ≪국어문

---

2) 그렇다고 해서 고급중학교에서 무조건 문학만을 다룬다는 것은 아니다. '교수내용'에서는 크게 "지식교육내용"과 "능력교육의 내용"을 다룬다고 했는데, 다음과 같은 구체적인 내용을 보면 이를 알 수 있다.

○ 지식교육내용

- 초급중학교에서 습득한 우리 말과 글에 대한 지식을 련습과정과 언어실천속에서 더욱 공고히 다지도록 련습교수내용수준을 더욱 높여 구성한다.
- 문학일반에 대한 지식은 해당 글(작품)과의 긴밀한 련계밑에 학생들 스스로가 인식하고 활용하도록, 리론적지식습득과 분석능력이 하나의 덩어리로 키워지도록 구성한다.

○ 능력교육의 내용

학 1~3≫ 교과서는 물론이고 소학교와 초급중학교의 ≪국어 1~3≫ 교과서에서 제시되는 본문은 대부분 문학작품으로 이루어져 있어서 북한 국어 교육에서 문학이 얼마나 중요하게 다루어지는지 알 수가 있다. 북한에서는 "문학은 사람들에 대한 정치사상교육과 생활인식의 힘있는 무기로 될뿐아니라 문화정서교양의 좋은 수단으로 된다."라고 보기 때문이다(≪국어문학 1≫(2013) 머리말).

1.1.2. 북한의 교육강령과 학교 문법

북한은 광복 직후 여러 과목 수업 가운데 50% 내외를 차지할 정도로 국어과의 중요도가 무척 높았다. 2021년 현재는 소학교의 경우 27% 남짓 차지하고 있는데, 이는 국어과의 위상이 다른 교과보다 높은 수치이다.[3] 여기서는 2013 교육강령에 나타난 국어과의 현황을 살피면서 특히 문법 교육의 위상을 검토해 보도록 한다.

(3) 북한 각급학교의 국어과 내용 영역

	소학교	초급중학교	고급중학교
영역	① 글자교육		
	② 읽기 및 쓰기 교육	② 읽기능력(글읽기, 독해)	② 읽기능력(독해)
	③ 듣기교육	① 듣기	① 듣기능력
	④ 말하기교육	③ 말하기능력	③ 말하기능력
	⑤ 글짓기교육	④ 글짓기능력	④ 글짓기능력
	⑥ 글씨쓰기교육		
	⑦ 기초원리지식교육	⑤ 기초원리지식	⑤ 기초원리지식

언어실천능력교육을 매 분야에 따르는 내용들을 다 포함시켜 듣기, 말하기, 읽기, 글짓기로 나누어 그 능력들이 더욱 공고히 다져지도록 하며 이 과정에 문학 작품분석 및 감상능력이 함께 키워지도록 구성한다.

3) 이관규(2021ㄴ)에서는 북한의 국어 교육 변천을 논하면서 각 시기별 국어 교육의 위상에 대해서 제시하고 있다. 현행 2013년 교육강령에 따른 국어과의 위상은 소학교는 27.5%, 중학교(초급 및 고급)는 11.7%를 차지하고 있다. 이것은 다른 과목에 비해서 높은 수치이다.

(3)에서 보다시피, 북한은 소학교 1학년 때 ① 글자교육과 ⑥ 글씨쓰기교육을 집중적으로 실시한다. 우리 글 자모(40개)와 받침글자(27개)를 가르치는데, 이름, 모양, 구성원리, 필순 등을 다루며, 단어나 문장 속에서 글자를 읽고 쓰는 것을 가르친다. 이 두 영역을 제외하면 나머지 것들은 소학교, 초급중학교, 고급중학교가 모두 대범주가 동일하다.[4)]

즉 북한은 읽기, 글짓기, 듣기, 말하기, 기초원리지식을 교수 학습 내용으로 한다는 것이다. 이 가운데 쓰기 영역에서는 특히 '글짓기'라 하여 단순한 쓰기가 아닌 글을 짓는 실제적 능력을 신장하는 것을 목표로 한다. 또한 '듣기'와 '말하기'를 독립적으로 다루고 있는데, 이는 남한에서 '듣기·말하기'를 한 영역으로 처리하는 것과 차이가 난다. 즉 북한에서는 듣기 능력을 강조한다는 말이다. 내용 영역을 배치할 때 초급중학교와 고급중학교에서 듣기 영역을 맨 처음 배치하는 것을 통해서도 이를 확인할 수 있다.

(3)의 내용 영역들 가운데 이 책에서 주목하는 것은 바로 '기초원리지식' 영역이다. 이 기초원리지식 영역은 각급학교에 따라 그 범위가 차이가 난다. 흔히 문법 영역이 이 '기초원리지식' 부분에 해당한다고들 말하나, 반드시 그런 것은 아니다. 소학교와 초급중학교의 기초원리지식은 어문 규범이나 문법 지식을 대부분 가리키지만 고급중학교에서는 주로 문학의 기초원리지식을 지칭한다. 이러한 것은 다음 (4)를 통해서 자세히 확인할 수가 있다.

---

4) 북한의 소학교의 국어과 교수내용은 "① 글자교육단계의 내용구성, ② 우리 말과 글에 대한 기초지식교육내용구성, ③ 언어실천능력교육내용구성"으로 이루어져 있다. 그리고 "③ 언어실천능력교육내용구성" 안에 "읽기 및 쓰기능력, 듣기능력, 말하기능력, 글짓기능력, 글씨쓰기능력"이 들어가 있다. 한편 "내용분야별범위와 수준"을 따로 제시하면서 "① 글자교육, ② 읽기 및 쓰기교육, ③ 듣기교육, ④ 말하기교육, ⑤ 글짓기교육, ⑥ 글씨쓰기교육, ⑦ 기초원리지식교육"을 들고 있다. (3)의 소학교 내용 영역의 명칭은 후자의 것을 따라서 제시하였기 때문에 '~교육'이라 표기된 것이다. 교육위원회(2013 : 56~62쪽) 참조.

(4) 각급학교의 '기초원리지식' 내용

ㄱ. 소학교

- 우리 글 맞춤법의 개념과 규범을 알도록 한다.
- 우리 글 띄어쓰기의 개념과 기본규범을 알도록 한다.
- 문장부호의 개념과 기본부호들에 대하여 알도록 한다.
- 단어의 개념과 갈래(합친말, 뜻같은말, 반대말, 소리같은 말)에 대하여 알도록 한다.
- 사람의 일상행동을 나타내는 말(말하는 행동, 자는 행동, 먹는 행동, 죽는 행동, 웃는 행동, 걷는 행동, …), 날자와 달을 세는 말, 설과 관련된 말, 가족, 식생활, 절기, 시간, 지형지물, 식물, 동물, 천체, 기상기후, 느낌, 색깔, 단위 등을 나타내는 말과 생활정황(도움받을 때, 높임을 나타낼 때, 아플 때, 고마움을 표시할 때, 부탁할 때, 미안함을 나타낼 때, 반가움을 나타낼 때, 자랑할 때, 소식을 알릴 때, 안내할 때, 초청할 때, 에둘러 말할 때, 꾸지람할 때, 맹세할 때, …)에서 하는 말들에 대하여 알도록 한다.
- 속담의 개념과 쓰임에 대하여 알도록 한다.
- 토(맺음토, 존경토, 이음토, 시간토, 격토, 도움토)에 대하여 알도록 한다.
- 목적에 따르는 문장의 갈래에 대하여 알도록 한다.
- 단어발음법에 대하여 알도록 한다.
- 문장억양과 읽기속도, 말하기속도에 대하여 알도록 한다.
- 우리 말 사전리용방법에 대하여 알도록 한다.

ㄴ. 초급중학교

- 어휘표현지식
  - 단어의 의미와 발음, 구조, 갈래, 단어만들기수법
  - 성구속담의 의미와 표현적효과
  - 품사의 개념과 갈래
- 토지식(토의 의미와 역할, 갈래)
- 띄어쓰기지식
- 단어결합지식

- 문장지식
  - 문장의 의미와 발음, 구조, 갈래
  - 문장성분의 개념과 갈래
  - 문장부호법
  - 억양의 개념과 구성요소
- 표현수법지식(개념과 갈래, 쓰임, 조성원리)
- 글형태에 대한 지식
  동화, 우화, 동요, 동시, 소설, 시, 기행문, 극, 해설글, 선전선동글, 감상글, 속보글, 전설글, 이야기글, 토론글, 관찰보고서 등에 대해 알도록 한다.
- 글분석에 대한 지식
  - 말과 글의 체계, 서술순서, 운류르 묘사, 대화, 서술, 주정토로 등에 대해 알도록 한다.
  - 기본내용, 이야기줄거리, 사상적내용, 주인공인물형상, 운문과 산문 등에 대하여 알도록 한다.

ㄷ. 고급중학교
- 글형태에 대한 지식(수기, 수필, 실기(실화), 웅변글, 단상, 희곡, 신문글, 서정시, 과학환상소설 등에 대해 알도록 한다.)
- 작가의 생애와 창작활동
  - 우리 나라에서 세계적으로 이름난 작가들
  - 다른 나라에서 세계적으로 이름난 작가들
- 문학사개관에 대한 초보적이며 일반적인 지식
- 문학기초원리지식
  - 소재, 주제, 사상, 문학작품의 언어, 구성, 성격과 전형, 종자, 문학은 인간학, 문학작품의 종류와 형태 등에 대해 알도록 한다.

(4)는 북한 국어과 교육강령에 나타난 각급학교의 영역들 가운데 '기초원리지식' 내용을 제시한 것이다. (4ㄱ) 소학교 기초원리지식은 주로 남한의 학교 문법에서 다루는 어문 규범, 발음 및 억양, 단어, 문장, 어휘(속담) 등을 다루는

데, 거기에다가 “사람의 일상행동을 나타내는 말, 날자와 달을 세는 말” 등 생활 속의 말들도 다루고 있는 것이 특징적이다. (4ㄴ) 초급중학교 기초원리지식에서는 역시 어문 규범을 비롯하여 억양, 어휘, 단어, 문장을 다루고 특히 “표현수법”이라 하여 수사법도 다루고, 여러 가지 문학 관련 지식이나 논설문이나 설명문에 대해서도 다룬다. 즉 소학교와 초급중학교에서는 어문 규범과 문법 내용이 주로 다루어지고 있으나 모두 다 그렇다는 것은 아니다. 북한에서는 “표현수법”, 즉 수사법 내용을 문법지식의 하나로 보고 있어서 특징적이다. 한편 고급중학교에서는 거의 문학 영역만을 다룬다. 뒤(1.2.)에서 자세히 교과서를 살피겠지만 ≪국어문학≫ 교과서 전체 가운데 약 7쪽 정도만 “문법실천”이라 하여 다루고 있고, 대부분 문학 작품들을 감상하고 이해하는 데 필요한 문학의 기초원리지식을 다루고 있다.

요컨대, 북한의 교육강령을 통해서 확인한 북한의 학교 문법은 따로 교과목으로 존재하지 않고 대부분 소학교, 초급중학교 국어과의 기초원리지식 영역에 들어가 있다. 이때 기초원리지식 내용이 모두다 학교 문법 내용인 것은 아니지만, 대개 발음, 단어, 문장, 어문 규범, 수사법 등이 학교 문법 내용으로 들어가 있다, 이러한 판단은 이 책의 각 장에서 보겠지만 이 내용들을 다룰 때 “문법지식을 새겨봅시다”라고 질문을 하며 전제하고 있기 때문이다. 물론 고급중학교 ≪국어문학≫ 과목에서는 기초원리지식이 문학의 기초원리지식을 가리킨다.

1.2. 연구의 목적과 방법

이 책은 현행 북한의 학교 문법에 대해서 그 내용이 어떠한지 밝히는 것을 목적으로 한다. 따라서 현행 북한의 중등학교 학교 문법을 담고 있는 초급중학교의 ≪국어 1~3≫ 교과서를 중심으로 하여 그 목적을 달성하고자 한다. 그런데 국어 교과서들이 "문법지식을 새겨봅시다" 혹은 "문법지식을 다져봅시다"라는 제목으로 문법을 다루고 있어서, 부득불 현행 학교 문법의 모체인 ≪국어문법 1~3≫(1996, 2001)의 것을 최대한 이용하도록 한다. 실제로 현행 북한의 학교 문법 내용은 1996년부터 2000년대에도 지속적으로 사용되던 이들 문법 교과서의 것을 거의 그대로 축소하여 가져다 놓고 있기 때문이다.

이 책에서는 북한의 학교 문법을 내용적인 측면에서 살펴보도록 한다. 북한의 학교 문법은 어떤 특징이 있으며 남한의 것과는 어떤 차이점이 있는지, 나아가서는 남북한 통일 학교 문법의 가능성은 무엇인지 모색해 보도록 한다.

본서는 다음과 같은 순서로 각 장을 구성하도록 한다. (5)는 앞 절에서 도출해 낸 현행 북한 학교 문법의 내용을 말소리, 단어, 문장, 어휘, 수사법, 어문규범 순서대로 제시한 것이다. 학교 문법 내용만은 전체 3~10장까지 이루어져 있는데, 각 절의 제목은 북한 교과서에 제시되어 있는 표현을 그대로 사용하기로 한다. 각 장의 순서는 다음과 같다.

(5) 이 책의 목차
1. 서론 : 북한의 국어 교육과 학교 문법
2. 북한의 학교 문법 내용 및 변천 과정
3. 말소리
4. 단어
5. 토
6. 문장 성분
7. 문장의 갈래
8. 어휘 의미
9. 수사법
10. 어문 규범
11. 결론 : 요약과 논의

앞서도 언급했듯이 이 책에서 다루는 북한의 학교 문법 내용은 주로 초급중학교의 ≪국어 1~3≫(2013~2015)에 나와 있는 문법 내용을 중심으로 한 것이다. 물론 고급중학교의 ≪국어문학 1, 2≫(2013, 2014)와 소학교의 ≪국어 1~5≫ 교과서의 문법 내용도 일부 포함되기는 한다. 많은 용례와 설명이 ≪국어문법 1~3≫(1996, 2001)에 기대었으며, 더 자세한 기술이 필요할 경우는 ≪조선문화어문법규범≫(1976)과 ≪조선문화어문법≫(1979)의 내용을 사용하기도 한다.[5]

이 책에서 다룬 북한의 학교 문법 내용은 아래 도표에서 구체적인 국어 교과서의 근거를 제시해 둔다. 이 표에 제시된 교과서 쪽 표시는 이 책의 학교 문법 기술에서 사용되는 국어 교과서의 내용을 띄어쓰기를 포함해서 그대로 제시된 것임을 밝혀 둔다.

(6) 이 책에 제시된 북한 학교 문법 내용의 출처

장	절	항	교과서 출처
1. 서론	1.1. 북한의 국어 교육과 학교 문법		
	1.2. 연구의 목적과 방법		
2. 북한의 학교 문법 내용 및 변천 과정	2.1. 북한의 학교 문법 내용		
	2.2. 북한의 학교 문법 변천 과정		
3. 말소리	3.1. 말소리의 단위와 억양	3.1.1. 말소리의 단위	국어1-1 : 7-9, 213-214, 228
		3.1.2. 억양	국어1-5 : 70, 229, 국어3-15~18 : 217
	3.2 말소리의 갈래와 소리마루	3.2.1. 모음과 자음의 개념과 갈래	국어1-1 : 7-9
		3.2.2. 소리마디와 소리마루	국어1-23 : 213-214
	3.3. 말소리의 바뀜	3.3.1. 받침단어들의 발음	국어1-2 : 16-17,
		3.3.2. 이어내기와 끊어내기	국어1-6 : 54-55
		3.3.3. 소리닮기와 ≪지, 치≫로 되기	국어1-8 : 69

5) 제2장에서 자세히 언급하겠지만, 북한의 학교 문법은 1970년대에 나온 ≪조선문화어문법규범≫(1976)과 ≪조선문화어문법≫(1979)의 영향을 많이 받았다.

장	절	항	교과서 출처
		3.3.4. 된소리되기와 거센소리되기	국어1-9 : 76-77
		3.3.5. 소리빠지기와 소리끼우기	국어1-12 : 98, 국어1-14 : 118
4. 단어	4.1. 단어의 짜임		국어1-5 : 45, 179
	4.2. 단어만들기수법		국어1-18 : 154-155
	4.3. 체언 : 명사, 수사, 대명사	4.3.1. 명사	국어2-1 : 8-9
		4.3.2. 수사	국어2-2 : 14
		4.3.3. 대명사	국어2-4 : 30
	4.4. 용언 : 동사, 형용사	4.4.1. 동사	국어2-7 : 57
		4.4.2. 형용사	국어2-8 : 63
		4.4.3. 동사와 형용사의 차이	국어2-9 : 68
	4.5. 관형사, 부사, 감동사	4.5.1. 관형사와 감동사	국어2-16 : 126-128
		4.5.2. 부사	국어2-17 : 134-135
		4.5.3. 관형사와 부사의 차이	국어2-19 : 149
		4.5.4. 관형사와 앞붙이의 차이	국어2-20 : 158
5. 토	5.1. 체언토	5.1.1. 토와 격토	국어2-5 : 40-42
		5.1.2. 도움토와 복수토	국어2-6 : 48-49
	5.2. 용언토	5.2.1. 맺음토 : 말법과 말차림	국어2-10 : 80
		5.2.2. 이음토	국어2-12 : 91-92
		5.2.3. 규정토와 상황토	국어2-13 : 101-102
		5.2.4. 존경토와 시간토	국어2-14 : 112-113
		5.2.5. 상토	국어2-15 : 119-121
	5.3. 바꿈토		국어2-15 : 119-121
6. 문장 성분	6.1. 문장과 문장 성분의 개념	6.1.1. 문장의 개념	국어3-1~5 : 61
		6.1.2. 문장 성분의 개념과 갈래	국어3-1~5 : 61-67, 국어3-6~10 : 115~120
	6.2. 맞물린성분(1) : 술어, 주어, 보어	6.2.1. 술어	국어3-1~5 : 61~67
		6.2.2. 주어	
		6.2.3. 보어	
		6.2.4. 술어, 주어, 보어 <실천의 길>	
	6.3. 맞물린성분(2) : 인용어, 상황어, 규정어	6.3.1. 인용어	국어3-6~10 : 115~120
		6.3.2. 상황어	

장	절	항	교과서 출처
		6.3.3. 규정어	
		6.3.4. 술어, 주어, 보어, 인용어, 상황어, 규정어 <실천의 길>	
	6.4. 외딴성분 : 부름말, 느낌말, 이음말, 끼움말, 내세움말		국어3-11~15 : 169-172
7. 문장의 갈래	7.1. 문장의 갈래	7.1.1. 서로 다른 구분 기준에 따른 문장의 갈래	국어3-16-18 : 214-215
		7.1.2. 이야기 목적에 따른 문장 갈래의 특성	국어3-16-18 : 216-218
	7.2. 단일문과 복합문		국어3-16-18 : 215, 218
	7.3. 단순문과 확대문		국어3-16-18 : 215, 218
	7.4. 단일문과 복합문, 단순문과 확대문 <실천의 길>		국어3-16-18 : 219
8. 어휘 의미	8.1. 단어와 그 뜻		국어1-3 : 24-25
	8.2. 뜻같은말, 뜻반대말, 소리같은말		국어1-7 : 60-62, 79, 207-208
	8.3. 단어의 감정적뜻빛갈		국어1-10 : 83-84, 226-227
	8.4. 성구와 속담		국어1-17 : 38, 116-117, 146-149, 179
	8.5. 문화어어휘와 사투리어휘		국어1-20 : 184
	8.6. 고유어, 한자어, 외래어		국어1-22 : 209, 228
9. 수사법	9.1. 직유법과 은유법		국어1-4 : 36-37, 40
	9.2. 대구법과 대조법		국어1-7 : 62
	9.3. 의인법과 야유법		국어2-3 : 24-25
	9.4. 자리바꿈법과 내세움법		국어2-11 : 87-88
	9.5. 과장법과 되풀이법		국어2-18 : 143-144
	9.6. 물음법과 느낌법		국어2-22 : 178
	9.7. 벌림법과 점층법		국어2-25 : 202
10. 어문 규범	10.1. 맞춤법의 기본 원칙과 주요 규칙들		국어1-21 : 196-197, 국어1-5 : 179
	10.2. 울림소리 뒤에서 된소		국어1-15 : 127

장	절	항	교과서 출처
	리적기		
	10.3. 받침이 달라지는 말과 줄어든말의 적기		국어1-24 : 225
	10.4. 뒤붙이 ≪이≫와 ≪히≫의 적기		국어1-21 : 196-197
	10.5. 합친말적기		국어1-16 : 131-132
	10.6. 띄어쓰기	10.6.1. 토와 관련된 띄어쓰기	국어1-14 : 118 국어1-16 : 132 국어1-19 : 176
		10.6.2. 하나의 대상 및 굳어진 말	국어1-4 : 37 국어1-5 : 46 국어1-6 : 55 국어1-15 : 127
		10.6.3. 고유한 대상의 이름	국어1-9 : 77
		10.6.4. 단위 명사 앞에 오는 숫자	국어1-2 : 17 국어1-10 : 83 국어1-18 : 155
	10.7. 문장 부호	10.7.1. 문장 부호(1)	국어1-19 : 175-176
		10.7.2. 문장 부호(2)	국어2-23 : 187-188
11. 결론	11.1. 요약		
	11.2. 논의		

1.3. 정리 및 과제

지금까지 북한의 학교 문법론을 집필하기 위해서 현재 북한의 국어 교육이 어떠한 상황에 있는지 북한의 현행 2013 교육강령과 국어 교과서를 갖고서 살펴보았다. 북한은 김정은 등장 직후인 2013년에 "전반적12년제의무교육제도"를 실시하는 교육강령을 공포하고 유치원(높은반) 1년, 소학교 5년, 초급중학교 3년, 고급중학교 3년의 의무교육 시행에 들어갔다.

전체적으로 보면 북한도 남한처럼 표현·이해, 문법, 문학을 커다란 3대 영역으로 하여 교수 학습하고 있다. 국어과의 구체적인 영역으로는 '듣기, 읽기, 말하기, 글짓기, 기초원리지식'으로 나누고 있는데, 소학교와 초급중학교에서는 기초원리지식이 대개 문법 내용을 담고 있으나, 고급중학교에서는 거의 문학 내용을 담고 있다. 소학교 1학년에서는 이것들 이외에 '글자교육, 글씨쓰기교육'이 추가되어 있다. 북한의 현행 국어과 교과서는 소학교와 초급중학교가 각각 ≪국어 1~5≫, ≪국어 1~3≫으로 영역 통합적으로 되어 있으며, 고급중학교는 ≪국어문학 1~3≫으로 되어 있다. 고급중학교 때 대부분 문학 내용을 다루고 있는 것이 특징적이다. 북한의 학교 문법은 남한의 중학교에 해당하는 초급중학교 ≪국어 1~3≫ 교과서에서 전체 문법 내용을 볼 수가 있다. 소학교와 고급중학교의 문법 내용은 그 범위가 상대적으로 적다. 따라서 이 책에서 다루는 북한의 학교 문법 내용은 대개 초급중학교 국어 교과서의 것들에 해당한다. 문법 내용은 "문법지식을 새겨봅시다"라는 학습 활동 방식으로 교과서에 제시되어 있으며, 경우에 따라 "문법지식을 다져봅시다"라는 활동으로 추가로 제시되는 경우도 있다. 이 책에서 다루는 북한의 학교 문법은 대부분 전자의 것을 구체적으로 모두 다 다루는 것으로 한다. 그런데 학습 활동 방식으로 대부분 제시되어 있어서, 그 본래 문법 내용 및 그 자세한 설명은 1996년부터 20여 년을 사용해온 ≪국어문법 1~3≫ 교과서의 것을 주로 사용하도록 한다.

학교 문법은 실용성을 생명으로 지니고 있어야 한다. 이론을 위한 이론 문법으로 학교 문법이 존재한다면 그것은 이미 학교 문법이 아니다. 실생활에 도움되는 살아있는 문법 교육이 되기 위해서는 학교 문법 내용부터 실제 언어생활을 반영한 것이 되어야 한다. 이런 기준을 갖고 북한의 학교 문법 내용을 제3장부터 살피도록 한다.

제2장 북한의 학교 문법 내용 및 변천 과정

북한의 학교 문법을 구체적으로 검토하기 위해서는 그것을 확인할 수 있는 문법 내용을 담은 교육강령과 교과서가 있어야 한다. 특히 학교 문법의 역사를 자세히 알기 위해서는 시기별 해당 내용들이 있어야 할 것이다. 그러나 현행 김정은 시대의 교육강령과 문법 교과서는 확인할 수 있으나 안타깝게도 그 이전의 것들 모두를 확인하기는 어렵다. 따라서 여기서는 어떤 때는 간접 자료로, 또 어떤 때는 부실한 자료로 그 변천 과정을 추적해 보는 경우도 있게 된다.

2장에서는 현행 북한 학교 문법의 내용을 초급중학교 ≪국어 1~3≫ 교과서를 통해서 간략히 알아보도록 한다. 중심 되는 문법 내용은 초급중학교의 것이겠으나, 소학교의 것도 살피도록 한다. 그래서 각급학교에서 학교 문법이 어떤 것이 어떻게 다루어지고 있는지 확인해 볼 수 있을 것이다. 2장에서 주로 관심을 가지는 것은 북한 학교 문법의 변천 과정이다. 교육강령이나 문법 교과서, 최소한도 국어 교과서가 모두 갖추어져 있어야 할 것이나 그 역시 모두 볼 수 있지는 않다. 드문드문 남아 있는 북한의 국어 혹은 문법 교과서를 살피는 정도이고, 그나마 1970년대 나온 규범 문법 성격의 저서, 특히 ≪조선문화어문법규범≫(1976) 및 ≪조선문화어문법≫(1979)을 통해서 북한 학교 문법의 변천의 끊어진 흐름을 이어 보게 된다.

2.1. 북한의 학교 문법 내용

현재 남한 학계에서 확인할 수 있는 북한의 문법 교과서는 1996년에 발간된 ≪국어문법 1~3≫(1996, 2001) 교과서이다. 이 책은 남한의 중등학교급에 해당하는 학령에서 사용된 3권으로 된 문법 교과서로서 20여 년 북한의 중학교에서 사용되어 왔다. 당시 북한 고등중학교(6년제)의 국어과 수업에서는 ≪국어 1~3≫, ≪국어문법 1~3≫, ≪국어문학 1~3≫이 사용되었었다. ≪국어문법 1~3≫ 교과서는 2001년에도 다시 나오게 되는데, 그 내용은 1996년에 나온 것과 동일하다.

그러다가 김정은 등장 이후로 북한은 2013년에 새로운 '교육강령'을 발표하였다. 이 시기는 소학교에서 ≪국어≫ 교과서가 1학년은 1권, 2~5학년은 학년별로 각각 2권씩 있고, 초급중학교에서는 ≪국어≫가 전체 3권, 고급중학교에서는 ≪국어문학≫이 역시 3권이 사용되었다(1). 1996년과 2001년에 나온 ≪국어문법≫ 세 권은 없어졌고, 대신 소학교와 초급중학교의 ≪국어≫ 교과서와 ≪국어문학 1, 2≫에 들어갔다. 종래의 ≪국어문법 1~3≫(1996, 2001) 내용이 현행 ≪국어 1~3≫ 교과서에 줄어져서 들어갔고, ≪국어문학≫에는 1, 2권에 품사와 문장 성분 등 중요사항이 반복해서 약간 들어갔다. 2.1에서 살피는 북한의 학교 문법 내용은 아래 (1)에 있는 것이다.

(1) 현행 북한의 국어 교과서

ㄱ. 소학교

- 리수향·성순옥·김화옥·하정순·송일녀·염정실·김성옥·박은하(2013),

≪국어 1≫, 교육도서출판사.
- 리수향·하정순·성순옥·송일녀·염정실·김성옥·박은하·리은희(2014), ≪국어 2-1, 2≫, 교육도서출판사.
- 리수향·염정실·송일녀·김성옥·하정순·성순옥·박은하·리은희(2014), ≪국어 3-1, 2≫, 교육도서출판사.
- 리수향·송일녀·김성옥·염정실·성순옥·박은하·하정순(2016), ≪국어 4-1, 2≫, 교육도서출판사.
- 리수향·김성옥·송일녀·염정실·성순옥·박은하·하정순(2016), ≪국어 5-1, 2≫, 교육도서출판사.

ㄴ. 초급중학교
- 우인철·구경희·방복림·문성·백광명·장광길·리정화(2013), ≪국어 1(초급중학교 1)≫, 교육도서출판사.
- 우인철·백광명·구경희·문성·방복림·장광길(2014), ≪국어 2(초급중학교 2)≫, 교육도서출판사.
- 리근세·최은향·한송이·구경희·김만경·박복실(2015), ≪국어 3(초급중학교 3)≫, 교육도서출판사.

ㄷ. 고급중학교
- 황금순·최학·배장국·라성학·정애련(2013), ≪국어문학 1 : 고급중학교 제 1학년용≫, 교육도서출판사.
- 최학·황금순·정애련·배장국·라정학·안철권(2014), ≪국어문학 2 : 고급중학교 제 2학년용≫, 교육도서출판사.
- 김선일·리정철·최학·정애련·황금순·림장덕·한춘영(2015), ≪국어문학 3 : 고급중학교 제 3학년용≫, 교육도서출판사.

2.1.1. 북한 소학교의 학교 문법 내용

북한의 학교 문법은 초등학교에 해당하는 소학교 때부터 나타나는데, 5년제로 이루어진 북한 소학교의 ≪국어≫ 교과서를 통해서 그 문법 내용을 확인할 수 있다. 비록 초급중학교에 비해서는 그 양이 많지 않더라도 어릴 적 기초적인 문법 내용을 배운다는 측면에서 먼저 검토해 볼 필요가 있다.

(2) 북한 소학교의 학년별 문법 내용[1)]

	1학년	2학년	3학년	4학년	5학년
말소리(글자)	• 눕힌글자, 세운글자 • 홑뜻받침, 둘뜻받침	• 단어발음법(이어내기, 된소리되기, 거센소리내기, 소리닮기)와 수사읽기	• 단어발음법(소리빠지기, 소리끼우기, 끊어내기, ≪지, 치≫ 소리내기)		
단어		단위명사, 합친말	맺음토, 존경토	이음토, 시간토	격토, 도움토
문장					• 목적에 따르는 문장의 갈래
어휘	• 사람의 몸, 날자와 달을 세는 말	• 단어의 개념 • 자는 행동, 가족관계, 식생활, 절기 및 시간을 나타내는 말 • 여러 정황에서 하는 말(도움, 높임, 고마움, 아플 때)	• 먹는 행동, 설, 지형지물, 식물을 나타내는 말 • 여러 정황에서 하는 말(부탁, 미안함, 반가움)	• 걷는 행동을 나타내는 말, 죽는 행동을 나타내는 말, 천체를 나타내는 말, 기상기후를 나타내는 말, 동물을 나타내는 말 • 여러 정황에서 하는 말(자랑, 소식, 안내, 초청)	• 말하는 행동, 웃는 행동, 느낌, 색갈을 나타내는 말 • 여러 정황에서 하는 말(에둘러 말할 때, 꾸지람할 때, 맹세할 때)
어문규범		• 맞춤법(합친말 적기, 토적기, 삭갈리기 쉬운 말), • 띄여쓰기(수사, 토붙은 말) • 문장부호(≪≫, ?)	• 맞춤법(줄어든 말, 받침단어, 삭갈리기 쉬운 말), • 띄여쓰기(단어, 한덩어리로 된 말) • 문장부호((), !, ″)	• 맞춤법(소리같은말, ≪이, 히≫로 끝나는 말, 삭갈리기 쉬운 말), • 띄여쓰기 • 문장부호(< >, :, 확인 불가, ~)	• 맞춤법(모음글자, 삭갈리기 쉬운 말), • 문장부호(〔 〕, !, ?, ?!) • 사전리용법
수사법				직유법	의인법, 반복법

1) 북한 소학교의 학교 문법 내용 소개는 강보선 외(2017 : 39-40)에서 이루어진 바가 있다. 이 표는 그것을 바탕으로 해서 이 책의 분류 방식에 따라서 재구조화한 것이다.

(2)에서 보다시피, 북한에서는 소학교 1학년 때 한글 글자에 대해서 공부하고 2, 3학년 때는 단어발음법이라 하여 단어를 발음할 때 나타나는 여러 말소리 현상에 대하여 배운다. 전 학년에 걸쳐서 다양한 상황에 따른 여러 가지 말들을 배우게 되며, 2~5학년에 걸쳐서 다양한 맞춤법을 공부하게 된다. 맞춤법을 말소리와 연관시켜서 다루는 것이 주목되며, 토들과 수사법 일부를 다루고 있기도 하다. 문장을 5학년 때만 약간 다루고 있는 것도 특징적이다. 대체로 보면, 북한의 소학교에서는 실용적인 생활문법 내용을 다루고 있음을 확인할 수 있다.

2.1.2. 북한 중학교의 학교 문법 내용

북한의 중학교는 초급과 고급 두 가지가 있다. 학교 문법 전체에 대한 내용은 초급중학교 국어 교과서를 통해서 확인할 수 있다. 여기서는 초급중학교 ≪국어 1~3≫(2013~2015)의 문법 내용이 어떻게 들어가 있는지를 살펴서 북한의 학교 문법 내용을 가늠해 보고자 한다.

먼저 북한의 ≪국어 1≫ 교과서의 체제를 보면 전체 24과로 이루어져 있는데, '제1과. 김일성장군의 노래'를 갖고 전체 틀을 살펴보도록 하자. 본문에 이어서 작가 소개가 나오고 바로 '학습의 길'이 여러 항목으로 나오며 마지막으로 '실천의 길'로 마무리된다. 이 가운데 '학습의 길'에서 "문법지식을 새겨봅시다"라고 하여 해당 문법 지식이 1~3쪽 정도로 소개가 되어 있고 '실천의 길'에서 그것을 실천적으로 해 보는 활동이 제시되어 있다. 이 책에서는 특히 "문법지식을 새겨봅시다"를 주된 자료로 하여 북한의 현행 학교 문법 내용을 검토해 보도록 한다.[2)]

2) 한편 단원에 따라서는 '학습의 길', '실천의 길'에 이어서 '나도 할수 있다' 란이 나오기도 하는데, 여기에서 "문법지식을 다져봅시다"라는 활동이 또 나오는 경우가 있다. 거기서는 새로운 문법 내용이 나오기보다는 배운 것을 다시 한 번 다져서 활용해 보는 방식으로 그것

(3) 북한의 초급중학교 ≪국어 1~3≫ 교과서 내 "문법지식을 새겨봅시다"의 문법 내용

학년	"문법지식을 새겨봅시다"의 제목	
1 (24과)	1. 모음과 자음 2. 받침단어들의 발음(홑받침, 둘받침) /띄여쓰기 3. 단어와 그 뜻 4. 직유법과 은유법 /띄여쓰기 5. 단어의 짜임 /띄여쓰기 6. 이어내기와 끊어내기 /띄여쓰기 7. 뜻같은말, 뜻반대말, 소리같은말 8. 소리닮기와 ≪지, 치≫되기 9. 된소리되기와 거센소리되기 /띄여쓰기 10. 단어의 감정적 뜻빛갈 /띄여쓰기	14. 소리끼우기 /띄여쓰기 15. 울림소리뒤에서 된소리 적기 /띄여쓰기 16. 합친말 적기/띄여쓰기 17. 성구, 속담 18. 단어 만들기 수법 /띄여쓰기 19. 문장부호 /띄여쓰기 20. 문화어휘와 사투리어휘 21. 뒤붙이 ≪이≫,≪히≫ 22. 고유어, 한자어, 외래어 23. 단어의 소리마루 24. 받침이 달라지는 말과 줄어든말
2 (25과)	1. 명사 2. 수사 3. 의인법과 야유법 4. 대명사 5. 토(격토), 격토처럼 쓰이는 토 6. 도움토와 복수토 7. 동사 8. 형용사 9. 동사와 형용사 차이 10. 맺음토 11. 자리바꿈법과 내세움법 12. 이음토	13. 규정토와 상황토 14. 존경토와 시간토 15. 상토와 바꿈토 16. 관형사와 감동사 17. 부사 18. 과장법과 되풀이법 19. 관형사와 부사는 어떻게 다른가 20. 관형사와 앞붙이는 어떻게 다른가 22. 물음법과 느낌법 23. 문장부호 25. 벌림법과 점층법
3 (18과)	문법1. 맞물린성분(1) 문법2. 맞물린성분(2)	문법3. 외딴성분 문법4. 문장의 갈래

(3)은 초급중학교 각 학년별 ≪국어≫ 교과서의 "문법지식을 새겨봅시다" 부분에 제시되어 있는, 굵은 글씨로 제시된 제목들이다. 즉 북한의 학교 문법 내용은 이것을 통해서 구체적으로 확인할 수 있다. 약간씩 차이가 있긴 하지만 대체로 1학년 때는 어음론과 어휘론, 2학년 때는 형태론, 3학년 때는 문장론을

이 제시되어 있다.

다루고 있음을 볼 수 있다. 물론 이것들 말고도 맞춤법, 띄어쓰기와 문장 부호 등을 다룬 어문 규범 내용도 있고, 특이하게 "표현수법"이라 하여 수사법 내용을 다루고 있기도 하다.

(3)에서 보는 바와 같이 북한의 학교 문법 내용은 특별히 내용 체계를 보여주고 있지는 않다. 그러나 그 내용들의 성격을 범주화하여 체계적으로 살펴볼 필요가 있다. 이 책에서는 (4)의 분류처럼, '말소리, 단어, 문장, 어휘, 어문 규범, 수사법'으로 크게 나누어 보도록 한다. 참고로 '어휘'는 실제로는 '어휘 의미'를 뜻한다. 흔히 어휘론 하면 '어휘의미론'을 가리키는 경우가 많기 때문이다.[3)]

(4) 북한의 초급중학교 ≪국어 1~3≫ 교과서를 통한 문법 내용 체계

	국어 1	국어 2	국어 3
말소리	1. 모음과 자음 2. 받침단어들의 발음(홑받침, 둘받침) /띄여쓰기 6. 이어내기와 끊어내기 /띄여쓰기 8. 소리닮기와 ≪지, 치≫되기 9. 된소리되기와 거센소리되기 /띄여쓰기 14. 소리끼우기 /띄여쓰기 15. 울림소리뒤에서 된소리적기 /띄여쓰기 23. 단어의 소리마루 24. 받침이 달라지는 말과 줄어든말		
단어	5. 단어의 짜임 /띄여쓰기 18. 단어 만들기 수법 /띄여쓰기	1. 명사 2. 수사 4. 대명사	

3) 북한의 국어과 교과서에서는 거의 매 단원마다 '학습의 길'에서 첫 번째로 "어휘표현을 새겨봅시다"라는 항목이 들어 있다. 이처럼 어휘표현은 문법 영역의 독자적 분야로 보기보다는 말하기, 듣기, 읽기, 쓰기 등 모든 영역의 기초적인 것으로 인식되고 있다.

	국어 1	국어 2	국어 3
		5. 토(격토), 격토처럼 쓰이는 토 6. 도움토와 복수토 7. 동사 8. 형용사 9. 동사와 형용사 차이 10. 맺음토 12. 이음토 13. 규정토와 상황토 14. 존경토와 시간토 15. 상토와 바꿈토 16. 관형사와 감동사 17. 부사 19. 관형사와 부사는 어떻게 다른가 20. 관형사와 앞붙이는 어떻게 다른가	
문장			문법1. 맞물린성분(1) 문법2. 맞물린성분(2) 문법3. 외딴성분 문법4. 문장의 갈래
어휘	3. 단어와 그 뜻 7. 뜻같은말, 뜻반대말, 소리같은말 10. 단어의 감정적 뜻빛갈 /띄여쓰기 17. 성구, 속담 20. 문화어휘와 사투리어휘 22. 고유어, 한자어, 외래어		
어문 규범	16. 합친말 적기 /띄여쓰기 19. 문장부호 /띄여쓰기 21. 뒤붙이 ≪이≫, ≪히≫ 적기	23. 문장부호	
수사법	4. 직유법과 은유법 띄여쓰기 11군데	3. 의인법과 야유법 11. 자리바꿈법과 내세움법 18. 과장법과 되풀이법 22. 물음법과 느낌법 25. 벌림법과 점층법	

(4)는 현행 북한 초급중학교 ≪국어 1~3≫ 교과서의 문법 내용을 영역별로 나누어 본 것이다. 초급중학교 1학년 때 말소리 분야와 어휘 분야를 주로 학습하고 단어, 맞춤법, 문장 부호, 수사법을 약간 다루고 있다. 또한 띄어쓰기를 11번이나 다루고 있는데 1학년 교과서에서 모두 제시하고 있는 특징을 볼 수 있다. 2학년 때는 본격적으로 품사와 토를 다루고 있으며, 수사법도 주된 학습 내용이다. 3학년 때는 문장 분야를 전적으로 학습하는데, 1~5과 뒤 7쪽, 6~10과 뒤 5쪽, 11~14과 뒤 3쪽, 15~18과 뒤 5쪽을 다루고 있다. 이에 비해 다른 분야의 것들은 각 과마다 1~2쪽 정도만 다루고 있다.

(5) 북한의 고급중학교 ≪국어문학 1, 2≫ 교과서 안에 있는 "문법실천"의 내용

학년	'문법실천'의 내용
1 (8과)	2. 체언 3. 동사, 형용사 4. 관형사, 부사, 감동사 5. 격토, 복수토, 도움토 6. 이음토, 규정토, 상황토, 상토, 용언토
2 (7과)	3. 문장, 문장의 갈래 4. 맞물린성분과 외딴성분(주어, 술어, 보어, 상황어, 규정어) ; 문장 부호

(5)는 북한의 고급중학교 ≪국어문학 1, 2≫ 교과서의 "문법실천" 부분에서 제시하고 있는 문법 내용들이다. 품사와 토를 1학년 때, 문장 성분 및 문장 갈래에 대해서는 2학년 때 다루고 있다. 말소리는 고급중학교에서 다루지 않는다. 그나마 (5)의 것들도 각 과의 해당 내용이 1쪽을 채 넘지 않는 경우가 대부분이어서, 문법을 그리 중요하게 여기고 있지 않다고 할 수 있다. 고급중학교에서는 교과서 제목처럼 문학이 절대적으로 중요하게 다루어진다. 이는 문학을 통해서 사회주의사상을 주입시키는 교육을 효율적으로 할 수 있기 때문으로 파악된다. ≪국어문학 1≫ 교과서의 머리말에는 "문학은 사람들에

대한 정치사상교양과 생활인식의 힘있는 무기로 될뿐아니라 문화적교양의 좋은 수단으로 된다."라는 "위대한 령도자"라고 칭하는 고 김정일의 말을 싣고 있을 정도이다.

요컨대 북한 학교 문법은 주로 말소리와 단어를 각각 초급중학교 1, 2학년에서 다루고 있고 문장은 3학년 때만 다루고 있다. 교수 학습의 중심은 말소리, 단어, 어문 규범(맞춤법, 띄어쓰기, 문장 부호), 어휘 의미, 문장 같은 데에 순서대로 있음을 확인할 수 있다. 띄어쓰기나 어휘처럼 국어생활에 기초적인 것들을 1학년에서 학습하도록 하고 있는 것도 특징이다. 고급중학교 ≪국어문학 1, 2≫에서 단어와 문장 내용을 간략히 다루고 있다. 이는 문학 작품 이해에 도움이 된다는 측면에서 약간 넣은 듯하다. 소학교 때도 문법을 다루지만 대개 생활문법 차원에서 말하기와 어문 규범을 중심으로 다루고 특히 다양한 상황에서 사용하는 말들을 많이 배운다는 특징이 있다.

2.2. 북한의 학교 문법 변천 과정

북한은 사회주의 국가로서 개인의 사상이 자유롭게 표출되지 않는다. 국어 연구를 할 때도 사설 출판사에서 개별 학자들이 자신의 학설을 주장한다기보다는 집단적으로 연구를 하고 국가가 운영하는 출판사를 통해서 저서를 내곤 한다.

실제로 광복 직후에는 1947년 2월에 김일성종합대학 안에 조선어문연구회가 만들어졌고, '문법편수 분과위원회'가 조직되어[4] 1949년 9월에 집단적으로 ≪조선어 문법≫ 초고를 완성하고 이 문법서는 10월에 문법분과위원회와 전

4) '문법편수 분과위원회'에는 이극로, 전몽수, 허익, 명월봉, 김용성, 신구현, 홍기문, 김병제, 박종식, 박준영, 박상준, 김수경 등 12명이 들어가 있으며, 위원장은 전몽수가 맡았다. 이 가운데 김수경은 김두봉의 애제자로 알려져 있다. 임홍빈(1997 : 21) 참조.

문연구위원회 총회에서 최종 통과되어 편찬하였다(머리말). 이 책은 북한 최초 규범 문법이라는 역사적 중요성을 지니고 있는데, 특이한 것은 ≪조선어 신철자법≫(1948)에서 정한 새로운 여섯 개 자모를 표기에 반영하였다는 점이다.[5] 이들 신 자모들은 당시 김일성종합대학 총장으로서 거물 정치인이던 김두봉이 주장한 것이었는데, ≪조선어 문법≫(1949)은 이 ≪조선어 신철자법≫을 해설하는 데에 상당한 분량을 할애하고 있다. 당연히 이 책은 김두봉의 소위 철자법 개혁을 통한 방식으로 표기가 이루어져 있으며, 따라서 1950년대 중후반 김두봉 탄핵과 함께 이 책은 역사의 뒤안길로 사라지게 된다. 그러나 북한의 조선어 규범 문법의 골격은 이때 만들어졌다고 보아도 무리가 없다(임홍빈, 1997 : 46-47 참조).

(6) 1940년대 규범 문법 및 문법 교과서

ㄱ. 조선어문연구회 편(1949), ≪조선어 문법≫, 문화출판사.

○ 단원 : 어음론/ 형태론/ 문장론

○ 품사 : 명사, 수사, 대명사, 형용사, 동사, 관형사, 부사, 조사, 감동사

○ 제14장 文의 띄여 쓰기와 句讀法

ㄴ. 박상준(1947), ≪조선어 문법 : 품사편, 초급중학교 제2학년용≫, 북조선 인민위원회 교육국

○ 품사 : 체언(명사, 대명사, 수사), 용언(동사, 형용사), 수식사(관형사, 부사, 접속사, 감동사)

ㄷ. 서광순(1949), ≪국어 문법 : 인민학교 제2학년≫, 교육성.

(6ㄱ)은 집단 연구물인 ≪조선어 문법≫(1949)으로서 어음론, 형태론, 문장론으로 이루어져 있다. 음운론이 아니라 '어음론'으로 된 것은 말소리를 중시하는 북한 문법의 실용적 특성을 보여준다. 문법 논의에서 기본인 품사는 '명

---

5) ≪조선어 신철자법≫(1948)은 공포가 된 해를 나타낸 것이고 단행본으로 나온 것은 1950년이다. 이관규(2021ㄱ : 30) 참조.

사, 수사, 대명사, 형용사, 동사, 관형사, 부사, 조사, 감동사'로 9개인데, '감동사'라는 이름으로 감탄사가 설정되어 있다. 북한에서는 '토'를 품사로 인정하지 않는 것이 현재 입장인데, 이때는 조사를 품사로 설정하고 있었다. (6ㄱ)의 ≪조선어 문법≫(1949)은 전체 14장으로 이루어져 있는데, 맨 마지막 14장에서 띄어쓰기와 구두법 등 어문 규범 내용을 담고 있다.

(6ㄴ)은 개인 이름으로 나왔지만 결국 인민위원회 교육국에서 나왔으니 그 공공성을 인정할 수 있다. 여기서는 조사가 없고 '접속사'가 품사의 하나로 더 있어서 전체 9개 품사가 설정되어 있음을 볼 수 있다. 특이한 것은 '수식사'라 하여 '관형사, 부사, 접속사, 감동사'를 넣은 점이다. 수식언이라는 이름으로 관형사, 부사를 넣을 수는 있겠지만, 접속사와 감동사를 '수식사'에 넣는 것은 독특한 방식으로 보인다. (6ㄷ)도 개인 이름이지만, 교육성 차원에서 출간된 것이므로 공공성을 인정할 수 있을 것이다. 이 문법 교과서의 내용은 밝혀져 있지 않지만 당시에 인민학교에서도 문법 교과서가 있었다는 것을 보여 준다.[6)]

(7) 1950년대 학교 문법

ㄱ. 김수경(1954ㄱ), ≪조선어문법(문장론) : 초급중학교 제3학년용≫, 교육도서출판사.

김수경(1954ㄴ), ≪조선어문법(어음론, 형태론) : 초급중학교 제1·2학년용≫, 교육도서출판사.

○ 품사 : 명사, 수사, 대명사, 형용사, 동사, 관형사, 부사, 토, 감동사

---

6) 임홍빈(1997)에서 이 책에 대해서 간단히 언급하고 있는데 그 자세한 내용은 밝혀져 있지 않다. 또한 임홍빈(1997 : 28-32)에서는 박상준이 1948년에 ≪조선어 문법 : 문장편(?)≫을 냈다는 정보 몇몇을 소개해 주고 있다. 그것이 맞다면 이 책은 3학년용이었을 것이고, 아마도 1946년 혹은 1947년에 1학년용 '어음편'도 나왔으리라 추정할 수 있다. 임홍빈(1997)에서는 북한 초기의 1940년대 문법서에 대한 설명 이외에, 각 시기별 문법서들의 경향을 제시하였다. 즉 "1950년대의 학교 문법서, 1960년대의 기술 규범적 문법서, 1970년대의 규범 문법서, 1980년대 이후의 이론 문법서"가 각각 그것들이다. 본고에서의 초기의 문법서 부분과 1950년대 학교 문법서 논의는 이 책에 기댄 바 크다. (7ㄴ)의 "정렬모·안문구(1956)"는 전은주(1991 : 34-36)에서 가져왔고 (7ㄷ)은 임홍빈(1997 : 37-39)을 참조했다.

ㄴ. 정렬모·안문구(1955ㄱ), ≪국어문법 : 인민학교 제2학년용≫, 교육도서출판사.
정렬모·안문구(1955ㄴ), ≪국어문법 : 인민학교 제3학년용≫, 교육도서출판사.
정렬모·안문구(1956), ≪국어문법 : 인민학교 제4학년용≫, 교육도서출판사.
ㄷ. 원우흠 편(1954), ≪조선어 문법(어음론, 형태론) : 초급중학교 제1,2학년용≫, 교육도서출판사.
○ 품사 : 명사, 수사, 대명사, 형용사, 동사, 관형사, 부사, 토, 감동사

조선어문연구회의 ≪조선어 문법≫(1949)이 나올 때 김수경은 김두봉을 대리하여 충실히 ≪조선어철자법≫(1948)의 원칙을 따라서 집필에 깊숙이 참여한 것으로 알려져 있다. 따라서 (7ㄱ)의 문법 교과서는 당시 북한의 학교 문법을 가장 잘 보여 주는 자료라 할 수 있다. 그렇다고 해서 ≪조선어 문법≫(1949) 내용이 그대로 이 교과서에 들어가 있다는 것은 아니다. 실제로 새로운 6개 자모를 사용하지 않았으며, ≪조선어 문법≫(1949)에서 사용된 '어(語)'와 '문(文)'을 '단어'와 '문장'으로 바꾸고 있고, 문법에서 중요한 품사도 9개를 설정한 것은 동일하지만, '조사'라는 용어 대신에 '토'라는 용어를 사용하고 있는 차이를 보인다.

북한은 인민학교에서도 '국어문법'을 가르쳤는데, (7ㄴ)이 바로 인민학교에서 사용했던 문법 교과서들이다. 이 책들에서도 어음론, 형태론, 문장론 내용들을 학년별로 그 난이도를 달리하여 담고 있다. 물론 이들 문법 교과서에서는 '사이표'나 '띄여쓰기' 등 어문 규범 내용들도 담고 있다.[7]

한편 (7ㄷ)에 제시한 교과서들을 통해서 당시에 문법 교과서가 오직 하나만 사용된 것은 아니었음을 짐작해 볼 수 있다. (7ㄷ)의 원우흠 편(1954)에서는

7) 전은주(1991 : 205)에서는 (7ㄱ,ㄴ)의 도서들에 대해서 간략한 해제를 부여하고 있는데, 본고에서 제시하고 있는 내용은 이에 근거하고 있다.

품사로 '명사, 수사, 대명사, 형용사, 동사, 관형사, 부사, 토, 감동사'의 9개 품사를 설정하고 있는데, 특히 '토'를 품사로 설정하고 있는 것이 특징적이다. 사실 (7ㄱ)에서도 마찬가지로 토를 품사로 설정하고 있었다. 이는 결국 1950년대 학교 문법이 ≪조선어 문법≫(1949)의 영향을 받고 있었음을 보여 준다(7ㄱ 참조).

(8) 1960년대 북한의 규범적 문법서 및 학교 문법서
ㄱ. 과학원 언어 문학 연구소(1960), ≪조선어 문법(Ⅰ)(어음론, 형태론)≫
○ 품사 : 명사, 수사, 대명사, 동사, 형용사, 관형사, 부사, 감동사
○ 이 ≪조선어 문법≫은 현대 조선어 표준어의 문법적인 특성을 밝히고 그 규범을 세우며 조선어가 가지는 풍부한 표현의 가능성을 면밀하게 서술하는 데 그 목적을 둔다. … 이 ≪문법≫은 규범적인 성격과 아울러 서술적 성격을 함께 가지고 있으며 조선어를 정확하게 그리고 잘 다듬어서 사용하려는 조선 인민에게 필요한 문법적 내지는 어음론적 지식을 제공하는 것을 자기 사명으로 한다. … 이 ≪조선어 문법≫이 조선 인민의 언어 생활을 규범화하는 데 있어서 그리고 더 나아가서는 조선 인민의 문화적 창조 생활에 있어서 일정한 긍정적 역할을 하리라고 믿는다. (머리'말)
ㄴ. 과학원 언어 문학 연구소(1963), ≪조선어 문법(Ⅱ)(문장론)≫
ㄷ. 김병제(1961), ≪조선어 문법(어음론, 형태론) : 중급 학교용 제1,2학년≫, (조선 민주주의 인민공화국 교육 문화성 비준), 학우서방.
○ 품사 : 명사, 수사, 대명사, 형용사, 동사, 토, 관형사, 부사, 감동사
ㄹ. 류옥근(1961. 12.), ≪조선어(교원 대학용)≫, 평양 : 교육 도서 출판사. (번인 발행, 1965. 2, 동경 : 학우서방)
○ 어휘론/ 어음론/ 형태론/ 품사(명사, 수사, 대명사, 동사, 형용사, 관형사, 부사, 감동사)/ 문장론
ㅁ. 학우서방 편(1966), ≪조선어 어음 괘도 해설서≫, 동경 : 학우서방.
○ 본 괘도는 현행 초급 중학교 조선어 문법 교과서의 어음론 교수의 직관 자료로 편찬하였는바, 그것은 인민 학교 국어 문법의 발음

교수와 사범 전문 학교 조선어 어음론 교수에도 리용할 수 있다. (머리'말)

1947년에 김일성종합대학 안에 만들어진 '조선어문연구회'는 1952년에 과학원 내에 '조선어 및 조선문학연구소'로 개편되었다가 1956년에 '언어 문학 연구소'로 등장하였다.[8] 여기서는 오랜 연구 끝에 ≪조선어문법(Ⅰ,Ⅱ)≫(1960, 1963)를 내었는데, 각각 어음론과 형태론, 문장론이 다루어졌다. 이 두 책은 이론 문법서인데, 이후 북한의 학교 문법에 많은 영향을 끼쳤을 것으로 추측된다.[9]

1950년대 중후반 김두봉 실각 이후 북한의 문법, 특히 규범으로 삼아야 할 문법은 표류를 하게 된다. 1950년대 학교 문법의 근간이었던 ≪조선어 문법≫(1949)이 김두봉의 사상을 깊이 반영하고 있었기 때문에 북한의 어문학자들로서는 새로운 규범적 문법서가 시급히 필요한 상태였다. 그 대안으로 나온 것이 바로 (8ㄱ,ㄴ)의 ≪조선어문법(Ⅰ,Ⅱ)≫(1960, 1963)이다. 이 책들은 각각 어음론과 형태론, 문장론을 담은 것으로 전체 788쪽이나 되는 광대한 문법서이다. (8ㄱ) 머리말에서 나와 있듯이 이 문법서들은 "조선어 표준어의 문법적인 특성을 밝히고 그 규범을 세우며 조선어가 가지는 풍부한 표현의 가능성을 면밀하게 서술하는 데 그 목적"이 있었다. 즉 규범적 성격과 서술적 성격을 아울러 지니고 있었다는 것이다.

(8ㄱ,ㄴ) 책들의 내용은 일찍이 김민수(1978ㄱ,ㄴ)에서 상세하게 소개된 바

---

8) 권재일(2014 : 52-58)에서는 북한의 언어기관들에 대해서 소개해 두고 있다. 본고에서는 북한의 규범 문법 혹은 학교 문법과 관련하여, 유관한 기관들만 제시해 두었다. 사실 어문 규범 관련해서 북한의 ≪조선말규범집≫(1966, 1988, 2010) 출간이 중요한데, 이 규범집은 사회과학원이 아닌 내각직속의 국어사정위원회에서 관리하고 있어서 차이를 보인다.

9) ≪조선어문법(Ⅰ,Ⅱ)≫(1960, 1963)에서 설정되어 있는 8품사, 즉 명사, 수사, 대명사, 동사, 형용사, 관형사, 부사, 감동사는 이후의 북한의 문법 연구에서 유지된다. 현행 북한의 학교 문법을 담고 있는 ≪국어 1~3≫(2013~2015) 안에서도 이런 품사 분류는 그대로 유지되고 있다.

있다. 특히 품사 차원에서 그 특성을 살펴본다면, (8ㄱ)에서 제시된 대로 명사, 수사, 대명사, 동사, 형용사, 관형사, 부사, 감동사가 설정되어 있다. 1950년대 문법 교과서에서 제시되었던 9품사 가운데 '토'가 빠진 상태인데, 품사로서 설정 안 된 것은 물론이고 '토' 자체에 대한 서술을 전혀 볼 수가 없다.

한편 (8ㄷ)은 1961년에 나온 일본 동경의 학우 서방에서 출간된 문법 교과서이다. 김병제라는 개인이 썼지만 "조선 민주주의 인민 공화국 교육 문화성 비준"이라는 표현을 볼 때 북한에서도 공식적으로 인정한 교과서임을 알 수 있다. 구체적으로는 "중급 학교용 제1,2학년"이라고 쓰여 있는 것을 볼 때, 본래 북한에서라면 중학교급 문법 내용을 담은 것으로 보인다. '어음론, 형태론'이라고 부제에 써져 있으니 아마도 '문장론' 편은 따로 문법 교과서가 있었을 것이다. 눈에 띄는 것은 '토'를 품사로 제시하여 9품사를 설정한 것이다. (8ㄱ)에서는 토에 대해서 일언반구 언급이 없었으나, (8ㅁ) 문법 교과서에서는 '토'를 독자적으로 품사로 설정하고 있다. 8품사는 "자립적 품사"라고 하였고 토는 "보조적 품사"라고 명명하고 있다(김병제, 1961 : 89). 결국 (8ㄱ,ㄴ)의 ≪조선어 문법(Ⅰ,Ⅱ)≫(1960, 1963) 내용이 그대로 학교 문법 내용이라고 말할 수 없게 된다. (6ㄱ)의 ≪조선어 문법≫(1949 : 166)에서 조사를 품사로 설정했었는데, 그때 바로 "보조적 품사"라는 표현을 사용했었다. 물론 (8ㄷ) 문법 교과서 이외에 1960년대 후반 문법 교과서에 반영되었을 수 있긴 하다. 자료의 부족으로 현재로선 단정하기 어렵다.[10)]

---

10) 북한에서 나온 것은 아니지만 1960년대 중반에 일본 동경에서 나온 국어 교과서가 다음과 같은 목차로 남아 있다. 문법이 국어 교과서의 한두 단원으로 배치되어 있음을 확인할 수 있다. 고급학년 1~3학년 각 한 권씩 구성되어 있는데, 단어 중심의 생활 문법 차원으로 제시되어 있고 문장 부분은 수사법 내용으로 이루어져 있으며 어음론 내용은 하나도 제시되어 있지 않다. 이 책들 자체가 북한 국어 교과서는 아니지만 정렬모, 김영황, 김수경 등 북한 어문학자들의 글이 들어가 있어서 대부분 내용이 북한 교과서 내용을 담고 있었다고 추정해 볼 수 있다.

① 총련 중앙상임위원회 교과서편찬위원회(1966), ≪국어 : 고급 학교 제 1 학년 용≫, 동경 : 학우 서방.

○ 1. 일상 생활과 모국어(모국어에 대한 생각(최 명익)/ 생활과 칭호(정 렬모)), 2.

한편, (8ㄹ)은 1961년 12월 30일에 '교원 대학용'이라 하여 나온 문법서로서 교원들을 위한 교육용 문법서이다. 여기서는 (8ㄷ)과 달리 ≪조선어 문법(Ⅰ)≫(1960)의 새로운 8품사를 제시하고 있다. (8ㅁ)은 일본 동경에서 나온 조총련계 초급 중학교 문법 수업에서 사용할 수 있는 것으로 교원들을 위한 것이다. 발행된 시기도 그렇고 "머리'말"이라는 표현을 통해 볼 때 1960년대 북한의 인민학교 및 중학교에서 다루었던 문법 교재 및 내용 일부였음을 추정할 수 있다.

(9) 1970년대 규범 문법서[11)]

ㄱ. 김일성종합대학 조선문학부(1972), ≪문화어문법규범(초고)≫

○ 품사 : 명사, 수사, 대명사, 동사, 형용사, 관형사, 부사, 감동사

○ 문화어, 그것은 위대한 수령 김일성동지의 따뜻한 지도와 보살피심 속에서 해방후 우리 인민이 이룩한 위대한 혁명적전취물이며 우리 인민의 슬기가 깃들어있는 가장 귀중한 민족적재부이며 전체 조선 인민의 유일한 민족어이다. (머리말)

시의 감상, 3. 우리 문화의 자랑, 4. 일기와 서한, 5. 소설의 감상, 6. 수필과 수기 7. 단어와 언어 생활(고유어, 한'자어 및 외래어(김 수경)/ 단어와 사용 방법), 8. 희곡, 9. 회상기와 실기, 10. 고전 문학 작품, 11. 외국 문학 작품

② 총련 중앙상임위원회 교과서편찬위원회(1967), ≪국어 : 고급 학교 제 2 학년 용≫, 동경 : 학우 서방.

○ 1. 단어와 문장 표현(단어의 여러 종류/ 문장 표현의 방법), 2. 현대 시, 3. 수필과 기행문, 4. 정론(총련이 걸어 온 나날/ 정론에 대하여), 5. 현대 소설, 6. 우리 문화 유산, 7. 신문과 방송, 8. 희곡, 9. 고전 문학 작품, 10. 외국 문학 작품

③ 총련 중앙상임위원회 교과서편찬위원회(1966), ≪국어 : 고급 학교 제 3 학년 용≫, 동경 : 학우 서방.

○ 1. 수필 문학, 2. 문'자와 서사 생활(세계의 여러 나라 말과 우리 말/ 우리 선조의 문자와 생활(김 영황)/ 현대 조선어의 발달(김 수경)), 3. 시 문학, 4. 소설 문학, 5. 희곡과 씨나리오, 6. 고전 문학 작품, 7. 평론과 론설, 8. 외국 문학 작품

11) 남한 학계에서는 구체적으로 알려져 있지 않지만 1970년대에도 학교에서 문법 교과서가 활발하게 사용되었으리라 추정된다. 예컨대 고등중학교 1학년용으로 ≪국어문법≫ 교과서에서 국어 교수 방법 자료로 '걸그림참고자료'를 제시할 정도로 문법 교육이 일반화되었었다. 이에 대해서는 북한의 ≪문화어학습≫(1977-2 : 42-43)에서 자세히 소개되어 있다. 윤여탁 외(2006 : 523-524) 참조.

○ 이 ≪문화어문법규범≫은 문화어의 말소리와 문법구조의 체계를 정확히 분석체계화하고 그것이 언어실천에 구현되는 가장 일반적인 규칙을 줌으로써 우리 말을 더욱 힘있게 발전시키며 인민들의 언어생활을 보다 혁명적으로, 문화적으로 세련시켜나가도록 하는데 그 목적을 둔다. (머리말)

ㄴ. 김일성종합대학 조선문학부(1976), ≪조선문화어문법규범≫

○ 품사 : 명사, 수사, 대명사, 동사, 형용사, 관형사, 부사, 감동사

ㄷ. 과학,백과사전출판사(1979), ≪조선문화어문법≫

○ 품사 : 명사, 수사, 대명사, 동사, 형용사, 관형사, 부사, 감동사

1964년과 1966년 두 차례에 걸쳐 김일성이 언어학자들과 한 담화가 나왔다. 후자에서는 특히 평양을 중심으로 한 문화어의 개념을 등장시키고 이 문화어를 기초로 한 연구 및 교육이 필요함을 역설하게 된다. (9ㄱ)에서 보듯이, 김일성종합대학 조선문학부에서 ≪문화어문법규범(초고)≫(1972)를 내는데, 문화어 및 그 문법 규범의 중요성을 머리말에서 강조하면서 인민들의 언어생활을 혁명적 및 문화적으로 세련되게 하는 출판 목적을 말하고 있다. 이것은 나중에 수정하여 최종 (9ㄴ) ≪조선문화어문법규범≫(1976)으로 나온다. 한편 (9ㄷ)의 ≪조선문화어문법≫(1979)은 (9ㄴ)을 더욱 심화한 것으로 알려져 있다.[12)]

---

12) 임홍빈(1997 : 52-66)에 따르면 김일성종합대학출판사에서 낸 ≪조선어 문법≫(1970)을 기초로 하여 (9ㄱ)이 나왔고, 다시 이것을 토대로 (9ㄴ)이 만들어졌다고 한다(61쪽). 그리고 (9ㄷ)은 북한의 규범 문법이 적용된 첫 문법서라고 하면서 규범 문법을 더 심화하기 위한 목적을 가지고 있었다고 말하고 있다(65쪽). 이를 입증하기 위해서는 (9ㄴ)과 (9ㄷ) 문법서를 면밀하게 비교해 보아야 한다. 왜냐하면 (9ㄴ)의 ≪조선문화어문법규범≫(1976)은 이후 1984년과 2011년에 지속적으로 나오고 있기 때문이다. 이는 이 책이 지속적으로 규범 문법 차원에서 그 역할을 해 왔다는 것을 뜻한다.
그런데 필자가 검토한 바에 따르면, 2011년에 나온 ≪조선문화어문법규범≫은 1976년에 나온 것과 차례와 용어 등이 거의 동일하다. 실제로 예컨대, 토에 대한 설명을 할 때, ≪조선문화어문법규범≫(1976, 2011)은 모두 단순 나열로 되어 있다. 그런데 ≪조선문화어문법≫(1979)는 체언토, 용언토, 바꿈토로 상위 분류를 한 다음에 이어서 하위를 각각의 토들을 다루고 있다. 현행 국어 교과서에서의 토에 대한 분류도 ≪조선문화어문법≫(1979)과 동일한 방식으로 이루어져 있다. 이는 곧 ≪조선문화어문법≫(1979)이 학교 문법의 내용 기준으

이들 책에서는 품사가 8품사로 이루어져 있으며, 특히 눈에 띄는 것은 (8ㄱ, ㄴ)의 ≪조선어문법(Ⅰ)≫(1960)에서 언급되지 않았던 '토'에 대하여 8품사보다도 더 많은 지면을 할애하여 제시하고 있다는 사실이다.[13] (9ㄱ)을 구체적으로 보면, 형태론 가운데 '단어의 형태'라는 절을 설정하여서 토를 다루고 있다. 거기서 '격토, 도움토, 맺음토, 이음토, 얽음토, 꾸밈토, 복수토, 상토, 전경토, 시간토, 바꿈토' 등 다양한 토들을 제시하고 그 특성도 자세히 설명하고 있다.[14] 이것들은 2021년 현재 북한의 학교 문법에서 중요하게 다루는 내용들이다. 다시 말하면 현재의 북한 학교 문법은 (9)에 나온 책들, 특히 (9ㄴ,ㄷ)의 ≪조선문화어문법규범≫(1976)과 ≪조선문화어문법≫(1979)에 힘입은 바 크다.[15]

로 더욱 영향을 끼쳤다는 해석이 가능해진다.

13) (9ㄱ~ㄷ)의 각 문법서들은 어음론, 형태론, 문장론으로 구성되어 있는데, 각각이 차지하고 있는 쪽수는 아래와 같다(임홍빈(1997) 참조). 여기서 '단어의 형태' 부분이 바로 '토'를 다룬 부분이다.
   ○ ≪문화어문법규범(초고)≫(1972)
      어음론(157), 형태론(147 : 단어와 그 구조 13, 품사 50, 단어의 형태 84), 문장론(120)
   ○ ≪조선문화어문법규범≫(1976)
      어음론(112), 형태론(217 : 단어와 그 구조 17, 품사 76, 토 123), 문장론 161
   ○ ≪조선문화어문법≫(1979)
      어음론(153), 형태론(172 : 단어와 그 구조 13, 품사 50, 단어의 형태(토) 85), 문장론(116)

14) 토를 집중적으로 기술하기 시작한 것은 김일성종합대학출판사에서 낸 ≪조선어문법≫(1970)과 교육도서출판사에서 낸 ≪조선어≫(1970)에서이다. 임홍빈(1997 : 62)에서는 ≪조선어문법≫(1970)과 ≪조선문화어문법규범≫(1976)에 나타난 토에 대해서 비교하고 있다.

15) 1976년에 나온 ≪조선문화어문법규범≫의 규범으로서의 가치에 대하여 아래와 같은 서술을 찾아볼 수 있다.
   ○ "학계적인 합의에 기초하여 만든 ≪조선문화어문법규범≫은 규범적인 성격을 띤 것으로서 그후 조선어문법서술에 일정한 도움을 주었으며 각급학교들에서는 이것을 조선어문법교육의 기준으로 삼게 되었다."(김영황, 2018 : 218)
   ○ "이 책에서 규정된 문법규범은 그후 우리 나라의 모든 대학, 전문학교, 고등중학교들에서 사용하는 국어문법교과서들에 구현되였으며 ≪조선문화어문법규범≫(과학백과사전출판사, 1979년), ≪조선어문법≫(김용구, 과학백과사전출판사, 1979년) 등 규범문법책들의 기초로 되었다."(박재호, 1996 : 112)

(10) 1980년대 ≪국어 1~3(고등중학교)≫의 학교 문법
ㄱ. 안옥규·최해룡(1986), ≪국어 1(고등중학교 1)≫, [9판발행 1989년 5월 20일]
○ 단어와 그 뜻 / 어휘의 갈래 / 성구와 속담 / 단어의 이루어짐과 단어만들기의 수법 / 맞춤법규칙(1) / 맞춤법규칙(2) <30과>
ㄴ. 리천상·문재홍(1986), ≪국어 2(고등중학교 2)≫
○ 말소리와 글자 / 말소리의 갈래 / 말소리닮기 / 된소리되기와 소리끼우기 / 소리빠지기와 소리줄이기 <27과>
ㄷ. 허수산·강창조·림황성(1986), ≪국어 3(고등중학교 3)≫
○ 문화어의 띄여쓰기와 그 원칙 / 명사의 띄여쓰기 / 수사, 대명사의 띄어쓰기 / 동사, 형용사의 띄여쓰기 / 관형사, 부사, 감동사의 띄여쓰기 / 9. 여러가지 어휘표현수법(37-40쪽) <19과>

북한의 1980년대 학교 문법은 (9ㄴ)의 ≪조선문화어문법규범≫(1976), ≪조선문화어문법≫(1979)의 영향을 받은 것으로 판단된다. (10ㄷ)에서 보듯이 통합 과목인 ≪국어 3≫ 책에 문법 관련 사항을 제시하고 있는데, 거기에 8품사가 나온다. (10ㄷ) ≪국어 3≫ 교과서에는 전체 19개의 단원이 나오는데, 그 가운데 5개 단원의 후반부에 해당 문법 내용을 담고 있다. 특이하게 각 품사를 어떻게 띄어 쓸 것인가를 다루고 있다. 품사 자체보다는 띄어쓰기에 집중하는 모습을 보게 된다. (10ㄴ) ≪국어 2≫ 교과서에서는 어음론 분야를 다루고 있고 (10ㄱ)에서는 단어와 맞춤법을 다루고 있다. 물론 다른 국어 교과서에서 문장론 등 여러 문법 내용을 담았을 것이다.[16)]

이 당시에 학교 문법이 국어과 수업에서 중심이 아니었을 것으로 판단된다. 왜냐하면 (10ㄷ)에서도 그렇지만, (10ㄴ)에서도 전체 27개 단원 가운데 단지

16) 북한은 1972년부터 고등중학교 6년제를 시행하고 이후 2013년에 와서 초급중학교와 고급중학교로 각각 3년씩 제도화하였다. 따라서 1980년대에는 국어 교과서가 전체 6권이 될 것이다. (10)에 제시된 것은 그 가운데 1~3학년의 것들일 뿐이다. 이 시기에 인민학교는 4년제이었다. 북한의 국어 교육 변화 양상은 이관규(2021ㄴ)을 참조할 수 있다.

5개 단원에서만, 그것도 단원 후반부에 문법 내용을 각각 2~3쪽씩 제시할 뿐이었다. 결국 학교 문법 자체보다는 그것을 응용하는 데 집중하여 교과서를 구성하고 있었다는 것이다. 한편 (10ㄷ)에서 보듯이 "어휘표현수법"이라는 수사법 내용을 본문으로 하여 4쪽이나 다루고 있다. 다른 문법 내용과 달리 수사법 내용을 실제 언어생활 표현으로 강조한 것을 볼 수 있다.[17][18]

(11) 1990년대 전반 ≪국어 1~3(고등중학교)≫의 학교 문법

ㄱ. 안옥규·최해룡(1990), ≪국어 1(고등중학교 1)(10판)≫[19]

---

17) 북한에서 1985년에 나온 인민학교 국어 교과서를 보면 역시 문법 내용이 각 대단원에 몇 개씩 들어가 있는 것을 볼 수 있다. 아래 그 구체적인 내용을 보여 준다.

① 리광섭·김승룡·류화춘(1985), ≪국어 1(인민학교 1)≫, 교육도서출판사.
제2과. 우리 글자의 차례와 이름 / 제9과. 단어란 무엇인가 / 제23과. 문장이란 무엇인가 / 제26과. 토란 무엇인가 / 제29과. 글은 띄여써야 한다. <31과>

② 김명근·윤근작·박현수·리광섭(1985), ≪국어 2(인민학교 2)≫, 교육도서출판사.
제2과. 단어에는 뜻이 있다 / 제5과. 받침없는 글자의 쓰기 / 제23과. 존경을 나타낼 때에는 토 ≪시≫를 써야 한다 / 제33과. 된소리로 달라지는 소리와 거센소리로 달라지는 소리 / 제37과. 이어내는 소리와 끊어내는 소리 / 제48과. 문장은 어떻게 이루어지는가 <50과>

③ 리광섭·김병찬·리석마(1985), ≪국어 3(인민학교 3)≫, 교육도서출판사.
제21과. 문화어로 말하기 / 제29과. 닮으며 달라지는 소리 / 제35과. 문장의 갈래 / 제38과. 문장끝에서의 높낮이 <40과>

④ 김명남·최진호·김도교·리광섭(1985), ≪국어 4(인민학교 4)≫, 교육도서출판사.
제21과. 뜻같은말과 반대말 / 제30과. 우리 말의 표현 / 제34과. 단일문과 복합문

18) 그렇다고 해서 1980년대에 문법 교육을 소홀히 했다고 하는 것은 아니다. 당시 북한의 국어 교육 상황을 어느 정도 확인할 수 있는 ≪문화어학습≫ 내용을 보면 그런 사실을 알 수 있다. 최영란(2010)은 1970년대부터 2000년대까지의 북한의 문법 교육에 대해서 ≪문화어학습≫ 자료를 중심으로 살피고 있다. 그에 따르면 문법 교육 관련 글들이 70년대 53.8%, 80년대 54.5%, 90년대 61.5%, 2000년대 52.5%나 차지하고 있다고 한다. 물론 ≪문화어학습≫에서 나온 글의 제목을 갖고 분석한 것이 바로 북한의 문법 교육 현황이라고 단언할 수는 없지만, 분명한 것은 국어 교육에서 문법은 항상 중요시되어 왔다는 사실이다.

19) 연구자가 직접 살핀 (15ㄱ)은 "10판발행 1990년 7월 20일"이라고 판권에 나와 있었다. 여기에서는 "9판발행 1989년 5월 20일"이라고 하여 9판이 1989년에 발행되었었음을 알려 주고 있다. 그런데 정작 이 책의 표지에는 "국어 : 고등중학교 1"과 "교육도서출판사 1991"이라고 되어 있었다. 여기서는 판권의 날짜를 우선시하도록 한다. (15ㄴ)은 "8판발행 8월 31일"이라고 되어 있고 "7판발행 1988년 4월 12일"이라고 되어 있었다. 또 표지에는 "국

○ 단어와 그 뜻, 어휘의 갈래, 성구와 속담, 단어의 이루어짐과 단어만들기의 수법, 맞춤법규칙(1), 맞춤법규칙(2)
6. 글씨는 바르고 곱게 써야 한다.(26-31쪽)

ㄴ. 리천상·문재홍(1990), ≪국어 2(고등중학교 2)(8판)≫

○ 말소리와 글자, 말소리의 갈래, 말소리닮기, 된소리되기와 소리끼우기, 소리빠지기와 소리줄이기

ㄷ. 허수산·강창조·림황성(1990), ≪국어 3(고등중학교 3)≫

○ 문화어의 띄여쓰기와 그 원칙, 명사의 띄여쓰기, 수사, 대명사의 띄여쓰기, 동사, 형용사의 띄여쓰기, 관형사, 부사, 감동사의 띄여쓰기
9. 여러가지 어휘표현수법

(11)은 1990년에 나온 고등중학교의 '국어' 교과서들이다. 이것들은 (10)의 책들과 그 장별 목차와 내용이 완벽히 동일하다. 단지 (10)의 책들은 국판이고, (11)의 책들은 크기가 조금 큰 4×6배판일 뿐이다. 그래서 대단원과 내용이 동일하지만 단지 쪽 수에서만 차이를 보인다. 예컨대, (10ㄱ)의 2학년 것과 (11ㄴ)의 2학년 것은 각각 135쪽, 124쪽으로 차이가 난다. 또한 (11ㄱ)의 ≪국어 1≫ 교과서가 1990년 발행으로 10판이라고 했으니, 오랫동안 북한에서 고등중학교 국어 교과서에 내용상 변화가 없었음을 확인할 수 있다.

(12) 1996년~2000년대 ≪국어문법 1~3(고등중학교)≫의 학교 문법

ㄱ. 최준영·서재길·류병설(1996, 2001), ≪국어문법 1(고등중학교 1)≫

○ 품사 : 명사, 수사, 대명사, 동사, 형용사, 관형사, 부사, 감동사

○ 10. 품사란 무엇이며 품사에는 어떤것이 있는가

ㄴ. 최준영·서재길·류병설(1996, 2001), ≪국어문법 2(고등중학교 2)≫

○ 9. 완전명사와 불완전명사
10. 수량수사와 순서수사
11. 사람대명사, 가리킴대명사, 물음대명사

어 : 고등중학교 2"와 "교육도서출판사 1991"이라고 되어 있었다. 마찬가지로 판권의 서지사항을 우선시하도록 한다.

12. 자립동사와 보조동사
13. 동사와 형용사는 어떻게 다른가
14. 관형사와 앞붙이는 어떻게 다른가
15. 관형사와 부사는 어떻게 다른가

ㄷ. 최준영·서재길·류병설(1996, 2001), ≪국어문법 3(고등중학교 3)≫

현재 남한에 소개되어 있는 북한의 문법 교과서는 중등학교용으로 나온 ≪국어문법 1~3≫(1996) 세 권이다. 이것은 남한의 중고등학교에 해당하는 고등중학교에서 사용된 교과서인데, 이후 2001년 판으로도 나와서 오랫동안 북한 중등학교에서 사용되었음을 알 수 있다.[20] 이 문법 교과서들에는 전통적인 문법 내용, 즉 어음론, 형태론, 문장론 이외에도 어문 규범은 물론이고 수사법 내용도 들어가 있다. 예컨대 은유법이나 점층법 같은 내용들도 문법 교과서에서 다루고 있다.

(12) ≪국어문법 1~3≫ 교과서의 품사는 명사, 수사, 대명사, 동사, 형용사, 관형사, 부사, 감동사의 8품사 체제를 갖추고 있다. 이것은 1970년대 완성된 (9)의 ≪문화어문법규범(초고)≫(1972), ≪조선문화어문법규범≫(1976), ≪조선문화어문법≫(1979)의 체제와 동일하며, 1980년대의 (10) 고등중학교 ≪국어≫(1986) 및 1990년대 초반의 (11) 고등중학교 ≪국어≫(1990) 교과서의 품사와도 동일하다. 특이한 점은 (12) ≪국어문법 1≫에서는 8품사를 하나의 단원에서 간략히 그 종류를 제시하고, 더욱 자세한 분류 모습을 ≪국어문법 2≫에서 7개 단원에서 자세히 설명하고 있다는 점이다. (12)의 ≪국어문법 1~3≫ 교과서에서는 이처럼 교수 학습 내용의 순서까지 고려하여 해당 문법 내용들이 제시되고 있다고 하겠다.[21]

---

20) 더불어서 북한의 교원들을 위해서 나온 문법서인 ≪조선문화어(Ⅰ,Ⅱ)≫(2003)는 남한에도 잘 알려져 있다.

21) 북한에서 '고등중학교'라는 명칭은 2002년에 '중학교'로 바뀐다. 2000년대 초반에 나온 다음과 같은 ≪중학교 국어≫ 교과서를 보면 문법 내용은 나와 있지 않다. 즉 문법은 (12) ≪국어문법 1~3≫ 교과서에서 전적으로 다루고 있다는 것이다. 한편 초판이 1996년에 나

(13) 2013~2015년 ≪국어 1~3(초급중학교)≫ 및 ≪국어문학 1~3(고급중학교)≫의 학교 문법

ㄱ. 교육도서출판사(2013), ≪국어 1(초급중학교 1)≫
교육도서출판사(2014), ≪국어 2(초급중학교 2)≫
○ 품사 : 명사, 수사, 대명사, 동사, 형용사, 관형사, 부사, 감동사
교육도서출판사(2015), ≪국어 3(초급중학교 3)≫

ㄴ. 교육도서출판사(2013), ≪국어문학 1(고급중학교 1)≫
○ 품사 : 명사, 수사, 대명사, 동사, 형용사, 관형사, 부사, 감동사
교육도서출판사(2014), ≪국어문학 2(고급중학교 2)≫
교육도서출판사(2015), ≪국어문학 3(고급중학교 3)≫

북한에서는 2012년 김정은 등장에 발맞추어서 2013년에 교육 제도를 정비하면서 새로운 교육과정, 즉 '교육강령'이 나오게 된다. 국어과에서도 전면적인 체제 변화가 일어나게 되는데, 그동안 중등학교에서 20여 년 사용되어 오던 ≪국어문법 1~3≫ 교과서가 사라지고 문법 내용은 ≪국어≫ 교과서에 통합적으로 들어가게 된다. 소학교 ≪국어≫ 교과서에도 들어가 있긴 하지만, 현행 북한의 학교 문법 내용의 본체는 남한의 중학교에 해당하는 초급중학교의 ≪국어 1~3≫(2013~2015) 교과서에 분포되어 있다. 고등학교에 해당하는 고급중학교에서는 ≪국어문학 1~3≫ 가운데 1권과 2권에만 문법 내용이 약간 들어가 있다.

(12) 문법 교과서가 사용되던 1996년 이후에는 중등학교 국어과 교과서가 ≪국어 1~3≫, ≪국어문법 1~3≫, ≪국어문학 1~3≫이었는데, 김정은 등장에 따라 2013년부터는 ≪국어 1~3≫, ≪국어문학 1~3≫으로 된 것이다. 종래의

온 아래 ③에도 문법 내용은 들어가 있지 않다.

① 전장길·문재홍·황철명·리광섭(2004), ≪국어 1(중학교 1)(4판)≫, 교육도서출판사. [3판(2002)]

② 리기형·왕광수·한춘옥·문재홍·리광섭(2002), ≪국어 2(중학교 2)(3판)≫, 교육도서출판사. [2판(2000)]

③ 전장길·문재홍·황철명·리광섭·홍기천(2000), ≪국어 1(고등중학교 1)(2판)≫, 교육도서출판사. [1판(1996)]

≪국어문법 1~3≫의 내용은 초급중학교의 ≪국어 1~3≫와 고급중학교의 ≪국어문학 1,2≫에 통합적으로 들어가 있는 실정이다. (13ㄱ)의 ≪국어 1~3≫에는 말소리, 단어, 문장, 어휘, 수사법, 어문 규범 등 내용이 "문법지식을 새겨봅시다"라는 제목으로 골고루 들어가서 완결성을 띠고 있으며, ≪국어문학 1,2≫에는 "문법실천"이라는 학습활동의 일환으로 품사론과 문장론 및 문장 부호 일부 내용만 들어가 있다. ≪국어문학 3≫에는 문법 내용이 전혀 들어가 있지 않다. (11)에 들어 있는 문법 내용은 모두 (12)의 ≪국어문법 1~3≫(1996, 2001)에 있는 것들이다. 심지어는 예문으로 들어가 있는 것들도 동일하다.

2.3. 정리 및 과제

지금까지 북한의 학교 문법에 대하여 현재의 내용을 학교급별로 살펴보았고, 변천 과정을 품사를 중심으로 하여 개략적으로 제시하여 보았다. 학교 문법 내용은 현행 소학교 ≪국어 1~5≫(2013~2016), 초급중학교 ≪국어 1~3≫(2013~2015), 고급중학교 ≪국어문학≫(2013~2015)에 제시된 것을 살펴보았다. 그리고 학교 문법의 변천 과정은 초창기에 나온 규범 문법서들과 국어 및 문법 교과서를 중심으로 하여 개략적으로나마 검토하여 보았다.

북한의 학교 문법은 크게 '말소리, 단어, 문장, 어휘, 수사법("표현수법"), 어문 규범'으로 분류할 수 있다. 남한에서는 '말소리'를 주로 음운의 개념 및 음운의 변동이라 하여 음운론 차원에서 기술하는데 반해 북한에서는 말 그대로 '말소리', 즉 어음론 차원에서 기술하는 차이가 있다. 실제적인 발음 생활에 이바지하는 교육 방향이라 판단된다. 그리고 상대적이긴 하지만 품사와 토를 중심으로 한 단어 교수 학습이 매우 강조된다. 문장에 대해서는 말소리나 단어에 비해 상대적으로 약하게 교수 학습된다. 남한과 차이 나는 북한 학교 문법의 특징은 무엇보다 "표현수법"이라 하여 수사법 내용을 포함하고 있다는 점이다. 남한에서는 문학 분야에서 수사법 내용을 다루는데, 북한에서는 실용 차원에서 국어 교과서에서, 특히 문법 영역에서 다루는 것으로 이해된다. 하긴 남한에서도 1950년대~1960년대에는 수사법을 학교 문법 분야에서 다루었었다.

북한은 일찍부터 인민학교에서도 국어문법을 배우도록 했다. 초기에는 인민학교 1학년에서도 문법 과목을 학습하게 했으나, 1959년에 인민학교에서 '국어문법' 과목이 사라졌고 중등학교에서만 다루어졌다. ≪국어문법 1~3≫(1996, 2001)은 큰 역할을 하였으며 현재는 초급중학교의 ≪국어 1~3≫(2013~2015)에서 학습 활동 방식으로 다루어지고 있으며, 소학교와 고급중학교에서도 일정 부분 문법 내용이 다루어지고 있다.

본래 북한에서는 김두봉의 입김이 많이 들어간 ≪조선어 문법≫(1949)이 등장했으나 1950년대 중후반 그의 실각 이후 긴급히 ≪조선어 문법(Ⅰ,Ⅱ)≫(1960, 1963)이 나왔다. 전자에서는 조사가 품사로 인정되었었으나 후자에서는 사라졌다. 북한 학교 문법의 실체는 1970년대 나온 ≪조선문화어문법규범≫(1976)을 통해서 확인할 수 있는데, ≪조선문화어문법≫(1979)에 와서 심화 및 완성된 모습을 보인다. 전자는 1984년과 2011년에 다시 판본을 바꿔서 출판되기도 한다. 1980년대 이후 2021년 현재까지 북한의 학교 문법에서는 조사(토)를 품사로 인정하지 않고 있는데, 결국 1970년대 나온 규범 문법서들을 따르고 있는 셈이다.

요컨대, 북한의 학교 문법은 말소리, 단어, 문장, 어휘, 수사법, 어문 규범 등이 국어 교과서에서 "문법지식"이라는 표현으로 다루어지고 있는데 실용성이라는 차원에서 교수 학습되는 내용으로 다루어지고 있다. 특히 "표현수법"이라고 하는 수사법 내용이 다루어지고, 또 어문 규범에서도 띄어쓰기와 문장부호가 두드러지게 다루어지고 있다. 학교 문법의 변천 과정은 초창기 규범 문법서를 중심으로 하여 그 흐름을 확인해 볼 수 있고 1996년에는 ≪국어문법 1~3≫이 등장하여 20여 년 큰 역할을 해 왔고 2013년부터는 ≪국어≫ 교과서에서 문법 내용이 통합적으로 다루어지고 있다.

제3장 말소리

남한에서는 학교 문법을 공부할 때 대개 음운론부터 시작한다. 음운은 최소의 의미 변별 단위라 하여 음운론의 기본 단위로 말하곤 한다. 즉 의미에 방점을 두고 음운론에 접근한다는 말이다. 그러나 북한에서는 음운론이 아니라 '어음론'이라 하여 말소리를 기본 단위로 설정한다. 즉 남한은 이론을, 북한은 실제를 더욱 중요하게 본다는 말이다.[1)]

북한에서는 '말소리의 단위와 억양, 말소리의 갈래와 소리마루, 말소리의 바뀜' 이런 표현들을 사용하여 어음론 부분을 국어 교과서에서 다룬다. 자음과 모음을 다루는 것은 물론이요, 소리마디와 소리마루라 하여 단어 혹은 문장에서의 소리 혹은 억양 같은 것도 다룬다. 또한 남한에서 사용하는 '음운 변동'이라는 용어는 사용하지 않고 '말소리의 바뀜'이라 하여 '받침단어들의 발음, 이어내기와 끊어내기, 소리닮기와 ≪지, 치≫로 되기, 된소리되기와 거센소리

1) 사실 남한도 문법 교과서에서는 '말소리'라는 대단원 명칭을 사용하고 있다. 1985년부터 2002년 마지막 국정 문법 교과서가 모두 그렇다. 그러나 실제 교수 학습 현장이나 각종 국가 차원의 시험에서는 말소리가 아닌 '음운'을 갖고 다루고 있다. 이런 점에서 "남한은 이론을, 북한은 실제를"이라는 표현을 쓴 것이다.

되기, 소리빠지기와 소리끼우기'라는 용어를 사용하여 실제 말소리 현상을 다루고 있다.

3.1. 말소리의 단위와 억양

흔히 언어는 의사소통의 매개체라고 한다. 의사소통을 할 때 말과 글을 통하여 하는 게 일반적이며 때로는 몸짓을 통해서 하기도 한다. 그리하여 언어는 음성 언어와 문자 언어로 크게 나누고 몸짓 언어를 덧붙이기도 한다. 음성은 말소리를 뜻하고 문자는 글자를 뜻한다. 북한이나 남한이나 학교 문법에서 언어 단위를 '말소리-단어-문장' 차원으로 다루는 게 일반적이다. 여기서 말소리는 바로 소리, 곧 음성으로서의 우리말 소리를 다루는 영역이다.[2)]

3.1.1. 말소리의 단위

말소리는 여러 가지 발음덩어리로 구분된다. 말소리의 흐름 속에서 가장 크게 갈라낼 수 있는 것은 "**소리동강**"이다. 소리동강은 길게 끊기와 끝맺음 억양에 의해서 끊어지며 자체로서 하나의 통일된 억양을 가지는 발음 단위이다. 대개 문장 단위로 소리동강이 있게 된다. 소리동강은 보다 작은 몇 개의 발음덩어리인 소리매듭으로 이루어진다. "**소리매듭**"이란 끊어지지 않는 한 번의 날숨으로 발음되고 앞뒤, 또는 앞이나 뒤에 끊기가 있는 발음 단위이다.[3)]

2) 음성과 음운은 다른 개념을 지니고 있다. 음성은 말 그대로 말소리로서 구체성이 있으며, 음운은 최소의 의미 변별 단위로서 추상적 단위이다. 북한 학계에서도 이 점을 잘 인식하고 있다. 예컨대, 김성근(2005ㄱ : 16)에서는 "음운이란 언어적단위인 단어나 형태부의 어음적 외피를 이루어주고 의미를 구별시켜주는 어음의 최소단위이다."라고 말하고 있다.

3) 여기에서 제시된 각종 말소리 흐름의 단위들에 대해서는 ≪조선문화어문법규범≫(1976 : 90-94), ≪조선문화어문법≫(1979 : 128-129)에 기댄 바 크다. 거기서는 소리동강과 소리매듭에 대하여 자세히 논하고 있다. 소리토막과 소리마디에 대해서도 간략히 소개하고 있으나,

소리매듭은 단어가 이어져서 구성되는 구에 대체로 해당한다. 소리매듭은 다시 "**소리토막**"을 아래로 갖는데, 대개 어절 단위 혹은 단어 단위라고 보아도 된다. 소리토막은 다시 "**소리마디**"로 갈라질 수 있다. 소리마디는 말 그대로 글자 하나하나로 구성되는 음절에 해당한다.

○ 말소리의 단위

소리동강	≥	소리매듭	≥	소리토막	≥	소리마디
문장		구		어절 혹은 단어		음절

소리동강은 하나 또는 두 개 이상의 소리매듭으로 이루어질 수 있고, 소리매듭도 하나 또는 그 이상의 소리토막으로 이루어질 수 있고, 소리토막도 하나 또는 그 이상의 소리마디로 이루어질 수 있다. 그런 의미에서 위에서 부등호를 '≥'로 표시한 것이다.

○ 혁명은 / 인민을 위한 사업이며 / 인민자신의 사업이다.
○ 세상에서/ 가장 귀중한 것은/ 사람이며 / 가장 힘있는 존재도/ 사람이다.
○ 빨리 나아가자!

위의 첫 번째 문장은 하나의 소리동강과 세 개의 소리매듭으로 이루어졌다. '혁명은'은 소리매듭이면서 동시에 소리토막에 해당한다. 소리마디는 글자 하나하나에 해당하니까, '혁명은'의 경우 세 개의 소리마디가 들어 있는 셈이다. 두 번째 문장은 하나의 소리동강과 다섯 개의 소리매듭으로 이루어져 있다. '가장 귀중한 것은'은 하나의 소리매듭인데 그 안에는 세 개의 소리토막이 있다. 이 표현에서 소리마디는 역시 글자 하나하나를 센 일곱 개다. 세 번째 문장은 하나의 소리동강이면서 동시에 하나의 소리매듭이다. 또한 두 개의 소리토막이며 여섯 개의 소리마디이다.

이해의 필요성으로 인해 필자가 구체적인 비교 대조를 하도록 서술하였다.

이와 같이 **말소리**는 사람이 내는 소리로서, 언어 단위에 관계없이 그야말로 말의 소리를 뜻하는 것이다. 말소리는 소리만을 다루기 때문에 의미를 다루는 **뜻소리**와는 완전히 다르다. 우리가 문법을 학습한다고 하면 문자 언어가 주된 대상이 아니라 음성 언어가 주된 대상이다. 따라서 올바른 발음을 교수 학습하는 것이 바로 '말소리' 단원의 목표가 되어야 한다. 결국 다른 사람과 의사소통을 한다고 할 때 그 구체적인 매개체는 말소리이기 때문이다.[4)]

그런데 학교 문법에서 말소리 단원을 보면, 문장과 단어의 말소리는 거의 다루지 않고 자음이나 모음과 같은 것들만 다루고 있는 실정이다. 남한에서는 말소리 단원에서 거의 자음과 모음 관련 내용만 다루고 있고, 북한에서도 역시 주된 것은 자음과 모음과 관련된 내용을 다루며, 그나마 문장과 단어의 말소리 일부를 다루고 있긴 하다.

3.1.2. 억양

말소리의 흐름을 발음단위 측면에서 소리동강, 소리매듭, 소리토막, 소리마디로 나누어 보았지만, 기실 말소리 흐름은 말소리의 단순한 선이 아니라, 말소리의 길이와 그 폭과 높이를 다 가지며 "소리빛갈"과 속도까지도 다양하게 변하는 입체적인 흐름이다(≪조선문화어문법≫, 1979 : 132). 이런 흐름을 **억양**이라고 하는데, 억양은 비록 발음단위는 아니지만 말소리 흐름 속에서 실현되는 단위이다.

억양의 기본 단위는 소리동강, 즉 문장이다. 억양은 크게 끝맺음억양과 중간억양으로 나눈다. "**끝맺음억양**"은 소리동강의 마지막 부분에서 나타나며 문장

4) 남한 학교 문법에서는 흔히들 음운이라는 단위를 설정하여 최소의 의미 변별 단위로 말하면서 자음과 모음 같은 분절 음운과 장단 같은 비분절 음운을 설정하곤 한다. 실상 '말소리'라는 명칭의 단원을 설정해 두고서 그렇게 하곤 한다. 그러나 엄밀히 말해서 음운은 뜻소리 차원의 명칭이기 때문에, 말소리, 곧 음성 차원에서 자음과 모음을 다룰 필요가 있다.

을 끝맺어 주는 기능을 수행한다. 그리고 "중간억양"은 문장 전반에 나타나는 억양이다. 특히 문장의 종류를 평서문, 의문문, 명령문, 청유문, 감탄문 등으로 나눌 때도 억양, 특히 끝맺음억양은 아주 중요한 역할을 한다.

억양은 여러 발음 요소로 이루어지는데, 대개 높낮이선, 율동, 끊기, 속도, 문장의 소리마루와 같은 요소들이며 여기에 '**소리빛갈**'도 포함된다. 소리빛갈은 말하는 사람의 정서적 감정을 표현하는 데에, 그리고 문장 발음 전반을 성격 짓는 데에 큰 역할을 한다.[5)]

❖ 다음의 문장을 여러 가지 억양으로 말해보면서 억양의 중요성을 이야기해봅시다.

례 : ≪순철동무, 축하한다. 1등을 했다면서?≫

위의 활동은 '실천의 길' 학습 활동 가운데 "축하와 위로, 격려말하기를 해봅시다"라는 활동에서 제시된 것이다. 이 표현은 두 개의 문장으로 이루어졌는데, '순철동무, 축하한다.'에서는 마지막 부분이 내려가고, 뒤의 문장 '1등을 했다면서?'에서는 마지막 부분이 올라간다. 즉 끝맺음억양이 가장 중요한 역할을 하여, 각각 평서문, 의문문 역할을 하게 한다. 문장을 뜻하는 소리동강 전체에서도 물론이고, 소리매듭, 소리토막, 소리마디도 하나하나 연결되어서 일련의 말소리 흐름이 이루어지는 것이다. 위의 활동에서는 소리빛갈도 마음을 담은 일정한 역할을 한다. 기본적으로 축하하는 말이라는 전제 하에서 부드럽고 마음껏 축하하는 마음이 드러나게 된다.[6)]

5) 북한에서는 억양을 무척 중요시 하고 있는데, 1970년대 규범 문법서인 ≪조선문화어문법규범≫(1976 : 94-104)과 ≪조선문화어문법≫(1979 : 130-135)에서 제시하고 있는 내용이 지금까지도 유효하게 학교 문법에서 받아들여지고 있다. 이들 규범 문법서에서는 특히 문장의 발음을 '높낮이선, 률동, 끊기, 말의 속도, 소리빛갈, 문장의 소리마루'로 나누어서 더욱 자세히 제시하고 있다.

6) ≪국어 3≫(2015 : 217)에서는 알림문, 물음문, 추김문, 시킴문, 느낌문의 억양에 대하여 학습

3.2 말소리의 갈래와 소리마루

앞서도 말한바 말소리는 단어의 소리, 문장의 소리 등 그 대상이 무척 넓다. 그러나 남한 학교 문법에서는 주로 모음과 자음의 소리에 대해서 서술하고 있다. 한편 북한 학교 문법에서는 특정한 부분을 두드러지게 발음한다는 뜻을 지닌 "**소리마루**"를 설정하여 구체적으로 더 다루고 있다.

3.2.1. 모음과 자음의 개념과 갈래

흔히들 말소리는 음성이라 하여 모음과 자음으로 나누곤 한다. 모음은 소리를 낼 때 중간에 막힘이 없이 내는 소리이고, 자음은 중간에 막힘이 있이 내는 소리이다.

> 혼자서도 발음할수 있고 길게 소리낼수 있는 말소리들을 **모음**이라고 부르고 혼자만으로는 발음할수 없고 반드시 모음과 합해야만 발음할수 있으며 길게 소리낼수 없고 순간적으로만 발음되는 말소리들을 **자음**이라고 부릅니다.

위의 개념 정의에서도 보듯이, 모음은 "혼자서도 발음할수 있고 길게 소리낼수 있는 말소리들"을 가리키고, 자음은 "혼자만으로는 발음할수 없고 반드시 모음과 합해야만 발음할수 있으며 길게 소리낼수 없고 순간적으로만 발음되는 말소리들"을 지칭하고 있다. 모음은 홀로 발음할 수 있으나 자음은 반드시 모음과 합해져야만 소리를 낼 수 있다는 말이다.

활동을 하고 있다. 자세한 설명은 나오지 않으나 인물들의 감정이 드러나게 억양을 주어서 읽어 보게 하는 활동을 제시하고 있다.

❖ 우리 말의 말소리를 적어봅시다. 모두 몇 개입니까?

❖ 말소리들을 발음해보고 다음의 요구에 맞는것과 맞지 않는것을 갈라봅시다.

ㄱ) 혼자서도 발음할수 있는것
ㄴ) 길게 소리낼수 있는것

❖ 모음은 길게 소리낼수 있지만 자음은 길게 소리낼수 없는것은 무엇때문입니까?

○ 모음(21개) : ㅏ, ㅑ, ㅓ, ㅕ, ㅗ, ㅛ, ㅜ, ㅠ, ㅡ, ㅣ, ㅐ, ㅒ, ㅔ, ㅖ, ㅚ, ㅟ, ㅢ, ㅘ, ㅝ, ㅙ, ㅞ

○ 자음(19개) : ㄱ, ㄴ, ㄷ, ㄹ, ㅁ, ㅂ, ㅅ, ㅇ, ㅈ, ㅊ, ㅋ, ㅌ, ㅍ, ㅎ, ㄲ, ㄸ, ㅃ, ㅆ, ㅉ

— ≪국어문법1≫(2001 : 17)

위의 학습 활동은 말소리 40개를 적어 보게 하면서 모음과 자음의 특성을 생각해 보게 한 활동이다. 남한이나 북한이나 모음은 21개, 자음은 19개를 설정하고 있다. 남한 사람이나 북한 사람이나 동일한 한국어를 사용하고 있기 때문에 이 말소리, 즉 음성의 종류는 차이가 있을 리 없다.

모음은 혼자서도 발음할 수 있는 것이고 또한 길게 소리 낼 수 있는 것은 당연하다. 본래 모음은 소리를 낼 때 아무런 제지를 받지 않고 내는 소리이고, 자음은 소리를 낼 때 공기 흐름이 방해를 받는 소리이다. 즉 모음은 발음할 때 공기의 흐름이 크게 방해를 받지 않고 나는 소리이고, 자음은 공기의 흐름을 적극적으로 막거나 좁혀서 내는 소리를 가리킨다. 이런 이유로 해서 모음은 길게 소리를 낼 수 있지만, 자음은 길게 소리를 낼 수 없는 것이다. 그리하여 자음은 홀로 쓰일 수 없음은 물론이고 반드시 모음과 함께 있어야 순간적으로나마 소리를 낼 수 있다.

❖ 다음의 표를 보고 모음과 자음의 갈래에 대하여 생각해봅시다.

모음	홑 모 음	ㅏ, ㅓ, ㅗ, ㅜ, ㅡ, ㅣ, ㅐ, ㅔ, ㅚ, ㅟ
	겹 모 음	ㅑ, ㅕ, ㅛ, ㅠ, ㅒ, ㅖ, ㅢ, ㅘ, ㅝ, ㅙ, ㅞ
자음	순한소리	ㄱ, ㄷ, ㅂ, ㅅ, ㅈ, ㅎ
	거센소리	ㅋ, ㅌ, ㅍ, ㅊ
	된 소 리	ㄲ, ㄸ, ㅃ, ㅆ, ㅉ
	울림소리	ㄴ, ㄹ, ㅁ, ㅇ

ㄱ) 모음을 홑모음과 겹모음으로 가른 기준은 무엇입니까?

ㄴ) 자음들의 이름을 순한소리, 거센소리, 된소리, 울림소리로 부르는 근거는 무엇입니까?

위의 활동은 모음과 자음의 갈래를 생각해 보게 하는 활동이다. 모음은 홑모음과 겹모음으로 나뉘는데, "**홑모음**"은 발음하는 도중에 입안의 모양이 달라지지 않고 "**겹모음**"은 발음하는 도중에 입안의 모양이 달라진다. 즉 홑모음과 겹모음을 가르는 기준이 발음 시 입안의 모양 변화 유무라는 말이다. 입안의 모양이 달라진다는 것은 처음 소리와 나중 소리가 다르다는 것을 뜻한다. 그렇다면 왜 이런 차이가 날까? 홑모음은 발음할 때 이 모음들이 다른 어떤 말소리와 합해져서 이루어지지 않고 그것 하나만으로 이루어지고, 겹모음은 다른 어떤 말소리가 합해져서 이루어지기 때문이다. 즉 겹모음은 두 가지 말소리가 들어 있다는 것을 뜻한다.

○ 홑모음의 갈래[7]

혀의 앞뒤 / 입술의 모양 / 혀의 높이	끝모음	앞모음		가운데모음	뒤모음	
	길죽모음	길죽모음	둥근모음	길죽모음	길죽모음	둥근모음
높은모음	ㅣ	ㅔ	ㅟ	ㅡ	ㅓ	ㅜ
낮은모음		ㅐ	ㅚ		ㅏ	ㅗ

— ≪조선문화어문법규범≫(2011 : 20)

홑모음은 10개 설정되어 있는데, 혀의 앞뒤에 따라서 "끝모음", "앞모음", "가운데모음", "뒤모음"으로 구분되며, 각각은 'ㅣ', 'ㅔ, ㅐ, ㅟ, ㅚ', 'ㅡ', 'ㅓ, ㅏ, ㅜ, ㅗ'가 해당한다. 두 번째 기준은 혀의 높이인데, 이에 따라 "높은모음"과 "낮은모음"으로 구분되며, 각각 'ㅣ, ㅔ, ㅟ, ㅡ, ㅓ, ㅜ'와 'ㅐ, ㅚ, ㅏ, ㅗ'가 해당한다. 세 번째 기준은 입술의 모양인데, "길죽모음"과 "둥근모음"으로 구분되며, 각각 'ㅣ, ㅔ, ㅐ, ㅡ, ㅓ, ㅏ'와 'ㅟ, ㅚ, ㅜ, ㅗ'가 해당한다고 기술하고 있다.[8]

○ 겹모음의 갈래

① ㅑ, ㅕ, ㅛ, ㅠ, ㅒ, ㅖ <j계>

② ㅘ, ㅝ, ㅙ, ㅞ <w계>

③ ㅢ

겹모음은 ①~③의 세 가지 갈래로 나뉜다. ①은 처음에 반모음 j가 오고

7) 이 도표의 '길죽모음'은 ≪조선문화어문법규범≫(1976 : 20)에서는 '길쭉모음'으로 나와 있다.

8) 이러한 북한의 홑모음 분류는 남한의 방식과는 차이가 많이 난다. 혀의 앞뒤, 혀의 높이, 입술의 모양이라는 분류 기준은 일치하지만, 실제 그 내용은 차이가 있다. 남한에서는 혀의 앞뒤 기준에 따라서는 전설 모음과 후설 모음으로, 혀의 높이 기준에 따라서는 고모음, 중모음, 저모음으로 나누고 있어서 북한과는 차이가 있다. 그러나 입술의 모양 기준에 따라서는 평순 모음과 원순 모음으로 나누고 있어서 그 내용이 북한의 분류와 일치한다.

나중에 홑모음 'ㅏ, ㅓ, ㅗ, ㅜ, ㅐ, ㅔ'가 오는 것이고, ②는 처음에 반모음 w가 오고 나중에 'ㅏ, ㅓ, ㅐ, ㅔ'가 오는 것이다. 북한에서는 j에 대해서 "모음 [I]와 비슷한 소리"라고 하고 w는 "모음 [ㅗ] 또는 [ㅜ]와 비슷한 소리"라고 말하고 있다. 좀 더 구체적으로는 각각에 대하여 "하나는 혀끝을 굳은 입천장 쪽에 높이 올리고 내는 소리이며 다른 하나는 입술을 둥글게 하여 내는 소리"라고 말하고 있다(≪조선문화어문법≫(1979 : 22-23)). 이런 설명은 남북한이 동일하다.[9)]

한편 ③의 'ㅢ'에 대해서는 다른 설명을 하고 있다. 북한에서는 'ㅢ'가 홑모음 'ㅡ'와 홑모음 'ㅣ'가 합해진 "순수한 겹모음"이라고 한다. 그러나 남한 학교 문법에서는 'ㅢ'가 이중 모음이라고 하면서 앞의 'ㅡ'와 뒤의 'ㅣ' 가운데 어느 것이 반모음인지에 대해서 보류하고 있는 실정이다. 단모음과 단모음 구성이 아니라 하나는 반모음이고 하나는 단모음이라는 전제가 깔려 있다는 말이다. 음성학계에서는 앞에 오는 'ㅡ'가 반모음이어서 [ɰ] 표시를 해 주고 있다고 보며, 국어학계의 몇몇 연구에서는 뒤에 오는 'ㅣ'가 반모음이라고 하여 ①의 [j]로 반모음 표시를 해 주고 있는 실정이다.[10)]

여하튼 북한 학교 문법에서는 위의 학습 활동에서 보는 것처럼 반모음 논의까지는 다루고 있지 않다. 단지 ≪조선문화어문법규범≫(1976)과 ≪조선문화어문법≫(1979), 그리고 ≪국어문법≫(2001)에서까지는 j계와 w계 반모음을 다루었으나 현행 ≪국어 1~3≫(2013~2015)에서는 반모음을 다루고 있지 않다.[11)]

9) ≪조선문화어문법규범≫(1976 : 20-21)에서는 '반모음 <ㅣ>', '반모음 <ㅜ>' 혹은 '짧은모음 <ㅣ>', '짧은모음 <ㅜ>'라고 지칭하고 있다. 그러면서 특이하게 "글자로는 <ㅘ>, <ㅙ>는 <ㅗ>로 쓰지만 실지 발음은 짧은모음 <ㅜ>"라고 말하고 있다. 이런 언급은 ≪조선문화어문법≫(1979)에서는 나타나지 않는다.

10) 북한의 학계에서도 'ㅢ'에 대한 해석은 여러 가지이다. 실제로 김성근(2005ㄴ : 101)에서는 겹모음 'ㅢ'와 관련하여 학계에서 세 가지 견해가 있음을 보이고 있다. '내리겹모음(하강겹모음)', '올리겹모음(상승겹모음)', '평행겹모음'으로 보는 것이 그것들인데, 그러면서 실험에 의하면 'ㅢ'는 평행겹모음에 가깝다고 말하고 있다.

○ 자음의 갈래 12)

자리 방법 성질	입술소리	혀앞소리				혀뒤소리	목청소리
	터침소리	터침소리	터스침소리	스침소리	튀김소리	터침소리	스침소리
순한소리	ㅂ	ㄷ	ㅈ	ㅅ		ㄱ	ㅎ
된 소 리	ㅃ	ㄸ	ㅉ	ㅆ		ㄲ	
거센소리	ㅍ	ㅌ	ㅊ			ㅋ	
울림소리	ㅁ	ㄴ			ㄹ	ㅇ	

— ≪조선문화어문법규범≫(1976 : 24 참조)

앞에서도 보았지만, 자음은 혼자만은 발음할 수 없고 모음과 합해야만 발음할 수 있으며 따라서 길게 소리를 낼 수도 없고 순간적으로만 발음되는 말소리이다. 위의 학습 활동 ㄴ)에서는 19개의 자음을 순한소리, 거센소리, 된소리, 울림소리로 분류하고 이렇게 부르는 근거는 무엇이냐고 묻고 있다. 쉽게 알

---

11) 북한의 ≪조선문화어문법≫(1979 : 25-26)에서는 뜻소리에 대해서도 언급하고 있다. 자음 뜻소리는 말소리로서의 자음 19개 그대로 설정되고 있다. 이에 비해 모음 뜻소리는 말소리로서의 홑모음 10개에다가 겹모음 'ㅢ'와 반모음 2개(j, w)를 합해서 13개를 설정하고 있다. 결국 뜻소리로서 총 32개를 설정하고 있는 셈이다. 물론 현행 북한 학교 문법에서는 이 정도까지 언급하고 있지는 않다. 뜻소리라 하면 남한의 최소 변별 단위인 음운을 지칭할 텐데, 'ㅢ'를 추가해서 제시한 것은 맞지 않아 보인다. 한편 ≪조선문화어문법규범≫(1976 : 16)에서는 말소리는 뜻을 가지고 있지 않다고 하면서, "뜻을 가지고 있는 언어적단위인 형태부나 단어를 이루어주고 그것들 서로서로를 구별해주는 것으로 하여 뜻과 밀접한 관계를 가지고 있다"라고 말하고 있다.

12) 위 표에서 '목청소리'는 ≪조선문화어문법규범≫(1976 : 24)에서는 분류가 되지 않은 것이었다. 이후 ≪조선문화어문법≫(1979 : 24)에서 그 내용이 추가되었다. 거기에서는 아래 표가 자음의 갈래로 제시되고 있다. 그 내용은 위의 것과 동일하다.

		순한소리	된소리	거센소리	울림소리
혀뒤	터침	ㄱ	ㄲ	ㅋ	ㅇ
혀앞	터침	ㄷ	ㄸ	ㅌ	ㄴ
	튀김				ㄹ
혀앞	터스침	ㅈ	ㅉ	ㅊ	
혀앞	스침	ㅅ	ㅆ		
입술	터침	ㅂ	ㅃ	ㅍ	ㅁ
목청	스침	ㅎ			

수 있듯이 이러한 자음 분류는 소리 내는 방법에 따른 것이다.

그러나 자음 분류하는 기준은 이런 조음 방법만 있는 것이 아니다. 위의 표에서 보듯이, 소리 나는 자리, 즉 조음 위치에 따라서 입술소리, 혀앞소리, 혀뒤소리, 목청소리로 나눌 수도 있다. 입술소리는 'ㅂ, ㅃ, ㅍ, ㅁ', 혀앞소리는 'ㄷ, ㄸ, ㅌ, ㄴ ; ㅈ, ㅉ, ㅊ ; ㅅ, ㅆ ; ㄹ', 혀뒤소리는 'ㄱ, ㄲ, ㅋ, ㅇ', 목청소리는 'ㅎ'이 해당한다.

세 번째 자음 분류 기준으로 "날숨에 주는 기본장애가 어떤 성질의것인가"를 제시하고 이에 따라 자음을 터침소리, 스침소리, 터스침소리, 튀김소리로 나눈다. 터침소리는 'ㅂ, ㅃ, ㅍ, ㅁ ; ㄷ, ㄸ, ㅌ, ㄴ ; ㄱ, ㄲ, ㅋ, ㅇ', 스침소리는 'ㅅ, ㅆ ; ㅎ', 터스침소리는 'ㅈ, ㅉ, ㅊ', 튀김소리는 'ㄹ'이 해당한다.[13]

물론 현행 북한 학교 문법에서는 이처럼 복잡한 여러 가지 자음 분류 기준을 제시하고 있지는 않다. 기본적으로 위 학습 활동에 있듯이 순한소리, 된소리, 거센소리, 울림소리 정도의 분류만을 해 주고 있는 실정이다.

❖ 송가의 3절을 살려읊고 모음과 자음을 가른 다음 그 갈래를 지적하여봅시다.

로동자대중에겐 해방의 은인
민주의 새 조선엔 위대한 태양
이십개 정강우에 모두다 뭉쳐
북조선 방방곡곡 새봄이 온다
아 그 이름도 그리운 우리의 장군
아 그 이름도 빛나는 김일성장군

—<송가 3절>, 리찬

13) 남한 학교 문법에서는 조음 위치에 따라 '입술소리(순음), 잇몸소리(치조음), 센입천장소리(경구개음), 여린입천장소리(연구개음), 목청소리(후음)'로 나누고, 조음 방법에 따라 '파열음, 마찰음, 파찰음, 비음, 유음'으로 나누고, 공기가 성대를 통과할 때 공기의 양에 따라 '거센소리, 된소리, 예사소리'로 나눈다(비상교육, ≪언어와 매체≫(2019 : 116-117). 남한의 교과서에서는 책마다 약간씩 명칭 차이가 있다.

위의 학습 활동은 본문에 시로 제시된 '송가'의 3절을 갖고 모음과 자음 구분을 해 보라는 활동이다. 모음과 자음에 대한 학습을 끝내고 나서 마지막으로 그것들을 실제 적용해 보도록 하는 활동이다. 이 활동을 하기 위해서는 먼저 이 시를 정확하게 읽어야 한다. 다시 말하면 모음과 자음을 가르기 위해서는 시 그대로의 표기가 아닌 말소리로 파악해야 한다는 것이다. 위 시를 어두에서 'ㄹ'을 발음하는 등 북한에서의 발음법에 따라 제시해 보면 다음과 같다.

○ 로동자대중에겐 해방의 은인
민주의 새 조선엔 위대한 태양
이십깨 정강우에 모두다 뭉쳐
북쪼선 방방곡꼭 새보미 온다
아 그 이름도 그리운 우리의 장군
아 그 이름도 빈나는 김일썽장군

위에 제시한 바대로 한글은 소리글자이기 때문에 모음과 자음은 거의 그대로 소리가 난다. '이십개, 북조선, 방방곡곡, 새봄이, 빛나는, 김일성'은 각각 [이십깨], [북쪼선], [방방곡꼭], [새보미]. [빈나는], [김일썽]으로 소리가 난다. 이렇게 소리가 난 그대로의 모음과 자음이 하나하나 제시될 수 있다. 'ㅇ'은 끝소리에서는 발음이 나지만, 첫소리에서는 나지 않는다. '빛나는'은 '빛나는 → 빋나는 → [빈나는]'에서 보듯이 먼저 음절의 끝소리 규칙이 적용된 다음에 자음동화가 일어나는 형국이다. [이십깨, 북쪼선, 방방곡꼭, 김일썽]에서는 된소리되기가 보이며, [새보미]에서는 이어내기(연음)가 보인다.

모음은 대부분 홑모음이 사용되고 있으나, 'ㅢ, ㅑ, ㅕ' 겹모음이 '민족의, 태양, 뭉쳐'에서 사용되고 있다. 북한 학교 문법 차원에서는 반모음을 제시하고 있지 않기 때문에 이렇게 홑모음과 겹모음으로만 나누면 된다. 자음으로는 대부분 순한소리가 사용되고 있으며, 울림소리로 'ㄹ, ㅇ, ㄴ, ㅁ'이 사용되고 있다. 거센소리는 '태양, 뭉쳐'에서 'ㅌ, ㅊ'이 소리 나며, '빛나는'에서는 [빈나는]으로 소리 나기 때문에 'ㅊ'이 사용된 건 아니다.

3.2.2. 소리마디와 소리마루

3.2.2.1. 소리마디

앞에서 말소리의 하나로 "소리마디"에 대해서 살펴보았다. **소리마디**는 "단어를 발음할 때 이루어지는 하나하나의 마디 즉 글자 하나에 해당하는 발음단위"를 뜻하는데, 비단 단어만이 아니라 모든 언어 표현에서 한 번에 소리 낼 수 있는 발음단위로, 남한에서는 음절이라는 용어로 잘 알려져 있다. 소리마디는 의미와는 전혀 관계없이 글자 하나하나에 해당하는 발음 단위이다.

> **소리마디**란 단어를 발음할 때 이루어지는 하나하나의 마디 즉 글자 하나에 해당하는 발음단위를 말합니다.
> 례 : 뜻깊은 [뜯/기/픈]

위에서 제시되어 있는 '뜻깊은'이라는 단어는 [뜯], [기], [픈]으로 소리가 난다. 그러니까 엄밀히 말하면 글자 차원이 아니라 발음 차원의 단위가 바로 소리마디인 것이다. 본래 '뜻깊은'은 '뜻깊은 > 뜯깊은 > [뜯기픈]'으로 발음 과정이 있었을 텐데, 그 과정은 무시하고 결과론적 [뜯기픈]만 갖고 '뜯', '기', '픈' 이렇게 세 가지 소리마디가 파악되는 것이다.[14)]

소리마디는 "닫힌소리마디"와 "열린소리마디"로 나뉘는데, 전자는 '당, 봄'

14) 이러한 설명은 북한 교과서에 나온 대로 제시한 것이다. 그러나 '뜻깊은'은 [뜯끼픈]으로 소리가 난다. 음절의 끝소리 규칙, 된소리되기, 연음 현상이 모두 적용된다는 말이다. 여기서는 일단 북한 국어 교과서의 설명대로 제시해 두었다.

처럼 받침이 있는 소리마디이고, 후자는 '어, 머, 니'처럼 받침이 없는 소리마디를 가리킨다. '진달래'라는 단어는 [진달래]로 발음되어 결국 세 개 소리마디가 순서대로 각각 '닫힌소리마디, 닫힌소리마디, 열린소리마디'로 이루어져 있다.

3.2.2.2. 단어의 소리마루

"**소리마루**"란 본래 단어나 문장을 발음할 때 "어느 한 부분을 다른 부분보다 두드러지게 발음함으로써 뜻을 명확히 하거나 표현성을 높이게 하는 현상"이다.

> **단어의 소리마루**란 단어를 발음할 때 어느 한 소리마디를 특별히 높게 혹은 길게 또는 세게 발음하는것을 말합니다.
> 단어의 소리마루에는 높이마루 ≪ ′ ≫, 길이마루 ≪ - ≫, 세기마루 ≪ • ≫가 있다.

그 가운데 단어의 소리마루는 "단어를 발음할 때 어느 한 소리마디를 특별히 높게 혹은 길게 또는 세게 발음하는 것"을 말한다. 단어의 소리마루에는 높이마루(′), 길이마루(-), 세기마루(•)가 있다. 높이마루는 흔히 악센트라고 하는 것이고, 길이마루는 장음, 세기마루는 강세라고 대개 남한에서는 말한다.[15)]

---

15) 현재 사용되고 있는 ≪국어 1~3≫(2013~2015)에는 단어의 소리마루만 소개되어 있다. 그러나 1990년대~2000년대 문법 교과서에는 단어의 소리마루와 문장의 소리마루가 모두 제시되어 있었다. ≪국어문법 1≫(2001 : 19-21)에서는 단어의 소리마루, ≪국어문법 2≫(2001 : 18-19)와 ≪국어문법 3≫(2001 : 13-14)에서는 문장의 소리마루가 제시되어 있었다. 문장의 소리마루는 문장을 발음할 때 중요한 부분을 다른 부분보다 두드러지게 발음하는 것을 말한다. 결국 단어의 소리마루가 소리마디를 다룬다면, 문장의 소리마루는 단어 혹은 어절 등을 다룬다고 볼 수 있다. 예컨대 '학생들에게 있어서 학습은 첫째가는 임무이다.'라는 문장에서 '첫째가는'에다가 소리마루 부호(·)의 표시를 한다는 것이다. 문장에서 소리마

❖ 다음 단어들에서 높이마루가 어느 소리마디에 오는가를 밝혀봅시다.

ㄱ) 세상, 강산, 조선

ㄴ) 소년단, 아버지, 압록강

ㄷ) 민들레꽃, 항일유격대, 사회주의건설

○ ㄱ) 세́상, 강́산, 조́선

ㄴ) 소년́단, 아버́지, 압록́강

ㄷ) 민들레́꽃, 항일유격́대, 사회주의건́설

"**높이마루**"는 단어 안에서 어느 한 소리마디를 특별히 높이 발음하는 것을 말한다. 위의 ㄱ)에서처럼 두 개의 소리마디로 이루어진 단어에서는 높이마루가 보통 첫 번째 소리마디에 주어진다. 그리하여 첫 번째 소리마디인 '세', '강', '조'에 높이마루가 주어진다. 그렇지만 특별히 강조하고 싶을 경우에는 두 번째 소리마디에 올 수도 있다. ㄴ)은 세 소리마디로 이루어진 단어들인데, 이 경우는 두 번째 소리마디에 높이마루가 온다. '소년단'의 '년', '아버지'의 '버', '압록강'의 '록'에 높이마루가 온다. ㄷ)은 네 개 혹은 그 이상의 소리마디로 이루어진 단어들이다. 이럴 때는 보통 뒤에서 두 번째 소리마디에 높이마루가 온다. '민들레꽃'에서는 '레', '항일유격대'에서는 '격', '사회주의건설'에서는 '건'에 높이마루가 온다. 본래 해당 높이마루는 강세 표시(')를 해당 소리마디 위에 친다.

❖ 길이마루는 어떤 단어들에 오는가를 밝혀봅시다.

천천히, 몹시, 훤히, 산들산들

○ 천̄천히, 몹̄시, 훤̄히, 산̄들산들

루는 언제나 같은 단어에 고정되어 나타나는 것이 아니라 강조하고자 하는 곳에다가 소리마루 부호(·) 표시를 해 준다.

"길이마루"는 어느 한 소리를 특별히 길게 발음하는 것을 말한다. 보통 우리 말에서 길이마루는 모든 단어에 오지는 않고 대개 움직임이나 성질, 모양을 꾸며 주는 단어들에 많이 온다고 한다. 위의 예시 단어들 가운데, '천천히'는 두 번째 나오는 '천', '몹시'는 '몹', '훤히'는 '훤', '산들산들'에서는 두 번째 소리마디 '들'에 길이마루가 주어진다(≪국어문법 1≫(2001 : 20).

그런데 북한 학교 문법에서 제시된 예들을 보면 길이마루, 즉 장음이 소리와는 관련되지만 뜻, 즉 의미를 변별하는 기능을 한다고는 말하지 않는다. 이에 비해 남한 학교 문법에서는 길이에 따라 예컨대 '눈'이 보는 [눈](目)과 내리는 [눈 :](雪)으로 뜻의 차이를 보인다고, 즉 소위 비분절음운이라고 교수 학습하고 있다.

그렇다고 해서 북한에서는 길이마루를 음운으로 보지 않고, 남한에서는 음운으로 본다고 단정하긴 어려울 것 같다. 북한에서는 단지 우리말을 발음할 때 길게 발음하는 경우와 짧게 발음하는 경우가 있다는 것을 말하고 있을 뿐이며, 남한에서도 의미 변별을 의도하려는 목적으로 할 때 장음이 그런 기능을 할 경우가 있다는 것을 말할 뿐이다. 즉 모든 단어들에서 장음이 의미 변별 기능을 하는 게 아니라는 말이다. 현대 국어에서 본질적으로 길이마루, 즉 장음이 모든 단어에서 의미 변별을 한다고 단정 짓기는 어려워 보이기 때문이다.

❖ 세기마루는 단어의 어느 소리마디에 오는가를 밝혀봅시다.

만경봉은 그대로 꽃바구니같았다.

○ 만경봉은 그대로 꽃바구니같았다.

"세기마루"는 단어 안에서 어느 한 소리마디를 다른 소리마디보다 세게 발음하는 것을 말한다. 우리말에서 세기마루는 단어의 첫 소리마디에 두는 것이 일반적이다. 위에 제시된 문장에서, '만', '그', '꽃', '같'이 바로 세기마루를 받는 부분이다. 따라서 이 문장을 말할 때 각 단어의 첫 번째 소리마디를 상대적으로 세게 발음해야 할 것이다.

3.2.2.3. 문장의 소리마루

문장의 소리마루는 문장을 발음할 때 중요한 부분을 다른 부분보다 두드러지게 발음하는 것을 말한다. 결국 단어의 소리마루가 소리마디를 다룬다면, 문장의 소리마루는 단어 혹은 어절 등을 다룬다고 볼 수 있다.

○ 학생들에게 있어서 학습은 첫째가는 임무이다.
조국통일, 이것은 우리 인민의 최대의 민족적숙원이다.
땅땅 뚜루콱… 유격대의 돌사격에 일제놈들은 삼대 넘어지듯 푹푹 꺼꾸러졌다.
우리가 빼스를 타고 만경대에 도착하였을 때였습니다.
① ② ③ ④ ⑤

— ≪국어문법 3≫(2001 : 13-14)

예컨대 '학생들에게 있어서 학습은 첫째가는 임무이다'라는 문장에서 '첫째가는'에다가 소리마루 부호(·)의 표시를 해 주고 있다. 두 번째 문장에서는 '조국통일'에서처럼 해당 표현 위에다가 표시를 해 주고 있다. 이처럼 문장의 소리마루는 언제나 같은 단어에 고정되어 나타나는 것이 아니라 강조하고자 하는 곳에다가 **소리마루 부호**(·) 표시를 한다. 그런데 '땅땅, 뚜루콱' 같은 의성어나 '푹푹' 같은 의태어는 언제나 문장의 소리마루가 오게 된다.

네 번째 문장을 보면, ①~⑤ 가운데 어느 것에 소리마루를 두느냐에 따라서 문장의 뜻이 달라질 수가 있다. ①에 소리마루를 두면 '빼스를 타고 만경대에 도착하였던 것은 우리'라는 뜻이고, ②에 소리마루를 두면 '우리가 타고 만경대에 도착한 것은 빼스'라는 뜻이고, ③에 소리마루를 두면 '우리가 빼스를 어떻게 했냐면 타고'라는 뜻이고, ④는 '우리가 어디에 도착했냐면 만경대'라는 뜻이고, ⑤는 '다른 때도 아닌 바로 도착하였을 때'라는 뜻을 나타낸다.

결국 문장의 소리마루는 말하는 사람이 단어든 어절이든 혹은 일정한 표현 등 무엇을 강조하고자 하느냐에 따라 주어지는 것이라 할 수 있다.

3.3. 말소리의 바뀜

자음과 모음과 같은 말소리는 결국 단어 발음을 통해서 실현된다. 단어를 발음할 때 일정한 규칙에 따라서 그 소리가 나게 된다. 현행 북한 학교 문법에서는 받침단어들의 발음, 이어내기와 끊어내기, 소리닮기와 '지, 치'로 되기, 된소리되기와 거센소리되기, 소리빠지기와 소리끼우기 등을 제시하고 있다.[16)]

3.3.1. 받침단어들의 발음

앞에서 살핀 바와 같이 우리말의 자모는 40개로서, 자음 19개와 모음 21개이다. 이것들은 소리로서도 그렇고 글자로서도 그렇다. 그런데 우리말에는 받침에서 사용되는 글자가 또 있다.

○ ≪조선말대사전≫(2017 : 7 일러두기>의 '자모의 차례'

자음(19개) : ㄱ, ㄴ, ㄷ, ㄹ, ㅁ, ㅂ, ㅅ, ㅇ, ㅈ, ㅊ, ㅋ, ㅌ, ㅍ, ㅎ, ㄲ, ㄸ, ㅃ, ㅆ, ㅉ

모음(21개) : ㅏ, ㅑ, ㅓ, ㅕ, ㅗ, ㅛ, ㅜ, ㅠ, ㅡ, ㅣ, ㅐ, ㅒ, ㅔ, ㅖ, ㅚ, ㅟ, ㅢ, ㅘ, ㅝ, ㅙ, ㅞ

---

16) ≪국어문법 1≫(2001 : 21-22)에서는 단어를 발음할 때 누구나 똑같이 지켜야 할 규칙을 단어의 발음법이라 한다. 거기서는 단어의 발음법으로 이어내기, 소리닮기, <지, 치>로 되기, 소리끼우기, 된소리되기, 거센소리되기 등을 제시하고 있다.

받침(27개) : ㄱ, ㄳ, ㄴ, ㄵ, ㄶ, ㄷ, ㄹ, ㄺ, ㄻ, ㄼ, ㄽ, ㄾ, ㄿ, ㅀ, ㅁ, ㅂ, ㅄ, ㅅ, ㅇ, ㅈ, ㅊ, ㅋ, ㅌ, ㅍ, ㅎ, ㄲ, ㅆ

위에서 받침으로 사용되는 자음자는 'ㄱ, ㄴ, ㄷ, ㄹ, ㅁ, ㅂ, ㅇ' 일곱 개 가운데 하나로 발음이 된다. 남한에서 음절의 끝소리 규칙이라고 하는 것이 바로 이런 대표음으로 발음되는 것이다. 받침 글자들은 뒤에 오는 환경에 따라서 여러 가지로 발음된다.

❖ 다음의 표를 보고 우리 글에서 쓰이는 받침들의 갈래를 알아봅시다.

홑받침	ㄱ, ㄴ, ㄷ, ㄹ, ㅁ, ㅂ, ㅅ, ㅇ, ㅈ, ㅊ, ㅋ, ㅌ, ㅍ, ㅎ, ㄲ, ㅆ	16개
둘받침	ㄳ, ㄵ, ㄶ, ㄺ, ㄻ, ㄼ, ㄽ, ㄾ, ㄿ, ㅀ, ㅄ	11개

홑받침이란 하나의 자음으로 되었거나 같은 자음 두 개로 이루어진 받침을 말하며 **둘받침**이란 서로 다른 자음 두 개로 이루어진 받침을 말합니다.

27개 받침은 하나의 자음자로 되었거나 같은 자음자 두 개로 이루어진 "홑받침" 16개와 서로 다른 자음자 두 개로 이루어진 "둘받침" 11개로 나뉜다. 이것들은 받침 단독으로 나올 때에 'ㄱ, ㄴ, ㄷ, ㄹ, ㅁ, ㅂ, ㅇ' 가운데 하나로 발음이 된다.

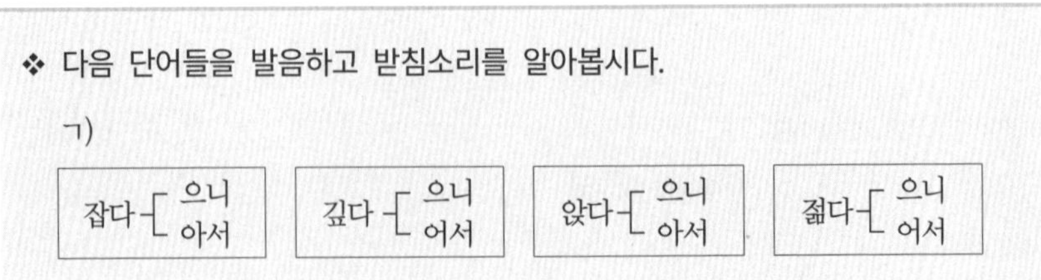

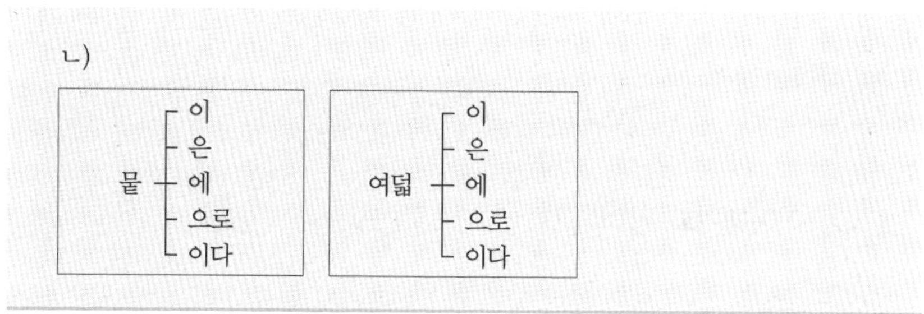

○ ㄱ)' [자브니, 자버서], [기프니, 기퍼서], [안즈니, 안자서], [절므니, 절머서]
ㄴ)' [무치, 무튼, 무테, 무트로, 무치다], [여덜비, 여덜븐, 여덜베, 여덜브로, 여덜비다]

위의 학습 활동은 받침단어들을 어떻게 소리 내야 하는지 알아보는 활동이다. 본래 받침단어들은 받침의 본래 모양대로 밝혀 적되 뒤에 토를 달아 보고 소리 나는 데에 따라 정확히 소리 내야 한다. ㄱ)에서는 토인 '-으니'와 '-아/어서'를 넣어 볼 때 받침의 자음자가 뒤로 가기도 하고 또 둘받침(겹받침)일 때는 둘받침 중 뒤의 글자가 뒤로 넘어가서 발음이 된다. ㄴ)에서는 체언 뒤에 토 '이, 은, 에, 으로, 이다'를 붙여 본 것인데, 이것들도 동일한 원리에 따라 앞의 받침이 뒤로 넘어가게 된다. 물론 둘받침은 기본적으로 뒤의 것이 넘어가서 발음된다.

남한 학교 문법에서는 음절의 끝소리가 뒤에 모음으로 시작되는 형식 형태소가 오면 그것들이 뒤로 넘어가서 발음된다고 말하는데, ㄱ), ㄴ)은 바로 그런 규칙을 말한 것이다. 그러나 사실 받침을 올바로 소리 내는 게 그리 쉽지만은 않다. 뒤에 실질 형태소가 오면 앞의 받침이 독립적으로 발음되기 때문이다. 예컨대 '뭍'은 [묻]으로, '여덟'은 [여덜]로 발음된다. 물론 '잡-'은 [잡]으로 소리 나지만, '깊-', '앉-', '젊-'은 각각 [깁-], [안-], [점-]으로 소리가 난다. 북한의 학교 문법에서는 단지 위의 학습 활동만을 제시하고 있으나, 남한의 학교 문법에서는 여러 다양한 받침 발음을 다루고 있다.

한편, ㄴ)의 '뭍+이'와 '뭍+이다'는 각각 [무치], [무치다]로 발음되는데, 이는

'ㅌ'이 'ㅣ'나 'ㅣ' 선행 모음 앞에서 'ㅊ'으로 발음되는 현상으로, 남한에서는 구개음화라고 한다.

3.3.2. 이어내기와 끊어내기

단어의 받침은 뒤에 오는 것이 무엇이냐에 따라서 발음이 다르게 난다. 특히 앞에 있는 자음이 그 뒤에 오는 모음에 이어져 발음되는 것을 "**이어내기**""라고 하고, 받침소리가 달라졌다가 뒤에 오는 모음에 이어져 발음되는 것을 "**끊어내기**"라고 한다.[17)]

> ▲ 앞에 있는 자음이 뒤에 오는 모음에 이어져 발음되는 것을 **이어내기**라고 합니다.
> ▲ 받침소리가 달라졌다가 뒤에 오는 모음에 이어져 발음되는 것을 **끊어내기**라고 합니다.

❖ 표의 내용을 정리하여 발음현상을 알아봅시다.

단어	발음	달라진 소리
몇이나	[며치나]	몇-며, 이-치
깊은		
쓰고싶은		
말없이		

17) 남한의 마지막 국정 ≪고등학교 문법≫(2002) 교과서에서는 이어내기와 끊어내기 발음 현상에 대하여 크게는 음절의 끝소리 규칙 안에서 다루고 있다. 받침단어가 단독으로 발음될 때 대표음화되는 경우와, 뒤에 어떤 소리가 오느냐에 따라 선행 받침이 어떻게 발음되느냐가 바로 음절의 끝소리 규칙에 해당한다는 말이다. 북한의 이어내기와 끊어내기는 바로 후자에 해당한다. 한편 뒤에 자음으로 시작하는 경우도 있는데, 북한 학교 문법에서는 이것은 다루고 있지 않다.

○ [기픈] ; 깊-기, 은-픈
[쓰고시픈] ; 싶-시, 은-픈
[마:럽씨] ; 없-업, 이-씨

위의 학습 활동은 받침 뒤에 모음으로 시작하는 형식 형태소가 올 때 그 받침이 뒤로 그대로 이어지는 것을 보여 준다. '깊은', '쓰고싶은', '말없이' 각각이 [기픈], [쓰고시픈], [마:럽씨]로 발음된다. '말없이'가 [마:럽씨]로 발음되는 것은 'ㅅ'이 뒤로 가고 이어서 된소리되기로 인해 [씨]로 발음되는 것을 보여 준다.

○ 나란히 [나라니], 용감하게 [용가마게], 열렬한 [열려란]
— ≪국어문법 2≫(2002 : 11)

한편, 일부 단어에서는 자음 'ㅎ'이 약해지면서 울림소리로 된 받침이 뒤에 오는 모음으로 이어져서 발음되는 경우가 있다. '나란히', '용감하게', '열렬한'이 [나라니], [용가마게], [열려란]으로 발음되는 데서 그것을 확인할 수 있다.

❖ 표의 내용을 정리하여 발음현상을 알아봅시다.

단어	발음	달라진 소리
불빛아래	[불삐다래]	빛-삐, 아-다
옷안		

○ [오단] ; 옷-오, 안-단

위의 학습 활동은 끊어내기 현상을 이해하는 활동이다. '불빛아래'는 '불빛아래 → 불삗아래 → [불삐다래]'의 순서를 거쳐서 최종 [불삐다래]로 발음된다. 결과적으로 '빛'이 [삐], '아'가 [다]로 나타나 있다. 이것은 받침 'ㅊ'이 대표음 [ㄷ]로 바뀌고 이어서 뒤의 모음 앞으로 옮겨진 것이다. 여기서 '빛'의 'ㅂ'이 'ㅃ'이 된 것은 앞의 받침이 'ㄹ'이어서 된소리되기가 적용된 결과이다. 또한 '옷안'의 'ㅅ'은 뒤에 모음이 오지만, '안'이 실질 형태소이기 때문에 먼저 [ㄷ]로 발음되었다가 이어서 뒤로 이어져서 발음된다. 역시 끊어내기가 발동된 것이다.

❖ 이어내기와 끊어내기의 같은 점과 다른 점을 찾아봅시다.

❖ 이어내기, 끊어내기로 발음되는 단어를 각각 5개씩 찾고 그렇게 발음되는 리유를 말해봅시다.

○ 발음, 일요일, 숙영지, 혁이는, 촘촘히
팥알, 부엌안, 무릎우에, 끝없이, 해빛아래

이어내기와 끊어내기는 서로 반대말 같지만, 결과적으로 다같이 받침이 뒤에 오는 모음에 이어져서 발음된다는 점에서 같다. 그러나 이어내기는 원래 받침이 다른 발음 변화 없이 그대로 뒤로 이어지지만, 끊어내기는 원래 받침소리가 달라졌다가 뒤로 이어진다는 것이 다른 점이다.

위에서 '발음', '일요일', '숙영지', '혁이는', '촘촘히'는 이어내기 예로 제시된 것들이다. 각각 [바름], [이료일], [수경지], [혀기는], [촘초미]로 발음된다. 이 중 '촘촘히'는 'ㅎ'이 약화되어서 탈락되고 이어서 앞의 받침 'ㅁ'이 뒤로 이어진 것이다. 한편, '팥알', '부엌안', '무릎우에', '끝없이', '해빛아래'는 끊어내기 예로 제시된 것들이다. 각각 [파달], [부어간], [무르부에], [끄덥씨], [핻삐다래]로 발음된다. 이것들은 받침 'ㅌ, ㅋ, ㅍ, ㅌ, ㅊ'이 각각 [ㄷ, ㄱ, ㅂ, ㄷ, ㄷ]로 끊어내기 된 다음에 뒤의 모음으로 이어진 것이다. 한편 '해빛아래'은 [핻삐다래]로 발음되는데, '해빛'의 'ㅂ'이 된소리 'ㅃ'으로 나서 결국 [핻삗]으로 발음 나는 것은 '해'와 '빛' 사이에 일정한 받침 발음이 들어간다는 것을 뜻한다.[18]

3.3.3. 소리닮기와 ≪지, 치≫로 되기

▲ 단어안에서 어느 한 소리가 다른 소리를 닮아 그것과 같아지거나 비슷한 소리되는 것을 **소리닮기**라고 합니다.

▲ 자음 ≪ㄷ, ㅌ≫이 모음 ≪ㅣ≫와 어울려 ≪지, 치≫로 되는 것을 **≪지, 치≫로 되기**라고 합니다.

"소리닮기"는 단어 안에서 어느 한 소리가 다른 소리를 닮아서 그것과 같아지거나 비슷한 소리로 되는 것을 말한다. 남한의 동화 현상에 해당한다. 또한 "≪지, 치≫로 되기"는 남한의 구개음화에 해당하는 것으로 'ㄷ, ㅌ'이 모음 'ㅣ' 앞에서 'ㅈ, ㅊ'으로 바뀌는 현상을 일컫는다고 한다.[19] 북한 학교 문법에서는 쉬운 용어인 소리닮기와 '지, 치'로 되기라는 일반 용어를 사용하고 있다.

❖ 표의 내용을 정리하고 발음현상을 알아봅시다.

단어	발음	달라진 소리
격려	[경려]	ㄱ - ㅇ
했는데		
돋는데		

○ [핸는데] ; ㅆ - ㄴ
　[돈는데] ; ㄷ - ㄴ

18) 남한에서는 '햇빛 아래'라고 표기한다. 즉 '해'와 '빛' 사이에 받침 표기 'ㅅ'을 적는 것이다. 이것이 'ㄷ'으로 대표음화되고 이로 인해서 된소리되기 현상이 일어나서 후행 'ㅂ'이 [ㅃ]로 발음된다. 북한의 '무릎우에'는 남한이라면 '무릎 위에'로 표기가 된다. 이는 표준어 및 띄어쓰기의 차이일 뿐이다.

19) 엄밀히는, 모음 'ㅣ' 앞이라고만 말하면 안 된다. 모음 'ㅣ'나 'ㅣ' 선행 모음 앞이라고 해야 한다.

위는 소리닮기 규칙을 보인 활동이다. '했는데'는 '했는데 → 핻는데 → [핸는데]' 순서로 해서 최종 [핸는데]로 발음된다. 먼저 'ㅆ'이 'ㄷ'으로 되는 끊어내기 현상이 일어나고, 이어서 'ㄷ'이 뒤에 오는 'ㄴ' 때문에 동일한 'ㄴ'으로 발음되는 소리닮기 규칙을 보인다. '돋는데'는 '돋는데 → [돈는데]' 순서로 되는데, 받침 'ㄷ'이 뒤의 'ㄴ'을 닮아서 'ㄴ'으로 발음되는 소리닮기 규칙을 보인다.

❖ 표의 내용을 정리하고 발음현상을 알아봅시다.

단어	발음	달라진 소리
번개같이	[번개가치]	같 - 가, 이 - 치
해돋이		

○ [해도지] ; 돋 - 도, 이 - 지

위는 '지, 치'로 되기 현상을 보인 것이다. '번개같이'는 '번개같이 → 번개가티 → [번개가치]' 순서대로 이어내기 및 '지, 치'로 되기가 적용되어 결국 [번개가치]로 발음된다. 받침 'ㅌ'이 'ㅣ' 앞에서 'ㅊ'으로 발음된 것이다. '해돋이'는 '해돋이 → 해도디 → [해도지]'로 순서대로 이어내기 및 '지, 치'로 되기가 적용되어 [해도지]로 발음된다. 앞서도 언급한 바, 남한에서는 이를 구개음화 현상이라고 부르고, 'ㄷ, ㅌ'이 'ㅣ'나 'ㅣ' 선행 모음 앞에서 'ㅈ, ㅊ'로 발음되는 것을 가리킨다.

❖ 다음 단어들중에서 소리닮기와 ≪지, 치≫로 되기 단어를 찾아봅시다.

달나라, 발판개, 굳이, 인민, 밭머리, 길이, 한결같이, 붙이다, 봇나무

위의 학습 활동은 소리닮기와 '지, 치'로 되기를 다시 한 번 확인하게 하는 활동이다. 이들 단어 중 소리닮기가 적용되는 것은 '달나라, 밭머리, 봇나무'이다. 이들은 각각 [달라라], [반머리], [본나무]로 발음된다. 그리고 '지, 치'로 되기 단어는 '굳이, 한결같이, 붙이다'이다. 이들은 각각 [구지], [한결가치], [부치다]로 발음된다.

3.3.4. 된소리되기와 거센소리되기

▲ 뒤에 있는 순한소리가 앞에 있는 자음의 영향을 받아 된소리 ≪ㄲ, ㄸ, ㅃ, ㅆ, ㅉ≫으로 발음되는것을 **된소리되기**라고 합니다.
▲ 자음 ≪ㅎ≫이 순한소리 ≪ㄱ, ㄷ, ㅂ, ㅅ, ㅈ≫과 어울려 거센소리 ≪ㅋ, ㅌ, ㅍ, ㅊ≫으로 발음되는 것을 **거센소리되기**라고 합니다.

된소리되기는 순한소리가 앞에 있는 자음의 영향을 받아 된소리로 발음되는 것을 말하고, 거센소리되기는 'ㅎ'이 순한소리 'ㄱ, ㄷ, ㅂ, ㅈ'과 어울려 거센소리 [ㅋ, ㅌ, ㅍ, ㅊ]로 발음되는 것을 말한다. 된소리되기와 거센소리되기는 남북한의 공통적인 학교 문법 용어이다.[20] 한편 순한소리 'ㅅ'이 'ㅎ'과 어울려 거센소리되기가 된다고 하는 것은 문제가 있어 보인다. 예컨대 '비롯한'에서 'ㅅ'과 'ㅎ'이 이어나올 때 [비로탄]에서 보듯이 [ㅌ]로 발음되는 경우를 의식한 듯한데, 엄밀히 말해서 '비롯한 -> 비롣한 -> [비로탄]'의 과정을 거친 것이기 때문에, 'ㄷ'과 'ㅎ'이 합해져서 거센소리되기가 된 것으로 보아야 할 것이다.

---

20) 북한의 ≪조선문화어문법규범≫(1976 : 75-88)에서는 단어 안에서 발음이 바뀌는 현상을 크게 '소리바꾸기, 소리끼우기, 소리빠지기, 소리줄이기'로 나누고 있다. 된소리되기는 소리바꾸기의 하나이고, 거센소리되기는 소리줄이기의 하나이다. 한편 ≪조선문화어문법≫(1979 : 98)에서는 된소리되기와 거센소리되기를 모두 소리바꾸기에 속한 것으로 보고 있어서 차이가 있다.

❖ 표의 내용을 정리하며 발음현상을 알아봅시다.

단어	발음	달라진 소리
탁구	[탁꾸]	ㄱ - ㄲ
출생		
1등		
어릴적		

○ 출생 : [출쌩] ; ㅅ - ㅆ
1등 : [일뜽] ; ㄷ - ㄸ
어릴적 : [어릴쩍] ; ㅈ - ㅉ

위에서 보다시피, 된소리되기는 '탁구'가 [탁꾸]로 발음될 때, 앞에 오는 'ㄱ'의 영향을 받아서 뒤에 오는 'ㄱ'이 된소리 [ㄲ]로 발음되는 것을 말한다. 질문으로 제시된 예들도 마찬가지 설명이다. '출생'은 [출쌩]으로 발음되는데 앞의 'ㄹ' 영향을 받아서 'ㅅ'이 [ㅆ] 된소리로 발음되며, '1등'은 [일뜽]으로 발음되는데 앞의 'ㄹ' 영향을 받아서 'ㄷ'이 [ㄸ] 된소리로 발음되고, '어릴적'도 마찬가지로 [어릴쩍]으로 발음되는데, 앞의 'ㄹ' 영향을 받아서 'ㅈ'이 [ㅉ]로 발음된다고 된소리되기 규칙으로 설명한다.21)

---

21) 북한의 ≪국어 1≫(2013 : 127) 교과서에서는 '울림소리 뒤에서 된소리적기'라 하여 다음과 같이 제시하고 있다. 된소리가 나는 경우 그 원칙이 대부분 남북한이 동일하나, '~ㄹ가' 같이 의문형 어미로 올 때 남한에서는 '~ㄹ까'로 표기하고 북한에서는 '-ㄹ가'로 표기하여 차이를 보인다.

> 한 형태부안에서 ≪ㄴ, ㄹ, ㅁ, ㅇ≫다음의 소리가 된소리로 나는 경우에는 그것을 된소리로 적습니다.
> 례 : 반짝반짝, 골짜기, 깜짝, 몽땅
> 그러나 토에서는 ≪ㄹ≫뒤에서 된소리가 나더라도 된소리로 적지 않습니다.
> 례 : ~ㄹ가, ~ㄹ수록, ~ㄹ지라도, ~올시다

○ 발견 [발견], 일보 [일보]
막다 [막따], 받고 [받꼬], 접지 [접찌]
앞집 [압찝], 밟다 [밥따]

그런데 '탁구'에서는 받침 'ㄱ'이 불파음화되어 후두긴장음이 자동적으로 생성되어 뒤에 오는 'ㄱ'이 된소리로 발음된다는 된소리되기 규칙을 보여 주는 건 맞지만, '출생'에서 'ㄹ'의 영향으로 뒤의 'ㅅ'이 [ㅆ]로 발음된다는 설명은 문제가 있다. '발견'과 '일보' 같은 단어는 [발견], [일보]로 발음되어 앞에 'ㄹ'이 왔음에도 불구하고 뒤의 'ㄱ'과 'ㅂ'이 된소리로 발음되지 않는 것이다. 물론 결과론적 된소리되기를 말한 것이라고 할 수도 있겠지만, 그렇다고 하더라도 단어의 특성으로 말해야 하지 하나의 규칙으로 말할 수는 없다. 남한에서는 **사잇소리 현상**이라 하여 후두긴장음이 들어 간 것으로 보고 있다. 즉 단어마다 차이가 있다는 말이다.

전형적인 된소리되기는 앞의 받침이 'ㄱ, ㄷ, ㅂ'인 것으로 받침으로 발음될 때 뒤에 오는 순한소리 자음이 [ㄲ], [ㄸ], [ㅃ]로 된소리로 발음되는 것이다. 이들은 모두 받침 자음이 발음될 때 자동적으로 후두긴장음이 나와서 그것과 뒤에 오는 자음이 된소리로 되는 규칙을 따르게 된다.[22)]

22) '신다', '앉고'는 각각 [신따], [안꼬]로 항상 발음된다. 즉 선행 받침 어간이 'ㄴ', 'ㄵ'일 경우 후행 자음이 된소리로 나타난다는 것이다. 이것은 순수한 음운론적 규칙이 아니라 형태음운론적 규칙이다. 예외 없이 된소리로 된다는 점에서 확대 된소리되기의 한 유형으로 볼 수 있을 것이다.

❖ 표의 내용을 정리하며 발음현상을 알아봅시다.

단어	발음	달라진 소리
이슥한	[이스칸]	ㄱ+ㅎ → ㅋ
이룩한		
쌓고		
비롯한		

○ 이룩한 : [이루칸] ; ㄱ+ㅎ → ㅋ
쌓고 : [싸코] ; ㅎ+ㄱ → ㅋ
비롯한 : [비로탄] ; ㅅ(ㄷ)+ㅎ → ㅌ(비롯한 → 비롣한 → [비로탄])

위에서 보다시피 **거센소리되기**는 '이슥한'이 [이스칸]으로 발음될 때, 'ㄱ'과 'ㅎ'이 합해져서 [ㅋ] 거센소리로 되는 현상을 말한다. 물론 '쌓고'가 [싸코]로 발음되는 것처럼 두 자음의 순서가 바뀌어도 괜찮다. 또한 'ㄱ'만이 아니라 순한소리 'ㄷ, ㅂ, ㅈ'과 'ㅎ'이 합해졌을 때도 일어나는 규칙이다.

'비롯한'에서는 겉으로는 'ㅅ'과 'ㅎ'이 합해진 것처럼 보이지만 실제로는 'ㅅ'이 대표음화되어 'ㄷ'으로 변하고 이어서 'ㄷ'과 'ㅎ'이 합해져서 [ㅌ]로 발음되는 것이다. 남한 학교 문법에서는 이런 현상을 자음 축약이라고 한다.

❖ 다음 단어들에서 된소리되기, 거센소리되기가 일어나는 단어들을 찾아봅시다.

인민성, 불구름, 뭍에, 먼바다, 이렇듯, 그렇지, 늦벌레, 젖히다, 맏형, 소쩍새, 산새, 쇠붙이

○ 된소리되기 단어 : 소쩍새[소쩍쌔], 늦벌레[늗뻘레] ; 인민성[인민썽], 산새[산쌔]
거센소리되기 단어 : 이렇듯[이러틋], 그렇지[그러치], 젖히다[저치다], 맏형[마텽]
기타 : 불구름, 먼바다, 뭍에 ; 쇠붙이

위의 학습 활동은 된소리되기와 거센소리되기 규칙을 확인하게 하는 활동이다. 위의 단어들에서 일단 **된소리되기**가 일어나는 단어는 '소쩍새, 늦벌레, 인민성, 산새'이다. 이들은 각각 [소쩍쌔], [는뻘레], [인민썽], [산쌔]로 발음된다. '소쩍새'는 'ㄱ' 뒤에서 'ㅅ'이 [ㅆ]로 발음된 것이고, '늦벌레'는 'ㅈ'이 'ㄷ'으로 바뀐 다음에 'ㄷ'의 영향으로 뒤의 'ㅂ'이 [ㅃ]로 발음된 것이다. '인민성'과 '산새'도 뒤의 'ㅅ'이 [ㅆ] 된소리로 발음되는 건 맞지만, 앞의 'ㄴ' 영향이라고 말하긴 어렵다.

거센소리되기가 일어나는 단어와 발음은 '이렇듯[이러틋], 그렇지[그러치], 젖히다[저치다], 맏형[마텽]'이다. 각각 'ㅎ+ㄷ', 'ㅎ+ㅈ', 'ㅈ+ㅎ', 'ㄷ+ㅎ'이 거센소리 [ㅌ], [ㅊ], [ㅊ], [ㅌ]로 된다. 'ㅎ'과 순한소리의 순서는 상관없다.

한편, '불구름'과 '먼바다'는 글자 그대로 발음되기 때문에 된소리되기가 일어나지 않는다. '뭍에'도 단지 이어지기가 되어 [무테]로 발음될 뿐이다. '쇠붙이'는 [쇠부치]로 발음되는데, **'지, 치'로 되기**, 즉 구개음화가 적용되고 있다.

3.3.5. 소리빠지기와 소리끼우기

"**소리빠지기**"는 단어를 발음할 때 어느 한 소리가 빠지면서 소리가 나지 않는 것을 뜻한다.

> ▲ 단어를 발음할 때 어느 한 소리가 빠지면서 소리가 나지 않는 것을 **소리빠지기**라고 합니다.
> ▲ 소리빠지기에는 ≪ㅎ≫이 빠지는 경우와 둘받침가운데서 어느 하나가 빠지는 경우가 있습니다.

소리빠지기는 'ㅎ'이 빠지는 경우와 두 받침 가운데 어느 하나가 빠지는 경우가 있다. 남한 학교 문법에서는 이런 현상을 음운의 탈락이라고 한다. 그러나 엄밀히 말하면 음운의 탈락이 아니라 소리의 탈락인 셈이다. 의미 구별과는 관련 없기 때문이다.

❖ 소리빠지기발음현상을 알아봅시다.

ㄱ) 다음 문장에서 밑줄친 단어를 발음하면서 나타나는 현상에 대하여 말해봅시다.

≪혹시 귀여운 새끼들이라도 잃었는가요?≫

ㄴ) 본문에서 소리빠지기로 발음되는 단어들을 찾아봅시다.

ㄷ) 다음 단어들을 발음되는대로 쓰고 어느 소리가 빠졌는가를 밝혀봅시다.

닭, 삶다, 읊다, 좋은, 흙, 넣어, 넋

위는 소리빠지기 규칙을 살피는 활동이다. ㄱ)의 '잃었는가요'는 [이런는가요]로 발음된다. 일단 'ㅎ'이 빠졌다는 것을 알 수 있다. '잃었는가요→이럳는가요→[이런는가요]'를 거치면서 'ㅎ' 탈락, 대표음화, 자음 동화(소리닮기)가 순서대로 적용된 것을 볼 수 있다. ㄴ)은 본문 가운데 소리빠지기가 적용되는 단어들을 살펴보라는 응용 차원의 활동으로 '잃었는가요'가 해당한다.

ㄷ)에 있는 '닭, 삶다, 읊다, 좋은, 흙, 넣어, 넋'은 각각 [닥], [삼따], [읍따], [조은], [흑], [너어], [넉]으로 발음된다. 이 가운데 '좋은, 넣어'는 'ㅎ' 소리빠지기에 해당하며, '닭, 넋, 흙'은 둘받침(혹은 겹받침) 가운데 하나가 빠져 각각 [닥], [넉], [흑]으로 발음되며, '삶다'는 먼저 'ㄹ'이 빠지고 이어서 그 뒤에 'ㄷ'이 [ㄸ]로 된소리가 된 것이며, '읊다'는 먼저 'ㄹ'이 빠지고 이어서 'ㅍ'이 'ㅂ'으로 대표음화된 다음에 그 뒤에 오는 'ㄷ'이 [ㄸ]로 된소리되기가 된 것이다.

> 단어안에 없던 말소리가 끼워져 발음되는것을 **소리끼우기**라고 합니다.
>
> 소리끼우기에는 ≪ㄴ≫소리가 끼우는것과 ≪ㄷ≫소리가 끼우는것이 있습니다.23)

소리빠지기와는 반대로 "소리끼우기"도 있다. 단어 안에 없던 말소리가 끼워져 발음되는 것을 말한다. 남한에서 사잇소리 현상이라고 하는 것이다. 형태소와 형태소 사이에 일정한 소리가 끼워지는 현상이다. 대표적으로 'ㄴ' 첨가와 'ㄷ' 첨가가 북한 학교 문법에서는 제시되어 있다.

❖ 다음 문장에서 밑줄친 단어를 발음해봅시다.

혼자서 집안일을 돌보시느라 고생만 하시는 어머니를 속태운 것을 생각하면 마음이 좋지 않았습니다.

위에서 '집안일'은 [지반닐]로 발음된다. '집안'은 그대로 이어내기 발음이 되지만, 뒤의 '일'에는 'ㄴ' 소리가 첨가된다. '밭일', '뒤일' 같은 경우 각각 '밭일 → 반닐 → [반닐]', '뒤일 → 뒨닐 → [뒨닐]'로 순서대로 발음된다.24) 전자는 'ㄴ' 첨가, 대표음화, 소리닮기가 실현된 것이고, 후자는 'ㄷ'과 'ㄴ' 첨가, 소리닮기가 실현된 것이다.

---

23) 남한 학교 문법에서는 이 문장에서 '끼우는'이라는 표현은 '끼워지는'으로 표현된다. 즉 '소리가 끼워지는'이라고 해야 한다는 것이다. 그런데 북한에서는 하나의 표현 예컨대 '끼우다'가 능동과 피동 표현으로 모두 사용되고 있다. 이에 대해서는 더 논의가 필요할 것이다.

24) 북한에서는 'ㅅ' 받침을 표기하지 않는다. 따라서 '뒷일'이 아니라 '뒤일'로 표기한다. 그렇지만 발음은 [뒨닐]이다. 아래에 예로 든 '해살'도 마찬가지로 남한이라면 '햇살'로 표기된다. 물론 남북한이 모두 발음은 [핻쌀]이다.

❖ 다음 단어들을 발음해보고 무슨 소리가 끼웠는가를 밝혀봅시다.

꽃잎, 해살, 어금이, 내과, 쇠돌, 짓이기다

○ 꽃잎 → 꼳닙 → [꼰닙]
해살 → 핻살 → [핻쌀]
어금이 → [어금니]
내과 → 낻과 → [낻꽈]
쇠돌 → 쇧돌 → [쇧똘]
짓이기다 → 짇니기다 → [진니기다]

위의 학습 활동에 제시된 단어들은 각각 '꽃잎[꼰닙], 해살[핻쌀], 어금이[어금니], 내과[낻꽈], 쇠돌[쇧똘], 짓이기다[진니기다]'처럼 발음된다. 각각은 위에서 적어 둔 것처럼 'ㄴ' 첨가와 'ㄷ' 첨가가 되어 있다. '쇠돌'에는 'ㄷ'이 첨가되어 있다. 이에 비해 '꽃잎', '어금니', '짓이기다'에는 'ㄴ'만 첨가되어 있고, '해살', '내과'에는 'ㄷ'만 첨가되어 있다.

○ 좁쌀, 찹쌀, 휩쓸다

한편, '좁쌀', '찹쌀', '휩쓸다'에는 'ㅂ'이 첨가되어 있다고 말할 수도 있다. 아무리 역사적으로 형성된 단어라고는 하지만, 공시적 입장에서 볼 때 각각은 '조+쌀', '차+쌀', '휘+쓸다'에 'ㅂ'이 첨가된 것으로 볼 수 있기 때문이다.[25)]

25) 남한에서는 사잇소리 현상이라 하여 'ㄴ' 첨가, 'ㄷ' 첨가 이외에 소위 후두긴장음 첨가를 더하기도 한다. '밤길'이 후두긴장음(?)이 '밤길 → 밤+?+길 → [밤낄]'에서처럼 사이에 첨가된다는 논리이다. 또 '냇가'가 '내+가 → 내+?+가 → [내까]'로 발음되거나 '내+가 → 내+ㄷ+가 → [낻까]'로 발음된다고 설명을 한다. '촛불'도 마찬가지이다. '초+불 → 초+?+불 → [초뿔]' 혹은 '초+불 → 초+ㄷ+불 → [촏뿔]'로 설명한다. '냇가'와 '촛불'이 [내까]와 [초뿔]로 각각 발음될 때는 후두긴장음이 첨가되었다고 말할 수 있고, [낻까]와 [촏뿔]로 발음될 때는 'ㄷ' 소리가 첨가되었다고 말할 수 있다는 것이다. 북한 학교 문법에서는 이와 관련한 소리 끼우기 현상은 보이지 않는다. 사잇소리 현상에 대한 설명은 남한의 검정 문법 교과서 가운

3.4. 정리 및 과제

지금까지 3장에서는 북한 학교 문법에서 다루고 있는 말소리의 단위와 억양, 말소리의 갈래와 소리마루, 말소리의 바뀜에 대하여 살펴보았다. 남북한이 학교 문법에서 동일하게 '말소리'라는 단원 명칭을 사용하고 있어서 공통점이 있다. 그러나 남한 학교 문법에서는 말소리가 아닌 음운을 중심으로 하여 음운의 개념과 종류, 음운 변동 등 용어를 사용하여 다루고 있다. 즉 음운론 차원에서 '말소리' 단원을 제시하고 있다는 말이다. 실용적인 문법 교육이라는 점을 생각하면, 말소리 자체에 대한 교수 학습 내용 및 실제적 말소리 교육이 당연히 필요하다. 그런 의미에서 북한 학교 문법의 '말소리' 단원의 서술은 주목해 볼 필요가 있다.

말소리 단원에서는 추상적 단위인 음운을 다루는 게 아니고 말 그대로 음성(音聲)을 다루어야 한다. 말소리는 자음과 모음 같은 소리도 있지만, 소리마디, 즉 음절(音節)도 있고 단어, 구, 문장도 있다. 북한에서는 이들 각각에 대하여 대체로 소리마디, 소리토막, 소리매듭, 소리동강이라고 순서대로 명명하고 있다. 또한 북한에서는 문장 차원의 억양을 주목하고 있고 더불어 말하는 사람의 정서적 감정을 표현하는 소리빛갈을 다루기도 한다. 더불어서 단어나 문장에서 특정한 부분을 두드러지게 발음하는 소리마루를 다루기도 한다. 단어의 소리마루로는 높이마루, 길이마루, 세기마루라 하여 소리마디, 즉 음절 차원에서 설정한다고 하면, 문장의 소리마루는 단어 혹은 어절 차원에서 다룬다고 볼 수 있다.

북한에서는 남한과 마찬가지로 모음으로 홑모음 10개와 겹모음 11개를 설정하고 있는데, 특이하게 'ㅢ'를 홑모음 'ㅡ'와 홑모음 'ㅣ'가 합해진 "순수한 겹모음"이라 하여 말하고 있는데, 이는 남한에서 'ㅢ'가 반모음과 단모음이

데 지학사의 ≪언어와 매체≫(2019 : 61)에서 구체적으로 볼 수 있다.

결합된 것이라는 설명과 차이를 보인다. 홑모음 10개 가운데 'ㅚ, ㅟ'는 북한에서 무조건 홑모음으로 보지만, 남한에서는 이중 모음으로 나는 경우도 있다고 하여 설명상 차이를 보인다. 자음에 대해서는 남북한이 동일하게 19개를 설정하고 있는데, 북한의 용어는 순한소리, 거센소리, 된소리, 울림소리라 하여 남한에서도 이런 고유어 용어를 쓰기도 하지만, 평음, 격음, 경음, 유성음이라는 한자어 명칭을 사용하기도 하여 차이를 보인다.

남북한의 말소리 단원에서 주목되는 차이는 남한은 '음운의 변동'이라고 하는데, 북한에서는 '말소리의 바뀜'이라고 하는 점이다. '받침단어들의 발음', '이어내기와 끊어내기', '소리닮기와 ≪지, 치≫로 되기', '된소리되기와 거센소리되기', '소리빠지기와 소리끼우기'라는 말소리 현상들은 남한 학교 문법에서도 모두 다루는 것들이다. '음절의 끝소리 규칙', '연음과 절음', '음운동화와 구개음화', '경음화(혹은 된소리되기)와 격음화(혹은 거센소리되기)', '탈락과 첨가(혹은 사잇소리 현상)' 같은 용어로 제시되어 있다. 이러한 것들은 음운이 변한 것이 아니라 소리가 변한 것들이다. 남한 학교 문법에서도 명실상부한 '말소리' 단원이 되도록 해야 할 것이다. 추상적 음운 및 음운의 변동을 다룰 게 아니라 실제적으로 말하고 듣는 언어생활에 유용한 말소리 교육 내용이 되어야 할 것이다.

제4장 단어

북한의 문법 교육에서는 언어 단위 가운데 단어를 가장 중요시한다. 단어가 모여서 문장이 되기 때문에 기본적인 단어를 알지 못하면 의사소통 자체가 어려워지는 것은 당연하다. 단어를 공부한다고 하면 크게 두 가지 부분으로 나뉜다. 단어의 성격을 다루는 품사 영역과 파생어와 합성어를 만드는 방법을 다루는 단어 형성의 영역이다. 이 둘 가운데 북한 학교 문법에서는 품사에 대하여 대부분의 지면을 할애하고 단어의 형성은 "단어만들기수법"이라 하여 간략히 다루고 있다.[1)]

북한의 학교 문법에서는 '단어' 관련해서 '단어의 짜임', '단어만들기수법', '품사'로 나누어서 교수 학습한다. 그 가운데 국어의 품사를 가장 많이 다류다는 것은 전술한 바와 같다. 이제 이들에 대해서 여기에서 살펴보도록 한다.[2)]

---

1) 북한에서는 조사와 어미와 같은 소위 '토'를 품사로 보지 않는 입장을 지니고 있다. 체언토와 용언토가 붙어서 문장 전체 구성과 관련된 역할을 한다는 점에서 북한에서는 토를 무척 강조하고 있다. 토에 대해서는 따로 5장에서 자세히 다루도록 한다.

2) 한 가지 짚고 넘어가야 할 것은 '어휘'에 대한 북한 학교 문법의 입장이다. 어휘는 문법 영역이 아니고 표현 이해 모두의 영역으로 북한에서는 특별히 강조하고 있다. 그리하여 교과서에서 "문법지식을 새겨봅시다" 부분에서 다루지 않고 따로 독립적으로 다루고 있다.

4.1. 단어의 짜임

구체적으로 단어의 짜임 부분을 살피기 전에 먼저 단어의 개념에 대해서 살펴보도록 한다. ≪국어 1≫(2013) 교과서에서는 확실한 개념 정의를 내리고 있지 않으나 직전 ≪국어문법 1≫(2001) 교과서 및 조선어학전서의 하나로 나온 문법서에서는 다음과 같이 말하고 있다.[3)]

○ "단어란 문장을 만드는 감으로 쓰이는 말소리와 뜻을 가진 말마디를 말합니다. …… 단어의 말소리는 글자로 표기할수 있는 형식이고 단어의 뜻은 단어가 나타내는 내용입니다."(<국어문법>(2001 : 24)

○ "단어, 이것은 일정한 구조의 어음적외피에 일정한 의미를 담은 문장의 가장 작은 구성성분으로 되는 언어단위라고 일단 보려고 한다."(김동찬, 2005ㄱ : 12)

예를 들면, '산'이라고 하는 단어에서 [산] (ㅅㅏㄴ)은 말소리(글자)이고 "평지보다 상당히 높게 솟아있는 땅의 부분"은 뜻이라고 한다. 이처럼 단어는 구체적인 말소리(혹은 글자)로 나타나고 뜻을 갖고 있는 것이라고 말하고 있다. 두 번째 단어에 대한 정의는 단어가 형식과 의미를 지니고 있고 문장을 구성하는 가장 작은 성분임을 말하고 있다. 결국 북한 학교 문법에서 바라보는 단어는 일정한 형식과 의미를 지니고 문장을 구성하는 가장 작은 단위라고

이 책에서는 '어휘 의미'라는 명칭으로 "문법지식"에서 제시된 것만 8장에서 따로 다루도록 한다.

3) 북한의 사회과학출판사에서는 2005년에 '조선어학전서' 47권을 한꺼번에 냈다. 그 가운데 ≪조선어단어조성론≫이라는 제목으로 나온 김동찬(2005ㄱ : 8-12)에서는 단어의 본질을 여러 가지 기준으로 살피고 있다. "단어는 언어의 기본단위", "단어는 어음론적으로 교착된 모양새를 가지고 공동적으로 쓰이는 언어의 음성적기호", "의미가 들어있는 말소리", "문장을 분석할 때 얻어지는 개별화된 의미의 단편", "독립적인 가장 작은 의미단위", "말줄기의 의미가 같고 말줄기에 들어있는 형태소들도 같으며 어음적외피가 같거나 비슷한 형태단어들의 체계" 등 여러 개념들을 소개하면서 이러한 개념 정의를 이끌어내고 있다.

말할 수 있겠다.

한편 남한에서는 단어를 최소의 자립 단위라고 말하곤 한다. 음운을 최소의 의미 변별 단위, 형태소를 최소의 의미 단위라고 하는 것과 결을 같이 하는 것이다. 이때 자립 단위라고 하는 것은 북한에서의 문장 구성의 가장 작은 단위라고 하는 것과 일맥상통한다. 북한에서 형식과 의미를 지녔다고 하는 것은 남한에서도 당연히 인정되는 전제가 된다. 따라서 남한과 북한의 단어 정의는 거의 같다고 말해도 될 듯하다. 단, 남한의 학교 문법에서 조사를 단어로 보는 것은 이런 개념 정의와는 완전히 배치된다.

단어의 짜임

단어를 쪼개였을 때 뜻을 가지고있는 가장 작은 쪼각을 **형태부**라고 합니다.

형태부는 말뿌리와 덧붙이, 토로 갈라봅니다.

말뿌리는 혼자서도 하나의 단어를 이루는 형태부를 말합니다.

덧붙이는 자기의 뜻을 가지지만 혼자서는 하나의 단어를 이루지못하고 말뿌리에 붙어서 새 단어를 만들어주는 형태부를 말합니다. 말뿌리의 앞에 붙으면 **앞붙이**, 뒤에 붙으면 **뒤붙이**라고 말합니다.

새 단어를 만들지는 못하고 단어의 문법적뜻을 나타내는 형태부를 **토**라고 합니다. 단어에서 토를 떼어버린 나머지부분을 말줄기라고 합니다.

맨	손	질	만
⋮	⋮	⋮	⋮
앞붙이	말뿌리	뒤붙이	토

(앞붙이 말뿌리 뒤붙이: 말줄기)

위의 설명은 '단어의 짜임'을 문법지식으로 설명한 것 그대로이다. 여기서 먼저 주목되는 것은 "**형태부**"라고 하는 문법 용어이다. 뜻을 가지고 있는 가장 작은 조각이라 했으니, 남한의 형태소와 정확히 대응한다. 남한에서는 음운론의 최소 단위를 음운(음소), 형태론의 최소 단위를 형태소라고 하는데, 북한에서는 형태소 대신 "형태부"라고 부르고 있다. 남한에서는 실질 형태소, 형식 형태소, 자립 형태소, 의존 형태소 등으로 구분하여 더욱 깊이 제시하는데, 현행 북한 학교 문법에서는 더 이상의 형태소 분류는 하지 않고 있다.

대신에 형태부가 말뿌리, 덧붙이, 토로 나뉜다고 말하고 있다. "**말뿌리**"는 "혼자서도 하나의 단어를 이루는 형태부"라고 했으니, 남한의 어근(語根)에 대체로 해당한다. 그런데, 예컨대 '아름답다'의 '아름-'은 혼자서 하나의 단어를 이루지 못한다. 남한에서는 이런 것을 불구 어근이라고 하여, 역시 어근의 하나로 처리한다. 즉 남한에서는 중심 의미를 지닌 것을 어근이라 하여 의미 기준을 따름에 비하여, 북한에서는 단지 하나의 단어를 이루는 형태부를 말뿌리라 하여 그 기준이 약간 다름을 알 수 있다.

"**덧붙이**"는 "자기의 뜻을 가지지만 혼자서는 하나의 단어를 이루지못하고 말뿌리에 붙어서 새 단어를 만들어주는 형태부"를 가리킨다고 하니, 역시 남한의 접사(接辭)에 해당한다고 하겠다. 말뿌리 앞에 붙느냐 뒤에 붙느냐에 따라 "**앞붙이**"와 "**뒤붙이**"로 나누고 있다. 이것들은 각각 접두사와 접미사에 정확히 해당한다. '앞붙이', '뒤붙이'는 순수한 고유어로 그 의미 파악이 무척 쉬운 장점이 있다. 덧붙이가 자기의 뜻을 가지고 있다고 했는데, 이때의 "자기의 뜻"이 과연 무엇을 함의하는지 잘 드러나지 않는다. 남한에서는 접사의 의미는 결국 추상적인 의미 자질을 뜻한다고 하여 어근의 의미와 접사의 의미를 구분하곤 한다.

북한의 문법을 흔히 토의 문법이라고 말하곤 한다. 이는 북한에서 설정하는 '토'는 대개 조사와 어미에 해당하는 것인데, "새 단어를 만들지는 못하고 단어의 문법적뜻을 나타내는 형태부"라고 말하고 있다. 여기서 "문법적뜻"은 어휘적인 뜻과 구분되는 것으로 토를 통하여 기능 혹은 관계를 나타낸다. 이는 곧 토가 허사임을 보여 주는 것이다. 뒤에서 나오겠지만, 북한에서는 소위

'상토'라 하여 남한의 피동 접미사와 사동 접미사에 해당하는 형태부들도 설정하고 있다.

한편, 북한에서는 "단어에서 토를 떼어버린 나머지부분"을 "**말줄기**"라고 말하고 있다. 말줄기는 한자어로 하면 어간(語幹)이 될 것이다. 예로 제시된 '맨손질만'에서 토인 '만'을 제외한 '맨손질'이 말줄기라는 것이다. 결국 덧붙이는 새로운 단어를 만들 때에 역할을 하는 것이고 토는 그러지 못한다는 것이다. 한편 남한에서는 '어간'이라는 문법 용어를 흔히 용언에서 사용하는데, 형태가 변하면 어미, 변하지 않으면 어간이라고 말한다. 즉 남북한에서 문법 용어가 그 뜻하는 함의에서 차이가 있는데, 북한의 '말줄기'가 남한의 어간에 그대로 대응하지 않는다는 것을 알 수 있다.

❖ 다음 단어들의 형태부를 가르고 그 갈래를 밝혀봅시다.

애기나무, 휘청대다, 벼포기들, 길섶, 언덕길을

❖ 다음의 형태부로 이루어진 단어를 찾아봅시다.

앞붙이+말뿌리, 말뿌리+말뿌리, 말뿌리+뒤붙이, 말뿌리+뒤붙이+토, 앞붙이+말뿌리+뒤붙이

위의 활동은 북한의 교과서에서 형태부를 가르고 그 갈래를 밝혀볼 것을 학습하는 활동이다. '애기나무'는 '애기'와 '나무'라는 두 개의 말뿌리로 이루어진 것이고, '휘청대다'는 '휘청'이라는 말뿌리와 '-대-'라는 뒤붙이와 '-다'라는 용언토로 이루어진 것이다. '벼포기들'은 '벼'와 '포기'라는 두 개의 말뿌리와 '들'이라는 토(엄밀히는 '복수토')로 이루어진 것이고, '길섶'은 '길'과 '섶'이라는 두 개의 말뿌리로 이루어졌고, '언덕길을'은 '언덕'과 '길'이라는 말뿌리와 '을'이라는 토로 이루어졌다.

결국 '말뿌리+말뿌리'로 이루어진 단어는 '애기나무, 길섶'을 들 수 있고, '말뿌리+뒤붙이+토'로 이루어진 단어는 '휘청대다'를 들 수 있다. 위 예시에는 나오지 않았지만, 앞의 설명 글을 볼 때, '앞붙이+말뿌리+뒤붙이'로 이루어진 것은 '덧붙이'를 들 수 있고, '앞붙이+말뿌리'로 이루어진 것은 '햇나물'을 들 수 있으며, '말뿌리+뒤붙이'로 이루어진 것은 '담배질, 첫째'를 들 수 있다.[4)]

4.2. 단어만들기수법

북한에서는 "**단어만들기수법**"이라는 명칭을 사용하여 그 안에 '덧붙임법'과 '합침법'을 포함하고 있다. 덧붙임법은 파생법이고 합침법은 합성법을 가리키며, 단어만들기수법은 결국 단어 형성법을 뜻한다. 표현 자체에서도 알 수 있듯이 북한 학교 문법에서는 이 단어만들기수법을 적극적으로 교수학습에서 활발하게 사용하고 있다.

> **단어만들기수법**
>
> 이미 있는 단어만들기감을 가지고 새 단어를 이루는 것을 **단어만들기수법**이라고 합니다.
>
> 단어만들기수법에는 여러가지가 있습니다.
>
> ① 합침법
>
> 말뿌리를 합쳐서 새 단어를 만드는 방법입니다. 합친말들은 합침법으로 만들어진 단어들입니다.
>
> 례 : 조선사람, 항일혁명투쟁시기, 통신련락임무

4) '햇나물'과 '담배질'이 각각 '앞붙이+말뿌리', '말뿌리+뒤붙이'로 이루어졌다는 근거는 정순기(2005 : 26-27)에서 보인다.

② 덧붙임법
말뿌리에 앞붙이나 뒤붙이를 붙여서 새 단어를 만드는 방법입니다.
례 : 몰이군, 사형장

③ 소리바꿈법
본래 있던 단어의 말소리를 바꾸어 새 단어를 만드는 방법입니다. 단어안에서 말소리들이 바뀌면서 뜻이 조금씩 다른 단어들이 만들어집니다.
례 : 반짝-번쩍, 빨갛다-뻘겋다, 가죽-거죽

북한의 "단어만들기수법" 가운데 특이한 것은 "**소리바꿈법**"이 들어가 있다는 점이다. "본래 있던 단어의 말소리를 바꾸어 새 단어를 만드는 방법"을 소리바꿈법이라고 하고 있는데, 이것들이 새로운 단어를 만드는 것인지 아니면 단지 이미 존재하고 있는 어감만 다른 단어들을 그때그때 상황에 따라 선택하여 사용하는 것인지가 문제가 된다.

남한 학교 문법에서는 이런 유형은 음상(音相)의 차이를 드러내는 것이지, 결코 새로운 단어를 만드는 방법과는 차이가 난다는 입장이다. 그런 의미에서 보면 '소리바꿈법'은 덧붙임법과 합침법과는 큰 차이가 있다. 다시 말하면 소리바꿈법은 소리를 바꾸어서 새 단어를 만드는 게 아니라 소리를 바꾸어서 다른 단어를 사용하는 것일 뿐이다. '반짝-번쩍', '빨갛다-뻘겋다'에서 앞과 뒤의 차이는 양성 모음과 음성 모음이 주는 어감의 차이만 있을 뿐이라는 말이다. 이런 음상의 차이는 '발갛다-빨갛다', '넘어뜨리다-넘어트리다'에서처럼 자음의 예사소리-된소리-거센소리의 어감에 따라 차이 나는 것도 있다.

덧붙임법과 합침법은 남한의 파생법과 합성법과 완전히 동일한 개념을 지니고 있다. "말뿌리에 앞붙이나 뒤붙이를 붙여서 새 단어를 만드는 방법"이 "**덧붙임법**"이고,[5] "말뿌리를 합쳐서 새 단어를 만드는 방법"이 "**합침법**"이다.

5) 단어조성법을 다룬 북한의 김백련(2005 : 167-171)에서는 덧붙임법을 '첨가법'이라고 명명하

'몰이군'과 '사형장'은 각각 뒤붙이 '군'과 '장'을 붙여서 새 단어를 만든 것이고, '조선사람', '항일혁명투쟁시기', '통신련락임무'는 각각 '조선, 사람', '항일, 혁명, 투쟁, 시기', '통신, 련락, 임무'라고 하는 개별 말뿌리들이 합쳐져서 새 단어, 즉 "합친말"들을 만든 방법이다.

여기서 우리가 좀 더 들어가 보면 여러 난점이 존재하는 것을 알 수 있다. 한자는 본래 의미를 담고 있는 표의문자인데, 예컨대 '항일혁명투쟁시기'에서 과연 진짜 말뿌리는 무엇인지, 그리고 그것들이 어떤 순서로 합쳐지는지 등 여러 문제가 발생하게 된다. 즉 한자어는 음절마다 하나의 말뿌리인가, 또 합쳐진 말뿌리들은 어떤 순서로 결합 혹은 합쳐지는가 등등 여러 논란이 나올 수 있다. 특히 북한에서는 명사들이 나열될 때 모두 붙여 쓰도록 하고 있는 띄어쓰기 규정을 두고 있는 실정이다. 과연 "통신련락임무"는 하나의 단어인가 아니면 본래 '통신', '련락', '임무'가 각각 하나의 단어인가 하는 문제가 남아 있다는 것이다. 이것은 결국 단어와 구(句)의 경계는 무엇인가 하는 근본적인 문제를 제기한다.

한편, 합침법에 의해서 만들어진 단어를 **"합친말"**이라고 하는데, 덧붙임법에 의해서 만들어진 단어에 대해서는 위에서 나와 있지 않다. 합친말과 동궤로 해서 **'덧붙인말'**이라고 명명해도 좋을 듯하다. 남한에서는 각각 합성어와 파생어라고 명명하고 있다. 이들 각각을 '합침말', '덧붙임말'로 명명할 가능성이 있으나 그보다는 그냥 '합친말', '덧붙인말'로 하는 것이 나아 보인다. 그것은 이미 '합친말'이 일반화되어 있고, 그뿐 아니라 과거형의 '-ㄴ'을 사용하여 '합친말', '덧붙인말'로 하는 것이 확정성 차원에서 더욱 의미가 있어 보인다.

면서 '앞붙이첨가법'과 '뒤붙이첨가법'으로 하위 구분하고 있다. 북한의 학교 문법 용어가 일반 학자들이 사용하는 것과 반드시 일치하지는 않고 있음을 보여 준다.

❖ 합침법, 덧붙임법으로 단어를 만들어봅시다.

산 - 새　　바느 - 질　　드 - 놀다

❖ 다음 단어들의 말소리를 바꾸어 새로운 단어를 만들어봅시다.

떠듬떠듬, 출렁대다, 헐떡이다, 살짝, 솨솨, 철철

'단어만들기수법'을 학습한 다음에 위에 있는 대로 학습 활동을 하게 해서 이것을 개인화하는 방식을 택하고 있다. '산'과 '새'라는 말뿌리가 합쳐져서 '산새'라는 합친말이 만들어지고, 말뿌리 '바늘'과 뒤붙이 '질'이 합해져서 '바느질'이라는 덧붙인말이 만들어진다는 것이다. '드놀다'는 좀 어려운 점이 있다. '놀-'은 분명히 말뿌리인데, 앞에 오는 '드-'가 과연 말뿌리인지 아니면 앞붙이인지 판단하기가 어렵다. 여기서는 일단 '들다'의 '들'-'로 보아서 합친말의 한 성분으로 보도록 한다.

'떠듬떠듬, 출렁대다, 헐떡이다, 살짝, 솨솨, 철철' 같은 단어들은 앞서 말했듯이 음상(音相)을 달리하여, '더듬더듬, 촐랑대다, 할딱이다, 슬쩍, 쏴쏴, 출출' 등에서처럼 자음이나 모음의 변화를 주어서 다른 단어를 사용하는 방식이다. 앞서 말한 바, 새로운 단어를 만든다기보다는 일정한 의도를 갖고 다른 단어를 선택한다는 식으로 파악하는 게 나아 보인다.

4.3. 체언 : 명사, 수사, 대명사

단어들은 일정한 기준에 따라서 갈래로 나뉜다. 남한의 학교 문법에서는 대개 형태, 기능, 의미라는 세 가지 기준에 따라서 단어들을 분류한다. 형태 변화 여부에 따라서 불변어와 변화어로 나누기도 하고, 기능에 따라서 체언,

용언, 수식언, 독립언, 관계언으로 나누기도 한다. 그러나 가장 많이 사용하는 품사 분류는 명사, 대명사, 수사, 동사, 형용사, 관형사, 부사, 감탄사, 조사의 9품사이다. 이것은 의미를 기준으로 하여 나눈 것으로 알려져 있다.

북한의 학교 문법에서는 뒤에서 볼 8품사 이외에 체언과 용언을 설정하고 있다. 체언에는 명사, 수사, 대명사를 넣고 있고, 용언에는 동사, 형용사를 넣고 있다. 조사를 품사에서 제외하는 것이 큰 차이점이다.

4.3.1. 명사

북한에서는 품사에 대하여 "단어들이 가지고있는 뜻과 쓰임의 성질에 따라 크게 나누어놓은 단어들의 갈래"라고 말하고 있다. 뜻에 따라 나누었다는 것은 곧 의미를 기준으로 했다는 것이며 쓰임의 성질에 따라 나누었다는 것은 곧 기능을 기준으로 했다는 것으로 이해된다.[6]

> 품사란 단어들이 가지고있는 뜻과 쓰임의 성질에 따라 크게 나누어놓은 단어들의 갈래를 말합니다.
>
> 품사에는 명사, 수사, 대명사, 동사, 형용사, 관형사, 부사, 감동사가 있습니다.

그리하여 북한 학교 문법에서는 품사의 종류로 "명사, 수사, 대명사, 동사, 형용사, 관형사, 부사, 감동사"의 8개를 제시하고 있다. 조사가 품사에서 제외

6) 북한의 2000년대 문법 교과서인 ≪국어문법 1≫(2001 : 24)에서는 품사에 대하여 다음과 같이 좀 더 상세한 개념 정의를 내리고 있다.
"품사란 바로 그뒤에 토가 붙지 않는가, 토를 떼버리고 혼자서도 쓰일수 있는가, 어떤 단어와 결합하고 어떤 단어와 결합하지 않는가, 어떤 물음에 대답하며 어떤 뜻을 나타내는가 하는데 따라 크게 갈라 놓은 단어들의 갈래를 말한다."

된 것이 두드러진 특징이며, 품사 나열 순서에서 명사-대명사-수사가 아니라 명사-수사-대명사로 한 것도 남한과는 차이 나는 점이다. 또 감동사라 하여 남한의 감탄사와 명칭에 차이가 보인다. 뒤에서 보겠지만 북한의 문법은 소위 '토의 문법'이라 하여 남한의 조사와 어미를 무척 중시하고는 있지만, 정작 품사 자격으로는 인정하지 않고 있다.

❖ 본문의 단어들을 뜻과 쓰임의 성질에 따라 크게 나누어봅시다.

백두산, 삼천, 모시다, 태양, 위업, 울리다, 인민, 령도자, 빛나다, 첫째

갈래	단어
이름짓는 단어	백두산
수량, 차례	첫째
움직임	울리다

위는 단어들을 품사로 구분해 보는 활동이다. '이름짓는 단어'는 곧 명사를 가리키는데, 예로 든 '백두산'을 비롯하여 '삼천, 태양, 위업, 인민'이 들어갈 것이며, '움직임'을 나타내는 단어는 동사로서 '모시다, 울리다, 빛나다'가 포함된다. '수량, 차례'를 나타내는 단어는 수사를 가리키고 위에서는 '첫째' 하나만 해당된다.

명사란 사람이나 동식물, 물건, 자연현상 등을 이름지어 나타내는 언어들을 말합니다.

북한에서는 명사에 대하여 "사람이나 동식물, 물건, 자연현상 등을 이름지어 나타내는 언어들"이라고 말하며, 단어들 가운데 명사가 가장 많은 숫자를

차지하고 있다고 한다. "≪아버지, 어머니, 형님, 누나≫와 같은 사람을 나타내는 단어, ≪연필, 학습장, 칼≫과 같은 물건을 나타내는 단어, ≪나무, 돌, 구름, 바람≫과 같은 자연계에 있는것들을 나타내는 단어, ≪달리기, 씨름, 축구≫와 같은 운동을 나타내는 단어들처럼 ≪누구?≫, ≪무엇?≫이라는 물음에 대답하는 단어는 모두 명사"라고 말하고 있다(≪국어문법1≫(2001 : 25)).[7)]

❖ 아래의 단어들이 뜻에서 어떤 공통점이 있는가를 밝히고 표에 맞게 갈라봅시다.

아버지, 로동자, 투쟁, 토끼, 닭, 연필, 자동차, 해바라기, 무지개

구분	단어
사람	
동식물	
물건	
현상	

북한 학교 문법 교과서에서는 위에서처럼 일정한 설명에 대하여 다시 확인하는 학습 활동을 제시하고 있다. 사람을 나타내는 단어는 '아버지, 로동자'가 해당하고, 동식물을 나타내는 단어는 '토끼, 닭, 해바라기', 물건을 나타내는 단어는 '연필, 자동차'가 해당하고, 현상을 나타내는 단어는 '투쟁, 무지개'가 해당한다.

7) 북한의 이론서인 김백련(2005 : 120-143)에서는 명사에 대하여 "일반명사, 고유명사, 불완전명사, 단위명사, 대명사"로 나누어서 구체적인 설명과 예시를 보여 주고 있다. ≪국어문법1≫(2001 : 25)에서는 홀로 완전한 뜻을 나타내는 "완전명사"와 ≪것, 수, 줄, 뿐, 때문≫ 등과 같은 "불완전명사"를 제시하기도 했다.

❖ 다음의 빈칸에 알맞은 내용을 적으면서 명사의 갈래를 새겨봅시다.

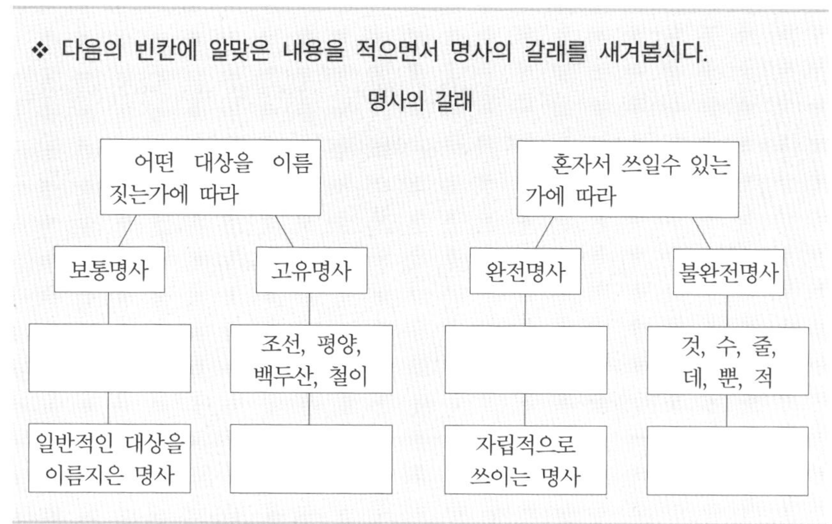

북한에서는 명사의 갈래를 학습 활동을 통해서 제시하고 있다. 위에서 보듯이 "어떤 대상을 이름짓는가"에 따라 보통명사와 고유명사로 나누고, "혼자서 쓰일수 있는가"에 따라 완전명사와 불완전명사로 나누고 있다. "일반적인 대상을 이름지은 명사"가 보통명사이면, 고유명사는 특수한 대상을 이름 지은 명사가 될 것이고, "자립적으로 쓰이는 명사"가 완전명사이면, 불완전명사는 자립적으로 쓰이지 못하는 명사가 될 것이다. 고유명사가 '조선, 평양, 백두산, 철이' 같은 예가 해당한다면, 보통명사는 '아버지, 로동자, 투쟁, 토끼, 닭, 연필, 자동차, 해바라기, 무지개' 같은 것들이 해당할 것이다. 또한 불완전명사가 '것, 수, 줄, 데, 뿐, 적' 예가 해당한다면, 완전명사는 '조선, 평양, 백두산, 철이' 같은 것은 물론 '아버지, 로동자, 투쟁, 토끼, 닭, 연필, 자동차, 해바라기, 무지개' 같은 것들이 모두 해당할 것이다.[8]

8) 북한의 ≪조선문화어문법규범≫(1976, 2011)에서는 완전명사와 불완전명사, 고유명사와 보통명사로 크게 나누고 있고, 또 "활동체명사"와 "비활동체명사"로 나누고 있기도 하다. 국어 교과서 안에서는 후자를 다루고 있지 않다.

4.3.2. 수사

수사(數詞)는 수를 나타내는 단어이다. 의미를 기준으로 하여 보면 수량이나 순서를 나타내는 단어는 모두 수사에 해당한다.

> 수사는 수량이나 순서를 나타내는 단어들을 말합니다.
> 수사에는 ≪하나, 둘, 셋, 넷, 열, 스물, 백, 천≫과 같이 수량을 나타내는 단어들과 ≪첫째, 둘째, 셋째, 열째, 스물셋째≫와 같이 순서를 나타내는 언어들이 있습니다.

북한의 학교 문법에서는 이렇게 의미를 기준으로 하여 수사를 정의하고 있다. 위에서처럼 '하나, 둘, 셋, 넷, 열' 같이 수량을 나타내는 단어와 '첫째, 둘째, 셋째, 열째' 같이 순서를 나타내는 단어를 모두 수사라고 하는 것이다. 그리하여 수사를 "수량이나 순서를 나타내는 단어"라고 정의 내리고 있다.

❖ **다음의 두 문장에서 수를 가리키는 부분들을 찾고 어떻게 다른가 말해봅시다.**
- 아름다운 꽃과 함께 대원수님들께 우리의 5점성적증을 보여드리면 더 기뻐하실 것 같아 난 이걸 가져왔어.
- 집안의 셋째아들인 저를 가리켜 우리 마을에서는 막내둥이라고 부릅니다.

❖ **교실에서 자기가 앉은 책걸상의 순서를 수사로 나타내여봅시다.**

❖ **자기의 키와 나이를 수사로 나타내여봅시다.**

그런데 남한의 학교 문법과 비교해 볼 때 수사의 개념에 차이가 나는 것을 알 수 있다. 위의 학습 활동을 보면, '5'라는 수량을 나타내는 숫자와 '셋째'라는 순서를 나타내는 단어가 수사라는 것을 북한의 학교 문법에서는 보여 주고 있다. 그런데, 엄밀히 말하면 '5'는 '점'이라는 명사를 수식하는 수 관형사이고 '셋째'는 '아들'이라는 명사를 수식하는 수 관형사라고 보는 것이 남한의 학교 문법 입장이다. 즉 남북한이 수사를 보는 관점에서 차이가 있다는 것을 알 수 있다.

남한에서는 의미와 함께 기능이라는 기준을 중요시하기 때문에 명사를 수식하는 단어를 수 관형사라고 하고 있다. 물론 '5는 2보다 크다, 셋째가 제일 효자야.' 같은 데서는 '5'와 '셋째'가 수사이다. 결국 품사 분류 기준이 중요하다는 것을 다시 한 번 확인하게 된다. 남북한이 수사 문제를 어떻게 통일시킬 것인가는 상호 협의할 문제이다. 과연 의미 기준과 기능 기준은 어느 것이 더욱 중요한가?

위의 학습 활동에서 나머지 두 개는 무척 흥미롭다. 문법 내용적인 측면은 아니지만 교실에서 자기가 앉은 책걸상의 순서를 수사로 나타내어 보자는 발문과 자기의 키와 나이를 수사로 나타내어 보자는 발문은 모두 매우 실생활적임을 볼 수 있다. 북한의 학교 문법 교수 학습 활동이 친생활적임을 알 수 있다.

4.3.3. 대명사

대명사란 어떤 대상을 가리키는 단어를 말한다. 즉 사람이나 동식물, 물건 등을 가리키는 단어를 대명사라 한다.

대명사란 어떤 대상을 가리키기만 하는 단어들을 말합니다.

대명사에는 '나, 너, 그, 우리, 당신, 저, 저희, 자네'와 같이 사람을 가리키는

“**사람대명사**”와 ‘이, 저기, 여기, 거기’처럼 지시하는 “**가리킴대명사**”가 있고, ‘누구, 무엇, 얼마, 어디, 언제’ 등 물음을 나타내는 “**물음대명사**”가 있다(≪국어문법 1≫(2001 : 25)).

❖ **아래 문장들에서 명사를 찾아봅시다. 그리고 밑줄 그은 단어들은 명사와 어떻게 차이나는지 말해봅시다.**

ㄱ) 하늘보다 높고높은 사랑의 그 높이에
우리가 살지요 온 나라가 안겼지요

ㄴ) 여기가 바로 평양의 창전거리입니다.

위의 학습 활동에서 밑줄 친 ‘그’, ‘우리’, ‘여기’가 대명사라고 말하고 있다. ‘우리’는 사람대명사, ‘여기’는 가리킴대명사에 해당한다. 그리고 ‘그 높이에’의 ‘그’가 가리킴대명사라고 북한 학교 문법에서는 말한다. 그런데 ‘그’가 과연 대명사인지에 대해서는 남한 학교 문법 차원에서 볼 때 결과가 차이가 난다. 이때의 ‘그’는 ‘높이‘라는 명사를 수식하는 관형사라는 말이다. 수사에서처럼 의미 기준이냐 기능 기준이냐의 문제로 귀결된다.

❖ **대명사의 갈래를 새기면서 아래의 대명사들을 그에 맞게 나누어봅시다.**

갈래	대명사
사람대명사	나, 우리, 너
가리킴대명사	이, 그, 여기
물음대명사	누구, 얼마, 몇

너희, 저기, 어디, 저희, 거기, 아무, 저, 무엇

위의 학습 활동에서는 대명사의 종류를 도표에 제시하고 각각에 해당하는 대명사들을 본보기로 보여 주고 있다. 이어서 이를 토대로 하여 다른 예시들을 주어서 직접 대명사를 분류해 보도록 하고 있다. 이에 따르면 '너희, 저희, 아무'는 사람대명사, '저기, 거기'는 가리킴대명사, '어디, 무엇'은 물음대명사에 해당한다.[9] 그런데 '저'에 대해서는 문맥에 따라서 다른 해석이 가능할 듯하다. '저는 학생입니다.'에서 '저'는 분명 사람대명사에 속한다. 그런데 '이 책과 저 연필'에서는 북한 학교 문법에 따르면 가리킴대명사가 될 것일 텐데, 앞서도 말한 바, 남한 학교 문법 차원에서는 지시 관형사가 된다는 것이다.

체언이란 명사, 수사, 대명사를 말합니다.
❖ 명사, 수사, 대명사의 공통점을 찾아봅시다.

앞서 말한 바, 명사, 수사, 대명사는 모두 묶어서 체언이라고 한다. "명사, 수사, 대명사는 토가 붙지만 토없이도 쓰일수 있으면서 사람이나 동식물, 물건 등 대상을 나타낸다는 공통점을 가지고 있기" 때문에 이것들을 묶어서 체언이라고 한다(≪국어문법 1≫(2001 : 25)).

여기서 우리는 체언의 순서에 대하여 생각해 보도록 한다. 남한 학교 문법에서는 명사-대명사-수사 순서로 제시하여 명사와 대명사의 밀접한 관련성을 보여 주고 있다. 그런데 북한 학교 문법에서는 명사-수사-대명사 순서로 제시하고 있다. 왜 그렇게 할까? 문면대로라면 두 가지 해석이 가능하다. 하나는 명사와 수사는 성격이 다르기 때문에 명사의 일종인 대명사는 뒤로 하고 중요한 수사를 대명사 먼저 제시한다는 것이다. 또 하나는 명사와 대명사는 이름만

9) 김백련(2005 : 163)에서는 물음대명사가 가리키는 대상이 사람, 사물, 장소, 시간 등이며 서로 다른 대명사가 이에 대응한다고 말하고 있다. 즉 사람대명사에는 '누구, 아무', 사물대명사에는 '무엇', 장소대명사에는 시간대명사에는 '언제'를 각각의 예로 들고 있다.

비슷하지 그 성격은 수사에 비해서 차이가 더욱 난다는 해석이다. 이 둘 중에 전자의 해석이 일반성을 지니는 것 같다. 즉 명사와 수사의 차이를 더욱 드러내서 대명사보다 수사를 앞에 둔다는 것이다.[10)]

4.4. 용언 : 동사, 형용사

4.4.1. 동사

동사는 일정한 대상의 각종 행동을 나타내는 품사이다. 동사는 일정한 대상의 성질, 상태를 나타내는 형용사와 함께 문장 안에서 서술성을 가지고 진술성을 나타낸다. 동사와 형용사는 용언에 속하여 각각의 뒤에 반드시 토가 붙는 특성이 있다. 동사와 형용사는 이러한 공통점으로 해서 함께 용언(用言)이라고 부른다. 동사는 '어찌하는가?'라는 물음에 대답하고, 형용사는 '어떠한가?'라는 물음에 대답한다.[11)]

---

10) 김백련(2005 : 120)에 따르면 "체언은 형태를 가진 개념어의 한 부류로서 대상성을 가지고 진술의 주체나 객체로 등장한다." 그리하여 체언은 "말줄기와 단어가 일치하여 형태를 조성할 때 대상적인 토들이 단어뒤에 교착되는것이다"라고 하면서 "체언에는 명사와 수사 두개 품사가 속한다."라고 말하고 있다. 그러면서 명사에는 "가장 보편적인 일반명사와 특수한 종류로서의 고유명사, 불완전명사, 단위명사, 대명사 등이 있다"라고 말하고 있다. 다시 말하면 대명사는 명사의 한 특수한 종류일 뿐으로 본다는 말이다.

11) 동사와 형용사에 대한 이러한 자세한 설명은 ≪국어문법 2≫(2001 : 31)에서 제시되어 있다. 2000년대 전후에는 학교 문법에서 동사와 형용사의 특성에 대하여 차이 나는 점을 중심으로 자세한 설명이 있었는데, 현재 김정은 시대에 와서는 설명은 핵심적인 내용만 극소수로 하고 학습 활동을 통해서 확인하도록 하고 있다.

동사는 움직임을 풀이하여 나타내는 단어입니다. 동사들 가운데서 자기 혼자서도 쓰일수 있는 동사를 **자립동사**라고 부르고 자기 혼자서는 쓰이지 못하고 반드시 다른 단어와 결합해서만 쓰이는 동사를 **보조동사**라고 부릅니다.

례 : 오소리가 먼저 반겼습니다. (자립동사)

날 좀 도와주렴. (보조동사)

동사는 위에서 보듯이 움직임을 풀이하여 나타내는 단어인데, 혼자 사용되는 "자립동사"와 반드시 다른 단어와 결합해서만 쓰이는 "보조동사"로 나뉜다. 자립동사는 "다른 동사와 합치지 않고 자기 혼자서도 쓰일수 있는 것"을 말하고, 보조동사는 "자기 혼자서는 쓰이지 못하고 반드시 다른 단어와 합쳐서라야만 쓰이는 동사"(≪국어문법 2≫(2001 : 29)를 가리킨다. 전자에 속하는 것은 그 수가 많고 후자에 속하는 것은 그 수가 적다. '버리다, 가다, 두다, 놓다, 내다, 주다' 같은 경우는 형태는 동일하지만 어떤 환경에서 쓰이느냐에 따라서 자립동사적으로 쓰이는 경우와 보조동사적으로 쓰이는 경우로 나뉜다.[12)]

위 예에서 '반기다'가 자립동사, '도와주렴'의 '주다'가 보조동사이다. '돕다'가 자립동사인 것은 물론이다. 남한에서는 각각 '본동사', '보조 동사'라고 부른

12) 이것들이 보조동사적으로 쓰이는 경우는 다음과 같다. 각 용례는 ≪국어문법 2≫(2001 : 29-30)에서 가져왔다. 거기서는 보조 동사들을 모두 본동사와 띄어서 표기했다. 그러나 지금은 붙여서 쓴다.

○ 하루밤사이에 다 읽어 버린다.
○ 날이 저물어 간다.
○ 삼촌에게 부탁해 두었다.
○ 잘 만들어 놓았다.
○ 곤난을 이겨 낸다.
○ 영수에게 말하여 주었다.

북한은 2000년에 발표된 "조선말 띄여쓰기규범"에서는 많은 부분을 띄어서 쓰는 것을 원칙으로 했으나 다시 2003년의 "조선말 띄여쓰기규정"부터 지금까지는 붙여 쓰는 경향성을 보이고 있다(이관규, 2021ㄱ : 160-162 참조).

다. 위 예의 "도와주렴"에서 보듯이 자립동사와 보조동사를 붙여 쓰고 있는데, 남한이라면 '도와 주렴'처럼 띄어 쓰는 게 원칙이고, '도와주렴'처럼 붙여 쓰는 것은 허용이 된다.

❖ 다음 문장들에서 인물의 움직임을 나타내는 단어들을 찾아봅시다.

노루는 자기가 맡은 살구재로 뚜벅뚜벅 걸어나갔습니다.
동산으로 돌아온 메토끼는 부랴부랴 행장을 꾸려가지고 밤나무골 오소리를 찾아 떠났습니다.

❖ 본문교재에서 동사를 찾고 자립동사와 보조동사로 갈라봅시다.

위 학습 활동은 일단 동사를 찾으라는 활동이며, 좀 더 자세하게는 이 활동을 통해서 "자립동사"와 "보조동사"를 구분해 보기까지 할 수 있다. '걸어나가다'와 '돌아오다'는 합친말, 즉 합성어로서 자립동사로 봐야 할 터이고, '꾸리다', '찾다', '떠나다'는 단일어로 역시 자립동사이고, '꾸려가지고'의 '가지다'는 보조동사로 봐야 할 것이다. 고민되는 것은 '맡은'이라는 단어이다. 이것은 분명 '맡는다'가 되니 동사에 해당하며, 구체적으로는 자립동사에 해당한다. 두 번째 제시된 학습 활동도 자립동사와 보조동사를 찾는 활동이다. 2학년 제7과에서 제시된 본문은 '어미를 친 메토끼'라는 동화인데, 이것의 본문 전체를 통해서 자립동사와 보조동사를 찾아보게 한 것이다.

사실 자립동사와 보조동사를 구분하는 방법 기준은 그리 녹록하지 않다. '걸어다니다'와 '돌아오다'를 하나의 자립동사, 즉 합성어로 보았지만, '걷다'와 '다니다', '돌다', '오다'로 구분할 수도 있다는 말이다. 결국 합성어 판단 여부는 해당 표현이 얼마나 함께 사용되느냐 하는 관용성 문제로 나가게 될 것이다. 북한에서는 용언과 용언이 이어질 때 '-아/어/여' 형은 모두 붙여 쓰도록 하고 있다. 그런 점에서 자립동사와 보조동사의 구분은 더욱 어려움이 있다.

4.4.2. 형용사

앞서도 살폈고 또 아래에 제시된 것처럼 형용사는 성질이나 상태를 나타내며 '어떠한가?'라는 물음에 대답하는 단어라고 말하고 있다.

> **형용사**는 성질이나 상태를 나타내며 ≪어떠한가?≫라는 물음에 대답하는 단어입니다.

❖ **다음 시련에서 ≪(무엇이) 어떠한가?≫라는 물음에 대답하는 단어를 찾아봅시다.**
머리가 희도록
삯빨래하다가 쓰러진 어머니를

위에서 '희도록'은 '희다'가 기본형이므로 '(무엇이) 어떠한가?'에 대답하는데 적절한 형용사이다. '삯빨래하다가'와 '쓰러진'은 각각 '삯빨래하다'와 '쓰러지다'가 기본형이어서 '(무엇이) 어찌하는가?'에 대한 대답을 나타내므로 동사에 해당한다.

❖ **아래의 단어들중에서 동사와 형용사를 찾고 그 공통점을 말해봅시다.**
빼앗기다, 짓밟히다, 끌다, 묻히다, 기쁘다, 슬프다, 좋다

위는 움직임을 나타내는 동사와 성질이나 상태를 나타내는 형용사를 찾고

그 공통점을 추출해 보라는 학습 활동이다. 동사는 '어찌하는가?', 형용사는 '어떠한가?'라는 물음에 대답하는 단어라고 찾는 방법을 학습한 이후에 이를 토대로 각각을 찾는 활동이다. 이에 따라 동사는 '빼앗기다, 짓밟히다, 끌다, 묻히다'가 해당하고, 형용사는 '기쁘다, 슬프다, 좋다'가 해당한다.

> ▲ 동사와 형용사는 언제나 풀이해주는 역할을 한다.
> ▲ 동사와 형용사에는 기본적으로 같은 토가 붙습니다.
> ▲ 동사와 형용사에는 언제나 토가 붙습니다.
> 이런 공통점을 가지고있는 동사와 형용사를 한데 묶어 **용언**이라고 합니다.

이어서 위와 같은 동사와 형용사의 공통점을 제시하고 있다. 풀이해 주는 역할을 하고, 언제나 토가 붙고, 기본적으로 같은 토가 붙는다고 말하면서, 둘을 한데 묶어 용언이라고 말하고 있다. 여기서 "기본적으로 같은 토가 붙"는다고 한 것은 종결 어미, 예컨대 '-다' 같은 것을 염두에 둔 듯하다. 왜냐하면 예컨대 관형사형 어미일 경우 동사는 현재를 나타낼 경우 '-는'이 붙는데, 형용사는 그냥 '-ㄴ'이 붙어서 차이를 보이기 때문이다. "기본적으로"라는 표현의 의미가 분명히 있다는 것이다.

"동사와 형용사에는 언제나 토가 붙습니다"라고 하는 데서 남한 학교 문법과 다른 동사, 형용사 처리 방법을 볼 수 있다. 즉 남한에서는 '끌다', '슬프다' 전체를 각각 동사, 형용사로 보고 있는데, 북한에서는 '끌-', '슬프-'만을 각각 동사, 형용사로 보고 있다는 말이다. 어미 '-다'는 동사, 형용사의 요소로 보지 않는다는 말이다.

❖ 자기가 알고있는 동사, 형용사들을 각각 10개정도 찾아봅시다.

마지막으로 위와 같은 활동을 제시하고 있다. 이것은 학습한 것을 다시 한 번 확인해 보게 하는 의도가 들어가 있다 하겠다.

4.4.3. 동사와 형용사의 차이

동사와 형용사는 둘 다 용언으로서 반드시 토가 뒤에 와야 한다는 말은 곧 '가다'와 '예쁘다'가 각각 동사와 형용사가 아니라, '가-'와 '예쁘-'가 각각에 해당한다는 말이다. 동사는 움직임, 형용사는 성질, 상태를 나타낸다는 말은 둘이 의미 구분이 된다는 말이다. 이것을 각각 '어찌하는가?'와 '어떠한가?'라는 물음에 적절한 답으로 동사와 형용사로 구분하고 있다. 아래에서 ㄱ)에 해당하는 것으로 이미 앞에서 언급했으나 그 중요성에 비추어 다시 확인하는 것이다. 이 기준에 따르면, 주어진 예에서 '보다, 가다, 오다'는 동사이고, '푸르다, 용감하다'는 형용사가 된다.

❖ 다음 물음에 대한 대답을 찾아봅시다.

푸르다, 보다, 용감하다, 가다, 오다

ㄱ) ≪어찌하는가?≫라는 물음에 대답하는 단어들과 ≪어떠한가?≫라는 물음에 대답하는 단어들에는 각각 어떤것들이 속합니까?

ㄴ) 현재의 뜻을 나타낼 때 ≪ㄴ다≫가 붙는 단어들과 ≪는다≫가 붙는 단어들에는 각각 어떤것들이 속합니까?

ㄷ) ≪-고있다≫와 결합하는 단어들에는 어떤것들이 속합니까?

위의 활동에서 ㄴ)은 남한에서는 현재 시제 선어말 어미라고 하는 '-ㄴ-'과 '-는-'이 들어간 '-ㄴ다'와 '-는다'가 붙을 수 있는 것을 확인하라는 활동이다. '-ㄴ다'는 '본다, 간다, 온다'가 되니, '보다, 가다, 오다' 동사들이 이에 해당한다. 이것들의 공통점은 동사 어간이 모음으로 끝난다는 점이다. '푸르다, 용감하다'는 '-ㄴ다'로 안 되고 '-는다'도 안 된다. '푸르다, 용감하다'는 동사가 아닌 형용사이기 때문이다. '-는다'는 '먹는다'에서처럼 동사 가운데 앞이 자음으로 끝나야 올 수 있다. 그렇다면 ㄴ)이 여기 학습 활동의 발문으로 들어갈 이유가 불투명하다. 이 부분은 동사와 형용사의 차이가 무엇인지를 확인하는 활동이지, 앞이 모음이냐 자음이냐를 확인하는 활동이 아니기 때문이다.[13)]

ㄷ)은 남한에서도 학교 문법에서 사용하는 방식이다. '-고 있다'가 결합하면 동사이고 안 되면 형용사이다. 이는 '-고 있다' 자체가 과정이라는 움직임(혹은 동작) 의미를 띠고 있기 때문이다. 즉 '-고 있다'는 형용사가 아니라 '보고 있다, 가고 있다, 오고 있다'에서처럼 동사에 붙고 있다.

❖ 우의 내용을 종합하여 동사와 형용사의 차이를 말해봅시다.

비교내용	동사	형용사
뜻에서		
토가 붙는데서		
단어결합에서		

❖ 감상문에서 동사와 형용사들을 갈라서 찾아봅시다.

위의 학습 활동은 도표로 학습 내용을 정리하도록 하고 있다. 동사는 뜻에서

13) ㄴ)의 학습 활동은 교과서 집필자의 오류 혹은 착각으로 보인다. 동사와 형용사 구분에서 남한과 북한이 다르게 처리하지는 않기 때문이다. 물론 그냥 동사임을 전제하고 나서 앞이 자음이냐 모음이냐를 확인하려고 했을 수는 있다.

'움직임', 형용사는 성질과 상태를 적으면 된다. "토가 붙는데서" 동사는 '-ㄴ다'와 '-는다'를 표시해야 하고, 형용사는 그냥 '-다'만 표시해야 한다. "단어결합에서" 동사는 '-고 있다'와 결합하고 형용사는 결합하지 못한다고 하면 된다.[14)]

마지막 학습 활동은 본문인 제9과 '하나밖에 없는 조국을 위하여'라는 감상문 본문에서 동사와 형용사들을 갈라 보라는 활동이다. 너무 많은 자료가 주어져서 그 효율성에서 의문이 든다.

4.5. 관형사, 부사, 감동사

4.5.1. 관형사와 감동사

4.5.1.1. 관형사

관형사란 대상의 특징을 찍어서 나타내는 단어를 말합니다.

북한에서도 체언을 수식하는 관형사를 품사의 하나로 설정하고 있다. 관형사는 "대상의 특징을 찍어서 나타내는 단어"를 말하는데, 즉 '어떤?'이라는 물음에 대답하는 말이라는 것이다. 또한 관형사는 문법적 특성으로 뒤에 토가 붙지 않으면서 체언과 결합하는 양상을 보인다.

14) 남한에서는 '-고 있다'로 띄어 쓰고, 북한에서는 '-고있다'로 붙여 쓰는 차이가 있다. 북한에서는 하나의 행동을 나타내는 두 용언을 붙여서 사용하고 있다. 이 책 10.6에서 자세히 설명되어 있다.

❖ 다음 문장에서 밑줄친 단어가 어떤 품사와 맞물렸는가, 토를 붙일수 있는가를 살펴봅시다.

ㄱ) 온 나라 가정의 행복입니다.

ㄴ) 새 학교가 일어선다.

위에서 '온'은 체언 '나라'를 수식하고 '새'는 '학교'를 수식한다. 즉 관형사 '온'와 '새'는 '나라'와 '학교'라는 명사와 각각 맞물려 있다. 그리고 '*온만 나라', '*새도 학교'가 성립 안 되는 데서 볼 수 있듯이 관형사 뒤에는 다른 토(조사)가 올 수가 없다.

❖ 아래의 관형사들이 뜻에서 어떻게 다른가를 실례를 들어 말해봅시다.

ㄱ) 온, 모든

ㄴ) 어느, 무슨

ㄷ) 별, 별별

위의 학습 활동에서는 주어진 ㄱ)~ㄷ) 관형사들이 각각 어떤 뜻 차이가 있는지 실례를 들어 구분해 보라고 지시하고 있다.

○ 온 나라가 철벽의 요새가 되고 모든 인민이 무장하였다. ≪국어문법 2≫(2001 : 33)

=> ?모든 나라가 철벽의 요새가 되고 온 인민이 무장하였다.

○ 도대체 어느 누가 무슨 리유로 그분을 총살까지 한단 말입니까? ≪조선말대사전≫(2017)

=> 도대체 *무슨 누가 *어느 리유로 그분을 총살까지 한단 말입니까?

○ 아이 고것 별 참견두 다한다. / 영화비닐로는 별별 일용품을 다 만든다. ≪조선말대사전≫(2017)

=> 아이 고것 !별별 참견두 다한다. / 영화비닐로는 *별 일용품을 다 만든다.[15]

바로 위에 제시된 예시는 북한에서 나온 ≪국어문법 2≫(2001) 교과서와 ≪조선말대사전≫(2017)에서 가져온 것이다. 각각의 첫 줄에 있는 것이 그것들인데, '온'과 '모든', '어느'와 '무슨', '별'과 '별별'이 각각 비슷한 뜻을 지니고 있다.[16]

≪조선말대사전≫(2017)에 따르면, '온'은 "(일부 명사앞에 쓰이여) ≪전체≫, ≪모든≫, ≪남김없이 모두 망라한≫의 뜻"을 나타내고, '모든'은 "빠짐이나 남김이 없이 전부의"라는 뜻을 나타낸다. 거의 차이가 없다. 그러나 이 둘을

15) !는 다른 의미라는 뜻이고 *는 비문이라는 뜻이다.

16) 아래에 제시된 이들 각각의 용례와 뜻풀이는 ≪국어문법 2≫(2001)과 ≪조선말대사전≫(2017)에서 가져온 것이다.

○ 온 나라가 철벽의 요새가 되고 모든 인민이 무장하였다. ≪국어문법 2≫(2001 : 33)
- 온 : (일부 명사앞에 쓰이여) ≪전체≫, ≪모든≫, ≪남김없이 모두 망라한≫의 뜻을 나타낸다. // ~ 세상사람. ~ 이틀동안. ~ 사회. ~ 거리. ~ 마을. ~ 공장안. ~ 저녁. ~ 나라가 떨쳐나서다.
- 모든 : 빠짐이나 남김이 없이 전부의. // ~ 분야. ~ 종류. ~ 학생들. ~ 힘.

○ 그게 정말입니까? 도대체 어느 누가 무슨 리유로 그분을 총살까지 한단 말입니까?
- 어느 : 똑똑히 모르거나 꼭 집어 말할 필요가 없는 대상을 가리키는 말로서 ≪어떤≫의 뜻. // ~ 사람, ~ 때.
- 무슨 : 모르는 일이나 대상, 사건의 내용에 대하여 물을 때에 ≪어떠한, 어찌된, 무엇이라고 하는--- 등≫의 뜻으로 이르는 말 | 그게 무슨 책입니까? / 어제 무슨 련락이 있었습니까?

○ 아이 고것 별 참견두 다한다.
- 영화비닐로는 별별 일용품을 다 만든다.
- 별 : ① 보통과는 다르게 별난 또는 쓸데 없는. | ≪아이 고것 별 참견두 다한다. 아저씨들이 추우시니깐 그러지!≫ ② ≪별의별≫의 뜻. | 큰 백화점으로 들어서니 별 물건이 다 있다. (장편소설 ≪축원≫)
- 별별(別別) [관] 별의별 // ~ 이야기. ~ 생각 ~ 소리. | 영화비닐로는 별별 일용품을 다 만든다.
- 별의별(別-別) [관] 여러가지 별다른 또는 매우 특별하게 류다른. //~ 이야기. ~ 소리 다 듣다 | 지구에는 별의별 동물과 별의별 식물이 다 있다. / 바다에는 별의별 희귀한 물고기가 다 있다.

서로 바꾸어 보면 약간의 의미 차이가 있음을 알 수 있다. '온 나라'라고 하면 나라 하나를 전제하지만, '모든 나라'라고 하면 여러 나라를 의미하는 듯하다. 또한 '온'과 '모든'이 추상성 및 구체성 차원에서 차이가 느껴지기도 한다. 즉 '모든'이 상대적으로 더욱 구체성이 있어 보인다는 것이다.

'어느'와 '무슨'은 더욱 분명하게 뜻 차이가 난다. '어느'는 "똑똑히 모르거나 꼭 집어 말할 필요가 없는 대상을 가리키는 말로서 ≪어떤≫의 뜻"을 나타내고, '무슨'은 "모르는 일이나 대상, 사건의 내용에 대하여 물을 때에 ≪어떠한, 어찌된, 무엇이라고 하는— 등≫의 뜻으로 이르는 말"이라고 사전에 풀이되어 있다. 또한 '어느'는 '누구'를 수식할 수 있으나 '무슨'은 수식할 수 없다. 마찬가지로 '무슨'은 '리유'를 수식할 수 있으나 '어느'는 수식할 수 없다.

'별'과 '별별'은 비슷한 뜻도 있고 다른 뜻도 있다. '별'은 "① 보통과는 다르게 별난 또는 쓸데 없는. ② ≪별의별≫의 뜻." 두 가지가 뜻풀이로 나와 있고, '별별'은 "별의별"만 그 뜻풀이가 나와 있다. 실제 쓰임에서도 '별 참견두' 및 '별별 참견두'에서 보듯이 '별별'이 강조의 뜻을 띠는 경우도 있지만, '*별 일용품'이 쓰이지 않는다는 점에서 분명한 용법 차이가 있음을 볼 수 있다.[17)]

❖ 단어 ≪무엇≫과 ≪무슨≫이 뜻과 쓰임에서 어떤 차이가 있는가를 따져보면서 두 단어가 서로 다른 품사라는것을 밝혀봅시다.

ㄱ) 무엇을 좋아합니까?
무슨 음식을 좋아합니까?

ㄴ) 저 구석에 무엇이 있는것 같습니다.
저 구석에 무슨 짐승이 있는것 같습니다.

---

17) '별별(別別)'은 관형사로서 '별의별'이라고 뜻풀이되어 있다. 이어서 '별의별(別-別)'은 역시 관형사로서 "여러가지 별다른 또는 매우 특별하게 류다른."이라고 뜻풀이 되어 있으면서 " ~ 이야기. ~ 소리 다 듣다 | 지구에는 별의별 동물과 별의별 식물이 다 있다. / 바다에는 별의별 희귀한 물고기가 다 있다."의 예시가 사전에 제시되어 있다.

ㄷ) 이건 무엇으로 만들었습니까?
이건 무슨 재료로 만들었습니까?

여기서는 대명사 '무엇'과 관형사 '무슨'의 차이를 뜻과 쓰임 차원에서 따져 볼 것을 학습 활동으로 제시하고 있다. '무엇'은 '의문의 대상'을 뜻하면서 '무엇을, 무엇이, 무엇으로'처럼 뒤에 토(조사)를 동반한다. 즉 '무엇'은 체언(엄밀히는 대명사)에 해당한다는 말이다. 이에 비해 '무슨'은 '어떠한, 어찌된, 무엇이라는'의 뜻을 지니면서 뒤에 '음식, 짐승, 재료'와 같은 명사를 동반한다. 절대로 그 뒤에 토가 올 수 없다. 결국 '무슨'은 체언을 수식하는 관형사라는 것이다. 이 학습 활동은 뜻풀이보다는 통사론적 측면에서 각각 대명사와 관형사라는 품사 차이를 밝히는 데 더욱 목적이 있어 보인다.

4.5.1.2. 감동사

감동사란 말하는 사람이 자기 감정이나 태도를 직접 나타내는 단어를 말합니다.

북한의 "감동사"는 남한의 감탄사에 해당한다. 느낌표(!)로 "느낌문"(감탄문)이라는 문장의 유형을 나타내는 것도 남한과 동일하다. 감동사는 말 그대로 "말하는 사람이 자기 감정이나 태도를 직접 나타내는 단어"를 뜻한다.[18]

18) 이러한 개념은 "감동사란 이야기하는 사람이 자기의 감정이나 태도를 직접 나타내는 품사이다."라는 ≪조선문화어문법규범≫(1976 : 215)의 정의와 대개 일치한다. 한편 ≪조선문화어문법≫(1979 : 216)에서는 "감동사란 이야기하는 사람의 느낌, 의지, 요구들을 이름지어 나타내지 않고 직접 표현하는 단어들의 부류이다."라고 말하고 있어서 약간 차이를 보인다.

❖ 아래의 문장에서 밑줄친 단어들은 무엇을 어떻게 나타내고있습니까?

ㄱ) 아, 사랑하는 나의 조국이여!

ㄴ) 암, 학생이면 응당 최우등을 해야지.

❖ 감동사에 토를 붙일수 있는가를 살펴봅시다.

위의 예에서 '아', '암'이라는 표현이 바로 감동사에 해당한다. 감동사는 '기쁨, 슬픔, 놀라움, 아쉬움, 비웃음, 미움' 등 다양한 감정이나 태도를 직접 나타내고 있다.

❖ 여러가지 감정을 나타내는 감동사들을 례들어봅시다.

ㄱ) 기쁨-

ㄴ) 슬픔-

ㄷ) 놀라움-

ㄹ) 아쉬움-

ㅁ) 비웃음-

ㅂ) 미움-

○ 기쁨- 아, 드디어 우리가 이겼구나.

○ 슬픔- 어이구, 이게 어찌 된 일이냐?

○ 놀라움- 아이, 깜짝이야!

○ 아쉬움- 아차, 늦었구나.

○ 비웃음- 피, 그까짓걸 가지구.

○ 미움- 흥, 될대로 되라지

— <김백련, 2005 : 272-273>

≪국어 2≫(2014) 교과서에서는 위와 같은 학습 활동을 통해서 감동사들의

유형을 제시하고 있으나, 이밖에도 다양한 감정 혹은 태도를 감동사는 나타내고 있다. 바로 위에 제시된 예들은 김백련(2005)에서 뽑아온 것들이다. 거기서는 감동사를 감탄사라고 부르면서 "기쁨, 슬픔, 반가움, 놀라움, 두려움, 아까움, 안타까움, 우스움, 유감스러움, 흐뭇함, 안도감, 얄미움, 밉살스러움, 징그러움, 아니꼬움, 경탄, 환호" 등 다양하고 섬세한 감정들이 이를 통해서 표현된다고 말하고 있다.

❖ 여러가지 태도를 나타내는 감동사 ≪자, 쉿, 응, 예≫가 들어간 문장을 각각 지어봅시다.

○ 자, 빨리 가 보자. [요구]
○ 쉿, 누가 왔다. [요구]
○ 응-, 이제 한시름 놨다. [안도감]
응-, 어디 두고보자. [벼름]
○ 예, 저도 가겠어요. [긍정]

—<김백련, 2005 : 272-273>

위는 감동사 몇 개를 주고 그것들이 나타나는 문장을 제시해 보라는 학습 활동이다. 이것들은 쉽게 국어 생활 속에서 파악할 수 있는 것들로서, 실용적인 국어 교수 학습 방법이라 하겠다.

사실 감동사는 주관적 직감이라는 특성으로 인해서 거기에 따르는 억양, 손짓, 표정 등에 따라서 혹은 그것들이 쓰이는 문맥이 달라짐에 따라서 동일한 감동사가 여러 감정을 나타내기도 한다. 아래에서 보듯이 감동사 '아'는 말하는 사람의 감정에 따라 혹은 문맥에 따라 다양한 의미 기능을 나타나게 된다.

○ 아, 이게 몇해만이냐! [반가움]
○ 아, 저게 뭐야? [놀라움]
○ 아, 내가 나서자란 고향이여! [그리움]
○ 아, 그러면 되겠구나. [기쁨]
○ 아, 고마운 어머니당이여! [감격]
○ 아, 이런 변이 어데 있단 말이냐! [억울함]
○ 아, 조국통일의 그날을 못 보고 갔구나. [슬픔]
○ 아, 조금만 일찍 왔더면 차를 탔을걸… [아쉬움]

— <김백련, 2005 : 273-274>

4.5.2. 부사

> 부사란 움직임이나 성질, 상태의 특성을 꾸며주는 단어를 말합니다.

남한과 동일하게 북한에서도 부사는 기본적으로 동사와 형용사를 수식하는 품사를 가리킨다. 그리하여 위에서처럼 부사란 "움직임이나 성질, 상태의 특성을 꾸며주는 단어"라고 정의 내리는 것이다. 앞서 관형사는 '어떤?'이라는 물음에 대답하는 역할을 하였는데, 부사는 '어떻게?'라는 물음에 대답하는 역할을 하고 있다.[19)]

---

19) 명사, 수사, 대명사를 묶어서 체언이라고 하고, 동사와 형용사를 묶어서 용언이라고 하는 것처럼, 관형사와 부사를 묶어서 수식언이라고 칭하면 계열성이 맞을 것 같은데, 북한에서는 '수식언'을 따로 설정하지 않고 있다. 그뿐만 아니라 감동사(감탄사)에 해당하는 독립언도 따로 설정하지 않고 있다. ≪국어 1~3≫(2013~2015) 교과서와 ≪조선문화어문법규범≫(1976, 2011) 모두 체언과 용언만 제시하고 있다.

❖ 다음 문장에서 밑줄친 단어가 어떤 품사와 맞물렸는가, 토를 붙일수 있는가를 밝혀봅시다.

ㄱ) 온몸에서 힘이 부쩍부쩍 솟구쳐올랐다.

ㄴ) 우리들의 가슴은 한없이 뜨거웠다.

위에서 '부쩍부쩍'이라는 부사는 뒤에 오는 '솟구쳐올랐다'를 수식하며, '한없이'는 '뜨거웠다'를 수식한다. 북한에서는 부사가 뒤에 오는 동사 혹은 형용사와 맞물린다고 말하는데, 곧 여기서는 수식어와 피수식어의 관계를 보인다고 하겠다. ㄱ)에서 부사 '부쩍부쩍'에 '부쩍부쩍은'처럼 토 '은'을 붙이면 미묘한 맥락상 의미 차이를 느낄 수 있는데, 여기서는 뭔가를 배제하는 부정적 의미가 내재되어 있으며, 또 ㄴ)에서 '한없이도'처럼 부사에 토 '도'를 붙이면 역시 의미를 강조하는 차이를 발견할 수 있다. 여하튼 부사에는 토가 붙을 수 있는데, 이때의 토는 특별한 의미를 덧붙이는 도움토, 즉 보조사라고 할 수 있다.

❖ 아래의 문장에서 부사에 어떤 토가 붙었는가를 찾고 토가 붙지 않은 문장과 비교하여 부사의 특성을 새겨봅시다.

ㄱ) 잘 논다.

ㄴ) 잘(은) 논다.

ㄷ) 잘(도) 논다.

위에서는 도움토, 즉 보조사 '은'과 '도'가 부사에 붙어서 어떤 의미 차이를 보이는지 학습하게 하는 활동을 엿볼 수 있다. 본래 '은'은 '대조'의 의미를 지녀서, ㄴ) "잘은 논다"라고 하면 좀 부정적인 뜻을 담고 있다. 즉 '잘'은 긍정적인 표현이지만, '잘은'이라고 토를 붙임으로 해서 "잘은 놀지만 보기에 안 좋다" 같은 부정적 의미를 띤다는 것이다. ㄷ)의 '잘도'에서 쓰인 토 '도'는 '역시, 더구나' 정도의 의미를 지닌다. 즉 "잘도 논다"는 본래의 긍정 의미에다가 더욱 긍정 의미를 띤다는 것이다. 그런데 긍정에 긍정을 더하다 보니 지나침이 있어서 어떤 맥락에서는 비아냥하는 부정의 의미를 띠게 되는 경우도 있다. 즉 특히 도움토를 사용할 때는 문맥적 맥락이 무척 중요하다는 것을 알 수 있다. 요컨대 도움토가 사용되지 않은 ㄱ) "잘 논다"는 단순한 명제를 표현함에 비해서, 도움토가 사용된 ㄴ), ㄷ) 문장은 말하는 사람의 심리적 상태가 반영되고 있다.

❖ ( )안의 단어들이 어떤 단어나 문장과 어울리는가를 찾으면서 부사의 갈래를 새겨봅시다.

행동부사- 동사앞에 어울리는 부사 (빨리, 꾸준히, 힘껏)
상태부사- 형용사앞에 어울리는 부사 (가장, 몹시, 훨씬)
문장부사- 문장들을 이어주면서 여러 가지 뜻으로 꾸며주는 부사 (물론, 정녕, 바로)
상징부사- 소리나 모양을 직접 본따서 나타내는 부사 (번쩍번쩍, 콸콸, 주렁주렁)
이음부사- 문장에서 어떤 단위를 이어주는 부사 (및, 겸, 그리고)
부정부사- 주로 동사앞에서 그 내용을 부정하는 부사 (아니, 안, 못)

위의 학습 활동은 부사의 갈래를 따지는 활동으로 부사를 행동부사, 상태부사, 문장부사, 상징부사, 이음부사, 부정부사로 나누고 있다. 행동부사는 동사와 맞물리면서 그 움직임에 대한 표식을 나타내는 것이고, 상태부사는 주로 형용사와 맞물리면서 그 성질이나 상태 등을 나타내는 부사이다. 문장부사는 주로 어떤 표현이나 문장의 전체와 어울려서 거기서 이야기되는 내용의 어떤 표식을 나타내는 부사이다. 상징부사는 소리나 모양을 본따서 나타내는 부사이며, 이음부사는 문장에서 어떤 단위를 이어주는 부사이다. 그리고 부정부사는 주로 동사 앞에서 그 내용을 부정하는 부사이다.

이와 같은 개념 정의는 ≪조선문화어문법≫(1979 : 214-215)에 제시되어 있는 것인데, 2021년 현재 사용되는 북한의 ≪국어 2≫ 교과서에서도 그대로 보이고 있다.[20] [21]

4.5.3. 관형사와 부사의 차이

앞에서 관형사는 '어떤?'이라는 물음에 대답하는 역할을 하고 부사는 '어떻게?'라는 물음에 대답하는 역할을 한다고 하였다. 이것은 결국 관형사는 체언을 수식하고 부사는 기본적으로 용언을 수식한다는 것을 뜻한다.

---

20) 한편 ≪조선문화어문법규범≫(1976 : 205-207)에서도 부사의 갈래를 동일하게 제시하고 있다. 그러나 각각의 개념 정의는 약간 다르게 표현되어 있다. 그것들을 제시하면 다음과 같다.
"행동부사란 동사와 결합하는것이 기본으로 되는 부사이다.
상태부사란 형용사와 결합하는것이 기본으로 되는 부사이다. 그러나 그 일부는 동사와도 결합된다.
문장부사란 주로 문장과 이울리는 특성을 가진 부사이다.
상징부사란 소리나 모양을 직접 본떠서 나타낸 부사이다.
이음부사란 문장에서 어떤 단위를 이어주는 부사이다.
부정부사란 ≪아니(안)≫, ≪못≫과 같이 주로 동사앞에 와서 그 내용을 부정하여주는 부사이다."

21) 북한에서 나온 모든 이론 문법서가 동일한 내용을 담고 있지는 않다. 1980년대 이후 개인 명의로 저작들이 많이 나왔으며, 이후 다양한 문법서들이 출간되었다. 부사의 갈래에 대해서 보면 김백련(2005 : 247-256)에서는 부사의 유형을 다르게 분류하고 있는데, 곧 일반부사, 끼움부사, 보조부사, 가리킴부사로 나누고 있어서 큰 차이를 보인다. 보조부사 속에 '불완전부사'(예 : 듯이, 싶이, 대로, 고로)와 부정부사를 설정하고 있는 것이 특이하다.

❖ 다음 문장에서 관형사와 부사를 찾고 그것이 어떤 품사와 결합하였는가를 밝혀봅시다.

ㄱ) 지금도 저의 마음은 크나큰 기쁨과 감격으로 끝없이 설레이고있습니다.
ㄴ) 혁명의 수도 평양에서 온 나라의 축복을 다 받아안으며 한생토록 잊지 못할 꿈만 같은 나날을 보냈습니다.
ㄷ) 문을 활짝 열어놓고 저희들을 반겨맞아주었습니다.
ㄹ) 자신의 모든것을 다 바쳐 싸우는 참된 소년혁명가가 되겠습니다.

위에서 ㄱ) '크나큰', ㄴ) '온', ㄹ) '모든'은 각각 뒤의 명사 '기쁨', '나라', '것'을 수식하는 관형사이다. 그리고 ㄱ) '끝없이', ㄴ) '다', ㄷ) '활짝', ㄹ) '다'는 각각 뒤의 '설레이고', '받아안으며', '열어놓고', '바쳐'를 수식하는 부사이다. 이처럼 관형사와 부사는 뒤에 오는 어떤 품사와 결합하느냐에 따라서 변별된다. 즉 무엇을 수식하느냐에 따라서 관형사는 체언, 부사는 주로 용언을 수식한다는 점에서 차이가 있다.[22)]

22) 우리는 ㄹ)의 '모든'을 관형사로 보았다. 그러나 만약 '모든것'을 하나의 합성어로 본다면 '모든'은 단어의 일부일 뿐이며 결코 관형사라고 할 수 없다. ≪조선말대사전≫(2017)에서는 관형사 '모든'을 표제어로 올리고 있으며, '모든것'은 따로 표제어로 올리지 않고 있다. 우리는 이를 따르도록 한다.
그러나 한 가지 더, '모든' 다음에 오는 의존 명사 '것'을 띄어 쓴 이유가 밝혀져야 할 것이다. 물론 북한에서는 관형사형 어미가 붙은 용언이 앞에 올 경우 '먹는것'에서 보듯이 '것'을 붙여 쓰도록 하고 있다. 그런데 '모든'은 용언이 아니고 관형사이기 때문에 '것'을 붙여 쓸 하등의 이유가 없다. 그러면 결국 ≪국어≫ 교과서에 '모든것'이라고 붙여서 표기한 것은 오류라고 해야 할지 아니면 '모든것'이 합친말로 되었고 아직 사전에 등재하지 못한 것인지 둘 중 하나일 것이다.

❖ 우의 문장에서 찾은 관형사와 부사에 토를 붙여봅시다. 그리고 아래문장을 살펴봅시다.

다(부사) - 다들 떨쳐나섰다.

다는 모를것이다.

이것이 다가 아니다.

위의 학습 활동은 관형사는 뒤에 토가 못 오고 부사는 올 수 있다는 차이점을 확인하도록 하는 활동이다. 제시된 '다'는 물론이고 '끝없이', '활짝'도 뒤에 토가 올 수가 있다. 즉 '끝없이도', '활짝도'가 가능하다는 말이다. '도'라는 도움토, 즉 보조사를 넣어서 '역시'라는 정도의 의미를 덧붙일 수 있다는 말이다. 한편 관형사 '크나큰', '온', '모든'은 뒤에 토가 붙을 수 없다. '*크나큰도 기쁨', '*온도 나라', '*모든도것', 이것들은 불가능하다. 즉 관형사는 토가 뒤에 못 오고, 부사는 올 수 있다는 차이를 보인다.

❖ 관형사와 부사가 결합된 단어를 놓고 관형사와 부사의 차이점을 찾아봅시다.

ㄱ) 온 학교, 새 도시, 모든 마을

ㄴ) 매우 빨리 달린다.

관형사는 언제나 체언을 수식한다. 그러나 부사는 '빨리'가 '달린다'라는 용언을 수식하기도 하지만, '매우'가 '빨리'라는 부사를 수식하기도 한다. 물론 '다 대학생이다'에서처럼 부사 '다'가 '대학생'이라는 체언을 수식하는 경우도 있고, '거의 새 책상'에서처럼 '거의'가 관형사인 '새'를 수식하는 경우도 있으며, '승냥이는 결코 양으로 변할수 없어.'에서의 '결코'처럼 뒤에 오는 문장 전체와 관계를 가질 수도 있다. 이처럼 관형사는 수식 대상이 체언에 한정되어 있음에 비해서 부사는 주로 용언을 수식하지만 다른 부사, 관형사, 체언, 문장 등 결합 대상이 다양하다(≪국어문법 2≫(2001 : 35).

❖ 관형사와 부사의 차이점을 세가지로 종합해 말해봅시다.

이 학습 활동은 지금까지 살핀 관형사와 부사의 차이점을 정리하도록 하고 있는 활동이다. 그것을 정리해 보면 다음과 같다.

○ 관형사는 '어떤?'이라는 물음에 답하는 단어이며, 부사는 '어떻게?'라는 물음에 답하는 단어이다.
○ 관형사는 체언만 수식하지만 부사는 주로 용언을 수식하고 또 다른 부사, 관형사, 체언, 문장 전체를 수식하거나 혹은 관계를 가진다.
○ 관형사에는 토가 못 붙고 부사에는 토가 붙을 수 있다.

4.5.4. 관형사와 앞붙이의 차이

관형사는 자립적인 품사이고 앞붙이는 말뿌리의 앞에 붙어서 새로운 뜻을 더해주는 형태부로서 단어의 구성부분입니다.

'관형사'는 대상의 특징을 찍어서 나타내는 품사이고 '앞붙이'는 어근, 곧 말뿌리의 앞에 붙어서 새로운 뜻을 더하여 주는 형태소, 즉 형태부이다. 관형사는 뒤에 토가 붙지 않고 뒤의 체언을 수식해 주며 앞붙이도 토가 붙지 않고 뒤에 오는 말뿌리에 덧붙는다는 점에서 이 둘은 서로 공통점이 있다. 그러나 관형사는 한 개의 단어이며 앞붙이는 단어가 아니라 단어를 이루는 덧붙이(접사)라는 구성 성분이다. 각각의 예를 통해서 둘의 차이점을 들어 보도록 한다.

❖ 관형사와 앞붙이가 띄여쓰기와 끊기에서 어떻게 다른가 살펴봅시다.

ㄱ) 관형사 : 첫 행군, 어느 한 봇나무

ㄴ) 앞붙이 : 내짚다, 군살, 맏아들

첫째, 관형사는 그 뒤에 오는 단어 사이에 발음할 때 짧은 끊기를 둘 수 있으나, 앞붙이는 그 뒤에 오는 말뿌리 사이에 끊기를 할 수 없다. 당연히 관형사는 띄어 쓰고 앞붙이는 붙여 쓴다. ㄱ)에서 관형사 '첫'은 뒤의 체언 '행군'과 띄어 쓰고 끊어서 읽을 수 있다. 또 관형사 '어느'는 뒤의 '봇나무'를 수식하는데, 중간에 띄어서 쓰고 끊어서 읽으면 된다. 심지어는 중간에 '한'이라는 다른 단어를 넣을 수도 있다. ㄴ)의 '내-', '군-', '맏-'은 앞붙이인데 뒤에 오는 '짚-', '살', '아들'과 같은 말뿌리와 이어 써야 하고 중간에 끊기를 하지 말아야 한다.

한편 ㄱ)에서 '한'은 북한에서는 수사라고 말하고 있으나 남한에서는 수관형사라 하여 역시 관형사의 하나로 보고 있다. 체언 앞에 온다는 기능적 관점에서의 품사 분류로 보면 관형사인 게 분명해 보인다. 설혹 북한에서처럼 수사로 본다고 해도 '한'은 다른 관형사와 동일하게 띄어 쓰고 짧은 끊기를 할 수 있다. 단어이기 때문이다.

❖ 관형사와 앞붙이가 다른 단어나 말뿌리와의 결합관계에서 어떤 차이가 있는가를 살펴봅시다.

ㄱ) 온 : 온 나라, 온 마을, 온 학교, 온 도시, 온 동네 ○

ㄴ) 맏 : 맏아들, 맏딸, 맏손자 ○

맏공장, 맏대학 ×

둘째, 관형사는 독립적인 하나의 단어이기 때문에 뒤에 여러 가지 다양한 체언들과 함께 나타날 수 있다. ㄱ)에서처럼 관형사 '온'은 '나라, 마을, 학교, 도시, 동네' 등 여러 체언들과 함께 결합할 수 있다. 그러나 앞붙이는 결합할 수 있는 단어, 엄밀히는 말뿌리가 결합에서 제약을 지닌다. 앞붙이 '맏-'은 '아들, 딸, 손자'와는 결합이 가능하나 '공장, 대학'과는 결합이 불가능하다. 즉 앞붙이는 덧붙이(접사)로서 그 생산성에서 제약을 가진다.

❖ 관형사와 그뒤의 명사, 앞붙이와 그뒤의 말뿌리사이에 다른 단어가 끼여들 수 있는지 살펴봅시다.

ㄱ) 온 마을- 온 농장마을 ○

ㄴ) 맏아들- 맏우리 아들 ×

셋째, 앞서도 말한 바, 관형사는 그 뒤의 체언과의 사이에 다른 단어가 들어갈 수 있으나, 앞붙이는 뒤에 오는 말뿌리와의 사이에 다른 단어가 들어갈 수 없다. ㄱ)의 관형사 '온'은 '마을'을 수식하는데, 중간에 '농장'이란 다른 단어를 넣을 수가 있다. '새 책상'을 다시 "새 사무용책상"이라고 할 수 있는 것도 마찬가지 논리이다. '새'는 체언 '책상'을 수식하는 관형사인데, 중간에 '사무용'이라는 다른 단어를 끼어 넣을 수 있다.[23)]

23) 북한에서는 명사와 명사가 이어져 올 때 항상 붙여 쓰고 있다. 그래서 '사무용'과 '책상'이 이어 오면 '사무용책상'이라고 붙여 쓴 것이다. '농장마을'도 마찬가지이다. 남한이라면 '사무용 책상, '농장 마을'처럼 띄어 쓸 것이다. 물론 남한에서도 명사가 여러 개 이어 나올 때 붙여 쓸 수 있다고 했으니, 붙여 쓰더라도 틀렸다고 말하지는 않는다.

> 띄여쓰기
> 관형사가 명사와 어울려 하나로 굳어진것은 붙여쓴다.
> 새날, 첫걸음, 맨발, 딴마음

○ 새 책상, 첫 직장, 맨 아래층, 딴 사람

한편, 관형사가 명사 앞에 오는 구성이라 하더라도 위에서처럼 '새날', '첫걸음', '맨발', '딴마음' 같은 경우는 일종의 합친말(합성어)로서 붙여 쓴다. 이들은 모두 하나의 단어들이기 때문이다. 이때의 '새, 첫, 맨, 딴'은 더 이상 관형사가 아니라 합친말의 일부일 뿐이다. 그러나 '새 책상, 첫 직장, 맨 아래층, 딴 사람'에서는 이것들이 관형사로 사용된 것이다.

❖ 잘 쓰이지 못한 관형사와 부사를 찾고 그 리유를 밝혀봅시다.

ㄱ) 기어코 개인의 리익을 위한것이 아니다.
ㄴ) 결코 오늘안으로 해제끼겠다.
ㄷ) 우리는 모든 나라의 온 지역을 요새화하였다.
ㄹ) 새싹이 푸릇푸릇 돋아나요.
ㅁ) 번쩍번쩍 빛나는 뭇별들

위에서는 관형사와 부사를 다시 한 번 확인하는 학습 활동을 보여 주고 있다. ㄱ)의 '기어코'와 ㄴ)의 '결코'는 문장 전체와 관계되는 소위 문장 부사이다. 그런데 '기어코'와 '결코'의 쓰임이 이상한데, 즉 ㄱ)과 ㄴ)의 '기어코'와 '결코'를 서로 바꾸어 써야 제대로 된 문장이 된다. 즉 '결코 ~ 아니다', '기어코 ~ 해제끼겠다'라고 해야 맞다는 것이다. 또한 ㄷ)의 '모든'과 '온'은 각각 '나라'와 '지역'을 수식하는 관형사인데, 역시 쓰임이 이상하다. '온 나라' 및 '모든 지역' 이렇게 써야 내용이 적절하다는 것이다. 다시 말하면 부사와 관형사는 뒤에 오는 표현과 의미상 올바른 결합이 필요하다는 것이다.

이에 비해 ㄹ)의 '푸릇푸릇'과 '번쩍번쩍'은 뒤의 동사 '돋아나요'와 형용사 '빛나는'을 수식하는 부사인데, 그 쓰임이 매우 적절하다. 이 둘은 모두 상징부사에 해당하면서, 뒤에 오는 '돋아나요'와 '빛나는'에 의미상 자연스럽게 연결된다. 결국 관형사와 부사는 수식하는 성분과 통사적인 측면은 물론이고 의미적인 측면도 만족시켜야 한다는 것을 확인할 수 있다.

❖ 다음 문장에서 품사의 갈래를 밝혀봅시다.

ㄱ) 소년중대는 급히 앞산골짜기를 향해 컴컴한 수림속을 빠져나가기 시작했다. 총소리는 점점 더 자지러지게 들려왔다.

ㄴ) 그리하여 고마운 내 조국을 억세게 떠받들어나갈 튼튼한 기둥감으로 참되게 자라나겠다는것을 다시한번 굳게 결의합니다.

○ [전제] 띄어쓰기 있는 그대로 한 품사 분류

명사 : 소년중대, 앞산골짜기, 수림속, 총소리, 조국, 기둥감, 것

수사 : 없음

대명사 : 내

동사 : 향해, 빠져나가기, 시작했다, 자지러지게, 들려왔다, 떠받들어나갈, 자라나겠다는, 결의합니다

형용사 : 컴컴한, 고마운, 억세게, 튼튼한, 참되게, 굳게

관형사 : 없음

부사 : 급히, 점점, 더, 그리하여, 다시한번

감동사 : 없음

○ [전제] <조선말대사전>(2017)의 올림말을 기준으로 한 품사 분류 [차이 나는 점]

명사 : 앞산, 골짜기, 수림, 속

동사 : 떠받들어, 나갈

위에 대답으로 제시한 첫 번째 품사 분류는 북한 학교 문법에서 정한 기준

에 따라 제시해 본 것이다. 여기 제시한 품사 분류는 일단 띄어쓰기를 무시하고 본문에 제시된 그대로 붙어 써진 것은 하나의 단어로 둔 것이다. 엄밀히 말하면 '앞산골짜기'는 '앞산'과 '골짜기', '수림속'은 '수림'과 '속'으로 각각 명사로 분류해야 할 것이다. 본래 북한에서는 명사와 명사가 나올 때 붙여 쓰도록 하고 있다는 말이다. 또한 '떠받들어나갈'도 '떠받들다'와 '나갈'로 각각 동사로 나눠야 할 것이다. 북한에서는 '-어'로 연결된 용언과 용언을 붙여 쓰도록 해서 본문에서 '떠받들어나갈'로 붙여 쓴 것이기 때문이다.

"다시한번"은 남한에서는 '다시 한 번'이라 하여 세 개의 단어, 품사로 나누고 있다. 그런데 북한에서는 "이미 한번 한 일을 되풀이하여 또 한번"이라는 의미로 해서 "다시한번"이 하나의 단어로 되어 있다. "소년중대"가 "항일무장투쟁시기에 조선인민혁명군안에 소년들로 두어진 중대"라는 의미로 해서 하나의 단어로 사전에 표제어로 올라와 있는 것도 북한에서 정한 단어 결정 사항이다. 결국 단어를 어떻게 볼 것인가의 문제가 품사 분류의 중요한 기준점이 된다고 할 수 있다. 단어란 무엇인가부터 시작해서, 그 단어를 어떻게 분류할 것인가가 품사 분류의 중요한 기준이라는 말이다.

이러한 점을 모두 고려하여 주어진 문장의 품사 갈래는 북한 사전에 등재된 표제어를 기준으로 하여 해야 할 것이다. 즉 '앞산', '골자기', '수림', '속'은 각각 명사로 나누고, '떠받들어', '나갈'은 각각 동사로 나누어야 할 것이다. 다른 것들은 앞의 방식과 같이 할 수 있을 것이다. 위에서 두 번째로 제시한 방식이 바로 그것이다.

한편, 남북한이 품사 분류를 완전히 다르게 처리하는 것이 있다. 그건 바로 대명사로 분류된 '내'이다. 북한에서는 '내 조국', '네 책' 같은 경우의 '내'와 '네'를 사람대명사로 보고 있다. 남한에서는 이럴 경우 인칭 관형사로 보고 있다. '열 사람'의 '열'에 대해서 남한에서는 수 관형사로 보지만, 북한에서는 수사로 보는 입장과 마찬가지 계열인 것이다. 북한은 의미를 기준으로, 남한은 기능을 기준으로 본 차이라 하겠다.

4.6. 정리 및 과제

지금까지 북한의 학교 문법에 나타난 단어의 짜임, "단어만들기수법", 품사에 대하여 살펴보았다. 북한은 남한의 9품사 가운데, 조사를 품사로 인정하지 않는 8품사 체계, 즉 명사, 수사, 대명사, 동사, 형용사, 관형사, 부사, 감동사를 설정하고 있다. 조사는 허사이기 때문에 일견 당연히 배제되어야 할 것이었다고 판단되며, 남한의 감탄사 대신 "감동사"로 이름이 다른 것도 큰 문제는 아니다. 품사 배열에서 명사 다음에 대명사가 아닌 수사를 두 번째로 제시하고 있는데, 이는 결국 대명사는 명사의 하나일 뿐이라는 의식이 내재되어 있는 것으로 보인다.

명사, 수사, 대명사를 체언이라 하고, 동사, 형용사를 용언이라고 하는 것은 남한과 마찬가지이다. 그러나 관형사, 부사를 묶어서 수식언이라고 하지는 않는다. 마찬가지로 감동사를 독립언이라고 부르지도 않는다.

품사 분류에서 남북한의 큰 차이는 소위 수 관형사에서 나타난다. 남한 학교 문법에서는 '열 사람'의 '열'을 수 관형사라 하여 관형사의 하나로 보는데, 북한 학교 문법에서는 그냥 수사라고 본다. 물론 '열은 아홉보다 크다.'라고 할 때 '열'은 남북한이 모두 수사로 본다. 이것은 남한은 기능을, 북한은 의미를 더욱 중요한 기준으로 본다는 뜻이다. 또 한 가지, 남한에서는 동사와 형용사가 '가다, 가는, 예쁘다, 예쁜'에서처럼 어간과 어미가 합해진 것으로 보고 있음에 비하여, 북한에서는 '가-, 예쁘-'처럼 어간, 곧 "말줄기"만을 동사와 형용사로 보고 있다. 남한에서는 조사만 단어로 보고 어미는 단어로 보지 않고 있으나, 북한에서는 둘 다 단어로 보지 않고 "토"로 따로 보는 것과 밀접한 관련이 있다. 다음 5장에서 보겠지만 조사는 체언토, 어미는 용언토로 보는 것이 바로 이런 맥락이다.

남북한의 단어 분류와 관련해서 가장 큰 어려움은 남한은 단어를 단위로 해서 띄어 쓰는데, 북한에서는 그러지 않는 경우가 많다는 점이다. 특히 체언과 체언을 붙여 쓴다는 원칙이나, 용언과 용언, 특히 '-어/아, -여'로 연결되는 용언 구를 붙여 쓰는 북한의 띄어쓰기 원칙은 단어 판별에 더욱 어려움을 준다. 이 문제는 읽기의 가독성 문제와 밀접한 관련이 있다. 남한은 단어별 띄어쓰기 차원에서 이론을 중시하나, 북한은 그보다는 실용을 더욱 중시한다는 것이다. 그러나 지나치게 붙여서 쓰는 것이 논리성과 심지어는 가독성에도 어려움을 던져 줄 수가 있다. 어느 지점에서 남북한이 합의를 볼 것인지가 중요하다.

제5장 토

북한에서는 대개 조사와 어미를 토라 하여 매우 중요시하고 있다. 사실 조사와 어미와 같은 허사가 실사 뒤에 붙는다는 것은 한국어의 교착어로서 성격을 가장 잘 드러내 주는 징표이다. 따라서 토를 중심으로 하여 문법 기술을 한다는 것은 이상할 것도 아니다. 그리하여 북한의 문법을 '토의 문법'이라고까지 일컫기도 한다.

토는 크게 체언토, 용언토, 바꿈토로 나누고 있다. 앞의 둘은 각각 조사, 어미에 해당하고, 뒤의 바꿈토는 소위 '체언의 용언형토'인 '이다'의 '이'와 '용언의 체언형토'인 관형사형 전성 어미 '-ㄴ, -는, -ㄹ, -던'을 뜻한다.[1] 제5장에서는 이들 토에 대하여 남한의 학교 문법에서의 처리 방식과 비교·대조해가면서 자세히 살펴보도록 한다.

---

1) 실사 뒤에 붙는 토가 조사와 어미에만 한정되는 것은 아니다. 접두사와 접미사 같은 접사도 실사 의미를 지닌 것이 아니기 때문에 기준에 따라서는 이들도 토라고 볼 수 있다는 말이다. 북한에서는 피동과 사동 의미를 지니는 접미사들을 '상토'라 하여 토의 하나로 보고 있다. 그렇다면 다른 접미사들도 모두 토로 보는가? 그런 것 같지는 않다. 북한에서는 접두사와 접미사를 각각 앞붙이와 뒤붙이로 보고 이 둘을 토가 아닌 '덧붙이'라고 따로 구분하고 있다. 즉 '토'는 통사론적 용어이고 '덧붙이'는 형태론적 용어라는 말이다.

5.1. 체언토 : 토와 격토, 도움토와 복수토

체언토는 격토, 도움토, 복수토로 크게 나뉜다. 격토는 격조사, 도움토는 보조사를 가리키며, 복수토는 남한에서 복수 접미사라고 하는 '들'을 가리킨다. 이들은 모두 체언 뒤에 온다는 공통점이 있다.

5.1.1. 토와 격토

대개 조사와 어미에 해당하는 토는 실사 뒤에 붙는다. 체언 뒤에 붙어서 문장 성분의 성격을 보여 줄 수도 있고, 용언 어간 뒤에 붙어서 여러 가지 문법적인 기능을 할 수도 있다. 그리하여 토를 "단어의 문법적뜻을 나타내는 형태부"라고 말하기도 하는 것이다(≪국어문법 1≫(2001 : 28).

> **토**란 단어에 붙어서 그 단어를 다른 단어와 련결시켜주거나 어떤 사실이 있은 시간을 나타내거나 문장이 끝났다는것을 나타내거나 그밖의 다른 여러 가지 뜻을 나타내는 형태부를 말합니다.
>
> 례; 목란꽃이 곱게 피였다.
>
> ≪목란꽃이≫의 ≪이≫는 ≪목란꽃≫을 ≪피였다≫와 련결시켜주고있으며 ≪곱게≫의 ≪게≫는 ≪곱다≫를 ≪피였다≫와 련결시켜주고있습니다. 그리고 ≪피였다≫의 ≪였≫은 ≪피≫는 행동이 과거에 진행되였다는것을 나타내고있으며 ≪다≫는 문장이 끝났다는것을 나타내고있습니다.

북한의 ≪국어 2≫ 교과서에서는 토에 대하여 "단어에 붙어서 그 단어를 다른 단어와 련결시켜주거나 어떤 사실이 있은 시간을 나타내거나 문장이 끝났다는것을 나타내거나 다른 여러 가지 뜻을 나타내는 형태부"라고 말하고 있다. 체언 단어 뒤에 붙기도 하고, 용언 어간 뒤에 붙어서 예컨대 시제 관형사형 어미를 붙여서 시간을 나타내기도 한다. 또한 문장 맨 뒤에 나오는 용언 어간 뒤에 붙어서 종결 표현으로 쓰이기도 하고, 홑문장과 홑문장이 이어질 때 둘을 이어주면서 일정한 문법적 기능을 하기도 한다.

위에 제시된 '목란꽃이 곱게 피였다.'를 보면 '목란꽃이'의 '이'와 '곱게'의 '-게'는 모두 뒤에 오는 서술어 '피다'와 연결되어 있는데, 각각 주어, 부사어가 되게 하고 있다. '-였-'은 과거를 나타내고 '피였다'의 '-다'는 문장이 종결됨을 보여 준다. 북한에서는 남한의 과거 시제 선어말 어미 '었' 대신에 '였'을 사용하곤 하는데, 그것은 '피-'에서처럼 앞에 'ㅣ'가 오게 되면 뒤의 발음이 그 영향을 받아서 그것을 소리 나는 대로 표기한 것이다.

> 토에는 체언에만 주로 붙는 체언토와 용언에만 붙는 용언토, 체언을 용언으로 용언을 체언으로 바꾸어주는 바꿈토가 있습니다.
>
> **체언토**에는 격토, 도움토, 복수토가 있습니다. **용언토**에는 맺음토, 이음토, 규정토, 상황토, 상토, 존경토, 시간토가 있습니다.

북한에서는 체언에만 붙는 "**체언토**", 용언(엄밀히는 어간) 뒤에 붙는 "**용언토**"로 구분이 되며, 또한 체언을 용언으로, 용언을 체언으로 바꾸어 주는 "**바꿈토**"를 설정하고 있다. 용언을 체언으로 바꾸는 토는 명사형 전성 어미 '-음, -기'이며, 체언을 용언형으로 바꾸는 토는 서술격 조사 '이다'의 '이'를 지칭한다. 토에서 복잡한 것은 용언토인데, 종결 어미에 해당하는 **맺음토**, 연결 어미에 해당하는 **이음토**, 관형사형 어미에 해당하는 **규정토**, 부사형 어미에 해당하는 **상황토**, 높임 선어말 어미에 해당하는 **존경토**, 시제 선어말 어미에 해당하는 **시간토**를 제시하고 있다. 북한 학교 문법의 특징으로 "**상토**"라 하여 남한의 피동 및 사동 기능을 하는 접미사들을 토로 설정하고 있다.

사실 존경토에는 용언토 '-시-'만이 아니라 체언에 붙는 '께서, 께'도 설정할 수 있다. 또한 "**복수토**"라고 하는 '들'도 과연 체언토라고만 할 수 있는지 의문이다. '어서들 오너라'에서는 '들'이 체언 아닌 용언 뒤에서 오기 때문이다. 물론 '이리들 늦게 왔냐?'에서는 체언과 용언 아닌 부사 뒤에 오는 경우도 있다. 단순히 체언토의 하나라고만 말할 수는 없다는 것이다. 그런데 비록 체언 뒤에 붙지는 않지만 의미상으로 보면 '들'이 출현함에 따라서 그 어떤 체언이 복수인 것을 나타내는 것은 분명하다.

❖ 다음 문장에서 토들을 찾아봅시다.

ㄱ) 우리는 항일아동단원들의 빛나는 혁명전통을 적극 따라배워야 한다.

ㄴ) 장군님께서 계시는 요영구를 향해 가는 그들의 사기는 하늘을 찌를듯 하였다.

위의 학습 활동은 체언토, 용언토, 바꿈토를 찾아내도록 하는 활동이다. 체언토에는 ㄱ)에서 '는, 의, 을', ㄴ)에서 '께서, 를, 의, 는, 을'을 찾아낼 수 있다. 용언토에는 ㄱ)에서 '-는, -어야, -ㄴ다', ㄴ)에서 '-시-, -는, -아, -는, -ㄹ, -였-, -다'를 찾아낼 수 있다. 용언토를 좀 더 자세히 구분해 보자.[2] '한다'의 '-ㄴ다', '하였다'의 '-다'는 맺음토, '빛나는'의 '-는', '계시는'의 '-는', '가는'의 '-는', '찌를'의 '-ㄹ'은 규정토, '따라배워야'의 '-어야', '향해'의 '-아'는 이음토, '하였다'의 '-였-'은 시간토라고 할 수 있다.

한편 '계시는'에서는 존경 의미의 '시'가 엿보이기는 하는데, 기본형이 '계시다'이기 때문에 이때 '-시-'를 따로 존경토라고 할 수 있을지는 어려움이 있어 보인다. 만약 기본형 설정 문제는 차지하고 단지 의미만을 염두에 둔다고 한다

---

2) 북한 학교 문법에서는 현재 시제 선어말 어미를 따로 설정하지 않는다. 즉 '-ㄴ다', -는다' 자체를 하나로 보고 있다. 뒤에서 자세히 살핀다.

면 '계시는'의 '-시-'를 존경토라고 볼 수 있기는 하다. 남한에서는 '계시다' 자체가 기본형이기 때문에 따로 이때의 '-시-'를 높임 선어말 어미로 따로 인정하지도 않는다.

> **격토**는 체언에 직접 붙어서 그 단어를 다른 단어와 련결시켜주는 토입니다.
>
> 격토에는 주격토, 대격토, 속격토, 여격토, 위격토, 조격토, 구격토, 호격토가 있습니다.

북한에서 설정하고 있는 체언토, 즉 격토, 도움토, 복수토 가운데 "격토"가 가장 중요하게 다루어진다. **격토**는 "체언에 직접 붙어서 그 단어를 다른 단어와 련결시켜주는 토"라 하여 주격토, 대격토, 속격토, 여격토, 위격토, 조격토, 구격토, 호격토 8개를 설정하고 있다. 이 가운데 주격토와 호격토는 통사론적 격에 해당하고, 나머지는 모두 의미론적 격에 해당하여 일관된 기준을 지니고 있지는 않다.

❖ 다음 문장에서 토들을 찾아봅시다.

격토의 종류	역할		례
주격토	어떤 사실의 임자로 되는 대상을 나타낸다.	가/이, 께서	공부가 재미있다. 밥이 끓는다. 할아버님께서 오신다.
대격토	움직임이 직접 미치는 대상을 나타낸다.	를/을	공부를 한다. 밥을 먹는다.
속격토	어떤 대상에 다른 대상이 속함을 나타낸다.	의	학교의 명예를 떨쳤다.

여격토	움직임이 미치는 대상을 나타낸다.	에/에게, 께	집에 들어섰다. 동생에게 책을 주었다. 아버님께 인사하였다.
위격토	움직임이 이루어지는 자리를 나타낸다.	에서/에게서	도서실에서 책을 보았다. 선생님에게서 노래를 배운다.
조격토	움직임이 이루어지는데 쓰이는 대상을 나타낸다.	로/으로	학교로 간다. 집으로 온다.
구격토	함께 놓이거나 상대되는 대상을 나타낸다.	와/과	철이와 영남이 책과 연필 동무들과 토론하다.
호격토	부름을 나타낸다.	아/야, 여	영남아, 옥이야, 함께 가자. 동무여, 잊지 말자.

위의 표는 격토의 종류와 각각의 개념(혹은 역할)과 용례를 보인 것이다. 사실 남한에서도 격조사라 하여 7개, 즉 주격, 서술격, 목적격, 보격, 관형격, 부사격, 호격 조사를 설정하고 있는데, 이것들은 모두 통사론적 격에 해당한다. 북한의 대격은 목적격에 해당하고, 속격은 관형격에 해당한다. 북한의 여격, 위격, 조격, 구격은 모두 남한의 부사격에 해당한다.

한편, **구격토**로 제시된 '와/과'의 용례를 보면 남한과 차이가 나는 점이 보인다. 남한에서는 '철이와 영남이', '책과 연필'에서 사용된 '와/과'를 접속 조사로 따로 설정하고 있으며, '동무들과 토론하다'의 '과'는 공동 부사격 조사로 설정하고 있다. 북한에서는 둘 다를 동일하게 구격토라고 명명하고는 있으나, '와/과'가 '책과 연필'에서는 "함께 놓이는 대상"을 나타내지만 '동무들과 토론하다'에서는 "상대되는 대상"을 나타낸다 하여 그 뜻 차이를 명기하고 있다.

❖ 다음 문장들에서 격토를 찾아봅시다.

- 고기잡이에 한창 신바람이 났는데 십리평의 만수와 영남이가 나타났다.
- ≪얘들아, 배낭들을 도랑에 숨기구 빨리 물고기잡이를 하는척하자!≫ 경호의 말이 떨어지자 동무들은 눈깜빡할사이에 신발을 벗고 다시 내물로 들어갔다.

위는 격토를 찾아보는 학습 활동이다. 첫 번째 문장에서 '신바람이'의 '이', '영남이가'의 '가'는 주격토이고, '고기잡이에'의 '에'는 여격토, '십리평의'의 '의'는 속격토, '만수와'의 '와'는 구격토에 해당한다. 두 번째 세 번째 문장에서 '말이'의 '이'는 주격토, '배낭들을, 물고기잡이를, 신발을'의 '을, 를, 을'은 대격토, '경호의'의 '의'는 속격토, '도랑에'의 '에', '사이에'의 '에'는 여격토, '내물로'의 '로'는 조격토, '얘들아'의 '아'는 호격토에 해당한다.

한편 '동무들은'의 '은'은 주격토인지 아니면 도움토인지 교과서에서는 아무런 언급이 없어서 확언하기는 어렵지만, 위의 도표에서 주격토로 제시된 '가/이, 께서'에는 속하지 않아서 일단 특수한 의미를 나타내는 도움토로 보고 있는 것 같다.[3] 남한에서는 최현배(1937) 등에서는 오랫동안 주격 조사라고 했었지만, 현행 학교 문법에서는 보조사로 처리하고 있다.

---

3) 북한의 ≪조선문화어문법≫(1979 : 258)에서는 '은/는'을 도움토로 보고 있다. 그곳에서는 도움토로 "는(은), 야(이야), 나(이나), 나마(이나마), 라도(이라도), 도, 마저, 조차, 서껀, 만, 부터, 까지…"를 제시하고 있다. 한편 ≪조선문화어문법규범≫(1976 : 245-247)에서도 이들에 대해서 언급하고 있는데, 비교 대상을 나타내는 도움토로 '보다, 처럼, 마냥, 마다' 네 개를 설정하여 ≪조선문화어문법≫(1979)보다 '보다'를 더 설정하고 있다. 각각의 뜻풀이도 1976년 책보다 1979년 책이 현재의 북한 학교 문법 기술과 더욱 일치도가 높다. 한편 ≪조선문화어문법규범≫(2011 : 229-230)에서는 '처럼, 마냥, 보다, 마다'를 "격토처럼 쓰이는 토"라고 말하고 있는데, 곧 도움토를 뜻한다.

격토처럼 쓰이는 토

종류와 기능	토
주격토와 비슷한 기능을 수행하면서 개념을 정의하는데 쓰이는 토	란/이란
여격토와 비슷한 기능을 수행하는 토	더러, 한테
구격토와 비슷한 기능을 수행하는 토	랑/이랑, 하고
구격토와 비슷한 기능을 수행하면서 비교되는 대상을 나타내는 토	처럼, 마냥, 보다

❖ 격토처럼 쓰이는 토가 들어간 문장들을 지어봅시다.

위는 이른바 "격토처럼 쓰이는 토"라 하여 제시된 것들이다. '란/이란'은 주격토와, '더러, 한테'는 여격토와 비슷한 기능을 수행하는 토라고 말하고 있다. 그리고 '랑/이랑, 하고'와 '처럼, 마냥, 보다'는 모두 구격토와 비슷한 기능을 수행한다고 하면서, 특히 후자는 비교되는 대상을 나타낸다고 말하고 있다.

○ ≪란/이란≫

≪란/이란≫은 주격토와 비슷한 기능을 수행하는데 주로 규정적인 정의를 주는 세움말에 쓰인다.

주체사상이란 혁명과 건설의 주인은 인민대중이며 혁명과 건설을 추동하는 힘도 인민대중에게 있다는 사상이다.

○ ≪더러≫, ≪한테≫

이 토들은 주로 입말에서 쓰이면서 여격토와 비슷한 기능을 수행한다.

운전수더러 이 기계로 약처리를 할수 있느냐고 물었더니 약처리뿐아니라 기계김도 맬수 있다고 설명해주었다.

○ ≪랑/이랑≫, ≪하고≫

이 토들은 구격과 비슷한 역할을 수행하며 입말에서 쓰인다. / 토 ≪랑/이랑≫은 렬거되는 대상을 나타내고 토 ≪하고≫는 이밖에 함께 행동하는 물체를 나타내는 뜻을 더 가지고있다.

아저씨는 연필이랑 책이랑 많이 가지고왔다.

순옥이하고 봉순이는 모두 바다의 무전수가 되겠다는 커다란 꿈을 가지고있었다.

○ ≪처럼≫, ≪마냥≫, ≪보다≫

이 토들은 비교되는 대상을 나타낸다.

태양을 따르는 해바라기마냥 언제 어디서나 위대한 수령님을 따르고 흠모하며 높이 우러러 모시는것은 주체형의 공산주의혁명가들이 지니고있는 기본품성의 하나이다.

— ≪조선문화어문법≫(1979 : 253)

형태적인 면에서 볼 때 '란/이란', '랑/이랑'은 '이'가 있고 없고의 차이만 난다. 이것들은 체언 다음에 올 때 모음 뒤에서는 '란, 랑'이 오고 자음 뒤에서는 '이란, 이랑'이 온다. '하고'는 북한에서 토의 하나로 설정되고 있는 것을 본다. 남한 학교 문법에서는 띄어쓰기를 하여서 '하고'가 용언으로 처리되고 있다.

이것은 격토인가 도움토인가? 북한 문법 교과서에서는 정확한 언급을 하지 않고 그냥 "격토처럼 쓰이는 토"라고만 말하고 있다. 북한의 오랜 규범 문법서였던 ≪조선문화어문법≫(1979)에서도 마찬가지 입장을 보이고 있다. 단, 이에 대한 서술을 '격토' 범주 안에서 하고 있음을 볼 때, 결국 이들은 격토의 특이한 형태로 보는 것 같다. 그러나 격토면 격토지 "격토처럼 쓰이는 토"라는 표현에서, 결코 격토라고 보기 어렵다는 결론이 나온다. 요약하면 도움토로 볼 수밖에 없다고 본다. 각각 해당 기능을 나타내는 구어체 표현이라고 해석할 수 있을 듯하다.

5.1.2. 도움토와 복수토

도움토는 남한 학교 문법에서 보조사로 지칭되는 토이다. 역시 체언에 직접 붙을 수 있으며 특수한 의미를 나타낼 때 사용한다. ≪국어 2≫ 교과서에는 "단어의 역할과 뜻을 도와주는 토"라고 개념 정의가 되어 있다. 아래에서 보듯이 도움토에는 '도'를 비롯하여 '만, 부터, 까지, 는(은), 야(이야), 나마(이나마), 라도(이라도), 커녕, 마다' 등 여러 가지가 포함된다.

> **도움토**는 단어의 역할과 뜻을 도와주는 토로서 격토와 마찬가지로 체언에 직접 붙는 체언토입니다.
> **도움토**에는 ≪도≫, ≪마저≫, ≪조차≫, ≪만≫, ≪부터≫, ≪까지≫, ≪는(은)≫, ≪야(이야)≫, ≪나마(이나마)≫, ≪라도(이라도)≫, ≪커녕≫, ≪마다≫ 등이 있습니다.

1996년에 나온 ≪국어문법 1~3≫ 교과서에서는 도움토에 대하여 자세히 제시되어 있지 않았으며, ≪조선문화어문법≫(1979)에서는 자세히 제시되어 있다. 위에 있는 도움토들이 대부분 자세한 용례와 함께 거기에 제시되어 있다.

> ○ 도움토란 단어들의 문장론적관계밖의 다른 일정한 문법적뜻, 다시말하여 어떤 사물, 현상 또는 그밖의 다른것들사이의 련계관계를 나타내는 토이다. 도움토는 많은 경우에 그것자체로써는 문장론적관계를 나타내지 못한다. 바로 여기에 도움토가 격토와 구별되는 중요한 특성이 있다.[4]
>
> — ≪조선문화어문법≫(1979 : 258)

4) ≪조선문화어문법규범≫(1976 : 244)에서도 도움토에 대한 개념 정의가 다음과 같이 제시되어 있다. 그러나 그 서술 내용이나 방식에 ≪조선문화어문법≫(1979 : 258)에 못 미친다. 따라서 북한의 현행 문법 교과서 내용은 1976년 규범 문법서보다는 1979년 규범 문법서에 더욱 가깝다.

즉 **도움토**는 문장 내에서 일정한 역할을 전혀 하지 않고 오로지 문장 밖의 어떤 사물, 현상, 기타의 것들과의 관계를 나타낼 뿐이라는 것이다. 결국은 통사적 차원이 아니라 화용적 차원의 특수한 의미를 나타낼 때 사용한다는 말이다.

≪조선문화어문법≫(1979 : 258-261)에 따르면, '도, 마저, 조차'는 포함시키는 관계를 나타내고, '만'은 제한하는 관계, '나(이나), 나마(이나마), 라도(이라도)'는 양보하는 관계, '야(이야)'는 강조하는 관계, '커녕'은 부정의 관계, '는(은)'은 문장에서 내세우면서 명확히 찍어주는 관계, '부터, 까지'는 시작과 마지막의 관계를 나타낸다고 한다.

❖ 다음 문장에서 밑줄친 부분을 보면서 토 ≪도≫가 붙어 무엇이 강조되였는가를 밝혀봅시다.

위대한 대원수님들의 유훈을 제일 깊이 간직하신분도, 우리 조국을 제일 사랑하시는분도, 우리 인민에게 온 세상이 보란듯이 제일 크나큰 행복을 안겨주시는분도 우리의 경애하는 김정은원수님이십니다.

위는 도움토 '도'가 강조의 뜻을 지니고 있다는 전제하에 무엇을 강조했는지 알아보는 학습 활동이다. 도움토 '도'를 사용함으로 해서, '간직하신분, 사랑하시는분, 안겨주시는분' 각각을 강조하고 있음을 확인할 수 있다. 남한에서는 '도'의 특수한 의미를 '또한, 역시' 정도로 제시하고 있는데, 역시 강조의 뜻을 지니고 있는 것이라 말할 수 있다. 좀 더 자세히 말하면 단순한 강조 차원을 넘어 서서 다른 것들을 모두 포함한다는 뜻을 나타내고 있다고 할 수 있다.

"도움토들은 체언뿐만아니라 용언에도 붙으며 단어들의 결합관계를 나타내는것이 아니라 주로 형태를 갖춘 단어에 붙어서 어떤 사물이나 현상, 행동, 상태들사이의 련계관계를 강조, 보충하는 역할을 논다면 이 부류의 토들은 그러한 관계를 강조, 보충하는 뜻이 거의 없고 다만 체언에 붙어서 체언의 문장론적관계를 나타낸다."

❖ 다음 문장들에서 도움토가 어떤 뜻을 나타내는가를 생각해봅시다.

ㄱ) 철령의 철쭉도 선군풍경의 하나입니다.

ㄴ) 아버지가 출장가신데다가 어머니마저 앓아누웠습니다.

ㄷ) 날씨가 무더운데다가 바람조차 불지 않으니 숨이 막힐 지경입니다.

ㄹ) 남학생들만 따로 모이십시오.

ㅁ) 먼저 콩우유부터 마시자요.

ㅂ) 나까지 꼭 가야 합니까?

ㅅ) 동무들의 얼굴마다에 웃음꽃이 피였습니다.

ㅇ) 말다툼은 했지만 싸우지는 않았습니다.

위의 학습 활동은 다양한 도움토들이 어떤 특별한 뜻을 나타내는지 알아보는 활동이다. ㄱ)의 '도', ㄴ)의 '마저', ㄷ)의 '조차'는 모두 다른 것을 포함하는 의미를 지니고 있는데, 그 정도 차이가 느껴질 뿐이다. ㄹ)의 '만'은 제한, ㅁ)의 '부터'는 시작, ㅂ)의 '까지'는 마지막, ㅅ)의 '마다'는 개별, ㅇ)의 '은/는'은 대조의 의미를 나타내고 있다.

복수토는 사람이나 물건 또는 그밖의것들이 둘이상 여럿이라는 것을 나타내는 토입니다. 복수토에는 ≪들≫ 하나가 있습니다.

체언토에 속한 것으로 복수토가 더 설정되어 있다. 복수토는 대상이 둘 이상 있다는 것을 나타내는 토로서, 우리말에는 '들' 하나가 설정되어 있다. 그러나 엄밀히 말해서 복수토 '들'은 체언에만이 아니라 용언의 일정한 문법적 형태 뒤에서도 올 수 있으며, 부사에도 올 수가 있다. 각각 '다시 돌아들 왔구만', '자 어서들 들어가자구, 응?'에서의 '들'의 사용 양상을 볼 수 있다. 이것이 직접 붙은 행동, 상태, 성질 등이 복수라는 게 아니라 그런 것의 임자가 복수라는 것을 나타낸다.

❖ 다음 문장에서 하나가 아닌 여럿을 나타내는 토를 찾아봅시다.
알알이 맺혀 빨갛게 익어가는 사과알들.

❖ 본문에서 도움토와 복수토가 붙은 문장들을 다 찾아봅시다.

위에 든 예에서는 '사과알'이 여러 개인 것을 복수토 '들'을 통해서 확인할 수 있다. 이처럼 체언 바로 뒤에 '들'이 붙으면 그 자체가 복수라는 의미를 나타내 준다.

한편 복수토 '들'은 모든 체언, 명사에 붙을 수 있는 건 아니다. 셀 수 있는 명사에만 붙을 수 있지, '기쁨, 즐거움' 등 추상 명사에는 붙을 수 없으며, 또 '산소, 공기, 물' 등 물질 명사 뒤에도 보통 붙지 않는다. 그리고 '들'이 붙지 않아도 문맥을 통해 복수임을 알 수 있으면 굳이 '들'을 쓸 필요는 없다. 본래 우리말에는 '들' 표시가 그리 흔하게 사용되어 오지는 않았다.

5.2. 용언토 : 맺음토, 이음토, 규정토와 상황토 ; 존경토와 시간토, 상토

체언 뒤에 붙는 체언토와는 달리 용언토는 대개 용언의 어간 뒤에 붙는 어미에 해당한다. 남한 학교 문법에서는 동사와 형용사가 어간과 어미로 이루어졌다고 하는데, 북한 학교 문법에서는 어간만이 용언이라고 보며, 어간 뒤에 붙는 어미가 바로 용언토라고 하는 것이다.

용언토는 크게 문장을 맺게 하는 맺음토, 문장과 문장을 이어주는 이음토, 용언으로 하여금 체언을 수식하게 하는 규정토, 용언이 다른 용언을 수식하게 하는 상황토를 먼저 설정할 수 있다. 이것들은 용언(어간)에 붙어서 그대로 단어를 구성한다는 공통점이 있다. 이런 유형 말고도 존경토, 시간토와 같은 남한의 선어말 어미에 해당하는 것들도 있으며, 남한의 접미사에 해당하는 피동토 및 사동토가 포함된 상토가 있다. 이것들은 그 뒤에 다시 다른 용언토가 온다는 공통점이 있다.

5.2.1. 맺음토 : 말법과 말차림

"맺음토"는 문장의 끝맺음을 나타내는 토를 말한다. 남한 학교 문법에서는 대개 이것들을 종결 표현이라고 부르는데, 쉽게 말하면 종결 어미가 그에 해당한다. 남한에서는 종결 표현에 따라 문장을 평서문, 명령문, 의문문, 청유문, 감탄문으로 나누는데, 그에 따라 평서형 종결 어미, 명령형 종결 어미, 의문형 종결 어미, 청유형 종결 어미, 감탄형 종결 어미를 설정한다.

문장의 끝맺음을 나타내는 토를 **맺음토**라고 합니다.

북한 학교 문법에서도 맺음토에 따라 문장을 알림문, 시킴문, 물음문, 추김문, 감동문으로 나누고, 그에 따라 각각의 맺음토가 설정된다.[5] 물론 맺음토를 언급하는 ≪국어 2≫ 교과서에서는 문장의 종류 명칭을 제시하고 있지도 않다. 단지 말하는 사람이 듣는 사람에게 "무엇을 알려주려고 할 때 쓰는 토", "물어보려고 할 때 쓰는 토", "시키려고 할 때 쓰는 토", "자기와 함께 하자고 할 때 쓰는 토"가 있다고만 소개하고 있다. 그나마 여기서는 감동문(감탄문)

5) 북한의 학교 문법에서는 그냥 맺음토라고만 하지 각각을 '알림토, 시킴토, 물음토, 추김토, 감동토'라고 이름 짓지 않고 있다. 각각의 맺음토 명칭은 ≪국어 2≫ 교과서에 제시되어 있지 않고 그 의미만 나와 있다.

관련 토는 언급도 안 하고 있다. 이러한 맺음토의 특성은 **"말법의 문법적뜻"**을 나타낸다고 말한다.

> **맺음토**에는 말하는 사람이 듣는 사람에게 무엇을 알려주려고 할 때 쓰는 토와 물어보려고 할 때 쓰는 토, 시키려고 할 때 쓰는 토 그리고 자기와 함께 하자고 할 때 쓰는 토가 있습니다.

한편 맺음토는 "말차림의 문법적뜻"을 나타낸다고도 말한다. 말차림은 남한의 상대 높임법과 관련한 것이다. 말하는 사람이 듣는 사람을 높여서 대할 때 쓰는 토, 듣는 사람을 자기와 비슷한 급으로 대할 때 쓰는 토, 듣는 사람을 자기보다 낮추어서 대할 때 쓰는 토로 맺음토를 구분한다. 즉 **"높임"**, **"같음"**, **"낮춤"**으로 구분한다는 것이다. 남한 학교 문법에서는 높임 표현과 낮춤 표현으로 크게 나누고 이어서 각각 2개씩을 할당하고 있다.

> **맺음토**에는 또한 말하는 사람이 듣는 사람을 높여서 대할 때 쓰는 토와 듣는 사람을 자기와 비슷한 급으로 대할 때 쓰는 토, 듣는 사람을 자기보다 낮추어서 대할 때 쓰는 토가 있습니다.
>
> ㄱ) 오늘은 날씨가 개였습니다. (**알림**, 높임)
> ㄴ) 어서 식사하세요. (**시킴**, 높임)
> ㄷ) 언제 떠나니? (**물음**, 같음)
> ㄹ) 이젠 모두들 운동장에 나가자. (**추김**, 낮춤)

그리하여 위에서 ㄱ)의 '-습니다'는 알림, 높임을 나타내는 토이고, ㄴ)의 '-세요'는 시킴, 높임을 나타내는 토이며, ㄷ)의 '-니'는 물음, 같음을 나타내는 토, ㄹ)의 '-자'는 추김, 낮춤을 나타내는 토에 해당한다. '알림, 시킴, 물음,

추김'이 "말법"과 관련된 맺음토이고, '높임, 높임, 같음, 낮춤'이 "말차림"과 관련된 맺음토이다.

❖ 다음 단락에서 매 문장들이 어떤 토들로 끝맺어졌는가를 찾아봅시다.

… 아버지도 아직 돌아오지 않는다. 진태 어머니는 주인집에 상을 차려드리고 바깥으로 나오려고 하니까 마님이

≪어멈, 오늘 저녁을 하였나?≫ 하고 묻는다.

어머니는 조금 주저주저하다가

≪먹을것 있어요.≫ 하고서 부끄러운 웃음을 지었다.

❖ 우의 례문에서 찾은 맺음토들을 서로 같은것끼리 묶어보고 맺음토에는 어떤것들이 있는가 대답해봅시다.

❖ 단편소설에서 알림, 시킴, 물음, 추김을 나타내는 맺음토들을 찾아봅시다.

위의 학습 활동은 문장을 끝맺게 하는 맺음토를 확인하고자 하는 활동이다. 주어진 용례 가운데 '않는다'의 '-는다', '묻는다'의 '-는다', '있어요'의 '-어요', '지었다'의 '-다'는 알림 맺음토에 해당한다. 또 '하였나?'의 '-나'는 물음 맺음토에 해당한다. 마지막 발문으로 제시된 학습 활동은 본문에서 나온 전체 단편소설을 맺음토 차원에서 구분해 보라는 활동이다.

남한에서는 '않는다'의 '-는-'을 따로 현재 시제 선어말 어미로 구분하지만, 북한에서는 그냥 '-는다' 자체를 하나의 맺음토로 처리한다. 또 '있어요'에서도 남한에서는 '요'를 따로 보조사로 처리하는데, 북한에서는 '-어요' 자체를 하나의 맺음토로 본다. 남한은 분석적 방식을 취하고 북한은 통합적 방식을 취하고 있다. 이렇게 단언하는 것은 상대 높임 표현을 격식체와 비격식체로 나눈 6분법에 따른 것이다. 즉 해체와 해요체를 염두에 둔 것이라는 말이다. 그러나 최근 '-어요'를 하나의 어미로 사전에서는 표제어로 등재하고 있기 때문에,

이 자체를 하나의 어미로 처리할 수 있는 가능성이 제기될 수 있다.

5.2.2. 이음토

맺음토가 남한의 종결 어미(표현)에 해당하는 것이라면, “이음토”는 남한의 연결 어미에 해당하는 것이다. 남한 학교 문법에서 이어진문장이 이루어지게 하는 대등적 연결 어미와 종속적 연결 어미가 바로 그것이다. 그리하여 **이음토**는 “용언뒤에 붙어서 문장과 문장, 단어와 단어를 이어주는 용언토”라고 말하고 있다. 여기서 문장과 문장을 이어준다는 것은 대등하게 이어진 문장과 종속적으로 이어진 문장을 이루게 하는 연결 어미를 바로 이음토라고 한다. 또한 “단어와 단어를 이어주는 용언토”라고 말하고 있는데, 예컨대 “키는 작지만 여물었다.”라고 할 때 ‘작-’과 ‘여물-’이라는 두 단어를 ‘-지만’이라는 이음토로 이어준다고 말하는 것이다. 결국 북한의 학교 문법에서는 심층 구조가 아닌 표면 구조 차원에서 이음토를 설정하고 있는 셈이다.

> **이음토**는 용언뒤에 붙어서 문장과 문장, 단어와 단어를 이어주는 용언토입니다.
>
> 례 : 철이는 공부도 잘하고 품행도 단정하다.
>
> 래일 많은 소낙비가 오므로 농작물에 피해가 없도록 대책을 세워야한다.
>
> 이음토에는 앞의 내용을 뒤의 내용과 같은 자격으로 이어주는것과 앞의 내용을 뒤의 내용에 매이도록 이어주는것이 있습니다.

위의 ≪국어 2≫(2014) 교과서 예문에서, ‘철이는 공부도 잘하다’라는 문장과 ‘품행도 단정하다’라는 문장을 이음토 ‘-고’가 연결해 주고 있으며, ‘래일 많은 소낙비가 오다’라는 문장과 ‘농작물에 피해가 없도록 대책을 세워야한다’

라는 문장을 이음토 '-므로'가 연결해 주고 있는 것이다.

한편, 이음토는 "앞의 내용을 뒤의 내용과 같은 자격으로 이어주는것"과 "앞의 내용을 뒤의 내용에 매이도록 이어주는것"의 두 가지가 있다. 위 예문에서 '-고'가 전자에 해당하고 '-므로'가 후자에 해당한다. 남한에서의 대등적 연결 어미와 종속적 연결 어미가 각각 이에 해당한다.

이음토의 갈래	토
앞의 내용을 뒤의 내용과 같은 자격으로 이어주는 이음토	고, 며, 면서, ㄹ뿐더러, 거니와, 려니와, 지만, 나(으나), 아도, 건만, 련만, 던데, ㄴ데(는데), 되, ㄴ바(는바), 거나, 건, 든, 든지, 든가
앞의 내용을 뒤의 내용에 매이도록 이어주는 이음토	므로, 니까, 기에, 길래, 더니, 느라니, 니, ㄴ즉, 면, 거든, 느라면, 더라면, 자면, 아야(어야, 여야), 더라도, ㄹ지라도, ㄴ들, 던들, 다가, 다, 자, 아(어, 여), 아서(어서, 여서), 자고, 려고, 려, 고저, 느라고, 러, 지

위의 표는 앞의 내용을 뒤의 내용과 같은 자격으로 이어주는 이음토와 앞의 내용을 뒤의 내용에 매이도록 이어주는 이음토의 종류를 ≪국어 2≫ 교과서에서 구체적으로 제시한 것이다. 남한의 학교 문법과 비교를 해 보면 차이점을 발견할 수 있다. 남한 학교 문법에서는 대등적 연결 어미로 나열, 대조, 선택 의미를 가진 것들로만 한정하여, 각각 나열은 '-고, -며', 대조는 '-지만, -나(으나)', 선택은 '-거나, -건, -든' 정도를 제시하고 있다.

위 표에서 같은 자격으로 이어주는 이음토 가운데, '-면서, -ㄹ뿐더러, -거니와, -아도, -건만, -련만, -던데, -ㄴ데(는데), -되, -ㄴ바(는바)'는 모두 매이도록 이어주는 이음토로 남한에서는 보고 있다. 위 표에서 뒤의 내용에 매이도록 이어주는 이음토들이 그대로 거기에 속하는 것은 물론이다. 뒤의 내용에 매이도록 이어주는 이음토는 남한 용어로 하면 모두 종속적 연결 어미가 된다.

○ 앞의 내용을 뒤의 내용과 같은 자격으로 이어주는 이음토

- 두 내용이 동시에 나란히 존재한다는 것을 나타내는 이음토 : 고, 며, 면서, ㄹ뿐더러, 거니와, 려니와
- 두 내용이 서로 맞선다는 것을 나타내는 이음토 : 지만, 나(으나), 아도, 건만, 련만, ㄴ데(는데), 던데, 되, ㄴ바(는바)
- 두가지이상의것 가운데서 어느 하나를 선택한다는 것을 나타내는 이음토 : 거나, 건, 든, 든지, 든가, 거나

○ 앞의 내용을 뒤의 내용에 매이도록 이어주는 이음토

- 원인의 뜻을 나타내는 이음토 : 므로, 니, 니까, 기에, 길래, 더니, 느라니, ㄴ즉
- 조건의 뜻을 나타내는 이음토 : 면, 거든, 느라면, 더라면, 자면, 아야(어야, 여야), 더라도, ㄹ지라도, ㄴ들, 던들
- 계속의 뜻을 나타내는 이음토 : 다가, 다, 자, 고서
- 수단, 방식의 뜻을 나타내는 이음토 : 아(어, 여), 아서(어서, 여서)
- 목적, 의도의 뜻을 나타내는 이음토 : 자고, 려고, 려, 고저, 느라고, 러
- 부정하는 뜻을 나타내는 이음토 : 지

— ≪국어문법 1≫(2001 : 39-41)

위에 제시된 이음토들은 단독 문법 교과서로 나왔던 ≪국어문법 1≫(2001)에서 구체적으로 제시되었던 것들이다. 이런 의미상 종류와 구체적인 이음토 분류는 2021년 현행 ≪국어≫ 교과서의 문법 내용으로도 여전히 유효하다.

❖ 우화 ≪장수와 검≫에서 이음토들을 모두 찾아봅시다.

북한 학교 문법 학습 활동에서는 거의 항상 위에서와 같이 해당 단원에서의 구체적인 담화 텍스트를 통하여 해당 단원에서 학습하였던 내용을 확인하게 하는 활동을 제시하고 있다. 여기서도 이음토를 찾아서 분류하는 활동을 제시하고 있다.

5.2.3. 규정토와 상황토

북한에서 규정토와 상황토는 뒤의 성분을 수식하게 해 주는 역할을 한다. “규정토”는 체언을 수식하게 해 주고 “상황토”는 용언을 수식하게 해 준다. 그렇게 해서 각각 규정어와 상황어를 만드는 것이다. 다시 말하면 규정토와 상황토는 수식토로 공통점을 지니는 것이다.

> **규정토**는 용언에 붙어서 뒤에 오는 체언을 규정해주면서 동시에 시간의 뜻도 함께 나타내는 용언토입니다. ≪는≫, ≪ㄴ(은)≫, ≪ㄹ(을)≫, ≪던≫의 4개가 있습니다.

동사	형용사
○ 가는 사람, 읽는 사람(현재)	
○ 본 책, 읽은 책(과거)	○ 맑은 물(현재)
○ 가던 사람(과거)	○ 맑던 물(과거)
○ 갈 사람, 읽을 책(미래)	○ 아름다울 미래(미래)

규정토는 “용언에 붙어서 뒤에 오는 체언을 규정해주면서 시간의 뜻도 함께 나타내는 용언토”이다.[6] 남한의 관형사형 전성 어미에 정확히 일치한다. 규정토에는 ‘-는, -ㄴ(은), -ㄹ(을), -던’의 네 가지가 있다. ‘가는, 본, 가던, 갈’에서 보듯이 동사 어간에 쓰이면 각각 현재, 과거, 과거, 미래를 뜻하기도 한다. 형용사 어간에 쓰이면 ‘맑은, 맑던, 아름다울’에서 보듯이 ‘-ㄴ(은)’은 현재, -던’

6) ≪국어문법 2≫(2001 : 41-42)에서는 “규정토는 용언과 체언에 붙어서 뒤에 오는 체언을 규정해 주면서 동시에 시간의 뜻도 함께 나타내는 토이다.”라고 말하고 있다. 여기서 ‘체언에 붙어서’라는 표현이 나오는데, 그것은 ‘로동자이던 동무’에서 ‘-던’이 바로 규정토에 해당한다고 하는 것이다. 북한에서는 ‘이다’의 ‘이’를 체언의 ‘용언형토’라고 하면서 토의 하나로 본다. 그래서 ‘로동자’라고 하는 체언에 토인 ‘이’와 ‘던’이 붙는다고 말한 것이다. 그러나 2014년에 나온 현행 ≪국어 2≫ 교과서에서는 ‘체언에 붙어서’라는 표현을 아예 삭제하여 혼란상을 벗어나고 있다.

은 과거, '-ㄹ(을)'은 미래를 나타낸다. 형용사 어간에는 '-는'이 오지 못한다.[7] 동사든 형용사든 '-던'에서는 회상의 의미가 남아 있다. 그것은 본래 '-더-''가 회상 의미를 지닌 것이기 때문이다. 단지 이럴 경우 '더'는 항상 '-던'에서처럼 통합 형태로 출현하는 특징을 보인다.

> **상황토**는 용언에 붙어서 뒤에 오는 용언을 꾸며주는 용언토입니다.
> 상황토에는 ≪게≫, ≪도록≫, ≪ㄹ수록≫, ≪듯≫, ≪듯이≫가 있습니다.
> ○ 용감하게 싸웠다.
> ○ 뼈가 빠지도록 일하였다.
> ○ 진달래는 볼수록 아름답다.
> ○ 날아갈듯 기뻤다.

상황토는 "용언에 붙어서 뒤에 오는 용언을 꾸며주는 용언토"이다. 용례에서 '용감하게'의 '-게', '빠지도록'의 '-도록', '볼수록'의 '-ㄹ수록'이 바로 상황토이다. 남한의 부사형 전성 어미에 해당한다. '듯'과 '듯이'는 '밥을 게눈 감추듯(이) 먹는다'에서처럼 '감추-'라는 용언 어간에 붙는 경우를 들 수 있을 것이다.

그런데 북한의 국어 교과서에서는 위에서처럼 '날아갈듯 기뻤다.'라는 예를 제시하면서 '듯'에만 밑줄을 쳐 두고 있다. 아마도 '-ㄹ듯' 전체를 하나의 상황토로 바라보아야 되지 않을까 한다. 실제로 ≪조선문화어문법≫(1979 : 304)에 보면 "… 이때 ≪듯≫, ≪듯이≫는 ≪는듯(이), ㄴ듯(이), ㄹ듯(이)≫의 형태로 쓰인다."라는 설명이 나온다.

남한 학교 문법에서는 '날아갈 듯'에서처럼 '듯'을 의존 명사로 보고 있다.

---

7) 형용사에는 '-는'이 못 오는데, 이는 중세 국어에서 '-ᄂᆞ-'가 진행 혹은 과정 의미를 지녔었기 때문으로 그 의미가 현재도 흔적으로 남아 있다고 파악된다.

다시 말하면 '날아가-'에다가 '-ㄹ'이라는 관형사형 어미가 붙고 이어서 '듯'이라는 의존 명사가 왔다는 말이다. 결국 'ㄹ듯'을 '-ㄹ 듯'으로 보는 태도를 보여준다.

❖ ≪덕만이와 쇠돌이≫에서 나오는 다음의 문장들에서 규정토와 상황토를 찾아봅시다.

ㄱ) 배들에서는 머리를 괴상하게 틀어올린 웬 놈팽이들이 우르르 쏟아져내려 뭍으로 기여오르는것이였습니다.
ㄴ) 쇠돌이에게는 백리밖에까지 들리는 종을 만드는 일이 맡겨졌습니다.
ㄷ) 분주히 뛰여다니며 쇠돌 녹일 준비도 하고 쇠물 부을 차비도 했습니다.
ㄹ) 말을 갑자르던 렴탄군놈은 우리 군사가 탕개를 좀 늦추는 순간에 바다물에 풍덩 뛰여들어 물속으로 사라졌습니다.

첫 번째 문장에서 나타나는 규정어는 '틀어올린', '웬', '기여오르는'을 들 수 있고, 상황어는 '괴상하게', '우르르', '쏟아져내려'를 들 수 있다. 두 번째 문장에서 규정어는 '들리는', '만드는'이 해당하며, 상황어는 없다. 세 번째 문장에서 규정어는 '녹일', '부을', 상황어는 '분주히'가 해당한다. 마지막 네 번째 문장에서 규정어는 '갑자르던', '늦추는', 상황어는 '좀', '뛰여들어'가 해당한다.[8)]

그러나 규정토만 보면 '틀어올린'의 '-ㄴ', '기여오르는'의 '-는', '들리는'의 '-는', '만드는'의 '-는', '녹일'의 '-ㄹ', '부을'의 '-을', '갑자르던'의 '-던', '늦추는'의 '-는'이 해당한다. 또 상황토는 '괴상하게'의 '-게', '쏟아져내려'의 '-어', '뛰여들어'의 '-어'가 해당한다. 규정토와 상황토는 용언토이기 때문에 용언

---

8) '갑자르다'는 ≪조선말대사전≫(2017)에 의하면 '힘이 들거나 뜻대로 되지 않아 낑낑거리다' 및 '말을 하기가 어렵거나 거북하여 주저하며 낑낑거리다'라는 뜻풀이를 갖고 있는데, 여기서는 두 번째의 의미로 사용되었다.

어간 뒤에서만 출현하기 때문이다. '분주히'가 배제된 것도 바로 그런 이유 때문이다. '분주하-'에 덧붙이, 즉 접사 '이'가 붙어 있기 때문에 상황토가 안 되고 있다.

한편 ㄷ)의 '뛰어다니며'와 '하고'도 상황어로 보아야 할지 고민이 된다. 다만 학교 문법에서 대등하게 이어진 문장으로 볼지 여부와 관련된 것이라는 말이다. 학교 문법 차원에서는 '뛰여다니며'를 부사절의 서술 표현으로 볼 경우, 결국 이것을 부사어, 즉 북한의 상황어로 볼 수 있다는 설명이 가능하다. 그런데 '쇠돌 녹일 준비도 하고'는 대등절로 볼 수밖에 없기 때문에, 결국 이때의 '하고'는 부사어, 즉 북한의 상황어라고 말하기가 쉽지가 않다. 북한 문법의 이론서에서는 남한에서 뜨겁게 논의되는 이러한 종속절, 대등절 여부를 다루고 있는 것 같지가 않다. 당연히 학교 문법에서도 마찬가지이다.

5.2.4. 존경토와 시간토

"**존경토**"는 "말하는 사람이 다른 사람을 존경한다는것을 나타내는 용언토" 이다. 용언토에는 '시(으시)' 하나가 있다. 남한 학교 문법에서 주체 높임 선어말 어미와 정확히 일치한다.[9)]

> **존경토**는 말하는 사람이 다른 사람을 존경한다는것을 나타내는 용언토입니다.
>
> 존경토로서는 ≪시(으시)≫ 하나가 있습니다.
>
> 례 : 영철아, 할아버지가 오<u>시</u>였니?
>
> 나뭇가지를 조심히 꺾<u>으시</u>였다.

9) 사실 존경토라고 해서 '-시-'만을 설정할 필요는 없어 보인다. 체언 뒤에 오는 '께서', '께'도 존경토라고 말할 수 있다는 것이다. 엄밀히 말해서 '시'는 존경 용언토라고 명명해야 할 것이다.

위의 예에서 보듯이 말하는 사람은 할아버지를 높이기 위해서 '오시였니?'에서처럼 '시'를 사용하고 있다. '꺾으시였다'에서도 말하는 사람(화자)이 '-으시-'를 사용하여 그 누군가를 높이고 있다. 자음 뒤에서는 '-으시-'가 오고 모음 뒤에서는 '-시-'가 온다. 확장형인 '-으시-'를 기본형으로 설정하고 '-시-'는 모음 뒤에서 탈락하는 것으로 볼 수 있다.

한편 북한의 '존경'이라는 표현과 남한의 '높임'이라는 표현은 의미 차이가 있다. 언뜻 보면 화자의 마음이 존경의 마음, 높임의 마음이라고 할 수 있을지 모르나, 그 쓰임에서 차이가 있다. 예컨대 '사장님의 따님이 예쁘십니다.'에서 '-시-'를 쓴 것은 사장님의 딸을 높인 것이지만, 실제로는 사장님을 염두에 두었기 때문이다. 사장님을 겉으로든 속으로든 높였다는 것은 성립하지만 사장님의 딸을 존경했다는 것은 겉으로든 속으로든 성립하지 않기 때문이다. 당연히 따님을 겉으로 높일 수는 있을지 몰라도 존경할 수는 없다는 말이다. 따라서 '존경토'보다는 '높임토'라고 부르는 게 나아 보인다.

○ 할아버지, 영철이가 왔습니다.

○ *제가 존경하시는 할아버지에게

*제가 이름 부르시는분들은 이 앞으로 나와 주십시오.

— ≪국어문법 2≫(2001 : 49)

위에서 '왔습니다'의 '-습니다'는 영철이가 아닌 상대방인 할아버지를 높인 표현이다. 이때는 '-시-'가 쓰이지 않았는데도 할아버지를 존경한다는 뜻을 담고 있다. 그러나 이 '-습니다'를 존경토라고 하지는 않는다. 남한에서는 이것을 상대 높임 표현(어미)이라고 해서 차이를 둔다. 한편, 존경토로 쓰이는 '-시-'는 다른 사람, 즉 문장의 주체를 높이는 것이지 자기 스스로를 높이는 것이 아니다. 따라서 위에 제시한 '*제가 존경하시는', '*제가 이름 부르시는분들은'은 잘못된 사용 용례이다.

> **시간토**는 단어로 표현된 행동, 상태, 사실이 있은 시간을 나타내는 토입니다.
>
> 시간토에는 과거를 나타내는 토로서 ≪았(었, 였))≫이 있고 미래를 나타내는 토로서 ≪겠≫이 있습니다.
>
> 례 : 과거 - 보았다, 먹었다, 보시였다
>
> 미래 - 보겠다, 보시겠다

북한 학교 문법에서는 시간을 나타내는 토로 "시간토"를 설정하고 있는데, 남한의 시제 선어말 어미에 해당한다. **시간토**를 "단어로 표현된 행동, 상태, 사실이 있은 시간을 나타내는 토"라고 말하고 있는데, 비록 용언에서 나타나지만, 실제로는 문장 전체의 시간을 나타낸다고 봐야 할 것이다. 그리하여 시간토에는 "과거를 나타내는 토로서 ≪았(었, 였)≫이 있고 미래를 나타내는 토로서 ≪겠≫이 있"다고 말하고 있다.

일단 눈에 띄는 것은 현재를 나타내는 남한의 현재 시제 선어말 어미 '-ㄴ-, -는-'을 따로 설정하고 있지 않다는 점이다. "현재를 나타내는 토는 따로 없고 맺음토 그자체가 현재시간의 뜻을 함께 나타낸다."라고 말하고 있다(≪국어문법 2≫(2001 : 41). '본다, 보신다'에서 '-ㄴ다' 자체가 현재 시간을 포함하고 있다는 말이다. 이렇게 하면, 형용사의 경우, 예컨대 '꽃이 예쁘다'가 현재라고 해석될 때 '-다'가 현재도 포함한다는 설명을 할 수 있어서 유용한 점이 있다.

○ 현재 - 본다, 보신다 ≪국어 2≫(2001 : 41)
○ 다음 문장에서 밑줄친 부분을 보면서 토 ≪도≫가 붙어 무엇이 강조되였는가를 밝혀봅시다. ≪국어 1≫(2001 : 48)

과거 시간토로 '-았-, -었-, -였-'을 설정하고 있는데, '-았-'과 '-었-'은 '보았다, 먹었다'에서 보듯이 남한에서의 방식과 동일하다. 그러나 '였'은 차이가 있다. 남한 학교 문법에서는 '하였다'의 '-였-' 같은 경우만, 즉 용언 '하-' 뒤에서만 나오는 것으로 되어 있다. 그런데 북한에서는 '보시였다'에서 보듯이 선행 모음이 'ㅣ'일 경우 '-였-'이 온다고 말하고 있다. 북한에서는 'ㅣ 모음 순행 동화'로 인해서 뒤에 '-였-'으로 발음되는 것을 그대로 표기 차원에서도 수용하고 있는 입장이다. '오시였니?', '꺾으시였다'에서의 '-였-'도 마찬가지이다.

'강조되였는가'에서도 '였'을 사용하고 있는데, 이것도 'ㅚ'의 'ㅣ' 영향으로 바로 뒤에 오는 '-었-'이 '-였-'으로 발음된 까닭으로 그 발음을 그대로 '-였-'으로 표기한 것이다.[10] 남한에서는 아무리 소리가 그대로 나더라도 그냥 '-었-'으로 표기한다. 요컨대 과거 시간을 나타내는 표기를, 북한에서는 발음대로 표기하고 남한에서는 형태대로 표기하는 차이가 있다.[11]

❖ 다음의 문장들에서 존경토와 시간토를 찾아봅시다.

ㄱ) 오늘 달운이는 중요하고도 놀랄만 한 소식을 얻었습니다.

ㄴ) 기선은 몰래몰래 제주도로 향하였습니다.

ㄷ) 선장실 한모퉁이에 서있는 순철이는 이놈들의 대포와 기관총, 권총의 앞부리들이 민족의 태양이신 위대한 수령 김일성장군님을 높이 우러러모시고 행복하게 살 통일의 그날을 위해 리승만괴뢰도당을 반대하여 피어린 투쟁을 벌리고있는 제주도인민들의 가슴을 쏘려고 떠나는구나 생각하니 가슴이 미여지도록 아팠습니다.

ㄹ) ≪네, 꼭 실수없이 하겠소이다.≫

❖ 제8과 ≪천리길에 미신 수레≫를 읽어보면서 존경토와 시간토를 찾아봅시다.

---

10) 문제가 되는 것은 단모음이라는 'ㅚ'의 'ㅣ'가 따로 역할을 할 수 있는지 여부이다. 단모음인데 그 속의 하나가 일정한 역할을 한다는 것은 논리에 맞지 않는다. 이 말은 곧 'ㅚ'가 단모음이 아니라 이중 모음이라는 것을 뜻한다. 남한 학교 문법에서는 'ㅚ'와 'ㅟ'가 단모음이지만 경우에 따라 이중 모음으로 발음될 수 있다고 말하고 있으나, 북한에서는 'ㅚ'와 'ㅟ'가 홑모음, 즉 단모음이라고만 말하고 있다. 이 문제는 더욱 논의가 필요하다.

11) 이 문제는 피동, 사동 접미사 '이'를 어떻게 표기할 것인지 하는 문제와 더불어 심각히 고려해야 한다. 뒤에서 보겠지만, 과거 시간은 '었'으로 일관성 있게 표기하는 것이 설명적 타당성 면에서 도움이 된다.

위의 학습 활동은 시간토와 존경토를 찾아보는 활동이다. 과거를 나타내는 시간토는 ㄱ)의 '얻었습니다'의 '-었-', ㄴ)의 '향하였습니다'의 '-였-', ㄷ)의 '아팠습니다'의 '-았-'이 해당한다. 그리고 미래를 나타내는 시간토로는 ㄹ)의 '하겠소이다'의 '-겠-'이 해당한다.

한편 존경토는 ㄷ)의 '태양이신'에서 사용된 '-시-'를 들 수 있다. ㄷ)의 '우러러모시고'에도 '-시-'가 나타나는데, '모시다'라는 말 자체가 하나의 어휘이기 때문에 남한에서는 주체 높임 선어말 어미로 인정하지 않고 있다. 그런데 북한에서는 현행 국어 교과서에는 그런 설명이 없지만 이전의 ≪조선문화어문법≫(1979 : 312-313)을 보면 이런 경우도 '-시-'를 존경토로 설정하고 있음을 확인할 수 있다. 그곳에 보면 예문으로 "해와 달이 다하도록 모시렵니다."에서의 '시'를 존경토로 보고 있는 것을 확인할 수 있다.

남한에서 '모시다, 계시다' 같은 경우의 '-시-'는 문장 차원의 주체 높임 선어말 어미가 아니라 단어 형성 차원에서 단어 일부로 보는 입장이며, 이에 비해 북한은 무조건 '-시-'에서 존경의 뜻이 발견되므로 그냥 존경토로 보는 입장으로서 남북한 차이가 있는 셈이다.

북한의 학교 문법에서는 '-겠-'을 미래 시간토로 보고 있다. '보시겠다, 하겠소이다' 같은 예를 보여 주고 있다. 그런데 '보시었겠다' 같은 경우 '-겠-'은 미래 시간으로 보기 어려운 점이 발견된다. 과거의 '-었-' 때문에 결코 '-겠-'은 미래로 해석될 수 없다. 그리하여 남한에서는 이때의 '-겠-'을 화자의 의지를 나타내는 양태 표현의 하나로 보고 있다.

5.2.5. 상토

문법 요소들 가운데 남북한의 차이를 잘 보여 주는 것으로 상토를 들 수 있다. 북한의 상토는 "동사에 붙어서 행동을 남에게 시킨다든가 남에게서 입는다든가 하는 뜻을 나타내는 토"이다. 상토로는 아래에서처럼 '이, 히, 리,

기, 우, 구, 추, 히우, 기우, 리우, 이우, 으키, 이키"를 설정하고 있다.

> **상토**는 동사에 붙어서 행동을 남에게 시킨다든가 남에게서 입는다든가 하는 뜻을 나타내는 토입니다.
>
> 상토에는 ≪이≫, ≪히≫, ≪리≫, ≪기≫, ≪우≫, ≪구≫, ≪추≫, ≪히우≫, ≪기우≫, ≪리우≫, ≪이우≫, ≪으키≫, ≪이키≫가 있습니다.

그러니까 남한으로 치면 행동을 남에게 시키는 사동 의미와 남에게서 입는 피동 의미를 나타내는 접미사에 해당한다. 남한에서는 피동과 사동 접미사를 단어의 형성 차원에서 바라보는데, 북한에는 문장의 구조 변화라는 차원에서 바라보는 차이가 있다. 그럼에도 불구하고 피동과 사동이라는 의미 차원을 보면 크게 다르지 않다고 말할 수도 있다.

○ 학생들이 새로 출판된 혁명소설을 읽는다.
○ 교원이 학생들에게 새로 출판된 혁명소설을 읽힌다.
○ 새로 출판된 혁명소설이 학생들속에서 널리 읽히운다. / 읽힌다.

— ≪국어문법 2≫(2001 : 44)

위에서 '읽는다'는 학생들이 읽는 행동을 스스로 한다는 것을 나타내고, '읽힌다'는 교원이 학생들에게 혁명소설을 읽게 한다는 것을 나타낸다. 전자는 능동문이고 후자는 사동문이다. 한편, '읽히운다'는 혁명소설이 학생들 속에서 읽힌다는 것을 나타내는 피동문이다. 세 번째 문장은 남한이라면 '혁명소설이 널리 읽힌다'라고 표현되는 게 일반적인데, '읽히운다'라고 해도 틀린 표현은 아닌 것으로 보인다. 이때에는 '히우'가 피동 접사라고 보아야 할 것이다.

북한의 현행 학교 문법에서는 명명되어 있지 않지만, ≪조선문화어문법≫

(1979 : 326-329)에서는 상의 문법적 범주로 제힘상, 입음상, 시킴상의 세 갈래로 나누고 있다. 남한으로 치면 각각 능동, 피동, 사동에 해당한다.

북한에서는 여러 가지 상토를 제시하고 있다. 남한에서는 피동 접사로 '-이-, -히-, -리-, -기-', 사동 접사로 '-이-, -히-, -리-, -기-, -우-, -구-, -추-'를 학교 문법에서 제시하고 있다. 그런데 북한에서는 상토라는 이름으로 '-이-, -히-, -기-, -리-, -우-, -구-, -추-, -히우-, -기우-, -리우-, -이우-, -으키-, -이키-'를 그냥 뭉뚱그려서 보이고 있다. '-으키-, -이키-'는 '일으키다, 돌이키다'에서 보듯이 사동 접사에 해당하며, 더불어서 '없애다'의 '-애-'도 동일하게 사동 접사에 해당하여 추가할 수 있다.

토의 종류	토의 갈래	례
상토	이	녹이다, 놓이다, 늘이다, 덮이다, 먹이다, 보이다
	히	걷히다, 맏히다, 묻히다, 맺히다, 뽑히다, 앉히다
	기	감기다, 남기다, 넘기다, 맡기다, 듣기다, 기다
	리	날리다, 말리다, 밀리다, 살리다, 흘리다, 울리다
	우	메우다, 세우다, 재우다, 뛰우다
	구	돋구다, 솟구다
	추	낮추다, 늦추다
	히우	밟히우다, 묻히우다, 뽑히우다, 앉히우다, 읽히우다
	기우	뜯기우다, 씻기우다, 기우다, 찢기우다
	리우	갈리우다, 말리우다, 찔리우다
	이우	꺾이우다, 깎이우다
	으키	일으키다
	이키	돌이키다

남한에서는 규범어로 인정받고 있지 않으나, 북한에서는 일반적으로 사용되고 있는 표현으로 '-이우-, -히우-, -리우-, -기우-' 같은 것들이 있다. 이것들은 앞의 '-이-, -히-, -리-, -기-' 접사 뒤에 '우'가 붙었다는 공통점이 있다. 그런데 이 '우'는 일정한 형태소로서의 역할보다는 소리를 길게 내면서 조금 강조

하는 역할을 하는 듯 보인다. 남한에서는 '우'가 들어간 '이우, 히우, 리우, 기우' 표현이 비규범적인 것으로 처리되고 있다.

○ -이우- : (일부 동사 어간 뒤에 붙어) '사동'의 뜻을 더하는 접미사. 띄우다. 틔우다. 씌우다. 재우다. 채우다. 태우다. ≪표준국어대사전≫

띄우다 : 【…을 …에】【…을 …으로】 물 위나 공중에 있게 하거나 위쪽으로 솟아오르게 하다. '뜨다'의 사동사. 강물 위에 배를 띄우다. 수정과에 잣을 띄우면 고소한 맛이 난다. ≪표준국어대사전≫

꺾이우다 : 「1」 '꺾이다'의 북한어.
「2」 북한어. '꺾다'의 사동사. 나무를 영수에게 꺾이우다.≪선대≫ ≪우리말샘≫

깎이우다 : '깎이다'의 방언(평북). ≪우리말샘≫

남한의 ≪표준국어대사전≫을 보면, '-이우-'가 사동의 뜻을 더하는 접미사라고 나와 있다. 그러면서 '띄우다, 틔우다, 씌우다, 재우다, 채우다, 태우다'와 같은 용례를 보여 주고 있다. '띄우다' 같은 동사는 '뜨다'의 사동사라는 풀이를 해 주고 있으며, 이런 유형의 동사들로 '띄우다, 틔우다, 씌우다' 등을 제시하고 있다. 그러나 정작 '-이우-'가 그대로 드러난 '뜨이우다, 트이우다, 쓰이우다'는 표준어로 인정되지 못하고 있다. '꺾이우다, 깎이우다'는 ≪표준국어대사전≫에 있지 않을뿐더러, 개방형 사전인 ≪우리말샘≫에 '꺾이우다, 깎이우다'가 모두 북한어로 소개되어 있다. 전자는 '꺾이다'의 북한어, 후자는 '깎이다'의 방언(평북)으로 제시되어 있다.

○ -히우- : 북한어. '-히-'의 피동과 사동의 뜻을 강하게 나타내는 접미사. 밟히우다. 읽히우다. 뽑히우다. ≪우리말샘≫

읽히우다 : '읽히다'의 북한어. 많이 읽히우는 잡지. ≪선대≫ ≪우리말샘≫

뽑히우다 : '뽑히다'의 북한어. 뽑히운 산삼. 뿌리를 뽑히우다. 털을 뽑히우다. ≪우리말샘≫

○ -리우- : 북한어. 사동사나 피동사를 만드는 접미사. 접사 '-리-'가 결합한 사동사나 피동사를 강조하는 데 쓴다. 말리우다. 밀리우다. ≪우리말샘≫[12]

밀리우다 : '밀리다'의 북한어. 오 지배인은 중열의 잔등을 밀었다. 중열은 오 지배인의 손에 밀리워 밀실의 문을 열었다.≪정창윤, 먼 길≫

찔리우다 : '찔리다'의 북한어. 못에 찔리우다. 그의 이마엔 전투용 단검으로 찔리운 오랜 흔적이 두 군데나 있었다.≪포성, 선대≫

○ -기우- :

뜯기우다 : '뜯기다'의 북한어. 동생에게 삶은 고기를 뜯기우다. ≪선대≫ ≪우리말샘≫

감기우다 : '감기다'의 북한어

씻기우다 : 씻기-우다 「1」「동사」【…에】 '씻다'의 피동사. ⇒규범 표기는 '씻기다'이다.

씻기우다 「2」「동사」「북한어」 '씻기다'의 북한어. ≪우리말샘≫

'-히우-, -리우-, -기우-'도 각각 피동 혹은 사동 접사인 '-히-, -리-, -기-' 뒤에 강조의 '우'가 덧붙여진 것이라고 볼 수 있다. 물론 남한에서는 이 유형들이 표준어로 받아들여지지 않는 상태이다. 그런데 여기서의 '-히-, -리-, -기-'가 붙은 파생 동사는 문장에서의 쓰임에 따라서 피동사가 되기도 하고 사동사가 되기도 한다. 이것들이 붙은 파생 동사는 모두 북한어로 인정되며 개방형 사전인 ≪우리말샘≫에서 제시되어 있다. 이때 앞에 오는 '-히-, -리-, -기-'가 피동 접사인지 사동 접사인지에 따라서 '-히우-, -리우-, -기우-'의 성격도 마찬가지로 정해진다.

---

12) 이러한 설명은 ≪우리말샘≫에서 제시된 것이다. 그런데 '말리우다'는 아래와 같이 설명이 나온다. 이에 따르면 '말리우다'는 남한의 제주 방언이고, 이것의 북한어는 '설말리우다'라는 설명이다. 추후 정확한 확인이 필요할 듯하다.

말리우다 : '말리다'의 방언(제주). 제주 지역에서는 'ᄆᆞᆯ리우다'로도 적는다. ≪우리말샘≫

설말리우다 : '말리우다'의 북한어. ≪우리말샘≫

설말리다 :【…을】 충분하지 아니하게 말리다. '설마르다'의 사동사. 오징어를 설말려서 구웠더니 훨씬 연하다. ≪우리말샘≫

❖ 제시된 문장에서 상토를 찾아봅시다.

ㄱ) ≪강변의 조약돌은 물살에 굴리우고 씻기우면서 고운 모양으로 다듬어지는 거란다.≫

ㄴ) 물우에 솟구치며 웨치는 소년이 철남이였다.

ㄷ) 새로 출판된 혁명소설이 학생들속에서 널리 읽히운다.

위에서 ㄱ)의 '굴리우고'는 본래 '구르다'에서 온 말로 피동토 '-리우-'가 붙어서 이루어진 것이다. 남한에서라면 그냥 '굴리고'라고 하여 피동 접사 '-리-'가 붙은 것으로 설명되었을 것이다. ㄱ)의 '씻기우면서'도 '씻-'에 피동토 '-기우-'가 붙었다는 것으로 남한이라면 '씻기면서'라고 하여 피동 접사 '-기-'가 붙은 것으로 설명된다. ㄴ)의 '솟구치며'는 '솟-'에 사동토 '-구-'와 강세의 '-치-'가 덧붙은 것이다. ㄷ)의 '읽히운다'는 '읽다'에 피동토 '-히우-'가 붙은 것으로, 역시 남한이라면 '읽힌다'로 해서 피동 접사 '-히-'가 붙은 것으로 이해될 것이다.

5.3. 바꿈토

체언토와 용언토 이외에 "바꿈토"라고 하는 것이 북한 학교 문법에서 설정되어 있다. 본래 체언이 아닌 단어를 체언형으로 바꾸어 주는 바꿈토와 본래 용언이 아닌 단어를 용언형으로 바꾸어 주는 바꿈토가 그것들이다. 이들은 각각 용언의 체언형토와 체언의 용언형토라고 부른다. 전자는 '-ㅁ(음), -기', 후자는 '이다'의 '이'가 설정되어 있다.

바꿈토는 체언을 용언처럼, 용언을 체언처럼 바꿔쓰게 해주는 토입니다.
바꿈토에는 체언에 용언토가 붙을수 있도록 해주는 ≪이≫와 용언에 체언토가 붙을수 있도록 해주는 ≪ㅁ(음)≫, ≪기≫가 있습니다.

용언의 체언형토는 '-ㅁ(음)'과 '-기'를 가리키는데, 남한에서는 명사형 전성어미라고 부른다. 즉 명사 아닌 것을 명사처럼 기능하게 하는 어미라는 말이다. 아래 예에서 '떠남'과 '일하기, 살기'에서 그것들을 확인할 수 있다. 이것은 명칭만 달랐지 그 내용은 남북한이 동일하다.

바꿈토	이	조선인민군은 우리 당의 혁명적무장력이다.
	ㅁ(음)	나는 야영소를 떠남에 앞서 집에 편지를 썼다.
	기	일하기도 좋고 살기도 좋은 우리 나라

논란의 여지가 있는 것은 체언의 용언형토로 설정된 '이다'의 '이'이다. 남한의 학교 문법에서는 '이다'를 서술격 조사라 하면서 '이다, 이니, 이니까' 등처럼 형태가 변하는 특이한 품사로 설정하고 있다. 체언 뒤에 붙으니까 조사이고 형태가 변하면서 서술어 역할을 하게 하니까 '서술격'이라는 것이다. 이에 비해 북한 학교 문법에서는 '혁명적무장력이다'에서 보는 것처럼 '혁명적무장력'이라는 체언 상당 표현 뒤에 붙어서 '혁명적무장력이나' 전체가 용언처럼 역할을 하게 한다는 차원에서 '이'를 체언의 용언형토라고 명명하는 것이다. 결국 남한 학계에서 말하는 소위 접사설에 해당하는 설명이다.

사실 '이다'는 비단 체언에만 붙는 게 아니다. '서울에서 부산까지이다', '진정한 쉼은 집에서이다' 같은 경우에는 체언이 아닌 부사어 뒤에 '이다'가 붙는다. '이'가 붙어서 서술어가 되는 것은 물론이다. 그뿐만이 아니다. '서울은 도시이다'와 '서울은 도시다'를 보면 '이'가 오기도 하고 안 오기도 하는 것을 볼 수 있다. 안 올 경우는 바꿈토 '이'가 있다고 해야 하는지 안 온다고 해야 하는지도 말하기가 어렵다. 체언형토 '-ㅁ(음)'과 '-기'는 설명이 가능하겠지만, 용언형토 '이'는 그 분포상 차이로 인해서 설정하기가 그리 녹록하지 않다.

❖ 제시된 문장에서 바꿈토를 찾아봅시다.

ㄱ) ≪주석단에서 꽃다발을 받고있는 아이가 내 동생이야.≫

ㄴ) 졸졸 외우기만 하는것은 옳은 학습방법이 아니다.

ㄷ) 물우에 솟구치며 웨치는 소년이 철남이였다.

ㄹ) 조선소년단 제7차대회, 이것은 그 어느 나라 력사에 일찌기 있어본적 없는 소년단원들의 가장 긍지높고 영광스러운 대회, 소년단원들에 대한 경애하는 김정은원수님의 크나큰 믿음의 대회였다.

— ≪국어 2 : 121, 122≫

위에 제시된 문장들에서 ㄱ)의 '동생이야'와 ㄷ)의 '철남이였다'에서 사용된 '이'가 바로 체언의 용언형토이다. 또한 ㄹ)의 '대회였다'에서도 체언인 '대회'를 용언으로 만들어주는 것은 눈에 보이지는 않지만 '-였-'에 들어 있는 '이'인 것이 분명하다. 문제는 이때의 '-였-'이 과거토인지 아니면 'ㅣ'와 '었'이 음절 축약된 것인지 분명하지 않다는 점이다. 흔히 '도시이다, 도시다' 둘 다 가능하다고 하여 '서술격 조사 '이-'는 생략 가능한 것으로 알려져 있다. 이에 의하면 '대회였다'에서 용언형토 '이'는 생략되어 있다고 볼 수도 있다는 문제 제기가 있다. 'ㅚ'가 단모음으로 설정되어 있기 때문에 이것 뒤에서 '이'가 탈락되었다고 말하기도 어렵다. 따라서 '대회였다'에서의 '였'은 '이'와 '었'이 음절 축약된 표현이라고 보아야 할 것이다.

한편, 용언의 체언형토는 ㄴ)의 '외우기만'에서 사용된 '-기'가 그것이다. 그런데 남한에서는 이것 외에 ㄴ)의 '졸졸 외우기만 하는것은'에서 사용된 '-는 것'도 명사절을 만드는 것으로 보고 있다. 즉 기능 차원에서 '-ㅁ(음), -기, -는 것' 세 가지를 동일한 선상에서 보고 있는 것이다. 물론 전체 기능이라는 차원에서는 가능할 수도 있긴 하겠으나 토 하나하나를 따지는 차원에서는 '-는'이 관형사형 어미이고 '것'은 그것의 수식을 받는 의존 명사인 것은 분명하다. 즉 'ㅁ(음)'과 '기'가 토라고 해서 '-는 것' 자체를 토라고 말하기는 어렵다.

또한, ㄴ)의 '하는것은'에서 '-는'이 용언을 관형어 역할을 하게 하는 바꿈토라고 주장할 수 있을 것도 같다. 즉 '하다'라는 용언을 관형어 역할을 하게 하는, 즉 용언의 관형사형토라는 주장이다. 실제로 남한에서는 명사형 어미, 부사형 어미, 관형사형 어미라 해서, 원래의 품사를 다른 역할을 하게 하는 전성 머리로 묶어서 설명하고 있다. 그러나 북한에서는 체언형토 '-ㅁ(음), -기'와 용언형토 '이'만을 설정하고 있다. 전체 체계 차원에서 적절하지 않다고 할 수 있다. 무엇보다 '이다'의 '이'의 성격은 그리 단순하지 않기 때문이다.

5.4. 정리 및 과제

지금까지 북한 학교 문법에서 사용되는 토의 개념과 종류를 하나하나 살펴보았다. 체언토에는 격토, 도움토, 복수토가 있고, 용언토에는 맺음토, 이음토, 규정토, 상황토, 존경토, 시간토, 상토 등이 있으며, 이외에도 바꿈토라 하여 체언의 용언형토인 '이다'의 '이'와 용언의 체언형토인 '-음'과 '-기'가 설정되고 있다.

남한의 조사와 어미를 '토'라고 하여 허사를 하나로 묶는 것은 나름 의미가 있다. 한국어가 교착어라는 특성을 잘 드러내는 것이 바로 이 토이다. 토 가운데 상토는 피동토와 사동토를 나타내는데, 이것들이 문장의 구조를 변화시키는 소위 통사적 접미사 역할을 하는 것이 다른 조사나 어미와 차이 나는 점이다. 대개 접두사나 접미사들을 앞붙이와 뒤붙이라 하여 토로 취급하지 않는 것과 차이가 난다.

토 분류에서 문제가 되는 것은 단순히 체언토 혹은 용언토로 구분하기 어려운 경우가 있다는 점이다. 뒤 6장에서 자세히 보겠지만, 남한의 관형어에 속하는 것으로 북한에 규정어라는 문장 성분이 있다. 규정어를 만드는 토를 규정토라고 하는데, 이 규정토 안에 체언토인 '의'도 있고 용언토인 '-ㄴ/는/ㄹ/던' 같은 것도 있기 때문에, 결국 규정토는 체언토도 되고 용언토도 되는 문제가 생긴다. 결국 체언토다 용언토다 하는 것은 그때그때 편의상 부르는 용어임을 짐작해 볼 수 있다.

체언의 용언형토 혹은 용언의 체언형토라고 하는 것을 굳이 체언형과 용언형과 대등한 범주로 다룰 필요도 없다고 본다. '-음'과 '-기'는 그냥 용언토일 뿐이고 '이다'의 '이'는 그냥 체언토이거나 혹은 용언일 뿐이다. 전자는 서술격조사설 입장, 후자는 형용사설 입장을 염두에 둔 것이다. '이다'의 '이'가 '부산에서부터입니다' 같은 경우에 결코 체언의 용언형토라고 말할 수 없는데, '부산에서부터'가 체언은 아니기 때문이다.

북한 학교 문법에서 현재 시간을 나타내는 시간토가 설정되어 있지 않은 것이 남한과 큰 차이점이다. 북한에서는 '간다, 먹는다'에서 '-ㄴ다, -는다' 자체를 하나의 용언토로 보고 있는 입장을 보인다. 이는 '꽃이 예쁘다'가 현재 시간을 나타낸다는 것을 설명하는 데 도움이 되기는 하지만, 교육용으로 과거, 현재, 미래 시간을 표시하는 기제를 보일 수 없다는 한계는 있다.

또 한 가지 북한에서는 과거 시간토로 '-었-'과 함께 '-였-'을 제시하는 것도 남한과 차이 나는 점이다. '있었다'에서는 '었'이, '철남이였다'에서는 '였'이 사용되었다는 것이다. 사실 후자에서 '였'으로 표기한 것은 앞의 'ㅣ' 때문에 '었'이 '였'으로 발음된 것으로 보아야 한다. 문제가 되는 것은 '대회였다'의 경우, 과거 시간토는 '였'인가 '었'인가 하는 문제가 제기된다. 이는 곧 소위 체언의 용언형토로 '이'를 설정할 것인가 안 할 것인가의 문제라고도 할 수 있다. 이 경우 'ㅚ'의 후행 'ㅣ' 때문에 '었'이 '였'으로 바뀌었다고 말하긴 어렵다. 'ㅚ'는 단모음일 뿐이며 'ㅣ'를 머금고 있는 이중 모음이 아니라고 보기 때문이다. 즉 이때는 '이'와 '었'이 음절 축약되어서 '였'으로 되었다고 보는 게 나을 것이다.

마지막으로 남한 학교 문법에서는 어미를 분류할 때 홑문장 및 겹문장 전체를 염두에 두어서 하곤 한다. 그런데 북한에서는 아직 그런 고려를 하고 있는 것 같지는 않다. 명사형, 관형사형, 부사형 어미, 혹은 대등적 어미 및 종속적 어미 등을 설정할 때 전체 문장 속에 들어 있는 안긴절이나 대등절 혹은 종속절 등을 고려해서 용언토를 분류할 필요가 있다고 판단된다.

제6장 문장 성분

사람들의 언어활동은 결국은 문장을 기본 단위로 해서 이루어진다. 왜냐하면 말하는 사람이 문장을 통해서 자기의 생각을 완전하게 표현할 수 있기 때문이다. 그 문장을 구성하는 문장 성분을 잘 이해해야 해당 문장이 의도하는 바를 정확히 알 수가 있다.

북한 학교 문법에서는 남한의 주성분에 해당하는 '술어, 주어, 보어'와 부속성분에 대체로 해당하는 '인용어, 상황어, 규정어'를 크게 '맞물린성분'으로 설정하고 있고, 따로 '부름말, 느낌말, 이음말, 끼움말' 같은 '외딴성분'을 더 설정하고 있다. 6장에서는 문장과 문장 성분의 개념부터 시작하여 이들 각 문장 성분들에 대해서 살펴보도록 한다.

6.1. 문장과 문장 성분의 개념

6.1.1. 문장의 개념

사람은 단어들을 엮어서 문장을 만들고 그를 통해서 뜻하는 바를 표현한다.

그래서 하나의 끝맺음이 있는 생각이나 느낌을 나타내는 말이나 글의 제일 작은 토막을 **문장**이라고 한다. 다시 말하면 문장은 사태 표현의 가장 작은 단위라고 할 수가 있다. 사태(事態)라고 하는 것은 사건과 상태를 나타내는데, 하나의 서술어가 기본적으로 있고 이를 통해서 여러 문장을 구성하는 성분들이 맞물려서 비로소 하나의 문장이 이루어진다.

북한의 학교 문법에서는 문장의 조건으로 두 가지를 들고 있다(≪국어문법 1≫(2001 : 43-44)). 첫째, 문장이 되려면 우선 끝맺음이 있는 하나의 가장 작은 생각을 담고 있어야 한다. 한 편의 글이나 그 글을 이루고 있는 장, 절, 단락, 문장들이 모두 생각을 담고 있는 토막인데, 문장은 그 가운데 가장 작은 토막이다. 둘째, 문장이 되려면 그 성분들이 문법적으로 맞물려야 한다. 단어들이 문법적으로 맞물려야 한다는 것은 결국 서술어를 중심으로 하여 주어 등 다른 문장 성분들이 잘 맞물린다는 것을 뜻한다. 이때 교착어로서 조사와 어미와 같은 토를 제대로 사용해야 하고 문장 성분들의 차례도 제대로 이루어져야 하며, 문장 내 억양의 쓰임도 올바로 효율적으로 되어야 한다.

■ 문장이 어떤것인지 알아봅시다.

➢ 아래에서 끝맺음이 있는 생각이나 느낌을 나타내는것들을 찾아봅시다.

○ 이것은 책이다.

○ 만세!

○ 하늘은 푸르고

○ 비행기가 나는 원리는 무엇인가?

○ 부엌, 먹다, 밥

➢ 우에서 찾아본것들에 기초하여 문장이 무엇인지 말해봅시다.

위에서 끝맺음이 있는 생각이나 느낌을 나타내는 것이 바로 문장인데, 이를 만족시키는 표현은 '이것은 책이다.', '비행기가 나는 원리는 무엇인가?', '만세!'를 들 수 있다. 앞의 두 개는 주어와 서술어가 있는 완전문이다. 서술어인 '책이다'를 기준으로 해서 주어 '이것은'이 있고, 또 '무엇인가'라는 서술어를 기준으로 해서 전체적으로 '비행기가 나는 원리는'이라는 주어가 있다. '만세!' 같은 경우는 비록 하나의 단어로 되어 있지만, 나름대로 생각이나 느낌을 끝맺음하고 있어서 북한 학교 문법에서는 문장의 범위에 넣을 수 있다고 보고 있다.[1)]

한편, '하늘은 푸르고'는 주어와 서술어는 있지만 끝맺음이 없다. '부엌, 먹다, 밥'은 단어 세 가지는 있지만 이것들의 차례, 즉 순서가 제대로 되어 있지 않고 또 문장 성분을 결정해 줄 격토가 없다. 이것들은 문장의 범위에 들어갈 수 없다. 요컨대, 문장은 끝맺음이 있는 생각이나 느낌을 나타내면서 문장 성분들이 맞물려야 한다는 것을 알 수 있다.

6.1.2. 문장 성분의 개념과 갈래

문장 성분은 문장을 이루는 성분을 말한다. 남한에서는 문장에서 띄어 쓰는 어절마다 하나의 문장 성분을 설정하는 게 일반적이다. 더불어서 단어가 모인 구나 절도 크게 문장 성분으로 확대하여 언급하기도 한다. 그런데 북한에서는 띄어쓰기 규정이 남한과 차이가 있어서 단순히 띄어 쓰는 것에 따라서 문장 성분을 설정하기에는 어려움이 있다. 그렇지만 기본적으로 북한에서도 단어 또는 단어 결합 단위를 문장 성분으로 보기 때문에 문장 성분의 개념이나 범위가 남북한이 큰 차이가 난다고 말할 필요는 없다.

---

1) ≪국어문법 1≫(2001 : 43)에서는 다음 맥락 속에서 사용된 '왜?', '몰라.'를 하나의 문장으로 보아야 한다고 말하고 있다. 이것들은 각각 '선생님이 왜 나를 부르시니?', '선생님이 왜 너를 부르시는지 나도 몰라.' 같은 끝맺음이 있는 생각을 충분히 나타내고 있다고 말하고 있다.

≪영수, 너 여기 있었구나, 선생님이 부르셔.≫
≪왜?≫
≪몰라. 빨리 가봐.≫

북한에서는 아래에서 보는 것처럼 "문장에서 일정한 물음에 대답하면서 일정한 역할을 하는 단어 또는 단어결합"을 "**문장성분**"이라 하여 붙여서 사용한다. 일정한 물음에 대답한다는 것은, 예컨대 '무엇이?' 혹은 '누가?'라는 물음에 대답하는 단어 혹은 단어 결합 단위가 주어이고, '어찌하는가?' 혹은 '어떠한가?'라는 물음에 대답하는 단어 혹은 단어 결합 단위가 술어라는 식이다.

> 문장성분이란 문장에서 일정한 물음에 대답하면서 일정한 역할을 하는 단어 또는 단어결합을 말합니다.

○ 우리는 조국을 열렬히 사랑한다.
누가 사랑하는가? --- 우리는
무엇을 사랑하는가? --- 조국을
어떻게 사랑하는가? --- 열렬히
우리는 어찌하는가? --- 사랑한다

— ≪국어문법 2≫(2001 : 51)

위에서 개별 단어들은 일정한 물음에 대하여 각각 대답하면서 일정한 역할을 하고 있다. '누가?'라는 물음에는 '우리는', '무엇을?'에는 '조국을', '어떻게?'에는 '열렬히', '어찌하는가?'에는 '사랑한다'로 각각 대답하고 있다.

북한 학교 문법에서는 문장 성분으로 '술어, 주어, 보어'를 1차로, 그 다음 2차로 '상황어, 규정어, 인용어'를 설정하고 있는데, 이것들은 모두 "**맞물린성분**"이라고 명명하고 있다. 이 가운데 '술어'를 가장 중요시하여서 '술어와 직접 맞물리는가 맞물리지 않는가'에 따라서 맞물린성분과 **외딴성분**으로 크게 구분하고 있다. 앞에 제시된 여섯 가지는 모두 맞물린성분이며, 따로 "외딴성분"을 설정하고 있다. 그런데 엄밀히 말해서 남한의 관형어에 해당하는 북한의 규정어는 술어와 직접적인 관계를 갖는 것은 아니다. 예컨대, "명산중의 명산은 백두산이다."라는 문장에서 '명산중의'가 규정어에 해당하는데, 꼭 술어인 '백두산이다'와 맞물리는 것은 아니라는 말이다. 물론 같은 문장 안에서 간접적인 맞물림은 생각해 볼 수 있기는 하다.

■ 문장성분의 개념을 알아봅시다.

➢ 아래의 문장들에서 단어 ≪백두산≫이 어떤 물음에 대답하는가를 말해봅시다.

○ 백두산은 혁명의 성산이다.

○ 백두산으로 가리라.

○ 백두산을 안고살자.

○ 명산중의 명산은 백두산이다.

○ ≪백두산≫이라는 팀간판을 달았다.

➢ 매 문장에서 ≪백두산≫이라는 단어가 어떤 역할을 하는가를 말해봅시다.

북한의 "**술어**"는 남한의 서술어에 해당한다. 그리하여 술어에 직접적으로 맞물리는 성분 가운데 문장 성립 차원에서 중요한 것들로 주어와 보어가 설정된다. 위의 예문에서 '성산이다, 가리라, 안고살자, 달았다'가 술어이고, '백두산은, 명산은'이 주어이다. 남한 학교 문법에서의 "**주어**"와 완전히 동일하다. 그런데 "**보어**"는 개념이 다르다. '백두산을, 팀간판을'처럼 목적어에 해당하는 성분이 보어이며, 또한 '백두산으로'라는 남한의 필수적 부사어도 보어이다.

한편, '명산중의'는 뒤에 오는 체언 '명산'을 규정하여 수식하고, '≪백두산≫이라는'은 체언 '팀간판'을 규정하고 수식한다. 이런 성분을 "**규정어**"라고 한다. 남한 학교 문법의 관형어에 정확히 일치한다. "**상황어**"는 남한의 수의적 부사어들에 대개 해당하며, "**인용어**"는 '무엇이라고, 어찌(어떠)하다고'에 해당하는 인용 표현을 가리키는데, 남한에서는 이것 역시 부사어로 처리한다. 위의 예들에서 '백두산'이라는 단어는 후행 토와 붙어서 다양한 문장 성분으로 역할을 한다. '백두산은'은 주어, '백두산으로'와 '백두산을'은 보어, '백두산이다'는 술어, '≪백두산≫이라는'은 규정어에 해당한다. 북한에서는 문장에서 일정한 물음에 대답하면서 일정한 역할을 하는 단어 혹은 단어 결합을 **"문장성분"**이라고 했는데, 이것을 도식화해 보면 다음과 같다.[2)]

어찌하는가, 어떠한가, 누구(무엇)인가	말했다	⇨	술어
누가(무엇이)		⇨	주어
무엇(누구)을, 무엇(누구)에게, 무엇(누구)과, 어디로, 어디에서, 누구(무엇)보다…		⇨	보어
어떻게, 어느 정도로		⇨	상황어
어떤, 누구(무엇)의		⇨	규정어
무엇(누구)이라고, 어찌(어떠)하다고		⇨	인용어

나는 귀여운 동생에게 사탕을 먹으라고 다정하게 말했다.

'어찌하는가, 어떠한가, 누구(무엇)인가'에 대한 대답이 술어이며, '누가(무엇이)'에 대한 대답이 주어이고, '무엇(누구)을, 무엇(누구)에게, 무엇(누구)과, 어디로, 어디에서, 누구(무엇)보다…'에 대한 대답이 보어이다. 상황어는 '어떻게, 어느 정도로'에 대한 대답이며, '규정어'는 '어떤, 누구(무엇)의'에 대한 대답이고, 인용어는 '무엇(누구)이라고, 어찌(어떠)하다고'에 대한 대답을 나타낸다. '나는 귀여운 동생에게 사탕을 먹으라고 다정하게 말했다'를 각각의 문장 성분으로 나타내면 다음과 같다. 술어는 '말했다', 주어는 '나는', 보어는 '동생에게, 사탕을', 규정어는 '귀여운', 상황어는 '다정하게', 인용어는 '먹으라고'가 각각 해당한다.

이러한 문장 성분은 남한의 어절 단위로 언급한 것이다. 이들을 각각 남한의

2) 남한에서는 문장 성분이라고 띄어쓰기만, 북한에서는 '문장성분'이라고 붙여 쓴다. 이 글을 서술해 나갈 때는 남한의 띄어쓰기 규정에 맞추어서 하는 것을 원칙으로 한다.

문장 성분 용어로 대응시키면 다음과 같다. '나는'은 주어, '귀여운'은 관형어, '동생에게'는 부사어, '사탕을'은 목적어, '먹으라고'는 부사어, '다정하게'는 부사어, '말했다'는 서술어이다. 이러한 명명하기는 결국 해당 어절이 뒤에 오는 성분 혹은 요소와 어떤 관계를 갖느냐, 북한식으로 말하면 어떤 맞물림 관계를 갖느냐를 기준으로 한 것임을 알 수 있다. 물론 맨 뒤에 나오는 '말했다' 서술어는 뒤에 아무 것도 없기 때문에 그 자체로 역할을 한다.

> ▼ 문장성분의 갈래를 파악해봅시다.
> 술어와 직접 맞물리는가 맞물리지 않는가 => 맞물린성분 / 외딴성분
> 하나의 단어로 이루어지는가 둘이상의 단어들이 결합되여이루어지는가 => 단순성분 / 확대성분
>
> ─≪국어 3≫(2015 : 62)

위의 학습 활동에서는 맞물린성분과 외딴성분, 그리고 단순성분과 확대성분의 구분 기준을 보이고 있다. 앞에서도 나왔지만 "**맞물린성분**"은 술어와 직접 맞물리는 성분이고 "**외딴성분**"은 술어와 맞물리지 않는 성분이다. 주어, 보어, 인용어, 상황어는 모두 술어와 맞물려서 역할을 한다. 그러나 체언을 수식하는 규정어는 뒤에 오는 체언과 맞물리기는 하지만 술어와 직접적으로 맞물리지는 않는다. 따라서 위의 도식에서 술어와 맞물린다는 것은 다음과 같이 수정이 되어야 할 것이다.[3)]

○ 다른 성분과 직접 맞물리는가 맞물리지 않는가 => 맞물린성분 / 외딴성분

---

3) 뒤에서 보겠지만, 북한 학교 문법에서의 외딴성분에는 부름말, 느낌말, 끼움말, 이음말, 내세움말이 설정되어 있다. 이론서인 리기만(2005 : 234)에서는 외딴성분으로 부름말, 느낌말, 끼움말, 이음말만을 제시하고 있어서 차이를 보인다.

또한 북한의 학교 문법에서는 문장 성분의 갈래를 단순성분과 확대성분으로 나누고 있다. 하나의 단어로 이루어지면 "**단순성분**", 둘 이상의 단어들이 결합되어 이루어지면 "**확대성분**"이라고 명명하고 있다.[4] 한 문장 성분 안에서 내용을 더 정밀화하기 위하여 이야기를 확대하는 것을 문장 성분의 확대라 하며, 이렇게 확대된 문장 성분을 확대성분이라고 말하고 있다.

○ 사과더미앞에서 농장원들이 빠른 일손으로 사과를 고른다.
○ 로동계급은 사회를 끊임없이 자기의 모양대로 개조하여야 한다.
○ 이 책은 읽으면 읽을수록 재미있다.

— ≪조선문화어문법≫(1979 : 425-426)

위에서 밑줄 친 '빠른 일손으로'가 하나의 보어(6.2.3 상술)로 확대성분이다. 확대성분은 '자기의 모양대로' 같은 "**맞물린 확대성분**"과 '읽으면 읽을수록' 같은 "**이은 확대성분**"이 있다. 앞의 '빠른 일손으로'는 맞물린 확대성분에 속한다. 뒤에서 보겠지만 북한에서는 이런 확대성분이 들어간 문장을 "**확대문**"이라고 명명한다.

4) ≪국어 3≫(2015) 교과서에서는 단순성분을 하나의 단어로 이루어진 성분이라고 간단히 말하고 있으나, ≪조선문화어문법규범≫(1976 : 366-371)에서는 "단순성분이란 하나의 자립적단어나 한 개 단어처럼 쓰이는 단어결합으로 이루어진 문장성분이다"라고 하여 다양한 유형을 제시하고 있다. "① 하나의 자립적인 단어"(예 : 전투원의, 조국이다), "② 문장론적단어"(창조적학설, 발전하는것이다), "③ 자립적인 단어와 보조적으로 쓰이는 단어의 결합"(예 : 눈동자와 같이, 오던 길로, 완수해야 한다), "④ 자립적인 단어들의 되풀이"(예 : 밤이면 밤마다, 맑기도 맑다)의 네 가지 유형을 제시하고 있다. 한편 ≪조선문화어문법≫(1979)에서는 단순성분에 대하여 거의 언급하고 있지 않고 확대성분에 대해서만 자세히 언급하고 있다.

6.2. 맞물린성분(1) : 술어, 주어, 보어

6.2.1. 술어

북한에서는 문장 성분에 대하여 “문장안에서 어떤 물음에 대답하는 역할을 하고 있는가 하는데 따라 갈라진 단어 또는 단어들의 결합”이라고 했다. 그리하여 맞물린성분으로 술어, 주어, 보어, 규정어, 상황어, 인용어를 설정하고 있다. 이 가운데 앞의 세 개는 술어를 중심으로 하여 필수적인 성분들이다.

술어란 주어를 설명해 주는 문장 성분을 말한다. 좀 더 자세히 말하면, ‘어찌하는가’, ‘어떠한가’, ‘무엇인가(누구인가)’라는 물음에 대답하면서 문장 안의 다른 성분들을 다 자기에게 맞물리게 하고 그것을 설명해 주는 문장 성분이라고 한다.[5] 결국 동사, 형용사, 서술격 조사 포함 단어를 모두 가리키는 것이다. 남한에서의 서술어와 정확히 일치한다.

■ 술어의 개념에 대하여 알아봅시다.

➢ 다음의 문장에서 ≪어찌하는가, 어떠한가, 누구(무엇)인가≫라는 물음에 대답하는 단어들을 찾고 무엇을 풀이해주고있는가를 말해봅시다.

○ 그는 꽃 한송이를 샀다.

어찌하는가 - 행동을 풀이

누구의 행동을 풀이하고있는가 - ≪그≫ : 사람

○ 그 꽃은 목란꽃이다.

○ 꽃이 매우 곱다.

○ 그는 꽃을 특별히 좋아하는 소년이다.

---

5) ≪국어문법 2≫(2001 : 51)에서는 “술어란 문장안의 다른 성분들을 다 자기에게 맞물리게 하면서 ≪어찌하는가?≫, ≪어떠한가?≫, ≪무엇인가(누구인가)?≫라는 물음에 대답하는 역할을 하는 문장성분을 말한다.”라고 제시하고 있다.

> ➢ 밑줄에 알맞은 말을 써넣으면서 술어의 개념을 정리합시다.
>
> 술어란 ≪____≫, ≪____≫, ≪____≫라는 물음에 대답하면서 문장안의 다른 성분들을 다 자기에게 맞물리게 하고 그것들을 설명해주는 문장성분을 말합니다.

위는 술어의 개념을 살피는 학습 활동이다. 이 안의 발문을 통해서도 술어가 '어찌하는가, 어떠한가, 누구(무엇)인가'라는 물음에 대답하는 단어라는 것을 알 수 있다. 각각의 물음에 해당하는 술어들에서 '샀다'는 '어찌하는가', '곱다'는 '어떠한가', '목란꽃이다, 소년이다'는 '무엇인가, 누구인가'에 대한 대답이다. '샀다'는 어찌하는 행동을 풀이하고, '그[사람]'는 행동의 주체이다. '곱다'는 '꽃'이 어떠한 상태인지를 나타낸다. '목란꽃이다'는 '그 꽃'이 무엇인가를 나타내고, '소년이다'는 '그'가 누구인가를 나타낸다.

요컨대, 술어란 '어찌하는가, 어떠한가, 누구(무엇)인가'라는 물음에 대답하면서 문장 안의 다른 성분들을 다 자기에게 맞물리게 하고 그것들을 설명해주는 문장 성분을 가리킨다고 개념 정의를 내리고 있다.

> ■ 술어의 갈래를 학습합시다.
>
> 술어는 문장에 놓인 위치에 따라 맺음술어와 이음술어로 갈라볼수 있습니다.
>
> ➢ 다음 문장들을 내용상 련관되는것끼리 합치고 문장을 끝맺어주는것과 이어주는 것을 찾아봅시다.
>
> ○ 그는 꽃 한송이를 샀다.
> ○ 그 꽃은 목란꽃이다.
> ○ 꽃이 매우 곱다.
> ○ 그는 꽃을 특별히 좋아하는 소년이다.

> ➢ 합쳐진 문장에서 문장을 끝맺어주는 술어와 이어주는 술어의 모양을 각각 살펴보면서 그 역할을 말해봅시다.
>
> 그는 꽃 한송이를 샀는데, 그 꽃은 목란꽃이다.
>
> 사(다)+았+는데 목란꽃+이+다
>
> **이음토** **맺음토**
>
> 맺음술어는 기본적으로 단어에 ____가 붙어서 표현되며 문장을 끝맺어주는 역할을 합니다.
>
> 이음술어는 기본적으로 단어에 ____가 붙어서 표현되며 문장을 이어주는 역할을 합니다.

위는 술어의 갈래를 제시한 것이다. 술어는 문장에 놓인 위치에 따라 맺음술어와 이음술어로 갈라볼 수 있다고 말하고 있다. "**맺음술어**"는 단어에 맺음토가 붙어서 표현되며 문장을 끝맺어 주는 역할을 하고, "**이음술어**"는 단어에 이음토가 붙어서 표현되며 문장을 이어 주는 역할을 한다.

이에 '그는 꽃 한송이를 샀다. / 그 꽃은 목란꽃이다. / 꽃이 매우 곱다. / 그는 꽃을 특별히 좋아하는 소년이다.'에서 문장 끝에 오는 '샀다, 목란꽃이다, 곱다, 소년이다'는 모두 맺음토 '-다'가 쓰인 맺음술어에 해당한다. 각 문장들을 내용상 연관되는 것끼리 묶으면 다음 두 가지를 제시할 수 있다. 하나는 '그는 꽃 한송이를 샀는데, 그 꽃은 목란꽃이다.'이고 또 하나는 '꽃이 매우 고운데, 그 소년은 꽃을 특별히 좋아하는 소년이다.'이다. 이때 각각의 문장을 이어주는 매개체로 이음토 '-는데'와 '-ㄴ데'가 사용되고 있다.

합쳐진 문장 '그는 꽃 한송이를 샀는데, 그 꽃은 목란꽃이다.'를 보면 이음토인 '-는데'가 붙어 있고 맨 뒤에 맺음토인 '-다'가 붙어 있다. 즉 이음술어는 이음토를 매개로 해서 한 문장을 다른 문장에 이어주는 역할을 하고, 맺음술어는 맺음토를 갖고 문장을 맺어주는 역할을 한다. 대체로 이음토는 남한의 연결 어미에 해당하고, 맺음토는 종결 어미에 해당한다.

6.2.2. 주어

주어란 이야기되는 대상임을 나타내는 문장 성분을 말한다. 좀 더 구체적으로 말하면 주어란 ≪누가≫, ≪무엇이≫라는 물음에 대답하면서 이야기되는 대상임을 나타내면서 술어와 맞물리는 문장 성분을 말한다. 남한에서의 주어와 명칭도 같고 가리키는 것도 같다.[6)]

■ 주어의 개념에 대하여 알아봅시다.

➢ 다음의 문장들을 이야기되는 행동이나 상태 등의 주인역할을 하는 단어를 찾아봅시다.

○ 꽃이 곱다.

○ 바다가 푸르다.

○ 나는 노래한다.

○ 지구는 둥글다.

➢ 위의 문장들에서 주인역할을 하는 단어들이 어떤 물음에 대답하는가를 말해봅시다.

➢ 밑줄에 알맞은 말을 써넣으면서 주어의 개념을 정리합시다.

주어란 ≪____≫, ≪____≫라는 물음에 대답하면서 이야기되는 대상임을 나타내면서 술어와 맞물리는 문장성분을 말합니다.

위에서 제시된 문장들에서 '곱다, 푸르다, 노래한다, 둥글다'가 술어인데, 주인 역할을 하는 성분은 각각에서 '꽃이, 바다가, 나는, 지구는'으로 바로 주어에 해당한다. 곱고 푸르고 둥근 대상이 각각 '꽃, 바다, 지구'인 것이다. 한편 '노래한다'의 주인 역할, 즉 주체는 '나'가 된다. 이들에는 토가 붙어서 주어

6) ≪국어문법 2≫(2001 : 52)에서는 "주어란 술어와 맞물리면서 ≪누가?≫, ≪무엇이?≫라는 물음에 대답하는 역할을 하는 문장성분을 말한다."라고 이야기하고 있다.

역할을 하게 된다. 이들 가운데 '누가?'라는 물음에 대답하는 것은 '나는' 하나이고, '무엇이?'라는 물음에 대답하는 것은 나머지 세 개다. 결국 주어란 '누가?', '무엇이?'라는 물음에 대답하면서 이야기되는 대상임을 나타내고, 더불어서 술어와 맞물리는 문장 성분을 가리킨다.

■ 주어를 어떻게 꾸미는가를 알아봅시다.[7]

아래의 문장에서 주어를 찾고 그것이 무슨 토와 어울려 꾸며지는가를 말해봅시다.

○ 꽃이 매우 곱다.
꽃+이 (주격토)

○ 나는 꽃 한송이를 샀다.
?+? ( )

○ 박진일 학과경연에서 단연 1등 쟁취!
? ( )

위의 학습 활동은 주어가 어떻게 만들어지는지 보여 주고 있다. '꽃이'는 명사 '꽃'과 주격토 '이', '나는'은 대명사 '나'와 도움토 '는'으로 이루어진다. 한편 '박진일'은 고유 명사 '박진일' 하나로만 이루어져 있다. 결국 본래 주어는 체언에다가 주격토 '이, 가, 께서'가 붙어서 이루어지는 게 원칙이지만, 체언에다가 '는'과 같은 도움토가 올 수도 있고, 때로는 특정한 목적을 위해서 주격토를 생략할 수도 있음을 보여 주고 있다.

6.2.3. 보어

"보어"란 술어를 보태 주는 문장 성분을 말한다. 다시 말하면, 술어와 맞물리면

7) "주어를 어떻게 꾸미는가"라는 표현이 무척 어색하다. 이 표현은 '주어는 어떻게 이루어지는가'라는 의미를 지니고 있다. 학습자 입장에서 주어를 어떻게 만들 수 있는지 알아보자는 북한에서의 교육 방향을 함의하고 있다고 해석된다.

서 '무엇을(누구를)', '무엇에(누구에게)', '무엇으로(누구로)', '무엇과(누구와)', '언제', '어디에서', '어디로' 등 여러 가지 물음에 대답하면서 술어를 보태 주는 문장 성분을 북한 학교 문법에서는 보어라고 한다.8) 북한에서는 대체로 용언술어와 맞물리는 체언성분으로서 주어를 제외한 것은 모두 보어로 보고 있다.

■ 보어의 개념을 알아봅시다.

➢ 아래의 문장들에서 밑줄친 단어들이 어떤 물음에 대답하는가를 말해봅시다.

○ 혁이는 <u>동생에게</u> <u>책을</u> 주었다.
(누구에게) (　　)

○ 우리는 <u>래일</u> <u>만경대로</u> 간다.
(　　) (　　)

○ 우리 인민은 <u>일제와도</u> 싸워 이겼고 <u>미제와도</u> 싸워 이겼다.
(　　) (　　)

➢ 아래의 문장에서 밑줄친 단어들이 들어간 것으로 하여 술어의 행동을 나타내는데서 어떤 뜻이 더 보태여졌는가를 말해봅시다.

나는 <u>구구표를</u> <u>동생에게</u> 배워주었다.

➢ 빈칸에 알맞는 말을 써넣으면서 보어의 개념을 정리합시다.

> 보어란 술어와 맞물리면서 ≪무엇을 (누구를)≫, ≪__에(누구에게)≫, ≪무엇으로(__로)≫, ≪__과(누구와)≫, ≪언제≫, ≪어디에서≫, ≪어디로≫ 등 여러가지 물음에 대답하면서 술어를 보태주는 문장성분을 말합니다.

8) ≪국어문법 2≫(2001 : 53)에서는 "보어란 술어와 맞물리면서 ≪무엇을(누구를)?≫, ≪무엇에(누구에게)?≫, ≪무엇으로(누구로)?≫, ≪무엇과(누구와)?≫, ≪언제?≫, ≪어디에서?≫, ≪어디로?≫, ≪무엇이라고(누구라고)?≫ 등 여러가지 물음에 대답하는 역할을 하는 문장성분을 말한다"라고 말하고 있다. ≪국어 3≫(2015 : 65) 교과서 내용과 차이가 있다면 '무엇이라고(누구라고)'가 더 들어간 차이밖에 없다. 현행 ≪국어 3≫ 교과서에서는 '무엇이라고(누구라고)' 물음에 대한 대답의 성분을 따로 인용어라고 하여 맞물린성분의 하나로 설정하고 있다.

위의 첫째 문장에서 '동생에게'는 '누구에게?'라는 물음에 대답하는 보어이고 '책을'은 '무엇을'이라는 물음에 대답하는 보어이다. 둘째 문장에서 '래일'은 '언제?', '만경대로'는 '어디로?'라는 물음에 대답하는 보어이다. 셋째 문장에서 '일제와도'와 '미제와도'는 '누구와?'라는 물음에 대답하는 보어이다. '나는 구구표를 동생에게 배워주었다.'라는 문장은 '배워주었다'라는 술어의 행동에 밑줄 친 '구구표를'과 '동생에게'는 각각 '무엇을?'과 '누구에게?'라는 물음에 대답하는 뜻을 더 보태 주었다고 말할 수 있다. 이것들이 모두 보어인 것은 물론이다.

요컨대 **보어**란 "술어와 맞물리면서 ≪무엇을(누구를)≫, ≪무엇에(누구에게)≫, ≪무엇으로(누구로)≫, ≪무엇과(누구와)≫, ≪언제≫, ≪어디에서≫, ≪어디로≫ 등 여러가지 물음에 대답하면서 술어를 보태주는 문장성분"을 말한다고 그 개념을 정리해 볼 수 있다.

■ 밑줄친 토들이 무슨 토인가를 빈칸에 써넣으면서 보어의 꾸밈을 알아봅시다.

○ 소년단원들이 나무를 심는다.

⇨ 보어는 흔히 __토 ≪를, 을≫을 붙여꾸민다.

○ 순이야, 이 신문을 할아버님께 드려다.

○ 당의 두리에 더욱 굳게 뭉치자.

○ 결함의 원인은 남에게서 찾지 말고 자기에게서 찾아야 한다.

⇨ 보어는 또한 __토 ≪께, 에게, 에≫, __토 ≪에서, 에게서≫를 붙여 꾸민다.

○ 철남이는 책을 빌리려고 도서관으로 갔다.

○ 그는 학습문제를 놓고 동무들과 진지하게 토론하였다.

⇨ 보어는 또한 __토 ≪로, 으로≫, __토 ≪와, 과≫를 붙여 꾸민다.

○ ≪동무들은 어디 갑니까?≫

○ 그들은 혁명을 위하여 투쟁의 길에 나섰다.

⇨ 보어는 토가 없이 꾸미기도 하고 보조적으로 쓰이는 단어들을 가지고 꾸미기도 한다.

위의 학습 활동은 보어를 이룰 때 체언에 붙는 토가 어떤 것인지 살피는 활동이다. '나무를'에는 대격토 '를'이 붙었고, '할아버님께'에는 여격토 '께'가 붙었고, '두리에'에도 여격토 '에'가 붙었다. '남에게서'와 '자기에게서'에는 위격토 '에게서'가 붙었고, '도서관으로'에는 조격토 '으로'가 붙었고, '동무들과'에는 구격토 '과'가 붙었다. 한편 '어디 갑니까?'의 '어디'에는 아무 토도 붙지 않았으며, '혁명을 위하여'에는 보조적으로 쓰이는 '을 위하여'가 붙기도 하였다. '그는 학습문제를 놓고 동무들과 진지하게 토론하였다.' 문장에서는 '학습문제를 놓고' 대신에 '학습문제로'로 대치한다면, 조격토 '로'가 붙었다고 말할 수도 있을 것이다.

결국 북한에서는 보어의 범위를 체언 뒤에 토가 붙는 것으로 대개 한정하고 있음을 알 수 있고, 특수하게 보조적으로 쓰이는 단어들을 일부 사용한다고 볼 수 있다. 크게 보면 북한의 보어는 술어와 맞물리는 성분들 가운데 대체로 체언류를 가리킨다고 말할 수 있을 것이다. 그리하여 용언 술어와 맞물리는 체언 성분으로서 주어를 제외한 것을 모두 보어로 본다고 하는 것이다. 물론 '혁명을 위하여' 같은 경우는 특수한 보어 유형이라고 말할 수 있을 것이다.

북한의 보어 개념은 남한의 보어 개념과 무척 큰 차이가 있는데, 곧 남한에서의 목적어와 필수적 부사어의 일부를 포함하고 있다. 남한에서의 목적어는 주지의 사실이다시피 목적격 조사 '을/를'이 붙은 것을 가리킨다. 그리고 필수적 부사어는 그 폭이 훨씬 넓다. 즉 남한의 필수적 부사어는 체언 뒤에 부사격 조사가 오는 것만이 아니라 용언 뒤에 부사형 어미가 오는 것까지 포함하는 실정이다. 이에 비해 북한에서는 체언 뒤에 체언토가 오는 것으로 보어의 범위를 한정하고 있다. 한편 남한에서는 보어를 '되다, 아니다' 앞에 오는 '이/

가' 붙은 성분을 가리키고 있는데, 이것은 북한 학교 문법으로 치면 주어에 해당한다.

6.2.4. 술어, 주어, 보어 <실천의 길>

지금까지 살펴본바, 북한에서는 술어를 중심으로 하여 필수적으로 요구하는 문장 성분인 주어, 보어를 설정하고 있다. 여기서 보어는 용언은 빠지고 체언에 토가 붙는 것으로 한정되어 있다. 이런 기준을 가지고 여러 가지 학습 활동을 제시하고 있다. 문법적 지식을 실천적으로 확인하는 활동이다.

■ 다음의 문장들에서 술어, 주어, 보어를 찾아 표시해봅시다.

술어- [ ]　　주어 - ＿＿＿　　보어- ＿＿＿＿

○ ≪나 학교에 갈래요.≫

○ ≪갈데가 있니? 밖에 나가 바람이나 쏘이는수밖에…≫

○ 준학이의 두눈이 탁구알처럼 동그래졌다.

○ 우리에게 래일이란 무엇이겠습니까.

○ 예성이도 자기의 마음이 절로 그곳으로 향해지는것을 어쩔수 없었다.

○ 복도로 따라 안으로 방들이 늘어서있는데 문마다 호실번호가 붙어 있었습니다.

○ 느티나무할아버지가 문을 열고 나가자 모두 따라나갔습니다.

○ 그들은 달을 원망하면서 하늘을 올려다보았습니다.

○ 강성이는 머리도 좋고 공부도 잘한답니다.

○ ≪갈데가 있니? 밖에 나가 바람이나 쏘이는수밖에…≫

○ 준학이의 두눈이 탁구알처럼 동그래졌다.

○ 우리에게 래일이란 무엇이겠습니까.

○ 예성이도 자기의 마음이 절로 그곳으로 향해지는것을 어쩔수 없었다.

○ 복도로 따라 안으로 방들이 늘어서 있는데 문마다 호실번호가 붙어 있었습니다.

○ 느티나무할아버지가 문을 열고 나가자 모두 따라나갔습니다.

○ 그들은 달을 원망하면서 하늘을 올려다보았습니다.

○ 강성이는 머리도 좋고 공부도 잘한답니다.

학습 활동에 대한 답변은 바로 위처럼 나타낼 수 있겠다. 북한의 띄어쓰기는 남한의 방식과 다르다. 그러나 문장 성분은 단어와 토가 붙은 것으로 되기 때문에 원칙상의 것으로, 즉 띄어 써서 답변할 수밖에 없다. 먼저 술어는 네모를 친 것들 모두이다. 문장 맨 끝에 온 것은 쉽게 술어로 판단이 되지만, 중간에 네모 친 것들은 술어 판단이 쉽지만은 않다. 그러나 중간에 네모 친 것들은 이음토로 뒤의 문장과 이어진 것이기 때문에 그 자체로 술어가 된다고 판단된다. '복도를 따라 안으로 방들이 늘어서 있다', '느티나무 할아버지가 문을 열고 나가다', '그들은 달을 원망하다', '강성이는 머리도 좋다'를 각각 술어 하나씩을 지닌 것으로 보는 입장이다.

주어를 찾는 일은 비교적 쉽다. 그러나 띄어쓰기를 고려해야 하는 문제가 있다. '갈 데가', '두 눈이', '어쩔 수', '호실 번호가', '느티나무 할아버지가'는 모두 붙어져 있는데, 본래는 여기 제시한 것처럼 띄어서 문장 성분을 파악해야 한다. 따라서 뒤에 오는 '데가, 눈이, 수, 번호가, 할아버지가'가 주어로 확인된다. 물론 이것들 말고도 '래일이란, 예성이도, 마음이, 방들이, 그들은, 강성이는, 머리도'도 모두 주어이다.

마찬가지 방식으로 보어는 '바람이나, 수밖에, 탁구알처럼, 우리에게, 그곳으로, 것을, 복도로, 안으로, 문마다, 문을, 달을, 하늘을, 공부도'가 해당한다.

■ 다음의 문장들에서 단어들의 결합관계를 따져보면서 술어, 주어, 보어로 되는 단어들로 빈칸을 채워봅시다.

○ 어머니는 콤퓨터오락을 하는 예성이를 __ 대뜸 __ 흐리였다.
○ 그리하여 __와 준학이는 개선청년공원으로 ____.
○ ___ 깜박이고나서 예성이는 ___ 들어갔다.
○ ____ 예성이의 말이 선뜻 ______ 선선히 고개를 끄덕여보였다.
○ 예성이는 ___ 꼽다가 머리를 들었다.

위의 학습 활동은 학습자의 상상력과 추리력, 논리력을 동원하여 배운 지식을 실천해 보게 하는 활동이다.

○ 어머니는 콤퓨터오락을 하는 예성이를 보고는 대뜸 낯빛을 흐리였다.
○ 그리하여 나와 준학이는 개선청년공원으로 달려갔다.
○ 눈을 깜박이고나서 예성이는 집으로 들어갔다.
○ 나는 예성이의 말이 선뜻 이해되지 않았지만 선선히 고개를 끄덕여보였다.
○ 예성이는 손가락을 꼽다가 머리를 들었다.

첫 번째 문장에서는 술어 '보고는'과 보어 '낯빛을'을 채워 넣을 수 있다. 두 번째 문장에는 보어의 체언인 '나'와 술어 '달려갔다'를 넣을 수 있다. 세 번째 문장에는 보어인 '눈을'과 역시 보어인 '집으로'를 채워 넣을 수 있다. 네 번째 문장에는 주어인 '나는'과 술어 '이해되지 않았지만'을 채워 넣을 수 있다. 마지막 다섯 번째 문장에는 보어 '손가락을'을 채울 수 있다. 물론 문맥이 통할 수 있게 하는 다른 단어들을 사용할 수도 있다.

■ 용이는 선생님이 수업시간에 설명한 내용을 학습장에 적어넣었습니다. 용이가 선생님의 설명을 학습장에 정확히 옮겼을가요? 용이를 도와줍시다.

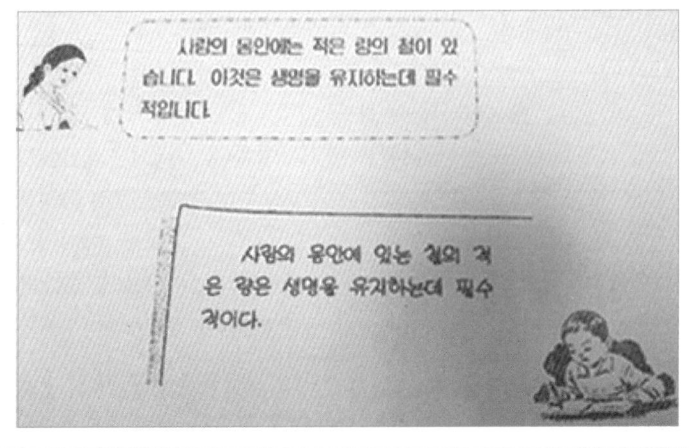

위의 학습 활동은 선생님의 설명과 그것을 기록한 학습자의 문장이 비슷한 듯하지만 그 의미가 완전히 다른 이유가 문장 성분을 제대로 사용하지 않았기 때문임을 보여 주는 활동이다. “사람의 몸안에는 적은 량의 철이 있습니다. 이것은 생명을 유지하는데 필수적입니다.”라는 선생님의 설명과 “사람의 몸안에 있는 철의 적은 량은 생명을 유지하는데 필수적이다.”라는 학생의 글은 비슷한 듯하지만 의미 차이가 분명히 있다. 무엇보다 눈에 띄는 것은 ‘이것은’이 앞 문장의 ‘철’을 가리키는데, 학생은 ‘철의 적은 량’으로 적고 있다. 주어를 정확히 가져와야 한다. ‘적은 량의 철’과 ‘철의 적은 량’은 분명한 차이가 있다.

6.3. 맞물린성분(2) : 인용어, 상황어, 규정어

6.3.1. 인용어

술어의 성격에 따라서 반드시 나타나는 주어와 보어는 필수적으로 요구되는 **맞물린성분**인데, 이 둘은 체언 성분이라는 공통점이 있다. 그런데 역시 술어가 반드시 요구하는 성분인데 체언 성분이 아니고 용언 성분인 "인용어"가 맞물린성분으로 또 있다.

> 인용어란
> 술어와 맞물리면서 다른 사람이나 자기자신이 이미 한 말을 인용하는 문장성분을 말합니다. 인용어는 ≪누구라고≫, ≪무엇이라고≫, ≪어찌한다고≫, ≪어떠하다고≫ 등의 물음에 대답합니다.

인용어는 "술어와 맞물리면서 다른 사람이나 자기자신이 이미 한 말을 인용하는 문장성분"을 가리키는데, 위에서 보듯이 '누구라고, 무엇이라고, 어찌한다고, 어떠하다고' 등의 물음에 대답한다. 일찍이 ≪조선문화어문법≫(1979 : 403-405)에서는 "들임말이란 이미 이루어진 어떤 말이나 글을 보탬말의 격식으로 인용해온 단위이다."라고 하여 보탬말, 즉 보어의 격식을 띠고 있음을 말하였다. 거기서는 인용어 대신 **들임말**이라 하여 고유어를 사용했었고 현재 ≪국어 2≫ 교과서에서는 **인용어**라고 부르고 있다.[9]

9) ≪국어문법 2≫(2001 : 51-55)에서는 인용어를 따로 맞물린성분의 하나로 설정하고 있지 않았다. 의미상 필수 성분이라는 점에서 보어와 같은 특징을 보이기 때문에 그냥 보어의 한 종류로 처리한 것 같다. 그러다가 다시 현행 ≪국어 3≫(2015 : 115) 교과서에서 인용어라는 이름으로 따로 설정하고 있다. 결국 인용어는 의미상으로는 필수 성분이지만 형식상으로는 체언 성분이 아닌 용언 성분이라는 점에서 따로 문장 성분으로 처리하는 것으로 보인다.

○ 분조장의 제의에 대하여 모두 옳다고 대답하였다.
○ 나는 용해공이 된것이 더없는 영예라고 생각합니다.[10]
○ 작업반원들은 그날 계획은 반드시 그날 끝내겠다고 결의하고 조직사업을 짜고들었다.
○ ≪사과란 조금만 상처가 나도 안 됩니다. 정말 닭알 다루듯 해야 되겠어요.≫ 하고 과수반 아주머니는 실습생들에게 타일렀다.

— ≪국어문법 2≫(2001 : 404)

위에서 밑줄 친 부분이 모두 인용어이다. 이것들은 모두 남한 학교 문법의 인용절과 정확히 일치한다. 위 세 개 문장에서 밑줄 친 부분은 모두 남한의 간접 인용절에 해당하고, 마지막 문장은 직접 인용절에 해당한다. 형태 표지를 보니까 전자는 '고'가 붙었고 후자는 '하고'가 사용되어 있는데, 대개는 '라고'가 붙어 있다고 말한다. 남한 용어로는 간접 인용 조사 '고'와 직접 인용 조사 '라고'가 붙어 있다고 한다. 구어체적 성격으로 '하고'가 '라고' 대신 나타나기도 한다.

제시된 예문들에서 밑줄 친 인용어들을 하나하나 살펴보자. '옳다고'는 '어떠하다고', '더없는 영예라고'는 '무엇이라고', '그날 계획은 반드시 그날 끝내겠다고'는 '어찌한다고' 물음에 대한 대답이다. 마지막 직접 인용된 것도 '어찌한다고' 물음에 대한 대답인데, 직접 인용된 부분만 밑줄이 쳐져 있는 형국이다. 뒤에 오는 '하고'까지 밑줄을 쳐야 할 것 같다.

10) ≪국어문법 2≫(2001 : 404)에는 밑줄이 '더없는 영예라고'에만 있었으나, 내용상 '용해공이 된것이 더없는 영예라고'에 쳐져야 할 것이다.
○ 나는 용해공이 된것이 더없는 영예라고 생각합니다.

■ 인용어란 어떤 성분인가를 새겨봅시다.

➢ 아래의 두 문장을 분석해봅시다.

○ 원쑤들은 리인모선생님을 이런 캄캄한 독감방에 가두어넣고 ≪전향 안한 빨갱이들은 영원히 해빛을 못 보게 해야 한다.≫고 떠벌리며 뼈가 부서지고 살점이 짓이겨지는 야수적인고문을 가하였습니다.

○ 나는 아버지에게 공부를 잘하여 꼭 송도원국제소년단야영소에 가겠다고 말하였다.

	어떤 단어와 맞물렸는가	누구의 말인가	어떤 물음에 대답했는가
첫 문장		원쑤들	
둘째 문장	말하다		

➢ 인용어가 어떤 술어와 맞물리는가를 알아봅시다.

• 우의 문장들에서 인용어와 맞물리는 술어들을 찾고 품사관계, 내용상공통성을 밝혀봅시다.

• 공통성을 생각하면서 아래문장의 밑줄그은 부분에 알맞는 말을 넣어봅시다.

인용어와 맞물리는술어들은 __과(와) 관련되는 __입니다.

위의 학습 활동은 직접 인용어와 간접 인용어를 구분하고 각각 어떤 물음에 대한 대답인지 찾는 활동이다. 첫 번째 문장의 "≪전향 안한 빨갱이들은 영원히 해빛을 못 보게 해야 한다.≫고"는 괄호 표시를 하여서 직접 인용절을 말하고 싶어 하는 것 같은데, 정작 직접 인용 표지로 '라고'가 아닌 '고'를 사용하고 있다. 신문과 같은 기사문에서 이와 같이 직접 인용 표현인데도 불구하고 '라고'가 아닌 '고'를 사용하는 특수한 방식이 있긴 하다. 그런데 중등 학생들에게 교수 학습하는 국어 교과서의 학습 활동에서 이런 변이형을 사용하는 것은 문제가 있어 보인다. 두 번째 문장의 "공부를 잘하여 꼭 송도원국제소년단야영소에 가겠다고"는 전형적인 간접 인용절 모습을 보이고 있다.

첫 문장은 인용어가 '떠벌리다'와 맞물렸고, 두 번째 문장은 인용어가 '말하다'와 맞물려 있다. 즉 인용어는 기본적으로 후행 말하다 등 이야기 하는 뜻과 관련된 동사와 맞물리는 특성이 있다. 또한 첫 번째 문장의 인용어는 '원쑤들'이 하는 말이며, 두 번째 문장의 인용어는 '나'가 하는 말이다. 그리고 둘 다 '어찌한다고'라는 물음에 대답한 것으로 파악된다. 여기 제시된 인용어와 맞물리는 술어들은 이야기하는 뜻과 관련되는 동사이다.[11]

■ 인용어의 꾸밈을 새겨봅시다.

➤ 인용하는 말에 어떤 토가 붙는가를 알아보고 정리해봅시다.

○ 사람들은 범을 용맹과 위엄의 상징이라고 말합니다.

○ 동무들은 이번 학기에도 꼭 최우등을 하자고 이야기했습니다.

○ 외국의 벗들은 송도원국제소년단야영소를 돌아보고 아이들은 세상에서 제일 행복하다고 말합니다.

---

11) ≪조선문화어문법규범≫(1976)과 ≪조선문화어문법≫(1979)에서는 인용어 대신 '들임말'이라는 용어를 사용하면서 구체적으로 후행 동사의 성격을 각각 다음과 같이 말하고 있다. 한편 2011년에 판을 바꿔서 나온 ≪조선문화어문법규범≫(2011)에서는 '인용어'라는 한자어를 사용하고 있다.

○ 들임말은 일반적으로 ≪하다, 말하다, 이야기하다, 묻다, 대답하다, 감탄하다, 다짐하다≫ 등과 같은 동사풀이말의 지배를 받으나 경우에 따라서는 행동의 뜻을 가지는 명사풀이말의 지배를 받기도 한다. ≪조선문화어문법규범≫(1976 : 391)

○ 들임말을 받게 되는 풀이말(세움말, 보탬말)의 동사는 ≪말하다, 이야기하다, 설명하다, 묻다, 명령하다, 권고하다, 웨치다, 부르짖다, 속삭이다…≫ 등과 같이 이야기하는 뜻과 관련된 동사일수 있는것은 물론 ≪찬성하다, 감탄하다, 놀래다, 결심하다, 마음다지다…≫ 등과 같은 말로써 표현되는 행동과 관련된 동사일수도 있다. ≪조선문화어문법≫(1979 : 404)

○ 인용어란 술어에서 이야기된 내용을 구체적으로 설명하기 위하여 끌어들인 대상이나 보충적인 서술을 나타내는 문장성분이다. 술어는 문장에서 ≪누구라고(무엇이라고)?≫, ≪어쩐다고?≫. ≪어떻다고?≫하는 내용을 나타내는 역할을 수행한다. ≪조선문화어문법규범≫(2011 : 364)

인용어에는 흔히 ≪_≫, ≪__≫와 같은 이음토가 붙어 꾸며집니다.

➢ 인용하는 말을 그대로 옮길 때에는 어떤 말을 쓰는지 알아봅시다.

○ 인민군군인들은 감격에 넘쳐 ≪경애하는 원수님, 정말 고맙습니다.≫ 하고 말하였다.

○ 영진이는 슬퍼하는 마을사람들에게 ≪여러분, 울지 마십시오. 제가 그렇게 좋아하는 <아리랑>이나 불러주십시오.≫ 하고 말하였다.

➢ 특별한 표현양식이 없이 쓰는 인용어를 살펴봅시다.

○ 순철아, 아버지가 형이 왔는가(고) 물으신다.

○ 할머니는 나를 보고 ≪네가 이젠 다 자랐구나!≫(라고) 하시며 무척 대견해하시였다.

인용어는 이렇게 이음토없이 표현될수도 있습니다.

위의 학습 활동은 인용어에 어떤 토가 붙는지 살피는 활동이다. 주지의 사실이다시피 인용어에는 간접 인용일 때는 '고'와 직접 인용일 때는 '라고'가 붙는다. 남한 학교 문법에서는 각각을 간접 인용 부사격 조사, 직접 인용 부사격 조사라고 부른다. "인용어에는 흔히 ≪고≫, ≪라고≫와 같은 이음토가 붙어 꾸며집니다."라는 표현에서 보듯이 북한에서는 '고'와 '라고'를 **이음토**라고 부른다. 이음토는 남한의 연결 어미에 해당한다. 위의 처음 세 문장의 예에서 밑줄 친 '고'는 모두 간접 인용 표지에 해당한다. 첫 번째 문장 "사람들은 범을 용맹과 위엄의 상징이라고 말합니다."에서 '라고'에 밑줄이 쳐져 있는데, 이것은 엄밀히 말해서 '고'에만 밑줄이 쳐져야 한다. 앞의 '라'는 '상징이-'의 '이' 때문에 후행 '-다'가 '-라'로 변한 것일 뿐이다. 직접 인용 표지 '라고'는 맨 마지막 문장의 "≪네가 이젠 다 자랐구나!≫(라고)"에 붙은 '라고'가 해당한다.

두 번째 학습 활동은 인용하는 말을 그대로 옮길 때 '하고'를 사용한다는 것을 보여 준다. '하고'를 인용된 표현과 띄어서 썼다는 것은 용언으로 보고 있다는 말이다. 그런데 앞서 (5.1.1.) 살펴보았듯이, '하고'는 구격토와 비슷한 기능을 하는 토로 북한 학교 문법에서 제시된 바 있다. 그렇다면 '하고'는 앞말과 띄지 말고 붙여서 써야 할 것이다.[12] 남한 학교 문법에서는 '하고'를 띄어 써서 용언으로 보고 있으며, 더불어 직접 인용할 때 사용하는 구어체적 표현으로 처리하고 있다. 북한에서도 "≪네가 이젠 다 자랐구나!≫(라고) 하시며" 같은 예문을 보면 '라고'가 직접 인용 표지라는 것을 전제하고 있다고 보아야 할 것이다.[13]

한편, 마지막 두 문장에서는 특별한 표현 양식 없이 쓰이는 인용어를 보여 주고 있다. 즉 '고, 라고, 하고' 없이도 인용 표현을 할 수 있다는 점을 말해주고 있다. 그런데, "순철아, 아버지가 형이 왔는가(고) 물으신다."라는 문장을 보면

12) ≪조선문화어문법규범≫(2011 : 364-366)에서는 인용어를 얘기하면서 "(1) 단어의 일부 이음형이 인용어로 되는 경우", "(2) 단어의 맺음형이 인용어로 되는 경우", "(3) 그밖의것이 인용어로 되는 경우"로 나누고 있는데, 그때 "인용되는 말을 직접 옮기면서 거기에 다시 ≪하고≫를 붙이여 인용어로 만드는 경우가 있다"라고 하면서 다음 예를 제시해 주고 있다. 즉 도움토로 본 것이다.

○ 그는 그날밤 위대한 장군님께서 보내주신 선물을 안은채 ≪장군님 고맙습니다!≫하고 몇번이나 되뇌였다.

13) ≪조선문화어문법규범≫(1976 : 495)에서는 옮겨지는 말과 옮기는 말을 잇는 수법으로 "≪고≫, ≪라고≫, ≪라≫ ; ≪하고≫, ≪이렇게≫"를 들고 있고 때로는 특별한 수단 없이 문맥에 따라 이루어지는 경우도 있다고 말하고 있다. 이러한 설명을 더욱 세부적으로 ≪조선문화어문법≫(1979 : 405, 451-453)에서는 인용할 때 쓰이는 표현 형식에 대해서 다음과 같이 제시하고 있다.

○ 들임말은 직접 옮겨온 말로 이루어질 수도 있고 간접적으로 옮겨온 말로 이루어질수도 있다. 직접 옮겨온 경우는 옮김표가 붙는다. / 들임말은 토 ≪라고, 고≫가 붙어서 표현되는것이 보통이다. (405)

○ 옮기는 말이나 글을 원래 그대로 옮김표안에 넣고 끝에 ≪라고(이라고), 하고≫를 붙인다. 옮김표안에 든 말의 끝이 낮춤말차림의 맺음토 ≪다, 느냐, 자, 다(으라)…≫인 경우는 ≪라고≫대신 ≪고≫만을 붙이는 일도 있다. (451)

○ 옮기는 말이나 글은 옮김표안에 넣지 않으며 그 끝에 온 어떤 말차림의 토이든지 이것을 낮춤의 말차림토≪다, 느냐, 자, 라, (으라)마…≫로 고친다. 그리고 그 끝에는 ≪고≫를 더 붙여서 ≪다고, 느냐고, 자고, 라고, 마고…≫와 같이 만든다. (452)

좀 특이한 양상을 발견할 수 있다. '고'가 빠진 '아버지가 형이 왔는가 물으신다'가 가능하다는 것을 보여 주는 예인데, 막상 '고'가 있는 '아버지가 형이 왔는가고 물으신다.'라는 표현이 과연 가능한지 의문이다.

북한에서는 어떤지 모르겠지만 남한에서는 이런 표현은 비문으로 처리한다. 이것은 결국 '형이 왔는가'라고 하는 표현을 직접 인용 표현인지 아닌지 하는 문제와도 관련된다. 직접 인용 표현이라면 '라고'를 쓸 것이고, 간접 인용 표현이라면 '형이 왔는지'를 쓸 것인데, 이럴 경우 뒤에 '고'가 오지 않기 때문이다. 남북한의 문법성 직관 차이가 있는 건지 확인할 필요가 있겠다.

■ 옆동무에게 오늘 아침 집에서 있은 일을 인용어를 넣어 재미나게 말하면서 인용어에 대한 지식을 다져봅시다.

위의 학습 활동은 인용어에 대한 지식을 더욱 공고히 하기 위해서 여러 실제 상황을 제시하면서 구체적 연습을 하게 하는 활동이다. '고', '라고', '하고', 그리고 아무 표지 없는 인용 표현을 다양하게 활용하여 활동을 해야 할 것이다.

6.3.2. 상황어

앞서 술어를 중심으로 하여 필수적으로 나오는 주어, 보어, 인용어에 비해서, 상황어와 규정어는 다른 것을 수식하는 성분이라는 점에서 차이를 보인다. **상황어**는 주로 용언을 수식하고 규정어는 항상 체언을 수식한다. 남한에서의 부사어와 관형어가 이 둘에 각각 해당한다.

> **상황어란**
> 술어와 맞물리면서 ≪어떻게≫, ≪얼마나≫ 등의 물음에 대답하며 술어의 행동이나 상태를 꾸며주는 문장성분을 말합니다.

문장 성분 여러 가지 가운데 가장 다양한 양상을 보이는 것은 상황어이다. "상황어"는 위의 정의에도 나오듯이 술어와 맞물리면서 '어떻게', '얼마나' 등의 물음에 대답하며 술어의 행동이나 상태를 꾸며주는 문장 성분을 말한다. 즉 상황어는 술어의 행동이나 상태를 꾸며 주는 문장 성분을 가리킨다.

> ■ 상황어란 어떤 성분인가를 새겨봅시다.
> ➢ 다음의 문장들에서 이미 학습한 주어, 술어, 보어를 찾아봅시다. 그리고 나머지성분들가운데서 술어와 맞물리면서 ≪어떻게≫, ≪얼마나≫라는 물음에 대답하는 문장성분을 찾아 밑줄을 그어봅시다.
> ○ 리인모선생님은 수령칭송의 문학작품과 글들을 **많이** 써냈다.
> ○ 범에 대한 민족의 전통적의식은 **빛나게** 이어질것이다.

위의 첫 문장에서 술어는 '써냈다', 주어는 '리인모선생님은', 보어는 '문학작품과 글들을'이 해당한다. '많이'는 '얼마나'라는 물음에 대답하는 문장 성분으로 바로 상황어에 속한다. 두 번째 문장에서 술어는 '이어질것이다', 주어는 '전통적의식은'이 해당한다. 만약 좀 더 안으로 들어가 본다면, '범에'를 보어로 볼 가능성이 있다. 그건 '대한'을 술어로 인정한다는 전제 하에서이다. '빛나게'는 '어떻게'라는 물음에 대답하는 문장 성분으로 바로 상황어에 속한다.

■ 상황어가 어떻게 꾸며지는가를 알아봅시다.

➢ 상황어는 흔히 ≪매우, 무척, 몹시, 높이, 빨리≫ 등의 부사를 가지고 꾸밉니다.

○ 정보기술은 빨리 발전한다.

○ 조선범은 매우 날래다.

➢ 상황어는 또한 용언에 ≪게, 도록, 듯, 듯이, ㄹ수록≫과 같은 상황토를 붙여 꾸밉니다.

○ 진달래는 볼수록 아름답니다.

○ 정보기술을 리용하면서 빠른 시간내에 질좋게 만들수 있다.

➢ 상황어는 명사에 ≪적+으로≫를 붙여 꾸미기도 합니다.

○ 학습은 자각적으로 하여야 한다.

위의 학습 활동을 통해서는 상황어가 어떻게 이루어지는지를 생각하게 한다. 첫째 상황어는 '빨리', '매우'와 같은 부사로 이루어진다. 둘째, 상황어는 '볼수록, 질좋게'에서처럼 용언 어간에 '-ㄹ수록', '-게'와 같은 용언토가 붙은 형태로 이루어진다. 셋째, 상황어는 '자각적으로'처럼 명사에 '적+으로'를 붙여서 만들기도 한다.[14]

---

14) ≪조선문화어문법규범≫(1976 : 292-295)과 ≪조선문화어문법≫(1979 : 408-410)에서는 상황어를 꾸밈말이라고 불렀다. 전자에 비해 후자에서는 꾸밈말의 표현을 아래와 같이 더 자세하게 제시하고 있다.

1) 꾸밈말은 여러 품사들로 이루어질수 있다. (1) 꾸밈말은 부사로 이루어진다. … (2) 꾸밈말은 동사, 형용사로도 이루어진다. … (3) 꾸밈말은 일부 명사, 수사, 대명사로 이루어진다. 예 : 적극 밀고나가야, 비교적 자세히, 저기 갑니다, 두조로 나누이었다, 낟알을 터는쪽쪽 …

2) 부사의 경우와는 달리 동사, 형용사와 명사, 수사, 대명사는 일정한 문법적형태를 취하여 꾸밈말로 된다. (1) 동사, 형용사는 꾸밈토에 의하여 꾸밈말을 이룬다. … (2) 동사, 형용사는 ≪~나~나, 든~든, ~거나~거나, ~고~고, ~니~니, ~쿵~쿵, ~둥~둥…≫ 등과 같이 겹쳐쓰는 이음토에 의하여 꾸밈말이 되기도 한다. … (3) 일부 명사는 조격토 ≪로, 으로≫에 의하여 또는 아무 격토도 없이 꾸밈말을 이룬다. … (4) 같은 명사가 겹쳐서 마쳐도 상징부사와 같은 단위를 이룬 것은 아무 격토도 없이 쓰일 때 꾸밈말을 잘 이룬다. ≪소리소리, 방울방울, 굽이굽이, 토막토막, 줄기줄기…≫ 등이 그러하다. … (5) 일부 불완전

○ 우리는 위대한 수령님께서 마련하여주신 사회주의지상락원에서 더없이 행복하게 살고있다.
○ 어린이들이 씩씩하고 건강해보입니다.
○ 분조성원들은 풀베기성과를 부쩍 올리려고 조직사업을 짜고들었다.
○ 작업반에서 기적을 창조하는 바람에 공장이 떠들썩하였다.

— ≪조선문화어문법≫(1979 : 408-410)

≪조선문화어문법≫(1979 : 408-410)에서는 상황어를 "꾸밈말"이라 부르면서 위의 밑줄 친 부분을 모두 꾸밈말이라고 말하고 있다. 이를 통해 보건대 문장 성분이라는 것이 비단 어절 단위로만 한정되는 것이 아니라 구 혹은 절 차원에까지 확대된다는 것을 알 수 있다. 그런데, 북한에서는 위의 첫 번째 문장을 설명하면서 "여기서 ≪더없이≫는 꾸밈말로 될수 있는 ≪행복하게≫를 다시 꾸미는 꾸밈말로 되지 않으며 ≪더없이 행복하게≫가 하나로 되여 풀이말 ≪살고있다≫의 꾸밈말을 이루고 있다."라고 설명을 하고 있다. 이는 곧 예컨대 문장 성분의 개수를 세는 문제에서 위의 밑줄 친 것들을 각각 하나의 문장 성분으로 본다는 것을 뜻한다.

이에 비해 남한에서는 어절 단위로 하여 띄어 쓰는 하나하나를 문장 성분으로 분류하고 있어서 차이가 난다. 요컨대 북한은 거시적인 측면에서 문장 성분을 바라보는 입장이고 남한은 미시적인 측면에서 바라보는 입장을 취한다고 할 수 있다. 그러나 교육을 전제로 하는 학교 문법 차원에서 본다면 정확성과 논리성을 염두에 둔 미시적 입장이 낫지 않나 생각한다. 실제로 혼성문 같은 경우는 문장 구조가 무척 복잡하기 때문에 순차적인 분석이 필요할 것이기도 하기 때문이다.

명사가 위격토 ≪에≫를 취하면서 끝을 마무린 문장론적 단위는 꾸밈말을 이룰수 있다.

■ 상황어에 대한 지식을 다져봅시다.
➢ 다음의 문장들에서 이미 학습한 문장성분을 밝혀봅시다.
  ○ 자연관찰구에서 우리는 지식의 키를 쑥쑥 자래워나갑니다.[15]
  ○ 리인모선생님은 갖은 옥중고초를 겪으면서도 끝까지 신념과 지조를 지켰습니다.
➢ 밑줄에 알맞은 상황어를 써넣고 그 꾸밈을 밝혀봅시다.
  송도원 백사장에 해당화가 ____ 피였다.
  (활짝, 곱다, 방실방실, 붉다, 아름답다, 분홍색, 많이, 빨갛다)
➢ 다음의 단어들이 상황어로 되는 문장을 각각 지어봅시다.
  유난히, 밝다

첫 번째 문장에서 '자연관찰구에서'는 보어, '우리는'은 주어, '지식의'는 규정어, '키를'은 보어, '쑥쑥'은 상황어, '자래워갑니다'는 술어이다. 두 번째 문장에서 '리인모선생님은'은 주어, '갖은'은 규정어, '옥중고초를'은 보어, '겪으면서도'는 술어, '끝까지'는 보어, '신념과 지조를'은 보어, '지켰습니다'는 술어에 해당한다.

이 가운데 '신념과'는 보어로 볼 가능성이 있으나, 그럴 경우 술어와 맞물린 관계를 이루느냐 하는 과제가 남는다. 또한 '리인모'만 따로 '규정어'로 볼 수도 있다. 그것은 본래 북한에서는 명사와 명사를 붙여 쓰는 규정에 따라서 '리인모'와 '선생님'이 붙어 있는 것으로 볼 경우 그렇다.

'송도원 백사장에 해당화가 ____ 피였다.'라는 문장에서 밑줄 친 곳에 부사인 '활짝'을 비롯하여 여러 가지 상황어가 들어갈 수 있다. 주어진 단어를 사용하면, '곱게, 방실방실, 붉게, 아름답게, 많이, 빨갛게'를 상황어로 넣을 수 있다. 더불어서 '유난히, 밝다'를 사용한 문장으로는 '오늘밤은 달이 유난히 밝다.'와

15) 북한어인 '자래우다'는 '자라다'의 사역형이다. '나무를 자래우다', '민족간부를 자래우다'와 같은 예를 들 수 있다. ≪조선말대사전≫(2017) 참조.

같이 만들 수 있다.

6.3.3. 규정어

상황어가 주로 용언을 수식하는 성분이었다면 "**규정어**"는 항상 체언을 수식하는 성분이다. 규정어는 아래 개념처럼 체언 성분과 맞물리면서 '어떤', '누구의', '무엇의'라는 물음에 대답하며 대상의 특성을 규정하거나 소속 관계를 나타내는 문장 성분을 말한다. 남한의 관형어와 정확히 일치한다.

> 규정어란
> 체언성분과 맞물리면서 ≪어떤≫, ≪누구의≫, ≪무엇의≫라는 물음에 대답하며 대상의 특성을 규정하거나 소속관계를 나타내는 문장성분을 말합니다.

○ 조선 인민은 용감한 인민이다.
○ 우리 인민은 지난 날 나라 없는 설음을 안고 뼈 아픈 고통만을 강요당하였다.16)

— ≪국어문법 2≫(2001 : 54-55)

위에서 밑줄 친 '용감한'이 바로 규정어이다. 용언에 규정토, 즉 관형사형 어미 '-ㄴ'이 붙어서 이루어졌다. '우리'는 뒤의 '인민'을 수식하고, '나라 없는'은 뒤의 '설음'을 수식하고, '뼈 아픈'은 뒤의 '고통'을 수식하는 규정어이다. 그런데 북한 학교 문법에서는 '용감한'이 '인민이다'와 맞물리고, '우리'가 '인민은'과 맞물리고, '나라 없는'이 '설음을'과 맞물리고, '뼈 아픈'이 '고통만을'

16) ≪조선말대사전≫(2017)에서는 '설음'은 "서러운것 또는 서러운 느낌"이라는 뜻풀이를 보인다. 남한에서의 '설움'에 해당한다.

과 맞물린다고 말하고 있다. 그런 차원에서 맞물린성분이라고 하는 것이다. 그러나 이런 규정어들의 맞물림은 금방 말한 바, 바로 뒤에 오는 체언과 맞물린다고 하는 게 정확하다. 즉 규정어는 체언을 수식하는 문장 성분이라는 것이다. 여기서 문장 성분이 단지 어절에 한정되는 게 아니라는 것을 알 수 있다.

한편, '용감한'은 '어떤'이라는 물음에 대답한 것이고, '우리'는 '누구의', '나라 없는'은 '어떤', '뼈 아픈'도 '어떤'이라는 물음에 대답한 것이다. 이처럼 규정어는 대상의 특성을 규정하거나 소속 관계를 나타내는 문장 성분인 것이다.

그렇다면 '나라 없는'에서 '나라'는 어떤 문장 성분일까? 분명 '나라가 없-' 전체에 '-는'이 붙은 형국이기 때문에 '나라'는 주어, '없-'은 술어라고 해야 할 것이다. '뼈 아픈'도 마찬가지인데, '뼈'가 주어, '아프-'가 술어가 될 것이다. 이는 결국 문장 성분을 따질 때 술어는 앞의 성분과 맞물린다는 전제를 가져야 하고, 주어 등 다른 문장 성분은 뒤에 오는 성분(혹은 요소), 정확히 말하면 술어와 맞물린다고 봐야 할 것이다. 요컨대 '나라'는 '없-'과 맞물리고, '나라 없는'은 뒤에 오는 '설움'을 수식하며, '뼈'는 '아프-'와 맞물리고 '뼈 아픈'은 뒤에 오는 '고통'을 수식한다.

■ 규정어란 어떤 성분인가를 새겨봅시다.

➢ 다음 문장들에서 이미 학습한 문장성분에 밑줄을 긋고 어떤 성분인가를 밝혀봅시다.

○ 리인모선생님의 옥중생활은 치렬한 싸움이였습니다.

○ 전용렬차의 기적소리가 송도원역에 랑랑히 울려퍼집니다.

➢ 우의 나머지문장성분에서 ≪어떤≫, ≪누구의≫, ≪무엇의≫라는 물음에 대답하는 문장성분들을 찾고 그것이 체언성분과 맞물렸는가, 용언성분과 맞물렸는가를 밝혀봅시다.

➢ 규정어의 개념을 밝혀봅시다.

위의 첫 번째 문장에서는 '리인모선생님의'와 '치렬한'이 규정어이다. 전자는 뒤에 오는 '옥중생활'을 수식하며, 후자는 역시 뒤에 오는 '싸움'을 수식한다. 북한 학교 문법에서는 그냥 '리인모선생님은'이 뒤의 '옥중생활은'과 맞물리고, '치렬한'이 역시 뒤의 '싸움이였습니다'와 맞물린다고 말하고 있다. 한편 '리인모'라는 체언도 뒤에 오는 '선생님'을 수식한다고 볼 수 있다. 북한에서 명사와 명사가 올 때 붙여 쓴다는 규정 때문에 붙여 쓴 상태이기 때문이다. '리인모선생님의'는 '누구의', '치렬한'은 '어떤'이라는 물음에 대답한 규정어이다. '리인모선생님은'은 그 뜻이 '리인모라는 선생님은'이기 때문에, 여기서 '리인모'는 '어떤, 누구의, 무엇의'에 해당하지 않고 '무엇이라는'의 뜻을 지닌 것이다. 굳이 제시된 셋 중 하나를 선택한다고 하면 '어떤'에 가장 가깝다.

두 번째 문장에서는 '전용렬차의'가 규정어에 해당하며 뒤에 오는 '기적소리'를 수식하고 있다. 물론 '전용렬차의'는 '무엇의'라는 물음에 대답하는 성분이다. 북한 학교 문법에서는 '전용렬차의'라는 규정어가 뒤에 오는 '기적소리가'와 맞물린다고 말하고 있으나, 엄밀히 말하면 규정어는 후행 체언을 수식하는 것이기 때문에 '기적소리'와 맞물린다고 말하는 것이 옳다.

요컨대 "규정어"는 '어떤, 누구의, 무엇의, 무엇이라는'이라는 뜻을 가지고서 뒤에 오는 체언을 수식하는 문장 성분이라고 할 수 있다. 남한의 관형어와 정확히 일치한다.

■ 규정어가 어떻게 꾸며지는가를 밝혀봅시다.

➢ 다음 문장들에서 규정어를 찾고 그것이 어떤 품사에 어떤 토가 붙어 꾸며졌는가를 밝혀봅시다.

○ 싱그러운 바람이 불어오는 가을이였다.

○ 조선의 국견은 풍산개이다.

➢ 다음 문장들에서 규정어를 찾고 그것이 어떤 품사로 꾸며졌는가를 찾아봅시다.

○ 석기는 돌로 만든 첫 로동기구이다.

○ 우리는 새 학교에서 공부한다.

➢ 토없이 꾸며지는 규정어에 대하여 알아봅시다.

○ 21세기 정보기술은 급속히 발전하고있다.

○ 세상사람들은 대집단체조와 예술공연 ≪아리랑≫을 통하여 위대한 수령을 모시여 민족의 존엄이 빛난다는 심원한 철리를 깊이 새겼다.

규정어는 체언에 토를 붙이지 않은 상태에서 꾸며지기도 하고 뒤에 오는 단어와 같은 자격으로 늘이면서 꾸며지기도 합니다.

위의 학습 활동은 규정어를 찾고 그것들이 어떤 구성으로 되어 있는지 확인하게 한 활동이다. 첫 번째 문장에서 '싱그러운'과 '불어오는'이 규정어이다. 각각 형용사 '싱그럽-'에 규정토 '-ㄴ', 동사 '불어오-'에 규정토 '-는'이 붙어서 뒤의 '바람'과 '가을'을 꾸며주고 있다. 두 번째 문장에서는 명사 '조선'에 규정토 '의'가 붙어서 뒤의 '국견'을 꾸며주고 있다. 물론 첫 번째 문장의 경우 '바람이 불어오는' 전체가 규정어가 된다고 말할 수도 있다. 그러나 해당 활동의 발문이 어떤 품사에 토가 붙느냐 하는 것이기 때문에 남한 용어인 관형사절 '바람이 불어오는'에 대한 언급은 할 필요가 없을 것이다.

세 번째 문장에서는 '만든'이 규정어인데, 동사 '만들-'에 규정토 '-ㄴ'이 붙은 것이다. 이것 역시 품사 차원의 발문이 아니라면 '돌로 만든' 전체가 규정어라고도 할 수 있을 것이다. 네 번째 문장에서는 '새'가 규정어인데, 이때 '새'는 관형사로서 그 자체가 후행 '학교'를 꾸며주고 있다. 관형사는 본래 토가 붙지 않는 특성을 지니고 있다.

다섯 번째 문장에서는 '21세기'가 규정어인데, 토가 붙지 않은 상태에서 뒤에 오는 체언 '정보기술'을 '무엇의'라는 뜻으로 꾸미고 있다. 여섯 번째 문장에 있는 '예술공연'도 토가 붙지 않은 상태로 뒤의 '아리랑'을 꾸며주는 규정어인데, 이때 '예술공연'은 '예술공연인'의 뜻을 가지고 뒤의 '아리랑'을 같은 자격으로 꾸미고 있다. 물론 '위대한', '민족의', '빛난다는', '심원한'도 모두 규정어이다. '위대한, 빛난다는'은 각각 '-ㄴ, -ㄴ다는'이라는 규정토가 붙었고, '민족의'는 '의'라는 규정토가 붙었다.17)

■ 규정어와 관련한 문법지식을 다져봅시다.

➢ 다음 문장들에서 규정어를 찾고 그것이 어떤 물음에 대답하는가를 말해봅시다.

○ 조선범은 고양이과의 제일 큰 맹수이다.

○ 21세기는 생명과학, 생물공학의 시대이다.

○ 온 민족은 통일의 의지를 안고 ≪아리랑≫ 노래를 더 높이 부르고 있다.

➢ 밑줄 그은 체언성분앞에 알맞는 규정어를 넣어봅시다.

○ <u>물놀이장에서는</u> <u>급강하물미끄럼대가</u> 어서 오라 우리들을 부르고 있다.

➢ 다음 단어들이 규정어로 되는 문장을 각각 한 개씩 짓고 규정어가 어떻게 표현되는가를 읽혀봅시다.

신념, 노래하다, 별별

위의 학습 활동은 규정어에 대한 지식을 다지는 활동이다. 첫 번째 문장에서 '고양이과의'와 '큰'이 규정어인데, 둘 다 '맹수'를 꾸며 주고 있다. 전자는 '무엇의', 후자는 '어떤'의 물음에 대답하는 성분이다. 두 번째 문장에서는 '생물공

17) 본래 '빛난다는'은 '빛난다고 하는'에서 '-고 하-'가 탈락한 소위 통합형(혹은 융합형)이다. 즉 '빛난다고 하-'에다가 관형사형 어미 '-는'이 붙은 것이었겠으나, '-다는'이라는 통합형 관형사형 전성 어미를 설정할 수 있다. 이관규(2007 : 91-93)에서는 '-다는'을 통합형 어미로 볼 수 있는 가능성을 주장하고 있다. 만약 북한 학교 문법에서처럼 현재 시간토로 '-ㄴ-'을 인정하지 않는다고 하면 '-ㄴ다는' 전체를 통합형 관형사형 어미로 볼 수 있을 것이다.

학의'가 규정어인데, 앞에 나오는 '생명과학'도 이것과 동격으로 규정어라고 할 수 있다. 둘 다 '무엇의'라는 물음에 대답하는 성분이다. 세 번째 문장에서는 '온', '통일의', '아리랑'이 규정어이다. 각각 '어떤', '무엇의', '무엇이라는'의 물음에 대답하는 성분이다.

그 다음은 발문을 통해 볼 때 학습자가 직접 체언 앞에 규정어를 만들어 넣어 보라는 창의적 응용 활동이다. 아래에서처럼 '새로운 물놀이장에는 멋진 급강하물미끄럼대가 어서 오라 개구쟁이인 우리들을 부르고 있다.'라는 문장을 제시해 볼 수 있다. 밑줄 친 '새로운', '멋진', '개구쟁이인'이 추가된 규정어들이다.

○ 새로운 물놀이장에는 멋진 급강하물미끄럼대가 어서 오라 개구쟁이인 우리들을 부르고 있다.
○ 우리는 확고부동한 신념의 동량으로 자라나야 한다.
○ 멋진 목소리로 노래하는 새들이 나에게 다가왔다.
○ 별별 꽃들이 형형색색으로 활짝 피었다.

마지막 발문에서는 몇 개 단어를 던져 주고 이것들이 규정어 역할을 하는 문장을 각각 만들어 보라고 하고 있다. 위의 아래 세 개 문장들이 바로 그것들인데, 각각에 '신념의', '노래하는', '별별'이라는 규정어를 넣어 본 것이다. 물론 '확고부동한', '멋진'이라는 규정어도 추가로 덧붙여 사용하고 있다.

6.3.4. 술어, 주어, 보어, 인용어, 상황어, 규정어 <실천의 길>

지금까지 술어를 중심으로 하여 직접적으로 맞물리는 주어, 보어, 인용어와 간접적으로 맞물리는 상황어, 그리고 체언과 맞물리는 규정어에 대하여 살펴보았다.

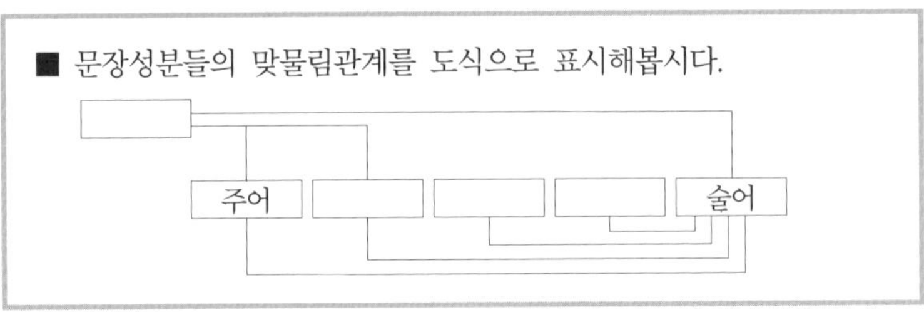

위의 학습 활동은 술어와 주어의 위치를 제시하여 주고는 다른 문장 성분들의 위치를 제시해 보라는 활동이다. 두 번째 줄의 네모칸에는 '보어 - 상황어 - 인용어' 순서대로 제시하면 될 것 같다. 이것들은 모두 술어와 맞물린다는 특성이 있는데, 인용어가 술어와 가장 가까운 위치이고 그 다음에 상황어가 가까울 것이다. 그리고 맨 위의 네모칸에는 규정어가 들어갈 것이다. 이는 규정어가 체언 앞에서 나타난다는 것을 염두에 둔 것인데, 즉 주어 앞과 보어 앞에 규정어가 나온다는 것이다. 주어는 주격토가 붙고 보어도 체언토가 온다는 것을 염두에 둔다면 규정어가 체언 앞에 온다는 것을 쉽게 이해할 수 있다. 그런데 규정어가 술어와 연결된다는 표시도 보이는데, 이것은 재고가 필요하다고 본다. 단지 술어가 문장에서 가장 중요하다는 것을 드러내고자 한 표시일 뿐이며, 결코 규정어와 술어가 직접적으로 관계하지는 않는다.

■ 다음 문장들에서 맞물린성분에 해당한 문장성분들을 찾고 그것이 각각 어떤 물음에 대답하는가를 밝혀봅시다.

○ 리인모선생님은 오늘도 신념과 의지의 화신으로 영생하고있다.
○ 정보기술은 우리 생활에서 크고 빠른 변화를 가져왔다.
○ 범에 대한 전통적의식은 일제의 민족말살정책을 이겨내는 과정에 더욱 강화되였다.
○ 할머니는 나를 보고 ≪네가 이젠 다 자랐구나.≫ 하시며 무척 대견해하시였다.

위의 학습 활동은 여러 맞물린성분, 즉 문장 성분들을 찾고 구체적으로 어떤 뜻을 가지는가를 탐구해 보게 하는 활동이다. 첫 번째 문장에서 '리인모선생님은'이 '누가'의 물음에 대한 대답으로 주어, '오늘도'는 '언제'의 물음에 대한 대답으로 보어, '신념과'는 '무엇과'의 물음에 대한 대답으로 보어, '의지의'는 '무엇의'라는 물음에 대한 대답으로 규정어, '화신으로'는 '무엇으로'라는 물음에 대한 대답으로 보어, '영생하고있다'는 '어떠한가'라는 물음에 대한 대답으로 술어에 해당한다. 이것들은 띄어쓰기를 한 어절에 따라서만 문장 성분을 살핀 것이다.

두 번째 문장에서는 '정보기술은'이 주어, '우리'가 규정어, '생활에서'가 보어, '크고 빠른'이 규정어, '변화를'이 보어, '가져왔다'가 술어이다. '크고 빠른'은 사실 '큰'과 '빠른' 의미를 지니고 있어서 결과론적 하나의 규정어로 본 것이다. 이것들은 각각 '무엇이', '누구의', '어디에서', '어떠한가', '무엇을', '어찌한가'라는 물음에 대한 대답을 나타낸 것들이다.

세 번째 문장에서는 '범에'가 보어, '대한'이 규정어, '전통적의식은'이 주어, '일제의'가 규정어, '민족말살정책을'이 보어, '이겨내는'이 규정어, '가정에'가 보어, '더욱'이 상황어, '강화되였다'가 술어에 해당한다. 각각은 '무엇에', '어떤', '무엇이', '누구의', '무엇을', '어떤', '무엇에', '어떠하게', '어찌한가'의 물음에 대한 대답에 해당한다.

네 번째 문장에서는 '할머니는'이 주어, '나를'이 보어, '보고'가 술어, '네가 이젠 다 자랐구나'가 인용어, '하시며'가 술어, '무척'이 상황어, '대견해하시였다'가 술어에 헤당한다. 이들 각각은 '누가', '누구를', '어찌하는가', '무엇이라고', '어찌하는가', '어떻게', '어찌하는가'의 물음에 대한 대답에 해당한다. 사실 '네가 이젠 다 자랐구나.'라는 인용어는 다시 '네가'라는 주어, '이젠'이라는 보어, '다'라는 상황어, '자랐구나'라는 술어로 더 분석할 수도 있을 것이다.

■ 다음 단어들이 주어로 되는 문장과 술어로 되는 문장을 각각 한 개씩 짓고 문장성분을 밝혀봅시다.
조국, 아침

○ 21세기 우리의 조국은 세계의 아침이다.
○ 찬란한 아침의 나라, 그것이 우리 한민족의 조국이다.

위의 학습 활동은 두 개의 체언을 던져 주고 이를 활용하여 문장을 만들어 보게 하는 활동이다. 띄어 쓴 어절 단위로 문장 성분을 구분해 보면 다음과 같다. '21세기'는 보어, '우리의'는 규정어, '조국은'은 주어, '세계의'는 규정어, '아침이다'는 술어이다. 두 번째 문장에서는 '찬란한 아침의 나라'는 내세움말, '그것이'는 주어, '우리'는 '규정어', '한민족의'도 규정어, '조국이다'는 술어에 해당한다.

앞서도 말한 바, '우리의 조국은' 전체가 주어라고 할 수도 있고, '세계의 아침이다' 전체가 술어라고 할 수도 있다. 또한, '우리 한민족의 조국이다' 전체가 술어가 될 수도 있다. '찬란한 아침의 나라'는 전체가 외딴성분으로서 내세움말에 해당하지만, 그 안의 것들만 보면 '찬란한'이 규정어, '아침의'도 규정어, '나라'는 내세움말이라고 나눌 수도 있다. 이럴 경우 내세움말이라는 문장 성분 명칭이 이상해질 수도 있다.

6.4. 외딴성분 : 부름말, 느낌말, 이음말, 끼움말, 내세움말

북한에서는 문장을 이루는 문장 성분으로 다른 성분과 맞물리는 맞물린성분과 그러지 않는 외딴성분으로 나눈다. "맞물린성분"에는 술어, 주어, 보어, 인용어, 상황어, 규정어가 속하고, "외딴성분"에는 부름말, 느낌말, 끼움말, 이음말, 내세움말이 속한다.[18] 다시 말하면 이들 외딴성분들은 다 주어나 술어를 비롯한 맞물린성분들과는 달리 문장 안에서 다른 성분들과 직접 맞물리지 않고 있는 성분들이다.

○ 앞동무를 불러보십시오. 부름말은 누가 누구를 부르는 말이겠습니까?
○ ≪애고, 이것이 웬일이요?≫ 위의 문장에서 뜻이 아니라 느낌을 나타내는 단어는 어느것입니까?
○ 다음 문장에서 밑줄친 이음말들이 무엇들을 이어주는지 말해봅시다. 우리는 가사, 소설, 영화문학 그리고 일기형태를 배웠다. 이와 함께 묘사에 대한 지식을 학습하였다.
○ 다음의 대화에서 밑줄을 친 끼움말들이 어떤 역할을 하는가, 문장의 어느 위치에 오는가 대답합시다. 영옥 : 내가 말하건대 소설에서 놀부의 성격은 지내 과장되였어. 영수 : 그건 아마 흥부의 성격과 대조시키려는 의도가 강했기때문일거야.
○ ≪자유에 대한 갈망, 이것은 안네만이 아닌 모든 사람들의 공통된 지향이였다.≫ 이 문장에서 어느 부분이 두드러지게 안겨옵니까?

위는 순서대로 부름말, 느낌말, 이음말, 끼움말, 내세움말에 대하여 그 개념

18) 남한에서의 서술어, 주어, 목적어, 보어, 부사어, 관형어가 맞물린성분에 속하고 독립어 하나가 외딴성분에 대체로 속한다.

을 학습하기 위해서 제시된 것들이다. 쉽게 알 수 있듯이 부름말은 '영남아, 학교 가자.'에서 '영남아'를 가리킨다. 다른 외딴성분들은 위에서 구체적인 예가 나와 있다. 느낌말은 '애고', 이음말은 '그리고', '이와 함께', 끼움말은 '내가 말하건대', '아마', 내세움말은 '자유에 대한 갈망'이 각각 해당한다. 여러 활동 발문을 통해서 다음과 같이 각각의 개념을 잘 정리해 주고 있다.

○ **부름말**이란 __ 사람이 상대방을 부를 때 쓰이는 외딴성분입니다.

○ **느낌말**이란 말하는 사람의 __를 직접 나타내는 외딴성분입니다.

○ **이음말**이란 __와 __를 이어주거나 __과 __을 이어주는 역할을 하는 외딴성분입니다.

○ **끼움말**이란 이야기되는 내용의 출처나 그에 대한 보충적설명을 나타내기 위하여 문장의 _이나 __에 끼워넣는 외딴성분입니다.

○ **내세움말**이란 문장의 어느 한 부분을 특별히 __러지게 내세우는 외딴성분입니다.

부름말은 말하는 사람이 상대방을 부를 때 쓰는 성분이고, 느낌말은 말하는 사람의 느낌을 직접 나타내는 성분이고, 이음말은 단어와 단어를 이어주거나 문장과 문장을 이어주는 역할을 하는 성분이다. 또 끼움말은 이야기되는 내용의 출처나 그에 대한 보충적 설명을 나타내기 위하여 문장의 앞이나 가운데에 끼워 넣는 성분이며, 내세움말은 문장의 어느 한 성분을 특별히 두드러지게 내세우는 성분을 말한다.

■ 외딴성분을 어떻게 꾸미는가를 학습합시다.

① 오, 조국이여!

② 나의 조국이여!

③ 그런데, 그리고, 그러나, 그러니, 그러니까, 그러므로, 그렇지만, 하지만, 이리하여, 나아가서

④ 달주야, 고기가 없어졌어.

⑤ 선생님, 묘사의 갈래에 대하여 알고싶습니다.

⑥ 보도에 의하면, 가물로 인한 농작물피해가 우심해지고있다고 합니다.

⑦ 창식아, 긴여울이 어느쪽이냐?

⑧ 또, 또는, 또한, 및, 즉, 따라서

⑨ 아니?…

⑩ 그렇다, 조국은 위대한 수령님의 품이다.

⑪ 첫째로, 둘째로, 셋째로, 다음으로, 한편

⑫ 조국통일, 이것은 우리 인민의 최대의 민족적숙원이다.

⑬ 따사로운 조국의 품이여!

⑭ 체, 너무 뽐내지 말아.

⑮ 그뿐만 아니라, 그렇기때문에, 이와 함께, 이와 같이

⑯ 자력갱생, 이는 열다섯소년들이 모진 고난을 이길수 있게 한 근본요인이다.

⑰ 아, 고리여, 고리여, 풀려다오.

부름말- ⑦,	느낌말-	이음말-	끼움말-	내세움말-

위의 학습 활동은 외딴성분 다섯 가지가 구체적으로 어떤 것인지 확인하게 하는 활동이다. ①~⑰에서 밑줄 치거나 제시된 것들이 모두 외딴성분이니 각각을 분류하면 될 것이다. 부름말은 쉽게 파악되는 ⑦을 비롯하여 ②, ④, ⑤, ⑬이 해당하며, 느낌말은 ①, ⑨, ⑩, ⑭, ⑰이 해당한다. 이음말은 ③, ⑧, ⑪, ⑮, 끼움말은 ⑥, 내세움말은 ⑫, ⑯이 해당한다.

■ 우의 례문들을 참고하여 외딴성분들은 각각 어떻게 꾸미는가를 정리해봅시다.

부름말	• 부름말은 주로 ≪아, _, 여, __, 이시여≫ 등 _격토를 붙여 꾸민다. • 부름말은 또한 특별한 _가 없이 상대편을 부를 때 쓰는 ≪여러분≫, ≪선생님≫, ≪동무≫, ≪아저씨≫ 등과 같은 말마디들만으로 꾸미기도 한다.
느낌말	• 느낌말은 주로 ≪오, 아니, 체≫와 같은 __사로 꾸민다. • 느낌말은 또한 ≪그렇다≫와 같은 말마디들만으로 꾸미기도 한다.
이음말	이음말은 흔히 다음과 같은 단어나 표현들로 꾸민다. • • •
끼움말	• 끼움말은 흔히 ≪보건대≫, ≪듣건대≫, ≪보도에 의하면≫, ≪들으니까≫, ≪보니까≫, ≪다시 말하여≫, ≪한마디로 말하여≫, ≪솔직히 말하여≫ 등과 같은 말로 꾸민다. • 끼움말은 ≪아닌게아니라≫, ≪보는바와 같이≫, ≪아니나다를가≫ 등 굳어진 단어결합으로도 꾸민다.
내세움말	내세움말은 내세워진 ≪이, 그, 저≫와 같은 __사로 되받아 꾸민다.

위의 학습 활동은 앞에 제시된 예문들을 통해서 확인한 외딴성분들의 특성을 정리하는 활동이다. **부름말**은 '아, 야, 여, 이여, 이시여' 등 호격토를 통해서 이루어지는데, 때에 따라서는 호격토 없이 ⑤의 '선생님'처럼 그냥 말마디들만으로 꾸며진다. **느낌말**은 주로 '오, 아니, 체'와 같은 감동사로 꾸며지는데, 또한 ⑩의 '그렇다'와 같은 말마디들만으로도 꾸며진다.

이음말은 ③의 '그런데, 그리고, 그러나, 하지만, 이리하여, 나아가서' 등과 같은 말이나, ⑧의 '또, 또는, 또한, 및, 즉, 따라서' 같은 말, ⑪의 '첫째로, 둘째로, 셋째로, 다음으로, 한편' 같은 말, ⑮의 '그뿐만 아니라, 그렇기때문에, 이와 함께, 이와 같이'와 같은 말을 통해서도 이루어진다. **끼움말**은 ⑥의 '보도에 의하면'처럼 문장의 앞이나 가운데에 이야기되는 출처나 그에 대한 보충적 설명을 나타내기 위하여 끼워 넣는 것이다. "보건대, 듣건대, 들으니까, 보니까, 다시 말하여, 한마디로 말하여, 솔직히 말하여" 등과 같은 말로 이루어지며, 또한 "아닌게아니라, 보는바와 같이, 아니나다를가" 등 굳어진 단어 결합으로도 꾸며진다. 또한 끼움말은 '영광스럽게도, 다행히도, 시원하게도' 등과 같이 상황토 '-게'와 도움토 '도'가 붙어서 이루어지기도 한다. **내세움말**은 내세워진 '이, 그, 저'와 같은 대명사로 되받아 꾸며지곤 한다.

6.5. 정리 및 과제

지금까지 문장 성분에 대하여 맞물린성분과 외딴성분으로 나누어서 살펴보았다. 북한에서는 맞물린성분으로 술어, 주어, 보어, 인용어, 규정어, 상황어 6개를 설정하고 외딴성분으로 부름말, 느낌말, 끼움말, 이음말, 내세움말 5개를 설정하고 있다. 후자의 것들을 통일되게 '-어'를 붙여서 독립어 혹은 외딴어라고 명명하여 설정한다면, 북한에서도 총 7개의 문장 성분을 설정하게 되어, 결국 남북한의 동질성 회복에 조금 더 다가서게 된다. 물론 문장 성분 하나하나가 지니는 개념과 범위는 차이가 난다. 특히 '보어'의 범위가 두드러지게 남북이 차이를 보인다.

북한에서는 일정한 물음에 대한 대답이 어떤 역할을 하느냐로 문장 성분을 판별하는 방식을 택하고 있다. '어찌하는가, 어떠한가, 누구(무엇)인가'에 대한 대답은 술어에 해당하고, '누가(무엇이)'에 대한 대답은 주어이고, '무엇(누구)을, 무엇(누구)에게, 무엇(누구)과, 어디로, 어디에서, 누구(무엇)보다…'에 대한 대답은 보어라고 본다. 또한 '무엇(누구)이라고, 어찌(어떠)하다고'에 대한 대답은 인용어, '어떻게, 어느 정도로'에 대한 대답은 상황어, '어떤, 누구(무엇)의'에 대한 대답은 규정어라고 한다. 이 가운데 주어와 보어는 체언과 관련한 문장 성분이고, 술어와 인용어는 용언과 관련한 성분이다. 상황어와 규정어는 체언 및 용언에서 모두 나타난다.

한편 남한에서는 문장 성분으로 서술어, 주어, 목적어, 보어, 관형어, 부사어, 독립어 총 7개를 설정하고 있다. 남한의 문장 성분들은 각각 서술격 조사, 주격 조사, 목적격 조사, 보격 조사, 관형격 조사, 부사격 조사, 호격 조사라는 조사들을 통해서 이루어진다 하여 품사 명칭과 문장 성분 명칭의 관련성을 어느 정도 보여 주고 있어서, 품사와 문장 성분들의 관련성을 어느 정도 보여 준다.

북한 문장 성분들을 검토하다 보니까, 1970년대 ≪조선문화어문법규범≫(1976)과 ≪조선문화어문법≫(1979)에서는 그 명칭들이 고유어 이름이었는데, ≪국어문법 1~3≫(1996, 2001) 및 현재 ≪국어 1~3≫(2013~2015) 교과서에 와서는 한자어로 바뀌어서 사용되고 있다. 어떤 이유가 있었는지 지금으로선 파악하기 어려우나, 고유어를 높이 보던 북한에서 왜 그리하게 되었는지 궁금증을 더해 준다.

또 한 가지 ≪국어문법 1~3≫(1996, 2001)에서는 인용어가 맞물린성분에 속하지 않고 보어의 하나로 설정되어 있었다. 그것이 현행 ≪국어 1~3≫(2013~2015) 교과서에서는 맞물린성분으로 들어오게 되었다. 남한에서도 인용절이라 하여 안긴절의 하나로 취급하고 있기는 하지만, 굳이 대범주 차원에서 본다면 광의의 보어에 넣어도 큰 문제는 없다고 본다. 혹시 남한에서 그리하니까 북한에서도 동질성 회복을 위해서 따로 인용어를 구분해 둔 걸까 하는 기대감을 가져 본다.

제7장 문장의 갈래

문장은 말하는 사람이 자신의 생각과 감정을 온전히 표현할 수 있는 단위이다. 말하는 사람은 같은 내용을 가지고도 이야기의 목적, 이야기하는 사람의 감정에 따라 문장을 다르게 사용할 수 있다. 문장은 다양한 기준에 따라서 그 갈래를 나눌 수 있다.

북한 학교 문법에서는 말하는 사람이 이야기하는 목적과 구조적 형식에 따라서 문장을 나누기도 한다. 교수 학습이라는 측면에서 특히 후자의 방식이 주로 사용된다. 이에 따라 남한의 홑문장과 겹문장 개념과 일치하는 단일문과 복합문으로 나누고 또 한 개 이상의 확대성분의 유무에 따라서 단순문과 확대문으로 나누기도 한다. 여기서는 이러한 북한 학교 문법에서 나누는 문장의 갈래에 대해서 남한의 분류 방식과 비교 대조해 가면서 살펴보도록 한다.[1)]

---

1) 북한의 이론 문법서인 김백련(2005)에서는 문장을 "기능류형"이라 하여, 서술문, 물음문, 명령문, 권유문, 약속문, 느낌문으로 나누기도 하고 또 긍정문과 부정문으로 나누기도 하고, 또한 주동문, 사역문, 피동문, 능동문 등으로 나누기도 한다. 또 문장의 "단순구조류형"이라 하여 무주어문과 불완전문, 독립성분문장 같은 것들을 설정하기도 한다. 또한 단순문과 전개문, 내포문과 복합문 등을 구조 유형에 따라서 제시하기도 한다.

7.1. 문장의 갈래

7.1.1. 서로 다른 구분 기준에 따른 문장의 갈래

7.1.1.1. 이야기 목적에 따른 문장의 갈래

문장은 다양한 기준에 따라서 여러 가지 갈래로 나눌 수 있다. 먼저 이야기 목적에 따라 알림문, 물음문, 시킴문, 추김문, 느낌문으로 나눈다. 사실 이것들은 앞서 5장에서 용언토를 다루면서 언급했던 것인데, 문장의 끝맺음을 나타내는 맺음토와 깊은 관련이 있다. 각각 알림토, 물음토, 시킴토, 추김토가 붙어서 이루어진다. 느낌문은 따로 느낌토가 설정되지 않고 앞선 네 가지 문장에 감동의 느낌을 얹어서 이루어진다고 말하고 있다.

문장은 이야기목적에 따라 알림문, 물음문, 시킴문, 추김문, 느낌문으로 나눕니다.

문장은 무슨 목적으로 말하는가에 따라서 어떤 사실을 알려 주는 알림문이 될 수도 있고, 무엇을 물어 보는 물음문이 될 수도 있다. 또한 어떤 행동을 하라고 시키는 시킴문이 될 수도 있고 무엇을 함께 하자고 추기는 추김문이 될 수도 있다. 한편 알림문, 물음문, 시킴문, 추김문을 강한 느낌의 억양으로 발음하면 느낌문이 된다(≪국어문법 2≫(2001 : 42).

○ 어머니, 학교에 다녀오겠습니다.
○ 지금은 몇시입니까?
○ 순희야, 아무쪼록 공부를 잘해라.
○ 모두 학습반에 가자요.
○ 아이, 오빠가 왔군요! (알림문이면서 느낌문)

> 얼마나 와보고 싶던 백두산입니까! (물음문이면서 느낌문)
> 미제승냥이놈들을 끝까지 소멸하라! (시킴문이면서 느낌문)
> 이번 학기에도 꼭 우등생을 합시다! (추김문이면서 느낌문)
> 우리 나라는 얼마나 아름다운가!
>
> — ≪국어문법 2≫(2001 : 48-50)

위에 제시한 문장들은 순서대로 알림문, 물음문, 시킴문, 추김문, 느낌문이다. 추김문인 "모두 학습반 가자요."는 남한이라면 "모두 학습반 갑시다." 혹은 "모두 학습반 가요."라고 할 표현이다. 높임의 표현으로 '요'를 사용하여 '가자요'라고 쓰는 것은 북한 교과서에서만 볼 수 있는 특징이다. 마지막 느낌문들을 보면 "우리 나라는 얼마나 아름다운가!"라고 하여 독립적인 느낌문이 설정되어 있지만, 이것은 극히 이례적인 것이고 대부분은 알림문, 물음문, 시킴문, 추김문이면서 느낌문으로 실행되고 있다고 말하고 있다.

남한 학교 문법에서는 평서문, 의문문, 명령문, 청유문, 감탄문 다섯 개 문장의 종류를 제시하고 있다. 고유어 용어와 한자어 용어의 차이가 있을 뿐, 그 종류와 내용은 동일하다. 남한은 감탄문을 독립적인 문장 갈래로 설정하고 있음에 비해서, 북한에서는 느낌문을 독립적인 문장 갈래라기보다는 다른 문장 갈래와 동시적으로 존재하는 것으로 본다. 그래서 '알림문이면서 느낌문', '물음문이면서 느낌문', '시킴문이면서 느낌문', '추김문이면서 느낌문' 이런 표현을 쓰는 것이다.

그러나 "우리 나라는 얼마나 아름다운가!" 같은 문장은 느낌문이라고 분명히 말할 수 있다. 이 문장이 알림문, 물음문, 시킴문, 추김문 가운데 하나라고 말하기는 쉽지 않아 보인다. 문장 부호로 느낌표(!)의 독립적 사용이 가능하기도 하고 또 '-구나'라는 특징적인 종결 표현도 있으니, 교육적인 차원에서 그냥 느낌문을 독립적으로 설정해도 될 듯하다.

■ 다음 그림과 학생들의 대화에서 문장을 모두 찾고 말하는 목적에 따라 나누어봅시다.

그림을 보고 이 우화의 내용을 말해봅시다..	
알림 : 청렴한 회계원을 뽑는다.	알림 : 사마귀를 촌장직에서 해임한다.
재수 : 그림만 보구 어떻게 말해? 송이 : 듣자니 영철동무 이 우화를 읽었다는데 간단한 내용을 좀 말해 주렴. 영철 : 한마디로 속은 시꺼매가지고 제법 ≪청렴≫한 회계원을 뽑는다던 사마귀의 본심이 드러나 촌장구실을 못하게 되는 이야기야. 남수 : 듣고보니 그 우화의 사마귀처럼 산다는건 얼마나 너절한 일이냐!	

➢ 문장은 모두 몇개입니까?

• 5개 ( ) • 6개 ( ) • 7개 ( ) • 8개 ( ) • 9개 ( ) • 10개 ( )

➢ 찾은 문장들을 이야기목적에 따라 다음의 항목별로 나누어봅시다.

- 어떤 사실을 알리는 문장
- 어떤 사실을 물어보는 문장
- 어떤 행동을 하라고 시키는 문장
- 어떤 행동을 함께 하자고 추기는 문장
- 말하는 사람의 느낌을 나타내는 문장

위의 학습 활동은 그림과 대화에서 문장을 찾고 이야기 목적에 따라 그 문장들을 주어진 항목별로 나누어 보는 활동이다. 그림에서 문장은 "청렴한 회계원을 뽑는다."와 "사마귀를 촌장직에서 해임한다."라는 두 개다. 또한 대화는 네 사람이 참여해서 각각 문장 하나씩을 말하는 형국이다. 결국 여기에 제시된 문장은 모두 6개이다.

그림에 나온 "청렴한 회계원을 뽑는다."와 "사마귀를 촌장직에서 해임한다."라는 문장은 모두 어떤 사실을 알리는 알림문이다. 대화 속에서 나온 "그림만 보구 어떻게 말해?"는 어떤 사실을 물어보는 물음문이며, "듣자니 영철동문이 우화를 읽었다는데 간단한 내용을 좀 말해주렴."은 어떤 행동을 시키는 시킴문이다. "한마디로 속은 시꺼매가지고 제법 ≪청렴≫한 회계원을 뽑는다던 사마귀의 본심이 드러나 촌장구실을 못하게 되는 이야기야."는 어떤 사실을 알리는 알림문에 해당한다. 마지막 대화인 "듣고보니 그 우화의 사마귀처럼 산다는건 얼마나 너절한 일이냐!"는 말하는 사람의 느낌을 나타내는 느낌문에 해당하는데, 구체적으로는 '-냐'라는 물음토를 사용하여 결국 물음문이면서 느낌문이라고 말할 수 있다.

"**알림문**"이란 말하는 사람이 듣는 사람에게 무엇을 알리는 문장이다. 알림문은 알림을 나타내는 맺음토인 '-습니다, -입니다, -다오, -다, -지요' 등에 의하여 표현된다. 알림문의 억양은 문장의 끝에서 낮아진다. "**물음문**"은 말하는 사람이 듣는 사람에게 무엇을 물어 보는 문장으로, '-습니까, -입니까, -느냐, -니' 등에 의하여 표현된다. 물음문의 억양은 문장의 끝에서 올라간다. 그러나 '누구, 인제, 어니, 몇'과 같은 물음을 나타내는 단어가 들어가면 그 단어에서 억양이 높아졌다가 문장의 끝에서는 약간 낮아진다.

"**시킴문**"이란 말하는 사람이 듣는 사람에게 어떤 행동을 시키거나 요구하는 문장으로, 시킴을 나타내는 맺음토인 '-라, -십시오, -시오, -세요' 등에 의하여 표현된다. 시킴문은 누구에게 무엇을 시키려고 하느냐에 따라 억양이 달라진다. 격분에 찬 어조로 할 때도 있고 부드럽고 존대스러운 어조로 할 때(예 : 할아버지, 편히 주무십시오.)도 있다. 주로 마지막에 점을 찍지만, 시킴의 뜻을 강하게 나나낼 때에는 느낌표를 치기도 한다. "**추김문**"은 말하는 사람이 듣는 사람에게 어떤 행동을 자기와 함께 할 것을 요구하는 문장으로, '-ㅂ시다, -자요, -자꾸나, -지' 등에 의하여 표현된다. 추김문의 억양은 호소하기도 하고 소원하기도 하는 등 여러 가지로 실현된다. 역시 강하게 추김문을 나타낼 때는 느낌표를 친다. "**느낌문**"은 위의 모든 문형들에 강한 느낌의 억양으로 발음하여 실현된다. 느낌문은 문장 마지막에 느낌표(!)를 친다.[2)]

7.1.1.2. 구조적 형식에 따른 문장의 갈래

문장은 구조적 형식에 따라 그 갈래가 나누어지기도 한다. 앞서 문장 성분을 설명할 때, 하나의 단어로 이루어지면 "단순성분", 둘 이상의 단어들이 결합되어 이루어지면 "확대성분"이라고 했다(6.1. 참조). 그리하여 단순 성분만으로 이루어지면 "**단순문**"이고 한 개 이상의 확대 성분을 가지고 있으면 "**확대문**"이라고 한다. 또한 주어와 술어가 한 번씩만 나타나면 "**단일문**"이라 하고 두 번 이상 나타나면 "**복합문**"이라 한다.

> 문장은 구조적형식에 따라 단순문과 확대문, 단일문과 복합문으로 나눕니다.
>
> 단순성분만으로 이루어진 문장을 단순문, 한 개이상의 확대성분을 가지고있는 문장을 확대문이라고 하며 주어와 술어의 맞물림관계가 한번 있는 문장을 단일문, 주어와 술어의 맞물림관계가 두번 또는 그 이상 있는 문장을 복합문이라고 합니다.

---

2) 문장의 갈래에 대한 자세한 설명은 ≪조선문화어문법규범≫(1976, 2011), ≪조선문화어문법≫(1979), ≪국어문법≫(2001)에 많이 의지했음을 밝힌다. 한편, '-자요' 같은 표현은 남한에서는 사용하지 않는 청유형 표현이어서 남북한 차이가 많이 난다. 의미상 정도의 차이는 있지만, 남북한의 종결 표현이 동질적인 것들이 무척 많다.

남한 학교 문법에서는 홑문장과 겹문장으로 나누는데, 반드시 일치하는 건 아니지만 대체로 북한의 단일문이 남한의 홑문장과 대응되고, 북한의 복합문이 남한의 겹문장과 대응된다.

그런데 남북한 간의 복합문 혹은 겹문장 분류 기준의 중요한 차이가 있다. 남한은, 예컨대 '예쁜 꽃이 피었다'를 겹문장으로 보고 있는데, 이는 심층 구조를 인정하여 비록 눈에 보이지는 않지만 심층적으로 있다고 인정되는 '[꽃이] 예쁜'을 하나의 관형사절로 보는 입장이다. 이에 비해 북한은 '예쁜 꽃이 피었다'는 홑문장, 곧 단일문이라 하며, 단지 '예쁜'이라는 규정어 성분이 확대되었을 뿐이라는 입장을 취하고 있다. 즉 북한은 심층 구조가 아닌 표면 구조를 대상으로 하여 단일문이라고 하는 것이다.

■ 문장성분과 관련한 지식을 리용하여 구조적형식에 따르는 문장의 갈래를 알아봅시다.

➢ 다음 문장들에서 문장성분을 분석해봅시다.

① 모교란 말그대로 어머니와 같은 학교라는 뜻입니다.

② 코끼리가 사자앞으로 바투 다가가자 사자는 후다닥 일어나 코끼리를 물려고 했습니다.

③ 무성하고 울창한 숲은 지구상의 각이한 생물종의 원천지이고 보금자리이다.

④ 누구나 후회없이 사는 보람찬 삶을 원한다.

⑤ 코끼리는 코가 길고 귀가 크다.

➢ 위의 문장들을 아래의 항목별로 나누어봅시다.

- 단순성분으로만 이루어진 문장
- 한개이상의 확대성분을 가지고있는 문장
- 주어와 술어의 맞물림관계가 하나 있는 문장
- 주어와 술어의 맞물림관계가 두번이상 있는 문장

위의 학습 활동은 구조적 형식에 따라서 북한의 문장 갈래를 확인해 보는 활동이다. 먼저 주어진 다섯 가지 문장들을 문장 성분으로 분석해 보도록 하자. ①에서 '모교란'은 주어, '말그대로'는 상황어, '어머니와'는 보어, '같은'은 규정어, '학교라는'은 규정어, '뜻입니다'는 술어이다. ②에서 '코끼리가'는 주어, '사자앞으로'는 보어, '바투'는 상황어, '다가서자'는 술어, '사자는'은 주어, '후다닥'은 상황어, '일어나'는 술어, '코끼리를'은 보어, '물려고 했다'는 술어이다.[3)]

③에서 '무성하고 울창한'은 규정어, '숲은' 주어, '지구상의'는 규정어, '각이한'은 규정어, '생물종의'는 규정어, '원천지이고 보금자리이다'는 술어이다. ④에서 '누구나'는 주어, '후회없이'는 상황어, '사는'은 규정어, '보람찬'은 규정어, '삶을'은 보어, '원한다'는 술어이다. ⑤에서 '코끼리는'은 주어, '코가'도 주어, '길고'는 술어, '귀가'는 주어, '크다'는 술어이다.

①과 ④는 "한개이상의 확대성분을 가지고있는 문장", 곧 확대문에 해당한다. 즉 ①은 '말그대로 어머니와 같은'이라는 확대 성분이 들어갔고, ④는 '후회없이 사는 보람찬'이라는 확대 성분이 들어갔다. ②와 ⑤는 "주어와 술어의 맞물림관계가 두번이상 있는 문장", 즉 복합문에 해당한다. ②는 '코끼리가 사자앞으로 바투 다가가다'와 '사자는 후다닥 일어나다'와 '코끼리를 물려고 했다' 세 개 문장이 이어진 복합문이다. ⑤는 '코끼리는 코가 길다'와 '귀가 크다'가 이어진 복합문이다. ③은 길지만 "주어와 술어의 맞물림관계가 하나 있는 문장"에 해당하는 단일문이다. 물론 '무성하고 울창한'이라는 확대 성분과 '지구상의 각이한 생물종의'라는 확대 성분이 들어 있다.

앞서도 말했지만, 남한의 학교 문법 차원에서 말하는 겹문장 체계와는 완전히 다르다. 북한에서는 문장이 주어와 술어가 모두 나타난다는 것이 전제로 되어 있다. 흔히들 남한은 이론이, 북한은 실용이 발달되어 있다고 말하는데,

---

3) 남한이라면 '말그대로'는 '말 그대로', '사자앞으로'는 '사자 앞으로'로 띄어쓰기를 해야 한다. 그러면 '말'과 '사자'가 모두 관형어, 즉 북한의 규정어로 정해져야 한다. 여기서는 일단 묶어서 제시했을 뿐이다.

이런 데서도 그것을 확인할 수 있다. 우리가 여기서 위 단락에서처럼 단일문과 복합문, 단순문과 확대문 분석을 했지만, 사실 문장을 분석하는 방법이 그리 쉽지는 않다.

7.1.2. 이야기 목적에 따른 문장 갈래의 특성

앞에서 이야기 목적에 따라 문장의 갈래를 알림문, 물음문, 추김문, 시킴문, 느낌문으로 나누어 보았는데, 여기서는 구체적인 각각의 개념과 특성을 학습 활동을 통해서 살펴보도록 한다.

> 2. 이야기목적에 따라 구분되는 문장류형의 개념과 특성을 구체적으로 알아봅시다.

> ■ 이야기하는 사람이 듣는 사람에게 어떤 사실을 알리는 문장을 **알림문**이라고 합니다. 다음의 문장들에서 알림문을 찾고 그 특성을 말해봅시다.
> ○ 모교를 사랑하고 스승을 존경하는것은 인간의 초보적인 도덕이다.
> ○ 우리의 현실을 보십시오.
> ○ 넓은잎나무 1정보는 68t의 먼지를 잡는다고 한다.
> ○ 우화 ≪<청렴>한 사마귀≫의 첫 장면과 마감장면.
> ○ 다른 짐승에게 왕위를 넘겨주기 전에 어서 빨리 넘겨받으세요.
> ○ 사람들이 진정으로 숲과 가까와질 때 우리의 지구는 점점 아름답게 변모되여 인류의 행복한 미래를 담보하게 될것이다.

"**알림문**"은 남한의 평서문에 정확히 대응되는 것으로, 발문에서 제시한 것처럼 "이야기하는 사람이 듣는 사람에게 어떤 사실을 알리는 문장"을 뜻한다. 이에 의하면 제시된 위 문장들 가운데 "모교를 사랑하고 스승을 존경하는것은 인간의 초보적인 도덕이다.", "넓은잎나무 1정보는 68t의 먼지를 잡는다고 한다.", "사람들이 진정으로 숲과 가까와질 때 우리의 지구는 점점 아름답게 변모되여 인류의 행복한 미래를 담보하게 될것이다."의 세 문장이 알림문이 될 것이다. 이들의 공통점은 모두 '-다'라고 하는 맺음토로 끝나 있다는 점이다. 남한 학교 문법의 평서형 종결 어미에 해당한다.

그런데 "우화 ≪<청렴>한 사마귀≫의 첫 장면과 마감장면."이라는 표현은 일정한 제시 장면인데, 이것이 알리는 표현일 수도 있다는 점에서 알림문에 소속시킬 가능성을 제기해 볼 수 있다. 그러나 북한의 학교 문법에서는 주어와 술어의 출현이 문장의 기본 전제가 되기 때문에 이것이 문장이 될 수도 없고 당연히 알림문에 해당될 수도 없다. 한편 "우리의 현실을 보십시오."와 "다른 짐승에게 왕위를 넘겨주기 전에 어서 빨리 넘겨받으세요."는 명령을 하는 "**시킴문**"에 해당한다.[4)]

■ 이야기하는 사람이 듣는 사람에게 어떤 사실에 대하여 물어보는 문장을 **물음문**이라고 합니다. 아래의 물음문들을 제시된 항목에 따라 나누어봅시다.

① 학생은 이 과 학습을 통하여 무엇을 배웠습니까?
② 병환이 어떠하시옵니까?
③ 여우가 코끼리한테 속히워 죽는 이야기를 만들어볼가 하는데 어때?
④ 동무들속에 혹시 이런 생각을 해본 동무들이 있는지요? y n[5)]
⑤ 후회없는 보람찬 삶을 살자면 어떻게 해야 하는지?
⑥ 사람들이 숲과 점점 멀어지고있다는것이 사실인가? y n

• 구체적인 대답을 요구하는것 (　　)
• 단순한 확인만을 요구하는것 (　　)

---

4) 남한이나 북한이나 주어와 술어가 하나 이상 나와야 한다는 것은 전제에 해당한다. 그러나 명령문(시킴문)에서는 주어를 생략하는 것이 또한 공통적인 현상이기도 하다.

5) 북한 국어 교과서에서 학습 활동 내용 가운데 영어 표기 'y, n'을 사용하고 있다. 어떤 이유에

위의 “**물음문**”은 남한의 의문문에 해당하는데, “이야기하는 사람이 듣는 사람에게 어떤 사실에 대하여 물어보는 문장”이라고 그 개념을 제시하고 있다. 여기 있는 예들은 모두 문장 끝에 물음표(?)라는 문장 부호를 동반하면서 각각 물음을 나타내는 토 ‘-습니까, -ㅂ니까, -는지요, -는지, -ㄴ가’를 지니고 있다. ③에서는 ‘어때’라는 의문사를 맨 마지막에 제시하고 있다. 결국 물음문은 종결 표현으로 물음토 혹은 의문사를 지닌다고 말할 수 있다. 이것들 가운데 ①, ②, ③, ⑤는 구체적인 대답을 요구하는 것이고, ④, ⑥은 단순한 확인만을 요구하는 것이다. 단순한 확인만을 요구한다는 것은 ‘예, 아니요’의 대답만을 하면 된다는 것이다. 남한에서의 판정 의문문에 해당하며, 구체적인 대답을 요구하는 것은 설명 의문문에 해당한다. 위 예시에는 나타나지 않지만 남한에서는 특정한 대답을 요구하지 않는 수사 의문문을 더 설정한다.

■ 다음의 맺음토들가운데서 이야기하는 사람이 듣는 사람에게 어떤 행동을 자기와 함께 할것을 요구하는 **추김문**에 필요한것들을 찾아봅시다.

~습니다, ~아요, ~자요, ~ㅂ니까, ~ㅂ니다, ~세요, ~라요

“**추김문**”은 “이야기하는 사람이 듣는 사람에게 어떤 행동을 자기와 함께할 것을 요구하는” 문장으로 남한의 청유문에 해당한다. 위에 제시된 맺음토들 가운데 ‘-자요’가 추김토에 해당한다. ‘-아요’ 같은 경우는, 예컨대 ‘밥 먹어요.’라는 문장이 맥락에 따라서 알림문, 물음문, 청유문, 시킴문, 느끼문이 된다는 점에서 통용적인 토라고 할 수 있다.

‘-아요’는 본래 해요할 자리에 쓰여, 설명·의문·명령·청유의 뜻을 나타내는

서 이것을 사용하였는지 의아하다. 그렇게도 교과서 곳곳에 미국 반대 내용을 다루면서 영어 문자를 사용하는 것은 앞뒤가 맞지 않는다는 것이다. 아마도 단순한 표식 혹은 오류라고 볼 수도 있다.

종결 어미로, 본래 어미 '-아'와 보조사 '요'가 결합한 말로 알려져 있다. '지금 문 닫아요.'. '벌써 문을 닫아요?', '어서 손을 잡아요.'에서 나타난다. 한편 '-라요'는 '-아요'의 평안도 방언으로 알려져 있는데, 주로 '시'가 붙은 '-시라요' 형태로 많이 나타난다.

■ 이야기하는 사람이 듣는 사람에게 어떤 행동을 할것을 요구하는 문장을 **시킴문**이라고 합니다. 이런 문장들이 대체로 어떤 뜻을 담겠는가를 짝맞추기를 진행하면서 알아봅시다.

문장	뜻
분단 차렷! 우로 봣!	지시
잔디를 밟지 마시오.	금지
어서 숙제를 하렴.	부탁
잘못을 알았으면 그만 머리를 들어라.	권고
어머니, 이젠 좀 쉬세요.	허락

"**시킴문**"은 남한의 명령문에 해당한다. 위에 나와 있듯이 시킴문은 "이야기하는 사람이 듣는 사람에게 어떤 행동을 할것을 요구하는 문장"이다. 여기 제시된 예문들은 '-시오, -렴, -어라, -세요'와 같은 시킴을 나타내는 토가 맺음토로 쓰이는데, 남한의 명령형 종결 어미에 해당한다. 각각 금지, 부탁, 권고, 허락의 의미를 띠고 있다. 특이한 시킴문으로 '분단 차렷! 우로 봣!'이 제시되어 있는데, 문장 끝이 'ㅅ' 종결 표현으로 되어 있으며, 지시의 의미를 띠고 있다.

■ 우에서 본 문장류형들에 말하는 사람의 강한 느낌이 담겨지면 **느낌문**이 됩니다. 그러한 문장들을 직접 만들어보면서 느낌문의 특성을 알아봅시다.

알림				조선은 결심하면 한다!
물음				
	+	느낌	=	
추김				
시킴				

한편 "**느낌문**"은 알림문, 물음문, 추김문, 시킴문에다가 "사람의 강한 느낌"이 담겨지면 된다고 말하고 있다. 알림을 나타내는 '조선은 결심하면 한다'에다가 강한 느낌을 담은 느낌표(!)를 하면 느낌문이 된다는 논리이다. 또 '조선은 결심하면 하는가!', '조선은 결심하면 하자요!', '조선은 결심하면 해라!'처럼 물음이든 추김이든 시킴이든 '사람의 강한 느낌'을 더하면 느낌문이 된다는 것이다.

남한에서는 감탄문이라 하여 '이 꽃은 참 예쁘구나!'에서처럼 감탄형 종결어미 '-구나'를 설정하고 있어서 차이를 보인다. 물론 평서문, 의문문, 청유문, 명령문에 강한 감탄의 마음을 넣어서 감탄의 의미를 나타내기도 하지만, '-구나'라는 독립적 감탄형 어미를 인정하여, 종결 표현에 따른 감탄문을 따로 설정하고 있는 것이다.

■ 아래의 글을 해당 인물들의 감정이 드러나게 잘 읽고 물음에 대답해 봅시다.

평양의 어느 한 초급중학교 3학년이 다니는 성길이라는 학생이 문수물놀이장에서 즐거운 휴식을 보내고 돌아오던 길에 뻐스정류소에서 무거운 려행가방을 들고오시는 한 할머니를 만났습니다.

≪애야, 하나 좀 묻자꾸나. 창전거리로 가자면 어디루 가야 하나?≫

≪창전거리로 가십니까? 여기서 뻐스를 타고 한 정거장만 가면 됩니다. 저희 집도 거기에 있는데 함께 가십시다.≫

≪그래? 정말 고맙구나. 오, 마침 뻐스가 오는구나.≫

≪할머니, 먼저 오르십시오. 그리고 그 가방은 제게 주십시오. 제가 들고 오르겠습니다.≫

≪원 참, 기특도 해라.≫

• 알림문의 억양은 어떤 특성을 가지고있습니까?
• 물음문의 억양은?
• 추김문의 억양은?
• 시킴문의 억양은?
• 느낌문의 억양은?

위의 학습 활동은 문장 유형에 따라 **억양**에 어떤 차이가 있는지 알아보는 활동이다. 위의 글에서 첫 번째 긴 문장은 '만났습니다.'에서 보듯이 '-다'로 끝난 알림문이며, 그 억양은 문장의 끝이 낮아진다. "여기서 뻐스를 타고 한 정거장만 가면 됩니다."도 알림문인데, 역시 억양이 문장 끝이 내려간다. 그리고 "애야, 하나 좀 묻자꾸나. 창전거리로 가자면 어디루 가야 하나?"와 "창전거리 가십니까?"는 각각 종결 표현이 '-나', '-ㅂ니까'로 끝난 물음문인데, 그 억양은 문장의 끝이 올라간다.

한편, 추김문의 억양은 상황에 따라서 다른 점이 보인다. 호소하는 억양이 있을 수도 있고 그냥 바라는 억양이 있을 수도 있다. 본문에 있는 "저희 집도 거기에 있는데 함께 가십시다."가 바로 추김문인데, 이때 억양은 평범하게 바라는 억양을 띤다. 시킴문의 억양도 여러 가지가 있다. "할머니, 먼저 오르십시오. 그리고 그 가방은 제게 주십시오."의 두 문장은 모두 시킴문인데, 부드럽고 존대스러운 어조를 나타낸다. 물론 격분에 찬 어조를 띠는 경우도 있는데, 북한 국어 교과서에서 흔히 나오는 "미제침략자들은 남조선에서 당장 물러가라!" 같은 데서 그런 억양을 볼 수 있다(≪국어문법 2≫(2001 : 49)).

7.2. 단일문과 복합문

앞에서 구조적 형식에 따라서 문장을 단일문과 복합문으로 나눈 바 있다. "**단일문**"은 주어와 술어의 맞물림관계가 한 번 있는 문장이고, "**복합문**"은 주어와 술어의 맞물림관계가 두 번 또는 그 이상 있는 문장을 가리켰다.

○ 나는 고등중학교 학생이다.
○ 나는 고등중학교 학생이고 형님은 대학생이다.

— ≪국어문법 2≫(2001 : 56)

위의 첫 번째 문장에서 '나는'은 주어이고 '고등학교 학생이다'는 술어이다. 두 번째 문상은 주어와 술어가 두 번씩 나타나는 겹문장인데, '나는'이 주어이고 '고등학교 학생이다'가 술어, 또 '형님은'이 주어, '대학생이다'가 술어이다. 남한에서는 겹문장으로 대등하게 이어진 문장에 해당한다.

○ 우리는 분단모임을 끝내고 협동벌로 달려 나갔다.
○ 모내기철에는 사무원들이, 군인들이 그리고 학생들이 농촌을 로력적으로

지원한다.

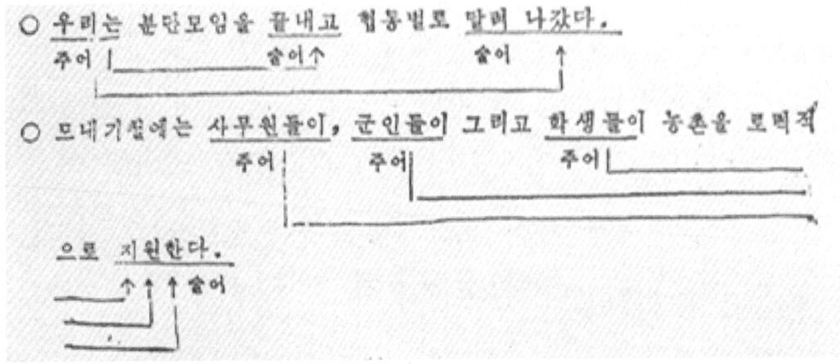

— ≪국어문법 2≫(2001 : 56)

북한 학교 문법에서는 위의 두 문장은 복합문이 아닌 단일문으로 보고 있다. 첫 번째 문장은 '우리는'이 주어이고 '끝내고'가 술어이다. 그런데 뒤에 남는 '달려 나갔다'가 술어이기는 하지만, 따로 주어는 나타나 있지 않다. 표면 구조 차원에서 볼 때 뒤의 것이 주-술 관계가 나타나지 않으니, 결국 전체 문장은 단일문이라는 것이다. 북한 학교 문법에서는 두 번째 문장도 마찬가지로 단일문으로 보고 있다. 주어는 '사무원들이, 군인들이, 학생들이' 세 개이지만, 술어는 '지원한다' 하나만 나타나기 때문에 단일문이라는 것이다. 남한 학교 문법에서는 이 두 문장 모두 겹문장으로 본다. 그것은 두 문장이 각각 주어 생략, 서술어 생략으로 본다는 것이다. 북한은 표면 구조, 남한은 심층 구조를 중시하는 문법관의 차이다.

○ 미제침략자들은 경애하는 김정은원수님의 두리에 굳게 뭉친 우리 인민의 불패의 힘을 똑바로 보고 함부로 날뛰지 말아야 하며 새 전쟁도발책 등을 당장 걷어치우고 남조선에서 하루속히 물러가야 한다.
○ 자동차가 가고 뜨락또르가 온다.
○ 세대는 바뀌여도 혁명의 과녁은 변하지 않았다.

복합문에 대한 이러한 입장을 더욱 잘 보여 주는 것이 위의 예문들이다.

첫 번째 문장은 아무리 길더라도 표면적인 주어는 '미제침략자들은' 하나만 나타나기 때문에 단일문일 뿐이라는 것이다. 이 문장에서 술어는 '보고, 날뛰지 말아야 하며, 걷어치우고, 물러가야 한다' 네 가지로 있지만, 주어는 하나밖에 없어서 결국은 복합문이 아닌 단일문이 된다는 것이다. 이에 비해서 두 번째와 세 번째 문장은 비록 짧기는 하여도 주-술의 맞물림관계가 두 번씩 나타나고 있어서 복합문으로 분류되고 있다.

남한 학교 문법에서는 이들 세 문장은 모두 겹문장으로 본다. 생략되어 있는 성분을 모두 인정하기 때문이다. 두 번째 '자동차가 가고 뜨락또르가 온다' 문장은 대등하게 이어진 문장으로 명명하고 있으며, 세 번째 '세대는 바뀌여도 혁명의 과녁은 변하지 않았다.' 문장은 종속적으로 이어진 문장으로 명명하고 있다. 이어짐과 안김이 섞여 있는 첫 번째 문장에 대해서는 남한 학교 문법에서도 특별한 문장 종류 명칭을 부여하지 않고 있다. 이어짐과 안김이 혼합된 혼성문이라는 용어를 이론 문법에서 쓰곤 한다. 북한 학교 문법에서는 단일문인지 복합문인지만 분류하는 학습 활동을 하고 있을 뿐이다.[6)]

7.3. 단순문과 확대문

북한 학교 문법에서 구조적 형식에 따라서 문장을 분류하는 것은 단순문과 확대문으로 나누는 방식도 있다. "**단순문**"은 단순 성분만으로 이루어진 문장을 가리키고, "**확대문**"은 한 개 이상의 확대 성분을 가지고 있는 문장을 가리킨다.

---

6) ≪조선문화어문법규범≫(1976 : 476-486 ; 2011 : 448-458)과 ≪조선어문화어문법≫(1979 : 440-444)에서는 겹침복합문, 이음복합문, 얽힘복합문으로 복합문을 더욱 분류하고 있다. ≪국어문법 1~3≫(1996, 2001)에서는 문장을 그냥 단일문과 복합문으로만 분류하여 교수 학습하였으며, 현행 ≪국어 1~3≫(2013~2015)에서도 마찬가지이다.

○ 동생은 소년단원이다.
○ 지식은 광명이고 무식은 암흑이다.

위의 두 문장은 모두 단순문이다. 첫 번째 문장은 주어와 술어로만 이루어진 단순문이고, 두 번째 문장은 주어와 술어가 각각 두 번 나타났지만, 역시 단순 성분만으로 이루어졌으니 단순문이다.

○ 모교란 [말그대로] [어머니와 같은] [학교라는] 뜻입니다.
○ 세대는 바뀌여도 [혁명의] 과녁은 변하지 않았다.
○ [나와] 동생은 소년단원이다.

한편 위의 세 문장은 모두 확대문이다. 첫 번째 문장은 '말그대로'라는 상황어와 '어머니와 같은'이라는 규정어, 또 '학교라는'이라는 규정어가 붙어서 확대된 확대문이다. 이 문장이 주-술 관계는 한 번만 나온 단일문인 것은 물론이다. 두 번째 문장은 '혁명의'라는 규정어가 덧붙여진 확대문이면서 주술 관계가 두 번 나왔으니 복합문인 것은 물론이다. 세 번째 문장은 '나와'라는 보어가 덧붙은 확대문이다. 결국 "단순문"은 보어나 규정어가 없는 것이고, "확대문"은 이것이 있는 것이다.

○ 미제침략자들은 경애하는 김정은원수님의 두리에 굳게 뭉친 우리 인민의 불패의 힘을 똑바로 보고 함부로 날뛰지 말아야 하며 새 전쟁도발책 등을 당장 걷어치우고 남조선에서 하루속히 물러가야 한다.
○ 미제침략자들은 힘을 보고 날뛰지 말아야 하며 전쟁도발책 등을 걷어치우고 남조선에서 물러가야 한다.
○ 미제침략자들은 [[경애하는] [김정은원수님의] 두리에 (굳게) 뭉친] [[우리] [인민의] 불패의] 힘을 (똑바로) 보고 (함부로) 날뛰지 말아야 하며 [새] 전쟁도발책 등을 (당장) 걷어치우고 남조선에서 (하루속히) 물러가야 한다.

북한의 학교 문법에 따르면 위의 첫 번째 문장은 주어인 '미제침략자들은' 하나와 '보고', '날뛰지 말아야 하며', '걷어치우고', '물러가야 한다'라는 여러 개 술어가 나온 단일문이다. 그런데 이 문장은 사실 상황어와 규정어를 뺀 두 번째 문장이 무척 부정확한 모습을 보이기 때문에 결국 상황어와 규정어를 추가하여 확대하게 된다. 세 번째 문장에서 보이듯이 여러 개의 상황어와 규정어를 갖게 된다. 그리하여 전체 문장은 **확대문**이 되는 것이다. 이 문장이 주술관계가 한 번인 단일문인 것은 물론이다.

7.4. 단일문과 복합문, 단순문과 확대문 <실천의 길>

위에서 단일문과 복합문, 단순문과 확대문의 개념을 살펴보았다. 언뜻 보면 단순문과 단일문, 복합문과 확대문이 연결되는 것 같지만 그것은 결코 그렇지 않다.

■ 알맞는것과 선을 그어 해결해봅시다.[7)]

주어가 하나 있고 그것과 맞물림관계를 맺는 술어가 둘 또는 그 이상인 문장은	단일문 복합문
주어가 둘 또는 그 이상 있고 그것들과 맞물림관계를 맺는 술어가 하나인 문장은	단순문 확대문

7) '알맞다'는 남한에서 형용사로 사전에 등재되어 있다. 따라서 활용형으로 '알맞은'이 맞고 '알맞는'은 틀린 형태이다. 즉 '빈칸에 알맞은 말을 넣으시오.'처럼 사용된다. '알맞다'에 대해서 북한 사전에서도 형용사로 보고 있다. 그런데 "시대에 알맞는 옷차림" 예를 보여 주고 있어서, 표기가 이상하게 나와 있다. '알맞다'라는 용언이 형용사와 동사의 이중적 성격이 있다고 해야 할지, 아니면 북한 사전의 단순 오류라고 해야 할지 모르겠다.

주어가 하나 있고 그것과 맞물림관계를 맺는 술어가 둘 또는 그 이상인 문장은 **단일문**이고, 주어가 둘 또는 그 이상 있고 그것들과 맞물림관계를 맺는 술어가 하나인 문장도 역시 단일문이다. 북한 학교 문법 차원에서는 결코 복합문은 아니라는 말이다.

그런데, 위의 왼쪽 개념 정의에서 언급되지 않은 것이 있다. 상황어와 규정어와 같은 꾸며 주는 말이나 수의적인 보어와 같은 말이 붙어서 확대되면 **확대문**이 된다는 것이다. 그러니까 꾸며 주는 말이나 수의적인 말이 없으면 단순문이고 있으면 확대문이 될 것이다.

■ 다음의 문장들을 주의깊게 읽고 아래의 대답가운데서 옳은것과 옳지 않은것을 가려내봅시다.

○ 지식은 광명이고 무식은 암흑이다.

○ 미제침략자들은 경애하는 김정은원수님의 두리에 굳게 뭉친 우리 인민의 불패의 힘을 똑바로 보고 함부로 날뛰지 말아야 하며 새 전쟁도발책 등을 당장 걷어치우고 남조선에서 하루속히 물러가야 한다.

○ 세대는 바뀌여도 혁명의 과녁은 변하지 않았다.

○ 나와 동생은 소년단원이다.

- ① 확대문은 단순문에 비해 길다.
- ② 복합문은 단일문에 비하여 길다.
- ③ 단순문으로 된 문장은 곧 단일문으로 되고 단일문으로 된 문장은 곧 단순문으로 된다.
- ④ 단일문과 복합문의 차이는 문장이 짧은가 긴가, 내용이 단순한가 복잡한가 하는데 있지 않다.

위의 학습 활동은 앞에서 살핀 단일문과 복합문, 단순문과 확대문의 개념 및 특성을 확인하는 활동이다. 예로 제시한 것들에 대해서는 이미 앞에서 자세히 논한 바 있다. 그런 선험 지식을 기반으로 해서 제시된 대답 가운데 옳은 것과 옳지 않은 것을 가져와 보도록 한다.

먼저 ①은 틀리다. 첫 번째 문장은 단순문이지만 확대문인 네 번째 문장보다 길다. ②도 틀리다. 복합문인 첫 번째 문장은 단일문인 두 번째 문장보다 훨씬 짧다. ③도 틀리다. 단순문은 확대된 성분이 없는 것이고, 단일문은 주어와 술어의 맞물림관계의 숫자가 한 번만 나온 것이다. ④는 맞다. 이미 앞에서도 살폈듯이 두 번째 문장은 길지만 단일문에 속하며, 단일문임에도 내용은 복잡하다. 이러한 모든 대답은 북한 학교 문법 차원에서 한 것임은 물론이다.

> ■ 단일문이면서 확대문인 문장을 2~3개정도 짓고 발표해봅시다.
> 례 : 인생의 단 한순간도 소홀히 할 권리가 없다는 자각은 우리 새 세대들에게 무엇보다 필수적인것이다.

○ 참 세상에 별난 수매상점이 다 있다질 않습니까.
○ 영만이가 영사막앞으로 바투 다가서는 순간 박사할아버지는 기계의 스위치를 넣었습니다.

— ≪국어 3≫(2015 : 46)

위의 학습 활동은 단일문과 확대문의 개념을 확실히 하기 위해서 제시된 것이다. 위 문장이 단일문이라는 것은 주어가 '자각은'이고 술어는 "필수적인 것이다"라는 기본적인 전제에서 말한 것이다. 물론 "인생의 단 한순간도 소홀히 할 권리가 없다는"이라는 규정어와 "우리 새 세대들에게 무엇보다 필수적인"이라는 규정어가 덧붙여진 **확대문**인 것은 물론이다. 개별 규정어 속에는 다시 다른 규정어, 예컨대 '인생의'라는 규정어와 '소홀히'라는 상황어가 들어가 있는 것은 물론이다.

대답으로 제시한 두 문장은 북한의 ≪국어 3≫ 교과서에서 가져온 것이다.

각각 주어는 '수매상점이'와 '박사할아버지는'이 될 터이고 술어는 '있다질 않습니까'와 '넣었습니다'가 될 것이다. 이 문장들에는 '참 세상에 별난'이라는 규정어와 '다'라는 상황어가 들어가서 확대문이 되고, 또 '영만이가 영사막앞으로 바투 다가서는'이라는 규정어 및 '기계의'라는 규정어도 들어가서 결국 확대문이 된다. 물론 여러 개 함께 묶인 규정어들도 다시 세부적으로 나뉠 수 있다.

■ 단순문이면서 복합문인 문장을 2~3개정도 짓고 발표해봅시다.
례 : 시간의 주인은 성공하지만 시간의 노예는 실패한다.

○ 가을이 가고 겨울이 온다.
○ 세월이 가니까 흰머리도 늘어간다.

이 학습 활동은 단순문과 복합문의 개념을 확실히 하기 위해서 제시된 것이다. 단순문은 꾸며 주는 말 없이 단순히 주어와 술어로만 이루어지는 문장을 뜻한다. 따라서 위에 제시된 예문은 순수한 단순문이라고 말하기 어렵다. 왜냐하면 '시간의'라는 규정어가 선행절과 후행절의 주어 앞에 나오기 때문이다. 최소한 구조적 형식을 기준으로 한 문장 분류에서는 그렇다는 말이다. 물론 위의 문장이 주어와 술어의 맞물림관계가 두 번 나오기 때문에 복합문인 것은 맞다. '가을이 가고 겨울이 온다.'라는 문장은 단순문이고 또 복합문이다. '세월이 가니까 흰머리도 늘어간다'라는 문장도 역시 단순문이고 복합문이다.

7.5. 정리 및 과제

지금까지 북한의 학교 문법에서 설정하는 문장의 갈래를 살펴보았다. 먼저 이야기 목적에 따라서 알림문, 물음문, 시킴문, 추김문, 느낌문으로 나누었다. 이것들은 남한의 평서문, 의문문, 명령문, 청유문, 감탄문과 일치한다. 단지 북한의 느낌문은 앞의 네 가지 문장 갈래에다가 이야기하는 사람의 강한 느낌이 담겨지면 이루어진다고 말하고 있다. 북한에서는 이런 각 문장들이 보이는 억양 차이도 다루고 있다.

두 번째로 구조적 형식에 따라서 문장의 갈래를 나누고 있는데, 단일문과 복합문, 단순문과 확대문이 바로 그것들이다. 단일문과 복합문은 주술 관계가 한 번 있느냐 그 이상 있느냐에 따라서 각각 나뉜다. 주어가 아무리 많아도 술어가 하나만 나타나면 단일문이고, 술어가 아무리 많아도 주어가 하나만 나타나면 역시 단일문이다. 남한에서는 심층 구조를 인정하여 이런 것들을 겹문장으로 보고 있으나, 북한에서는 표면 구조만을 갖고서 단일문으로 보고 있는 것이다. 또 단순문과 확대문으로 나누기도 한다. 단순문은 규정어나 상황어 혹은 보어와 같은 확대 성분이 없는 것이고 확대문은 이것들이 하나 이상 있는 것이다. 남한에서는 특별히 이런 문장 갈래는 따로 명명하지 않고 그냥 문장의 확대라고 말한다.

북한의 현행 학교 문법에서는 형식에 따른 문장의 갈래를 이런 네 가지로만 나누고 있고 그 이상은 언급하지 않고 있다. 남한은 한 단계 더 나아가 안긴절들을 설정하여 겹문장의 유형을 더 나누고 있는데, 북한 학교 문법에서는 자세한 언급은 하지 않고 있다. 예컨대, 앞에서 살핀 "영만이가 영사막앞으로 바투 다가서는 순간 박사할아버지는 기계의 스위치를 넣었습니다."를 단지 "영만이가 영사막앞으로 바투 다가서는"이라는 규정어를 지니고 있는 확대문 겸 단일문이라고만 말하고 있는 것이다. 그러나 이 문장은 규정어 안에 다시 '영만이가'라는 주어와 '다가서는'이라는 술어가 또 오기 때문에 단일문이라고 말하기도 어려운 상태이다. 남한에서는 이 전체 문장을 관형사절을 안은 겹문장이라고 하고 있다. 북한 학교 문법의 복합문을 더 세분화할 필요가 있다는 것이다.

남북한 학교 문법의 문장 갈래에서 모두 다루고 있지 않은 것은 얽히고설킨 복잡한 문장들에 대한 처리이다. 복잡한 문장들을 보면 이어지기도 하고 안기기도 하는 양상을 보이곤 하는데, 이것들은 예컨대 혼성문이라는 명칭으로 문장의 복잡도를 나타내줄 필요가 있다는 것이다. 남한에서 이어진문장의 종류를 말하고 또 안긴절의 종류를 말하지만, 이것들은 어디까지나 홑문장과 홑문장의 결합 양상을 언급한 것일 뿐이며, 여러 홑문장들이 얽혀 있는 겹문장 전체에 대한 명명은 2021년 현행 남북한 학교 문법에서는 설정하지 않고 있는 상태이다.

제8장 어휘 의미

일반적으로 어휘는 단어들의 집합이라고 한다. 그것은 단어가 독자적으로 존재하는 것이 아니라 다른 단어들과의 관계 속에서 존재하기 때문이다. 따라서 어휘론에서는 단어의 뜻을 다루게 되며, 그것은 곧 유의어, 반의어, 하위어 등을 다룬다는 것을 의미한다. 물론 고유어, 한자어, 외래어와 같은 어종에 따른 어휘를 다루기도 하고 문화어와 사투리, 성구와 속담 같은 것을 다루기도 한다. 북한에서는 "단어의 감정적뜻빛갈"이라 하여 남한의 음상(音相)에 해당하는 것도 다룬다. 8장에서는 어휘 의미라는 제목으로 이것들에 대하여 살펴보도록 한다.

8.1. 단어와 그 뜻

우리의 언어생활은 말과 글로 이루어지는데, 대부분 말을 통해서 말하는 사람의 의사가 표현되고 이해된다. 말과 글 가운데서 기본이 되는 것은 음성언어인 말이다. 말은 사람의 발성 기관을 통해서 나오는 소리이기 때문에 흔히

말소리라는 용어를 사용한다. 다시 말하면 말소리는 사람이 발음해서 내는 소리를 뜻한다.[1]

> 문장은 단어로 이루어집니다.
>
> **단어**란 문장을 만드는 감으로 쓰이는 말소리와 뜻을 가진 말마디를 말합니다.
>
> 산 ┬ [산] (ㅅㅏㄴ) - 말소리(글자)
> └ 평지보다 상당히 높게 솟아있는 땅의 부분 - 뜻
>
> 단어의 말소리는 글자로 표기할수 있는 형식이고 **단어의 뜻**은 단어가 나타내는 내용입니다.

말하는 사람이 자신의 뜻을 완전히 나타내는 단위를 문장이라고 하며, 그 문장을 이루는 기본 단위가 바로 단어이다. 다시 말하면 단어들이 모여서 하나의 문장이 되며, 이 문장을 통해서 말하는 사람이 의도하는 바를 완전하게 나타낸다. 단어는 말소리와 뜻을 지니고 있다고 한다. 결국 말소리는 형식이고 뜻은 내용이다. 단어의 뜻이란 바로 단어가 나타내는 내용을 말한다.

북한 학교 문법에서는 "단어란 문장을 만드는 감으로 쓰이는 말소리와 뜻을 가진 말마디"라고 말하고 있다. 단어마다 뜻을 지니고 있고 그 뜻은 말소리를 통해서 나타난다. 단어의 말소리는 소리(음성)뿐만이 아니라 글자(문자)로도 표기할 수 있다고 말하고 있다. 결국 음성(말소리)과 문자(글자)와 같은 형식으로 표출되며 개별 단어가 지닌 '단어의 뜻'은 단어가 나타내는 내용이다. '산'이라는 단어는 [산]이라는 말소리와 '평지보다 상당히 높게 솟아 있는 땅의

---

1) 앞(3장)에서 말소리를 소리동강, 소리매듭, 소리토막, 소리마디로 나누어서 살펴보았는데, 각각 문장의 소리, 구의 소리, 어절 혹은 단어의 소리, 음절의 소리에 해당한다고 했다.

부분'이라는 뜻을 지니고 있다.

> 한 단어가 하나의 뜻만이 아니라 두 개 또는 그 이상의 뜻을 나타내는 것을 단어의 여러 뜻이라고 합니다.
>
> 단어의 여러 뜻가운데서 맨 처음부터 가지고 있는 뜻을 본래의 뜻이라고 하며 후에 생겨난 뜻을 갈라진 뜻이라고 합니다.
>
> 한 단어의 여러 뜻들은 쓰임에서 같지 않습니다. 어떤 뜻은 옛날에는 자주 쓰였지만 오늘날엔 잘쓰이지 않거나 거의 쓰이지 않습니다. 그리하여 단어의 여러 뜻을 기본뜻과 부차적인 뜻으로 갈리기도 하는데 사전에서는 오늘날 많이 쓰이는 순서로 뜻풀이를 줍니다.
>
> 궁전 - ① 어린이들이나 근로자들을 위하여 여러가지 교양수단들과 체육, 문화시설들을 갖추고 정치문화교양사업을 하는 크고 훌륭한 건물. (기본뜻, 갈라진 뜻)
>
> ② 낡은 사회에서 임금이나 임금의 집안이 들어사는 큰 건물. (부차적인 뜻, 본래의 뜻)

단어는 "물건이나 동식물, 움직임이나 모양 등을 이름 지어 나타내는 말"이다. 그런데 이 단어는 하나의 뜻만을 지니고 있는 것도 있지만, 대개는 여러 개의 뜻을 가지고 있다. 본래의 뜻과 갈라진 뜻을 가지고 있는데, 남한에서는 전자는 중심적 의미라고 하고 후자는 주변적 의미라고 한다.

북한에서 "**본래의 뜻**"과 "**갈라진 뜻**"은 통시적인 측면에서 단어의 뜻을 나누어본 것이다. '궁전'이라는 단어는 본래의 뜻으로 "낡은 사회에서 임금이나 임금의 집안이 들어 사는 큰 건물"이었으나, 북한의 현대 언어생활에서는 "어린이들이나 근로자들을 위하여 여러가지 교양수단들과 체육, 문화시설들을 갖추고 정치문화교양사업을 하는 크고 훌륭한 건물"이라는 갈라진 뜻을 더욱 많이 사용하고 있다.

그리하여 지금은 후자의 의미(①)가 기본뜻이 되었고 전자의 의미(②)가 부차적인 뜻이 되었다. 결국 현재 가장 많이 쓰이는 "**기본뜻**"과 공시적으로 다른 의미로 쓰이는 "**부차적인 뜻**"으로 구분하기도 한다.[2)]

❖ **다음 문장들에서 단어 ≪머리≫의 여러가지 뜻과 그 갈래를 밝혀봅시다.**

ㄱ) 머리에 모자를 쓰다.

ㄴ) 배머리를 돌리다.

ㄷ) 머리가 좋다.

앞서도 말했듯이 북한에서는 단어의 뜻은 통시적 기준에 따라 본래의 뜻과 갈라진 뜻, 공시적 기준에 따라 기본뜻과 부차적인 뜻으로 구분하고 있다. '머리'는 본래 ㄱ)에서의 쓰임처럼 '사람의 몸에서 목 위에 있는 부분'을 뜻하는데, ㄷ)에서는 '두뇌의 사고능력'이라는 뜻을 지니기도 하고, ㄴ)에서처럼 '앞부분'을 뜻하기도 한다. '머리'의 이러한 의미는 ㄱ)에서는 본래의 뜻이면서 동시에 기본뜻이고, ㄴ), ㄷ)에서의 '머리' 의미는 갈라진 뜻이면서 동시에 부차적인 뜻이다.

❖ **단어 ≪왕≫, ≪꽃봉오리≫의 기본뜻과 부차적인 뜻을 밝혀봅시다.**

---

2) 한 가지 예를 더 들어보자. '요람'이라는 단어는 "젖먹이어린애를 올려 놓고 흔들도록 되여 있는 그네모양으로 만든 물건"이라는 본래의 뜻을 지니고 있었으나 '혁명의 요람 만경대'와 같이 "무엇이 처음으로 시작되거나 자라난 곳"이라는 갈라진 뜻으로 더 자주 쓰이고 있다. 이처럼 해당 단어를 생각할 때 제일 먼저 머리에 떠오르는 뜻을 기본뜻이라고 하고, 기타 다른 뜻들은 부차적인 뜻이라고 한다. '요람'의 기본뜻은 "무엇이 처음으로 시작되거나 자라난 곳"이고 부착적인 뜻은 "어린애를 올려 놓고 흔들도록 되여 있는 그네모양의 물건"이라고 한다. ≪국어문법 1≫(2001 : 6) 참조.

○ 왕[명] ① 착취계급의 리익을 위하여 모든 것을 틀어쥐고있는 제일 높은 직위에 있는 사람. 같은말 임금 ② 가장 으뜸가는 사람이나 물건. //강냉이는 밭곡식의 왕이고 어린이들은 나라의 왕이다.

○ 꽃봉오리[명] ① 아직 피지 않은 꽃의 망울. // 금시 피여날듯이 볼록하게 부풀어오른 꽃봉오리. ② 조국의 앞날을 떠메고 나갈 어린 세대. // 소년들은 조국의 꽃봉오리이며 앞날의 기둥이다.

— ≪조선말사전(학생용)≫(1993), 조선교육도서출판사

위의 뜻풀이는 북한의 ≪조선말사전(학생용)≫(1993)에서 제시된 뜻풀이이다. '왕'이라는 표제어의 뜻풀이는 남한의 사전에서 제시되는 뜻풀이와는 차이가 많이 있어 보인다. 사회주의 국가인 북한에서는 ①의 뜻이 기본뜻이고, ②의 뜻이 부차적인 뜻이다. 역시 공시적 차원에서 기본뜻과 부차적인 뜻을 인식하는 점을 확인할 수 있다.

'꽃봉오리'에 대한 뜻풀이를 보면, 역시 ①이 기본뜻이고 ②가 부차적인 뜻임을 확인할 수 있다. ①의 '아직 피지 않은 꽃의 망울'이라는 기본뜻은 북한이나 남한이나 동일하지만, 역시 부차적인 뜻으로 제시된 ②는 남북한이 차이가 있어 보인다. 남한에서도 ②의 뜻으로 '꽃봉오리'를 볼 수는 있겠지만, 두 번째 순위로 나올 정도는 아닌 것 같다.[3)]

---

3) 남한의 ≪표준국어대사전≫에서 제시된 '왕'과 '꽃봉오리'의 뜻풀이는 다음과 같다.

왕(王) 명사

「1」 군주 국가에서 나라를 다스리는 우두머리.=임금.

왕을 세우다.

왕을 폐하다.

암우한 금상을 갈아 치우고 새 왕으로 대원군의 서자 이재선을 옹립한다는 역모는 실상 별로 구체화되지 못하고 말만 떠돌았다.≪유현종, 들불≫

「높임말」 왕상(王上)

「2」 일정한 분야나 범위 안에서 으뜸이 되는 사람이나 동물 따위를 비유적으로 이르는 말.

먹는 데는 내가 왕이다. 사자는 동물의 왕이다. 아파서 학교에 못 나오게 되기 전까지만 해도 그 아이는 학급에서 왕 노릇을 하였었다. ≪한승원, 해일≫

꽃봉오리 명사

8.2. 뜻같은말, 뜻반대말, 소리같은말

개별 단어는 홀로 있는 것이 아니라 집단 속의 하나로 존재한다. 교수 학습이라는 기본 전제가 들어 있는 학교 문법에서도 단어를 어휘라고 하는 집합 개념 차원에서 바라볼 수밖에 없다. 남한 학교 문법에서는 단어들의 집합이 어휘라고 하면서 개별 단어가 다른 단어들과 어떤 관계를 가지고 있느냐를 보고 있다. 소위 어휘장 혹은 낱말밭이라고 하는 개념이 바로 그것이다. 전체 속에서 단어를 바라본다고 할 때 나오는 개념이 바로 뜻같은말, 뜻반대말, 소리같은말이다. 남한에서는 이들을 각각 유의어, 반의어, 동음이의어라고 말한다.

① 뜻같은말

> **뜻같은말**이란 뜻이 같거나 비슷한 단어들을 말합니다.

"뜻같은말"은 말 그대로 뜻이 같은 단어들을 가리킨다. 예를 들면, '에미-어머니-엄마-어머님-모친' 등이 뜻같은말이다.[4] 그러나 엄밀히 말하면, 이 세상

「1」『식물』 망울만 맺히고 아직 피지 아니한 꽃. ≒꽃봉, 봉오리, 화뢰, 화봉.
꽃봉오리가 맺히다. 꽃봉오리가 피다. 꽃봉오리가 떨어지다.
「2」 희망에 가득 차고 장래가 기대되는 젊은 세대를 비유적으로 이르는 말.
어린이는 이 나라를 이끌어 갈 꽃봉오리며 기둥이다.
세월은 그동안에 몇 해가 흘러가고 피어나는 인생의 꽃봉오리는 하루아침에 된서리를 맞아서 시들고 말라 버렸지마는….≪이기영, 신개지≫
동궁 빈은 괴상하게도 가례를 지낸 그 이듬해에 열일곱 살이라는 아직 피지도 못한 꽃봉오리로 이 세상을 떠나 버리셨다.≪박종화, 금삼의 피≫

4) 이 예시 단어는 조춘옥(2005 : 118-119)에서 가져온 것이다. 거기서는 이들 단어들을 겹침구조를 이루고 있다고 말한다. 그리하여 겹침구조는 "의미가 같거나 비슷하고 뜻빛갈에서 차이나는 것으로 이루어지는 의미련관구조"를 말한다고 밝히고 있다. '서거하다-돌아가다-죽

에 뜻이 완전히 같은 말은 존재하지 않는다. 북한에서도 '뜻같은말'이라고는 하지만 그 정의를 보면 "뜻이 같거나 비슷한 단어들"을 말하고 있다. 이러한 점을 고려하여 남한 학교 문법에서는 유의어(類義語)라는 용어로 기존의 동의어(同義語)를 고쳐 부르고 있다.

❖ 다음 문장들에서 밑줄친 두 단어의 뜻을 비교해봅시다.

ㄱ) 원수님<u>곁</u>에 서서 사진을 찍다.
ㄴ) 원수님<u>옆</u>에 서서 사진을 찍다.

○ 곁 ① (사람이나 물체의) 바로 옆에서 가까운데. // 어머니~에서 책을 읽다.
② ≪가까이에서 도와줄만 한 사람 또는 가까운 겨레붙이≫를 이르는 말. // ~이 많다. ~이 없다.
③ (단어만들기요소로 쓰이여) ≪원줄기에서 갈라져나간≫, ≪주되는 것이 옆에 달려있는≫, ≪부차적인≫의 뜻. //~가지. ~굴. ~가마. ~다리.

○ 옆 ① 왼쪽이나 오른쪽의 면 또는 그 가까이. //고개를 ~으로 돌리다.
② (높이와 두께가 있는 물체에서) 앞뒤, 아래웃면이 아닌 면. //~으로 돌아가며 꽃무늬를 그린 단지. 지구가 ~으로 돈다.
③ (주로 ≪옆에서≫형으로 쓰이여) (어떤 사물의) 곁이나 가까이. //~에서 도와주다. ~에서 보고만 있다.

— ≪조선말대사전≫(2017)

위의 학습 활동은 뜻이 같거나 비슷한 '곁'과 '옆'이라는 단어를 통하여 뜻같은말을 이해하고 학습하게 하는 활동이다. 여기 제시한 뜻풀이는 ≪조선말대사전≫(2017)에 있는 것인데, '곁'의 뜻풀이 가운데 ① '바로 옆에서 가까운데'와 '옆'의 뜻풀이 ③ '곁이나 가까이'는 의미가 거의 동일하다. 그렇지만 '곁'의

다-자빠지다-돼지다'도 겹침구조를 보인다고 설명하고 있다.

②는 일정한 사람을 뜻하는데 '옆'에서는 그런 뜻풀이를 찾아볼 수 없다. '곁'의 ③의 뜻도 마찬가지로 '옆'에서는 찾기가 어렵다. 마찬가지로 '옆'의 ①, ② 뜻풀이를 '곁'에서는 찾기가 어렵다. 요컨대 '곁'과 '옆'은 각각 ①과 ③ 차원에서만 부분적으로만 뜻같은말이라고 말해야겠다. 그나마 뜻이 완전히 같지는 않고 단지 비슷한 말이라고만 해야 할 듯하다.

❖ 뜻같은말은 뜻이 완전히 꼭같습니까? 다음의 실례를 놓고 말해봅시다.

ㄱ) 곁에서 돕다 ○　곁으로 빠지다 ×　곁을 주다 ○
옆에서 돕다 ○　옆으로 빠지다 ○　옆을 주다 ×

ㄴ) 누나 - 누이 - 누님

ㄷ) 세상 - 누리

위의 ㄱ)을 보면 '곁'과 '옆'이 서로 호환하여 사용될 수 있는 경우도 있으나, '빠지다'와 '주다'와는 어느 하나만 사용 가능함을 알 수 있다. '곁'과 '옆'은 비슷한 말들이지 동일한 뜻을 지닌 것은 아니라는 말이다.

○ 누나 (말체) ① 사내아이가 손우누이를 다정하게 부르거나 이르는 말 또는 그 누이. | 누나, 저녁에 나하고 같이 가자. / 우리 누나는 직포공이야.
② (젊은 남자가) 자기보다 나이가 우인 녀자를 다정하게 부르는 말. | ~네 작업반. 옆집~가 말하다.

누이 ① ≪손우의 녀성인 형제≫를 남동생이 이르는 말. =웃누이.
② ≪누이동생≫의 준말.
③ 같은 항렬의 친척들사이에서 나이가 자기보다 우인 녀성.
④ ≪다른 남자의 녀자형제≫를 이르는 말. | 그 동무의 누이들은 다 대학을 졸업하고 기사로 일하고 있다.
⑤ ≪썩 가까이 사귀는 이성사이에서 나이가 우인 녀성≫을

남자가 친근하게 이르는 말

누님 ≪누이≫를 높이여 이르는 말. ∥누님, 언제 떠나시겠소. / 누님이 만든 음식을 먹어야 입이 거뜬해요.

○ 세상 ① ≪사람이 살고있는 세계≫를 두루 이르는 말. ∥넓은 ~. 온 ~에 선포하다 |남혁은 온 세상에 대고 자랑하고 싶었습니다. (단편소설 ≪분단결정≫)

② (사람이) 살고있는 사회 또는 사회적활동을 하는 령역 ∥좋은 ~. 밝은 ~. ~에 내놓다.

③ 지상을 ≪천상≫에 상대하여 이르는 말. ∥~구경을 내려온 선녀.

④ 독판치며 제멋대로 행동할수 있는 관. ∥맹수들의 ~인 밤.

⑤ (부사로 쓰이여) 비길데 없이 또는 그중 ∥~ 좋은 물건. | 내가 이제 세상 제일 좋은 공책을 주마.[5]

누리 (글체) 세상. |주체의 빛발은 온 누리에 빛난다. / 선군시대의 자랑찬 승리와 행복의 노래소리가 온 누리에 울려퍼진다. / 함박눈은 소리없이 누리에 내린다.

— ≪조선말대사전≫(2017)

위에서 보면 '누나'와 '누이'의 ①의 뜻풀이는 유사하지만 다정함에 차이가 있고, '누님'도 뜻풀이와 비슷하지만 높여 이른다는 점에서 차이가 있다. 또 '누나'와 '누이', '누님'은 대부분 나이가 위인 사람을 지칭함에 비해서 '누이'의 ②와 ④는 그렇지 않다는 점에서 차이가 있다. 이처럼 '누나', '누이', '누님'은

5) '세상'의 뜻풀이는 이외에도 다음과 같이 ≪조선말대사전≫(2017)에 더 제시되어 있다.

⑥ (부사로 쓰이여) ≪조금도≫ 또는 ≪도무지 ≫의 뜻으로 다음에 오는 사실을 강조할 때 쓰인다. |암만 불러도 세상 말을 들어야지.

⑦ (≪세상에≫형으로 감동사로 쓰이여) 몹시 놀라와하는 뜻 |세상에 그렇게 신통할데가 있담. / 눈이 안 보이다니?

⑧ 사람의 한생. | 사랑의 한 세상이란 참으로 우스운것이야.

⑨ 일정한 제한된 테두리를 벗어난 넓은 범위. ∥바깥~.

⑩ =세월③ |요새 세상에 사람을 땅땅 치고…(≪현대조선문학선집≫21 ≪고향≫)

'뜻같은말'에 속하지만 결코 맥락에 따라 쓰일 때 그 뜻이 완전히 꼭 같지는 않다는 것을 알 수 있다.

또한 '세상'과 '누리'도 그 뜻이 동일한 경우도 있지만(세상①), 대부분은 그렇지 않다. 심지어는 '세상'의 ⑤ 뜻풀이처럼 부사로 쓰이는 경우도 있다. '세상' ②, ④의 뜻을 '누리'는 결코 지닐 수 없으며, '세상'의 ③ 뜻으로도 '누리'는 사용되지 않는다. 결국 '세상'과 '누리'도 비슷한 뜻을 지니는 경우가 있긴 하지만, 대다수 맥락에서는 사용상 및 의미상 차이를 보임을 알 수 있다. 결국 완전히 '뜻같은말'은 존재하지 않는다고 보아야 할 것이다.

❖ 다음 문장들을 통하여 뜻같은말의 표현효과를 밝혀봅시다.

ㄱ) 항일유격대원들의 물사격이 시작되자 일제놈들은 여기저기에서 꺼꾸러지고 자빠지고 어푸러져 뒈졌다.

ㄴ) 가장 흉악하고 악랄하고 잔인한 미제살인귀들

ㄷ) 인민을 선생으로 부르시는분
그 선생의 스승은 김정일동지

위의 학습 활동은 뜻같은말들을 통해서 문장에서의 표현 효과를 확인해 보는 활동이다. ㄱ)의 '꺼꾸러지다, 자빠지다, 어푸러지다'는 서로 뜻같은말이다. 그것은 이것들의 의미가 비슷하기 때문이다. 이렇게 여러 개의 뜻같은말들을 사용함으로 해서 말하는 사람이 강조하는 효과를 낸다. ㄴ)에 있는 '흉악하다. 악랄하다, 잔인하다'도 마찬가지로 뜻이 비슷한 단어들, 즉 뜻같은말들을 나열함으로 해서 말하는 사람의 생각을 강조하는 효과를 지닌다. ㄷ)에서는 '선생'과 '스승'의 뜻같은말이 시(詩)에서 등장하였다. 이처럼 같은 단어가 반복적으로 사용되는 것보다는 다른 단어들인 뜻같은 말들을 나열함으로써 표현 효과를 극대화할 수 있다.

② 뜻반대말

뜻반대말이란 뜻이 반대되는 단어들을 말합니다.

"뜻반대말"은 뜻이 서로 반대가 되는 단어들을 말한다. 일정하게 기준이 되는 단어가 있으면 그 단어의 뜻과 같으면 뜻같은말, 반대면 뜻반대말이 되는 것이다. 뜻반대말은 남한에서 반의어라고 말려져 있다.[6]

❖ 다음 단어들의 뜻을 비교해봅시다.
울다-웃다, 행복-불행, 기쁨-슬픔

'울다'와 '웃다', '행복'과 '불행', '기쁨'과 '슬픔', 이 단어들은 서로 반대의 뜻을 지닌 반대말들이다. 이런 관계를 남한에서는 반의 관계라고 한다. 반대말은 서로 비슷한 점이 무척 많지만 결정적인 한 가지 의미 자질에서만 반대의 뜻을 지니고 있다. 예컨대, '울다'와 '웃다'는 인간의 감정을 극대화하여 드러내는 행위라는 공통점이 있다. 모든 것은 동일한데 한 가지만 차이가 나서 뜻반대말이 된다고 봐야 한다. 둘 다 동사이면서 감정의 뜻을 나타내지만, 결정적인 +, - 하나의 의미 자질이 달라서 뜻반대말이 되는 것이다.

6) ≪국어문법 1≫(2002 : 10-11)에서는 '뜻반대말'을 그냥 '반대말'이라고 표기하고 있다. 거기에서는 '뜻같은말', '뜻반대말', '소리같은말'로 구분하여 자세히 설명하고 있으며, 김정은 시대 교과서인 ≪국어 1≫(2013 : 60-62)에 와서는 각각 한 줄짜리 정의와 함께 학습 활동으로 제시하고 있다.

❖ 다음의 실례를 통하여 뜻반대말의 표현효과에 대하여 밝혀봅시다.

ㄱ) 가는 말이 고와야 오는 말이 곱다.
ㄴ) 작은 산이 큰 산을 가리운다.
ㄷ) ≪낮다≫는 ≪높다≫의 반대말이고 ≪얕다≫는 ≪깊다≫의 반대말이다.

ㄱ)에서는 '가는'과 '오는'의 뜻반대말이 있고, ㄴ)에서는 '작은'과 '큰'의 뜻반대말이 등장하고 있다. 물론 문장 구조적인 면에서 '가는 말이 곱다'와 '오는 말이 곱다'라는 대구 표현도 주목해 볼 수 있다. '작은 산'과 '큰 산'을 비교하는 수법도 눈에 띈다. 또한 ㄷ)에서 '낮다'와 '높다', '얕다'와 '깊다' 각각이 뜻반대말인데, 더불어서 앞 절의 구조와 뒤 절의 구조가 동일한 방식으로 배치된 것도 주목된다.

이처럼 뜻이 반대되는 단어들을 뜻반대말이라고 하는데, 이것들은 생각을 짧고 간단하게 표현하는 데에 효과적으로 이용된다. 위에서도 보았지만, 단어 자체의 뜻반대말뿐이 아니라 문장 구성의 일정한 대구 구조도 의미 전달에 효과적이다.

③ 소리같은말

소리같은말이란 소리는 같지만 뜻이 다른 단어들을 말합니다.

"소리같은말"은 표현 그대로 소리는 같지만 뜻이 다른 단어를 가리킨다. 남한에서는 동음이의어(同音異義語)라는 한자어 용어를 사용한다. 그러나 엄밀히 말하면 소리가 같은 것과 글자(표기)가 같은 것은 구분되어야 한다. 소리가 같은 말은 동음이의어라고 할 수 있겠지만, 글자가 같은 말은 동철이의어라는 말이다. 일단 남한이나 북한이나 소리같은말 혹은 동음이의어는 글자(표기)는 안 보고 발음만 같으면 모두 '소리같은말' 혹은 '동음이의어'라고 하고 있다.

❖ 다음의 실례를 통하여 소리같은말이란 무엇인가를 알아봅시다.

ㄱ) 눈(사람의 눈), 눈(내리는 눈), 눈(감자의 눈)
ㄴ) 낫(농쟁기), 낯(얼굴), 낮(밤의 반대말)
ㄷ) 팔다(물건을)- 팔면, 팔고, 파니, 판다
파다(땅을)- 파면, 파고, 파니, 판다

위의 활동에서 ㄱ)의 '눈'은 각 단어들마다 다른 뜻을 지니고 있다. 사람의 눈[目], 내리는 눈[雪], 그리고 감자의 눈[芽]은 각각 의미가 다르다 그러나 '눈'이라고 하는 하나의 단어로 나타나고 있다. 그런데 엄밀히 보면 내리는 눈은 소리가 길고, 나머지 둘의 눈은 소리가 짧다. 다시 말하면 소리 길이의 장단에 따라서 단어의 뜻이 달라질 수도 있다는 말이다.

ㄴ)의 '낫, 낯, 낮'은 글자(표기)는 다르지만 소리는 같은 단어들이다. 즉 북한 학교 문법에서는 글자 표기는 무시하고 해당 단어의 소리만을 고려하여 소리같은말을 설정하고 있다는 말이다. 이러한 태도는 남한에서도 마찬가지이다. 그러나 앞서 말했듯이 동음이의어와 동철이의어는 분명한 차이가 있다. 또 글자 차원이 아니라 해도 소리의 장단에 따른 이의어 문제도 제기될 수 있다.

ㄷ)은 '팔다'와 '파다'라는 두 동사를 제시하고 있다. 이 두 단어는 분명히 서로 다른 단어로서, 소리가 같은 말들도 아니다. 그런데 일정한 형태, 곧 '파니, 판다'는 같은 소리로 나타날 때가 있다. '물건을 파니/판다'와 '땅을 파니/판다'에서 보면 분명히 뜻이 차이가 나는데, 동일한 소리를 내게 된다. 이런

것도 '소리같은말' 범주에 넣고 있는 셈이다. 이는 활용의 형태까지 '소리같은말' 범주에서 다룰 것인가의 문제를 제기하게 된다. 남한 학교 문법에서는 동음이의어를 다룰 때 용언의 경우 기본형을 갖고 따지는 것이 일반적이다. 어쩌면 사용 속에서의 단어의 쓰임을 살피는 게 더 효용성이 있기 때문에 ㄷ)의 활용형에 따른 '소리같은말' 논의가 더욱 필요한지도 모르겠다.[7)]

❖ 다음의 말이 듣는 사람의 리해에 어떤 지장을 줄수 있으며 그것을 피하자면 어떻게 바꾸어 표현하는것이 좋겠습니까?

ㄱ) 1반이 2반보다 성적이 낫다.
ㄴ) 1반이 2반보다 성적이 낮다.

위의 학습 활동은 '낫다'와 '낮다'라는 두 소리같은말을 이해하고 올바로 사용할 것을 해 보는 활동이다. 둘 다 [낟따]라고 발음해야 하니까 만약 맥락이 없다면 의미 차이를 알 수 없게 된다. 그러나 일정한 맥락 속에서 우리는 둘의 뜻 차이를 헷갈려 하지는 않는다. 비록 글자 표기는 달라도 발음은 동일하니, 소리같은말 범주에 속하는 것은 맞다. 그러나 듣는 사람의 올바른 이해를 위해서 문맥이 주어져야 할 필요가 있음을 보여 준다.

8.3. 단어의 감정적뜻빛갈

개별 단어는 모두 일정한 뜻을 지니고 있다. 그런데 이런 기본뜻 이외에

7) 북한 학교 문법에서는 이런 유형에 대하여 "소리가 어떤 토를 붙였을 때에만 달라 지고 다른 토를 붙였을 때에는 같아 지는 소리같은말이라 하여 인정하고 있다. ≪국어문법 1≫ (2002 : 10-12)

어떤 단어는 '뜻빛갈'이라 하여 더 가지고 있는 것이 있다.[8] 뜻빛갈은 모든 단어에 있는 것은 아니지만 말하는 사람의 감정적 혹은 정서적 평가가 덧붙여져서 표현된다. 뜻빛갈은 크게 "**감정적뜻빛갈**"과 "**문체적뜻빛갈**"로 나뉜다.

> 단어가 자기의 기본뜻외에 더 가지고있는 뜻을 **뜻빛갈**이라고 합니다.
> **감정적뜻빛갈**이란 사람이나 물건, 행동, 상태, 모양에 대하여 말하는 사람의 감정적 또는 정서적인 평가가 덧붙어서 말하는 사람의 감정적 또는 정서적인 평가가 덧붙어서 표현되는 뜻입니다.
> 감정적뜻빛갈에는 존경의 뜻빛갈, 증오와 멸시의 뜻빛갈, 친밀의 뜻빛갈 등이 있습니다.

○ 존경의 뜻빛갈을 가지는 단어 : 어머님, 아드님, 탄생, 잡수시다
○ 멸시와 증오의 뜻빛갈을 가지는 단어 : 에미, 아들놈, 아가리, 지껄이다
○ 친밀의 뜻빛갈을 가지는 단어 : 엄마, 아빠, 꼬마, 해님

"**감정적뜻빛갈**"은 사람이나 물건, 행동, 상태, 모양에 대하여 사람의 감정적 또는 정서적인 평가가 덧붙어져서, 말하는 사람의 감정적 또는 정서적 평가가 덧붙어지는 표현을 말한다. 위에 구체적인 예를 들어놓았듯이, '어머님, 아드님, 탄생, 잡수시다'처럼 존경의 뜻빛갈을 가지는 단어도 있고, '에미, 아들놈, 아가리, 지껄이다'처럼 멸시와 증오의 뜻빛갈을 가지는 단어도 있고, '엄마, 아빠, 꼬마, 해님'처럼 친밀의 뜻빛갈을 가지는 단어도 있다.

○ 입말체의 뜻빛갈을 가지는 단어 : 냉큼, 다짜고짜로, 어련히, 쏙쏙
○ 글말체의 뜻빛갈을 가지는 단어 : 기치, 비상히, 불굴의, 고동치다
○ 시문체의 뜻빛갈을 가지는 단어 : 누리, 우짖다, 금나락, 성가롭다

— ≪국어문법 3≫(2001 : 4-5)

8) '빛갈'은 북한어이고 남한에서는 '빛깔'이 표준말이다. 여기서는 고유한 명사라는 차원에서 '뜻빛갈'로 표기하도록 한다.

"문체적뜻빛갈"은 단어가 일정한 말과 글에 자주 쓰임으로 해서 가지게 되는 뜻을 말한다. 위에서처럼 입말체, 글말체, 시문체의 뜻빛갈을 가진 단어 등으로 나뉜다.

단어의 감정적뜻빛갈

❖ 다음 단어들의 뜻차이를 밝혀봅시다.

어머니, 어머님, 엄마, 에미

위의 '어머니. 어머님, 엄마, 에미'는 모두 '자기를 낳아 키운 여자'라는 의미를 기본뜻을 공통적으로 지니고 있는 뜻같은말들이다. 그러나 이들은 각각 뜻 차이가 난다. '어머님'은 존경의 뜻이 더 들어 있고, '엄마'는 친근하고 사랑스러운 뜻이 더 들어 있고, '에미'는 멸시의 뜻이 더 들어가 있다. 즉 '어머니'를 기본으로 해서 다른 단어들은 "감정적뜻빛갈"을 각각 지니고 있다.

❖ 다음 단어들에 어떤 감정적뜻빛갈이 있는가를 밝혀봅시다.

꼴, 잡수시다, 에미, 아가, 할애비

≪조선말대사전≫(2017)에서는 본래 '꼴'이 사물의 모양새나 됨됨이를 나타내는 말이라 하여 '학생꼴이 잡히다'에서처럼 쓰이지만, '꼴이 흉하다'에서는 사물의 모양새나 됨됨이 또는 처한 상태를 낮잡아 이르는 말이라고 뜻풀이하고 있다. '잡수시다'는 '먹다'에 존경의 뜻을, '에미'는 '어머니'에 멸시의 뜻을, '아가'는 '아기'의 친근의 뜻을, '할애비'는 '할아버지'의 낮춤의 뜻을 지니고 있다. 이러한 단어들은 바로 말하는 사람의 "감정적뜻빛갈"을 나타낸다.

▲ 다음 단어들의 감정적뜻빛갈을 밝히고 2개의 단어를 넣어 2~3개 문장으로 된 짧은글을 지어봅시다.

꼬마, 동지, 할아버지, 꼬락서니, 지껄이다, 아바이, 죽다, 아빠, 아기, 잡수시다

○ 강병철은 기지개를 켜면서 미친 사람처럼 입을 쩍 벌리고 웃다가 최한덕아바이를 와락 부둥켜안았다. (장편소설 ≪빛나는 아침≫)

○ 그러나 결국 그들의 찾는 대상이 없음을 깨달았을 때 두사람은 무어라고 한잠 지껄이더니 수염 거치른 사내가 방안사람을 보고 물었다. (≪현대조선문학선집≫ 23 ≪로령근해≫)

위의 학습 활동은 단어들이 가진 "감정적뜻빛갈"을 알아보고 그것들을 활용해서 문장을 만들어 보라는 실천적 활동이다. '꼬마'는 나이 어린 사람을 정답게 이르는 말, '꼬락서니'는 꼴을 낮잡아 이르는 말, '아바이'는 나이가 지긋한 사람을 친근하게 이르는 말, '동지'는 존함 뒤에 써서 존경과 흠모의 정을 나타내는 말, '지껄이다'는 '말하다'의 뜻으로 낮잡거나 욕으로 이르는 말이다.

'할아버지', '죽다', '아기'는 특별히 감정적인 뜻빛갈을 나타내지는 않는 것 같다. '아빠'는 친밀감을 나타내고 '잡수시다'는 존경의 뜻빛갈을 보여 준다. 이에 대해서는 앞에서도 살핀 바다. 바로 위에 '아바이'와 '지껄이다'가 들어간 문장을 제시하였는데, 이는 ≪조선말대사전≫(2017)에서 제시된 작품 속 예시이다.[9)]

9) 북한의 국어 교과서에는 '실천의 길'이라 하여 실용적인 학습 활동을 제시하고 있다. 위에 있는 활동 이외에 다음과 같이 주어진 "감정적뜻빛갈"을 가진 단어를 사용하여 활발하게 말해 보라는 활동도 제시하고 있다. ≪국어 1≫(2013 : 84) 참조.

8.4. 성구와 속담

북한의 학교 문법에서는 남한의 관용 표현, 즉 관용어와 속담에 대해서 무척 강조하고 있다. 북한에서는 관용 표현을 성구와 속담으로 구분하고 있으며, 속담은 다시 격언과 리언으로 구분하고 있다.

> **성구**란 두 개이상의 단어들이 언제나 함께 결합되여 쓰이면서 하나의 통일적인 뜻을 나타내는 공공한 단어결합을 말합니다.
> **속담**이란 성구처럼 그것을 이루고있는 개별적단어들의 뜻을 합친것과는 다른 뜻을 나타내며 비유에 기초하여 만들어졌기 때문에 표현성이 매우 높은 말들을 말합니다.

"**성구**"는 두 개 이상의 단어들이 언제나 함께 결합되어 쓰이면서 하나의 통일적인 뜻을 나타내는 공고한 단어 결합이라고 말하고 있다. 예컨대 '꽁무니를 빼다'라는 표현은 두 단어의 뜻이 아닌 하나의 뜻, 즉 '도망을 치다'라는 뜻을 지니고 있는 성구이다. "**속담**"은 성구처럼 둘 이상의 단어들로 이루어지고 제3의 다른 뜻을 나타내는 점에서는 성구와 같으나, 특히 비유에 기초하여 만들어져서 표현성이 매우 높다는 점이 차이가 있다.

그렇다고 해서 성구는 비유가 없고 속담은 비유가 있느냐 하면 꼭 그런

▲ 단어를 감정적뜻빛갈을 가진 단어를 넣어 그림의 내용을 생동하게 말해봅시다.

것은 아니다. 기본적으로 성구나 속담이나 구성 단어의 합이 아닌 제3의 뜻을 지니기 때문에 비유적인 의미로 사용된다고 말할 수 있다. 그렇다면 어떤 데서 구체적인 차이를 둘 수 있을까?

첫째 속담은 말 그대로 '세속적인 이야기'라는 뜻을 담고 있고 성구는 '이루어져 있는 어구 또는 문구'를 뜻한다. 즉 속담은 일정한 줄거리를 가진 하나의 완결된 이야기 형식의 창조물이며, 성구는 완결된 내용을 갖지 않고 보통 2~3개의 단어 결합으로 이루어진 구 형식을 가진다. 둘째, 속담과 성구는 창조된 과정이 다르다. 속담은 오래전부터 사람들의 공통의 창조적 지혜에 의해서 만들어진 인민 구두 창작의 산물임에 비해서, 성구는 이미 있는 단어 결합을 새로운 비유적 의미 곧 성구적 의미로 사용함으로써 이루어진 것이다. 셋째, 속담과 성구는 언어생활에서의 이용 방식이 다르다. 속담은 언어행위 과정에서 삽입한 인용문이라는 것을 밝히는 것이 일반적이나 성구는 인용의 흔적이 전혀 없다는 점이다. 속담을 사용할 때 '-듯', '-격', '-다(고)' 등을 사용하는 것이 바로 인용 차원의 표시인 것이다.[10)]

> 속담들가운데서 ≪벼이삭은 익을수록 고개를 숙인다.≫와 같이 교훈적인 내용을 담고있는것들을 **격언**이라고 부르며 ≪빛좋은 개살구≫와 같이 무엇을 풍자, 조소하거나 평가하는 내용을 담고있는 것을 **리언**이라고 부릅니다. 대체로 격언은 문장으로 되여있고 리언은 문장이 아닌 단어결합으로 되여있는것이 특징입니다.

속담 가운데 특히 교훈적인 내용을 담고 있는 것을 "**격언**"이라고 하며, 무엇을 풍자하거나 조소하거나 평가하는 내용을 담은 것을 "**리언**"이라고 한다. 격

10) 이 세 가지 속담과 성구의 차이점은 대체로 최완호(2005 : 186-187)에 근거한 것이다. 이러한 심도 있는 속담과 성구의 차이로 인해서, 특히 속담이 지닌 표현의 풍부성이 담보되는 것으로 생각된다.

언으로는 '벼이삭은 익을수록 고개를 숙인다', '승냥이는 양으로 변할수 없다' 같은 표현을 들 수 있고, 리언으로는 '빛좋은 개살구', '긁어 부스럼' 같은 표현을 들 수 있다. 형식적으로 볼 때 격언은 대개 알림문이나 물음문, 시킴문으로 되어 있는 경우가 많고, 리언은 문장이 아닌 단어 결합으로 되어 있는 경우가 많다.

성구와 속담
꽁무니를 빼다 (성구)
빛좋은 개살구 (속담) - 리언
벼이삭은 익을수록 고개를 숙인다. (속담) -격언

❖ 우의 성구, 속담의 짜임과 뜻을 풀이해봅시다.

ㄱ) 몇 개이상의 단어들이 결합되여 이루어졌습니까?

ㄴ) 그것을 이루고있는 매 단어들의 뜻을 합친것과 같은 뜻을 나타냅니까?

위의 학습 활동은 성구와 속담에 대한 이해를 확인해 보는 활동이다. '꽁무니를 빼다'는 성구이고 '빛좋은 개살구'는 속담, 구체적으로는 리언에 해당하며, '벼이삭은 익을수록 고개를 숙인다'는 속담, 구체적으로는 격언에 해당한다. 이것들은 모두 두 개 이상의 단어들이 결합되어 이루어져 있으며, 각각은 구성 요소인 단어들이 단순히 합쳐져 있는 뜻과는 다른 뜻을 띤다. '꽁무니를 빼다'는 '도망치다', '빛좋은 개살구'는 '겉모양은 좋으나 실속은 없는 물건', '벼이삭은 익을수록 고개를 숙인다'는 '교양이 있는 사람일수록 겸손하다'는 뜻을 지니고 있다.

❖ 다음의 항목에 따라 성구, 속담을 갈라봅시다.

ㄱ) 단어결합으로 된것과 문장으로 이루어진것
ㄴ) 의미적표현을 생동하게 하는것
ㄷ) 풍자, 조소하거나 평가하는 내용을 담고있는것
ㄹ) 교훈적인 내용을 담고있는것

앞서도 살핀 것처럼, 둘 이상의 단어로 이루어져 있으나 구성 요소인 단어들과 다른 뜻을 띠는 것이 바로 성구와 속담이다. 속담은 비유적인 뜻이 더욱 강조되어 표현성이 무척 높다는 특성을 지닌다. 속담은 또한 교훈성 여부에 따라서 격언과 리언으로 구분하기도 한다. 격언과 리언은 문장으로 이루어졌느냐 여부에 따라서 각각을 구분하기도 한다.

이에 의하여 ㄱ)의 단어 결합으로 된 것은 성구와 리언(속담)이고, 문장으로 된 것은 격언(속담)이 해당한다. ㄴ)의 의미적 표현을 생동하게 하는 것은 속담이다. ㄷ)의 풍자. 조소하거나 평가하는 내용을 담고 있는 것은 리언(속담)이고, ㄹ)의 교훈적인 내용을 담고 있는 것은 격언(속담)이다.

❖ 성구, 속담의 공통점과 차이점을 밝혀봅시다.

앞서도 말한 바와 같이 북한의 성구와 속담은 남한 학교 문법에서는 관용 표현으로 다루고 있다. 이것들은 두 단어 이상으로 이루어졌다는 형식적 공통점과 구성 단어들 아닌 제3의 뜻을 지닌다는 점에서 의미적 공통점이 있다. 한편 성구에 비해서 특별히 속담은 비유적 성격을 띠어서 의미적 표현을 생동하게 한다는 차이점이 있다. 그리하여 속담은 풍자, 조소하거나 평가하는 내용을 담기도 하고(리언), 교훈적인 내용을 담기도 한다(격언).

▲ 성구, 속담을 넣어 짧은글을 지어봅시다.

❖ 다음 성구들의 뜻과 짜임을 풀이하고 그것이 들어간 짧은글을 지어봅시다.

ㄱ) 손이 크다, 귀가 넓다

ㄴ) 손이 모자라다, 발이 닳다

ㄷ) 손을 내밀다, 눈을 팔다

ㄹ) 손에 넣다, 눈에 밟히다

○ [11]손이 크다 : 돈이나 물건을 다루는데서 통이 크고 씀씀이가 푼푼하다.
귀가 넓다 : ① ≪남이 하는 말을 사실여부를 가리지 않고 그대로 잘 듣는 경우≫에 이르는 말. | 실성한 놈의 거짓말을 곧이듣구 다니다니, 황두령두 어지간히 귀가 넓습니다. (장편소설 ≪림꺽정≫2) ② 여기저기에서 말을 주어듣는 범위가 넓다.

○ 손이 모자라다 : 로력이 모자라다
발이 닳다 : 너무 걸어서 발이 닳아 없어질 정도라는 뜻으로 ≪매우 분주하게 많이 다니다≫를 이르는 말. ‖ 문제를 해결하려고 발이 닳도록 뛰여다니다.

○ 손을 내밀다 : ① 달라고 하거나 구걸하다. ② 간섭하다. ③ 무엇을 탐내여 자기것으로 하려고 책동하다. ④ 도와주려고 나서다.
눈을 팔다 : 봐야 할데보다도 다른데를 멍하니 보거나 그것에 정신을 돌리다. | 림소영은 시종 즐거운 웃음을 띄우고 *강반*의 아침풍경에 눈을 팔았다. (총서 ≪불멸의 력사≫중 장편소설 ≪*막*은 올랐다≫) / 포동포동 살찐 새끼젖소들이 두줄로 늘어서서 방금 들여온 먹이를 먹느라 다른데 눈팔사이 없었다. =눈길을 팔다.

○ 손에 넣다 : *자기의 것*으로 차지하거나 자기의 *통제일*에 두다.
눈에 밟히다 : 기억에서 사라지지 않고 눈에 선하게 나타나다. | 한번 만나

11) 여기에 제시한 성구의 뜻풀이 및 용례는 ≪조선말대사전≫(2017)에 의지하였다. 참고로 ≪국어문법 3≫(2002 : 5-6)에도 몇몇 예가 나와 있는데, 뜻풀이가 정확히 일치하지는 않는다. 예컨대 '손이 크다'에 대해서 ≪국어문법≫에서는 '남에게 물건을 줄 때에 린색하지 않고 시원시원하게 많이 주다.'로 뜻풀이 되어 있고, '손을 내밀다'에 대해서는 '무엇을 달라고 요구하다.'로 되어 있다. 여기서는 사전을 따르도록 한다.

고 헤여진 후로 이따금 눈에 밟히던 소홍이에게 끌리는 마음도 없지 않아서 응낙을 하고말았다. (장편소설 ≪림꺽정≫) = 눈에 걸리다. 시야에 밟히다.

위에 제시한 각 성구들의 뜻풀이 및 용례는 ≪조선말대사전≫(2017)에 따랐다. 그 뜻들을 하나하나 보면 남한의 것들과 별반 다르지 않다는 것을 알 수 있다.

▲ 성구, 속담을 넣어 짧은글을 지어봅시다.

❖ **≪-듯≫, ≪-격≫, ≪-기≫, ≪-다≫형으로 이루어진 속담을 찾고 그것이 들어간 짧은글을 지어봅시다.**

○ 새끼곰은 물고기 한마리를 게눈 감추듯 하였다.

○ 발 없는 말이 천리 간다고 아무 말이나 망탕 하면 안된다.

○ 너구리는 그제서야 대문을 수리하기 시작했으나 소 잃고 외양간 고치는 격이 되고 말았다.

— ≪국어문법 3≫(2002 : 5-6)

위의 활동을 통해서 성구나 속담이나 제3의 뜻을 담고 있는 것들은 말하는 사람의 뜻을 정확하고도 효과적으로 전할 목적을 확인할 수 있다. '-듯', '-격'을 통해서는 비유적으로 말하면서, 말하는 이의 뜻을 담아서 말할 수 있고, 또 '-기', '-다'를 통해서는 직·간접 인용을 통해서 화자의 뜻을 시지하는 것을 알 수 있다. 특히 '-다'를 통해서는 성구 혹은 속담을 그대로 인용해서 화자의 뜻을 전달하는 방식을 확인하게 된다.

8.5. 문화어어휘와 사투리어휘

남북한의 학교 문법 내용 가운데 큰 차이를 보이는 것으로 표준어와 지역 방언에 대해서 어떤 입장을 취하느냐 하는 문제가 있다. 남한에서는 표준어와 방언의 가치를 모두 인정하여서, 실제 학교 교육에서도 방언의 가치를 무척 높이 보고 있다. 좋고 나쁨의 문제가 아니라 다름의 문제로 보아서 어쩌면 방언이 더욱 정겨운 어휘라고까지 말하고 있다. 그런데 북한에서는 평양을 중심으로 하는 문화어를 가장 으뜸으로 보고 사투리는 천시하는 입장을 취하고 있다.

> 온 나라 인민이 다 표준으로 삼고 쓰는 본보기 조선말단어를 **문화어어휘**라고 합니다.
> 례 : 개구리, 기름
> 몇몇 지방의 일부 사람들속에서만 쓰이고있는 단어를 **사투리어휘**라고 합니다.
> 례 : 멱자구, 지름

문화어는 평양어를 중심으로 한 어휘로서 남한의 서울을 중심으로 한 표준어와 비견된다. 북한에서는 "온 나라 인민이 다 표준으로 삼고 쓰는 본보기 조선말단어"를 **문화어 어휘**라고 말하고 있으며, "몇몇 지방의 일부 사람들속에서만 쓰이고있는 단어"를 **사투리 어휘**라고 말한다. 예컨대 '개구리'는 문화어로서 북한의 신문이나 교과서를 비롯한 각종 출판물과 방송에서 쓰는 말이며, '멱자구'라는 황해도와 평안도 일부 사람들이 사용하는 사투리라고 말하고 있다. '기름'이라는 말은 평양어인 문화어 어휘이고 '지름'이라는 말은 함경도와 량강도, 강원도의 일부 사람들의 사투리 어휘에 해당한다.

그런데 사실 과연 '멱자구'와 '지름'이 과연 해당 지방의 일부 사람들만 사용하는 사투리인지 의문이다. 해당 지역 사람들은 누구나 '멱자구'와 '지름'을 사용한다. 아마도 북한에서는 평양을 중심으로 한 문화어의 권위를 높이기 위해서 사투리 어휘는 "일부 사람들"이 사용하는 것으로 말하고 있는 것 같다. 그렇다면 결국 사투리라 하더라도 일부 사람이 아닌 해당 지역 모든 사람들이 보편적으로 사용하는 어휘라 하면 문화어와 차등을 둘 수는 없을 것이다.

❖ ≪물고기≫를 ≪반찬≫이라고 한다면 생활에서 어떤 혼란이 생기겠는가를 말해 봅시다.

평양을 중심으로 사용하는 '물고기'라는 문화어 어휘는 황해도 사람들이 '반찬'이라고 한다. 만약에 평양 사람들이 '물고기 잡으러 간다'를 '반찬 잡으러 간다'로 표현하면 어떻게 되겠는가? 방향을 바꾸어서 황해도 사람들이 '물고기 잡으러 간다'로 하면 어찌 되겠는가? 평양 사람도 마찬가지지만, 황해도 사람도 '물고기'와 '반찬'에 대한 상대방의 사용 뜻을 정확히 파악해야 할 것이다.

≪국어문법 1≫(2002 : 15-16)에서는 사투리 어휘의 유형에 대하여 말하고 있다. 첫째, 말소리가 문화어 어휘와 전혀 다른 것이 있다. 황해도와 평안도에서는 '호주머니'를 '개와' 또는 '옆착'이라고 한다고 한다. 둘째, 말소리는 문화어 어휘와 같지만 뜻을 달리 쓰는 것이 있다. 앞서 황해도에서 '물고기'를 '반찬'으로 부르는 것을 들 수 있다. 셋째, 말소리의 일부가 문화어 어휘와 다른 것이 있다. 앞서 함경도, 량강도에서 '기름'을 '지름'이라고 하는 것이나, 평안북도에서 '이빨'을 '니빨', '이마'를 '니마'라고 하는 것들이 있다. 또 황해도와 평안도에서 '개'를 '가이', '뱀'을 '뱜'이라고 한다.

8.6. 고유어, 한자어, 외래어

남북한 모두 국어를 외국어의 상대적인 표현으로 사용하면서, 국어 즉 우리말에 고유어와 한자어와 외래어가 있다고 말하고 있다. 아래에서도 알 수 있듯이 고유어는 우리나라 사람들이 옛날부터 써온 단어이고, 한자어는 본래 한자에 기초하여 만들어진 단어이고, 외래어는 다른 나라에서 들어온 단어이다.[12)]

> 우리 말 단어에는 고유어, 한자어, 외래어가 있습니다.
> **고유어**란 옛날부터 조선사람들이 만들어 써내려온 단어를 말합니다.
> **한자어**란 한자에 기초하여 만들어진 단어를 말합니다.
> **외래어**란 다른 나라에서 들어온 단어를 말합니다.

이들 가운데 고유어는 일반 사람들의 언어생활에서 기본을 이루어서 늘 많이 쓰이는 단어이다. 그래서 고유어는 한자어나 외래어에 비해서 알기 쉽고 친근하게 느껴지곤 한다. 북한에서는 말을 하거나 글을 쓸 때 될수록 고유어를 잘 살려 쓸 것을 강조하고 있다. '속옷-내의', '남새-채소', '손기척-노크'에서처럼 고유어와 한자어 혹은 외래어가 있을 때 고유어를 사용할 것을 강조하고 있다. 이러한 원론적인 입장은 남북한이 공통적이다.

---

12) 북한의 이론 문법서인 최완호(2005)에서는 고유어, 한자어, 외래어 3개로 나누어서 우리말을 살피는 것은 문제가 있다고 지적하고 있다. "기원상으로 볼 때 조선어어휘구성에 이 세 가지 어휘부류가 있는 것은 사실이지만 이것들을 같은 선에 병렬하여놓고 고찰하는 것은 원칙상 타당하지 않다고 본다. 고유어어휘구성을 대표할 수 있는 것은 어디까지나 고유어휘이며 조선어의 특성자체도 바로 고유어휘에서 발현된다."라고 말하면서 '고유어휘'와 '외래어적어휘'로 나누어 보아야 한다고 주장하고 있다. 즉 한자어도 외래어와 마찬가지로 외국에서 온 어휘라는 것이 전제되어 있다고 보고 있다.

❖ 다음의 글에서 고유어, 한자어, 외래어를 찾고 물음에 대답해봅시다.

그의 얼굴에서는 뜨거운 것이 방울방울 두볼을 타고 흘러내리였다.

승용차 맵시나는 다층씨리카트벽돌집들이 몰려있는 주택마을을 향하여 경쾌하게 달리기 시작하였다.

ㄱ) 가장 많이 쓰인 어휘는 무엇입니까?

ㄴ) 어느 부류의 어휘가 보다 알기 쉽고 친근하게 느껴집니까? 그 까닭은 무엇입니까?

ㄷ) 이를 통하여 우리 인민들의 언어생활에서 기본으로 되는 어휘가 무엇이라는 것을 알수 있습니까?

○ 그, 얼굴, 뜨겁다, 것, 방울방울, 두, 볼, 타다, 흐르다, 내리다, 승용차, 맵시, 나다, 다층, 씨리카트, 벽돌집, 몰리다, 있다, 주택, 마을, 향하다, 경쾌하다, 달리다, 시작하다(24개)

○ 고유어(15개) : 그, 얼굴, 뜨겁다, 것, 방울방울, 두, 볼, 타다, 흐르다, 내리다, 나다, 몰리다, 있다, 마을, 달리다

한자어(3개) : 승용차, 다층, 주택

외래어(2개) : 맵시, 씨리카트

혼성어(4개) : 향(向)하다, 경쾌(輕快)하다, 벽(甓)돌집, 시작(始作)하다

위의 예문은 토를 제외하고 전체 24개의 단어로 이루어져 있다. 그 가운데 고유어가 15개로 압도적으로 많고, 혼성어가 4개, 한자어가 3개, 외래어가 2개이다. 이 외래어라고 하는 것도 사실 '씨리카트'는 외국어라 해야 할 것이다. 아무래도 고유어가 알기 쉽고 친근하게 느껴진다. 그것은 고유어가 우리나라 사람들이 오랫동안 일상생활 속에서 사용해 온 것이기 때문이리라. 결국 일반 사람들에게 고유어가 가장 기본이 되는 어휘라는 것을 알 수 있다.

물론 위의 제시 문장들이 문학 작품이라는 한계점이 있다. 즉 일상적인 언어생활이 아니라는 말이다. 만약에 제시 문장들이 학술적 논설문이라고 한다면 통계 결과는 달라질 수 있다. 학술적 논설문이라면 한자어가 많은 비중을 차지

할 것이다. 그렇지만, 결국 어휘의 종류를 따진다고 하는 것은 일반적 언어생활의 어휘를 갖고 해야 하기 때문에 그 결과가 크게 달라지지는 않으리라 본다. 요컨대 고유어가 일반 사람들의 언어생활에서 가장 기본으로 되는 어휘라는 것은 알 수가 있다.[13)]

❖ **다음문장들에서 밑줄친 한자어와 외래어를 고유어로 바꾸어봅시다.**

ㄱ) 나는 너무 반가와 동생을 와락 포옹하였다.
ㄴ) ≪미국놈 비행기가 씽 — 하고 하강했을 때 살짝 바위틈에 숨었지요 뭐.≫
ㄷ) 동그란 사라에는 맛있는 카스테라가 담겨있었다.
ㄹ) 벤또에는 뎀뿌라가 가득 들어있었다.

위의 학습 활동은 한자어와 외래어를 고유어로 바꾸는 활동이다.[14)] ㄱ), ㄴ)은 한자어를 고유어로 바꾸는 활동이다. ㄱ)의 '포옹하였다'는 '안았다'로, ㄴ)의 '하강했을'은 '내려왔을'로 바꾸면 된다. ㄷ), ㄹ)은 외래어를 고유어로 바꾸는 활동이다. ㄷ)의 '사라'는 '접시'로, '카스테라'는 '단설기'로, ㄹ)의 '벤또'는 '도시락'으로, '뎀뿌라'는 '기름튀기'로 바꾸면 된다.[15)] 이처럼 북한에서는 고유어에 대한 가치를 극대화하여 한자어와 외래어를 고유어로 바꾸는 교수학습을 하고 있다.

---

13) 일반적으로 어린 학생들일수록 교과서의 어휘가 고유어 비중이 높은 것으로 알려져 있다. 현재 북한의 소학교에서 사용되는 ≪국어 1~5≫ 교과서는 고유어가 72.11%, 한자어가 20.47%, 외래어가 0.28%, 혼종어가 7.13% 나타나고 있다. 이관규 외(2021) 참조.

14) 이 활동은 ≪국어 1≫(2002 : 228)의 '나도 할수 있다' 부분에서 제시된 것이다.

15) '카스테라'와 '뎀뿌라'에 대한 ≪조선말대사전≫(2017)의 풀이는 다음과 같다.
카스테라(Castella뽀)[명] => 단설기
뎀뿌라(tempora뽀)[명] (말체) ① 기름튀기 ② ≪엉터리≫를 에둘러 이르는 말. || ~시계.

8.7. 정리 및 과제

지금까지 북한의 학교 문법에서 다루는 어휘 의미에 대하여, '뜻같은말, 뜻반대말, 소리같은말', '단어의 감정적뜻빛갈', '성구와 속담', '문화어와 사투리', '고유어, 한자어, 외래어'를 중심으로 하여 살펴보았다.

어휘를 다루는 학교 문법에서 남북한이 가장 큰 차이가 보이는 것은 사투리, 즉 방언에 대한 입장 차이이다. 북한은 평양을 중심으로 한 문화어에 매우 큰 가치를 부여하고 있으며 사투리 어휘는 낮게 보고 있다. 다시 말하면 북한은 평양 중심의 문화어를 사투리 어휘보다 훨씬 우수한 것으로 보고 잇는 것이다. 이에 비해 남한은 표준어와 방언의 높고낮음의 차이를 두고 있지 않다. 오히려 방언의 가치를 높이 사고 있는 편으로 학교 교육에서도 방언 교육에 많은 시간을 할애하고 있다.

북한 학교 문법의 특징은 '단어의 감정적뜻빛갈'을 다루고 있다는 점이다. 단어가 자기의 기본뜻 외에 더 가지고 있는 뜻을 뜻빛갈이라고 한다. 북한에서는 말하는 사람의 감정적 혹은 정서적 평가를 지닌 이런 어휘를 교육적으로 다루고 있다. 흔히들 양태 표현의 중요성을 이야기하는데, 특히 이런 감정적뜻빛갈을 드러내는 어휘들을 교육적으로 다루는 것은 언어생활을 더욱 풍부히 하는 방안일 수 있다.

한편, 북한에서 사용하는 '뜻같은말', '뜻반대말', '소리같은말'은 남한에서는 각각 유의어, 반의어, 동음이의어라는 용어로 사용된다. 고유어로 용어를 사용하는 것은 권장할 만한 일이나. 그러나 실제로 보면 뜻같은말이 존재하지 않고 북한의 교과서 학습 활동에서도 완전한 동의어가 없다는 것을 다루고 있음을 볼 때 용어 수정이 불가피해 보인다. '뜻비슷한말'이 정확한 용어가 될 것이다. 북한의 '성구와 속담'은 남한에서는 '관용어와 속담'으로 묶어서 관용 표현이라는 용어로 다루고 있다. 남북한의 학교에서 다루는 어휘 의미 분야가 다루는 내용이 많은 동질적인 점이 있다.

제9장 수사법

북한의 문법 교과서였던 ≪국어문법 1~3≫(1996, 2001)에는 문화어를 비롯하여 말소리, 단어, 문장, 띄어쓰기, 문장 부호를 다루고 있고, 특이하게 "표현 수법"이라는 것을 다루고 있다. 이것은 표현하는 방법을 말하는데, 남한에서의 수사법에 대개 해당한다. 표현 수법을 잘 사용하면, 내용을 강조할 수도 있고 자기의 사상 감정과 사물 현상을 눈에 보듯이 생동하게 나타낼 수도 있다. 또 말과 글의 음악성과 사상 정서를 더욱 풍만하게 하여 듣기도 좋고 읽기도 좋게 할 수 있다. 그래서 표현 수법은 문학 작품을 분석할 때 많이 사용되곤 한다(≪국어문법 3≫(2001 : 41) 참조).[1)]

북한의 ≪국어 1~3≫(2013~2015) 교과서에 제시된 수사법은 직유법과 은유법, 대구법과 대조법, 의인법과 야유법, 자리바꿈법과 내세움법, 과장법과 되풀이법, 물음법과 느낌법, 벌림법과 점층법 등 명칭으로 나와 있다. 북한에서는 문법이라고 하는 것이 이론적 접근 차원의 분야가 아니고 실용적 사용

1) 남한에서는 수사법에 해당하는 내용을 문학 분야에서 다룬다. 물론 남한의 1950년대, 1960년대의 검정 문법 교과서들 가운데는 수사법을 문법 분야에서 다룬 것들이 있다. 1979년 검정 문법 교과서에서부터는 지금까지도 수사법을 문학 분야에서 다루고 있는 실정이다.

차원의 분야로 되어 있기 때문에, 표현 수법, 즉 수사법 내용들이 "문법지식을 새겨봅시다."라는 부분에서 다루어지고 있다.

9.1. 직유법과 은유법

직유법과 은유법은 수사법 가운데 가장 대표적인 것이다. "**직유법**"은 말 그대로 어떤 것을 다른 것에 직접적으로 비기는 수법으로, 아래에서처럼 '같이, 같은, 처럼, 듯, 듯이, 만큼, 마냥, 인양'과 같은 표현을 통해서 표현된다. 이에 비해 "**은유법**"은 한자어 그대로 숨겨서 비유하는 수법이다. 흔히 직유법을 직접적으로, 은유법을 간접적으로 비유한다고 일컫는다.

> **직유법**이란 어떤 것을 다른것에 직접 비기는 표현수법을 말합니다. 직유법은 흔히 ≪-같이, -같은, -처럼, -듯, -듯이, -만큼, -마냥, -인양≫과 같은 단어나 토를 리용하여 꾸밉니다.
>
> 례 : 해빛같은 그 미소 그립습니다.
>
> **은유법**이란 나타내려는 말은 숨겨두고 다른 뜻을 가진 말을 써서 그것을 표현하는 수법을 말합니다.
>
> 례 : 혁명의 꽃송이로 붉게 피여라.

위의 예에서 "해빛같은 그 미소"에서 보면, '같은'이라는 직접 비유 표현을 사용하여 '그 미소'를 '해빛'으로 직접적으로 비유해서 표현하는 직유법을 볼 수 있다. "혁명의 꽃송이"라는 표현을 보면 '혁명'이라는 원관념을 나타내기 위해서 '꽃송이'라는 보조 관념을 사용하는 것을 볼 수 있는데, 이를 바로 은유법이라고 한다. 흔히 은유법이 이루어지는 방법으로 'A는 B이다', 'A의 B'라는 공식을 떠올리곤 한다. 이때 A는 나타내고자 하는 원관념, B는 비유로 사용하는 보조 관념이라고 말하곤 한다.

❖ 직유법과 은유법으로 된 표현들을 찾아봅시다.

ㄱ) ≪여긴 워낙 깊은 산골이라 가끔 바위만큼 큰 곰이 나타나 길손들을 해치군 하지요.≫

ㄴ) ≪너무도 고마와 마부의 손을 그러잡은 길손들의 눈가에는 맑은 이슬이 고여있었습니다.≫

위에서 ㄱ)의 "바위만큼 큰 곰"에서는 '만큼'을 사용하여 '곰'이 '바위'만큼 크다고 표현하는 직유법을 사용했고, ㄴ)의 "길손들의 눈가에는 맑은 이슬이 고여있었습니다."에서는 '이슬'이라는 보조 관념을 사용하여 '눈물'을 간접적으로 표현하는 은유법이 사용되었다. 은유법은 나타내려는 말은 숨겨 두고 다른 뜻을 가진 말로 그것을 표현하는 수법인 것이다. 'A는 B이다', 'A의 B'라는 공식이 그대로 적용되지는 않았지만, 맥락상 '이슬'이 '눈물'을 비유적으로 표현한 것임을 알 수 있다.

❖ 다음의 두 문장에서 비기는 말과 비겨지는 말을 찾고 그를 통하여 직유법과 은유법의 공통점과 차이점을 밝혀봅시다.

ㄱ) 눈에 이슬같은 눈물이 고였다.

ㄴ) 눈에 맑은 이슬이 고였다.

직유법과 은유법을 비기는 말과 비겨지는 말이라는 표현으로 설명하기도 한다. 직유법은 ㄱ)의 "이슬같은 눈물"에서처럼 비기는 말인 '이슬'과 비겨지는 말인 '눈물'이 직접적으로 대응되는 표현이다. 한편 ㄴ)의 "눈에 맑은 이슬

이 고였다."에서는 비기는 말인 '이슬'은 나타나나 비겨지는 말인 '눈물'은 보이지 않는다. 이런 경우 은유법이 나타난다고 말한다. 그런데 전형적인 은유법은 앞서도 말한 바, 'A는 B이다', 'A의 B'라는 공식으로 표현되곤 한다.

> ❖ **직유법과 은유법으로 된 성구, 속담들을 찾아봅시다.**
>
> 범잡은 포수같다, 천리마를 타다, 종이장도 맞들면 가볍다, 가슴이 널뛰듯 하다, 아는 길도 물어가라

위의 학습 활동은 직유법과 은유법을 성구, 속담에서 찾아보는 활동이다. 사실 성구나 속담은 화자의 의도를 강조하여 표현 효과를 높이기 위해서 사용하는 수법으로 직유법과 은유법 사용이 많은 표현이다. 위에서 "범잡은 포수같다"와 "가슴이 널뛰듯 하다"는 '같다', '듯'과 같은 직접 비유 표현을 통해서 직유법이 사용된 것을 알 수 있다. 나머지 "천리마를 타다", "종이장도 맞들면 가볍다", "아는 길도 물어 가라"는 은유법을 사용한 표현이다. 이들은 비겨지는 표현일 뿐이고 비기는 말은 맥락에 따라서 다를 수밖에 없을 것이다.

9.2. 대구법과 대조법

표현 수법 가운데 말마디나 표현을 서로 마주 세우는 방법을 사용하는 것으로 대구법과 대조법이 있다. 이 가운데 내용상 연관을 가진 말마디나 표현을 서로 짝을 맞추어 마주 세우는 수법을 "**대구법**"이라고 한다.

> 내용상 련관을 가진 말마디나 표현을 짝을 맞추어 표현하는 수법을 **대구법**이라고 한다.

○ 자유의 강산에서 우리 자라고
평화의 락원에서 꽃 피려 하는
○ 하늘은 푸르고 내 마음 즐겁다.

— ≪국어문법 3≫(2001 : 47)

위의 첫째 예에서 "자유의 강산에서 우리 자라고"와 "평화의 락원에서 꽃 피려 하는"은 서로 마주 세워져 짝을 이루고 있고, 둘째 예에서는 "하늘은 푸르고"와 "내 마음 즐겁다"가 서로 마주 세워져 짝을 이루고 있다. 이처럼 대구법은 내용상 관련 있는 표현들을 서로 맞세워서 이루어지고, 그리함으로써 말과 글에서 감정 정서와 음악성을 더욱 풍부히 하여 주는 표현적 효과를 가지고 있다.

❖ **다음 시련에 씌여진 표현수법을 새겨봅시다. 어떤 말마디들을 짝을 맞추어 표현하였습니까?**[2)]

초급병사누나도
곁에 서서 찰칵
분대장누나도
팔을 끼고 찰칵

위의 글은 4행으로 이루어진 일종의 동시이다. 여기서 "초급병사누나도"와

2) '씌여진'이라는 표현은 이중 피동 표현으로서, '쓰인' 혹은 '써진'을 강조한 표현이라 할 수 있다. 군더더기가 들어간 이중 피동이라 하여 남한에서는 잘못된 표현이라고 학교 문법에서 말하지만, 북한에서는 강조된 표현이라 하여 교과서에서 사용되고 있다.

"분대장누나도"가 짝을 이루고 있고 "곁에 서서 찰칵"과 "팔을 끼고 찰칵"이 짝을 이루고 있다. 즉 내용상 연관 있는 말마디가 짝을 이루어서 감정 정서와 음악성을 더욱 풍부히 해 주고 있는 대구법이 사용된 것이다.

한편, "**대조법**"은 말마디나 표현이 서로 맞세워져 있는 것은 대구법과 동일하나 뜻이 반대되는 것이 세워진다는 점에서 차이가 있다. 즉 대구법은 뜻이 비슷하게 연관되어 있는 것들이 제시된 것이고 대조법은 뜻이 반대되는 것들이 제시된 것이다.

> 뜻이 서로 반대되는 말마디나 표현을 맞세워놓는 수법을 **대조법**이라고 합니다.

○ 싸리나무 한가치는 꺾기 쉽지만
아름드리나무는 꺾지 못하리

— ≪국어문법 3≫(2001 : 49)

위의 표현에서 "싸리나무 한가치는 꺾기 쉽지만"과 "아름드리나무는 꺾지 못하리"는 표현이 서로 맞세워져 있으며, 두 표현의 뜻이 서로 반대되는 의미를 띠고 있다. 그리하여 표현 수법으로 대조법이 사용되고 있다. 대조법은 말과 글에서 사상과 주장을 분명히 드러내 보이는 표현적 효과를 지니고 있다.

❖ **다음 시련은 대구법으로 씌여진 시련과 대비해볼 때 어떤 차이점이 있습니까?**

누나는 너무 좋아
행복에 <u>울고</u>
원수님은 기쁘시여
<u>웃으시는데</u>

위의 시련(詩聯)에서 "누나는 너무 좋아 행복에 울고"와 "원수님은 기쁘시여 웃으시는데"는 표현은 서로 마주 세워진 모습인데, '울고'와 '웃으시는데'라는 서술어에서 뜻이 반대되는 것을 서로 사용하고 있다. 그리하여 표현 수법에서 **대조법**이 사용되었다고 말할 수 있다. 이런 차원의 이해를 위해서 교과서에서 이 활동이 제시되어 있긴 하지만, 사실 '울고'와 '웃으시는데'는 표면상 서술어의 의미가 대조되는 듯하지만, 결국 맥락을 보면 서로 마주 세워진 두 표현이 한쪽은 감동에 울고, 또 다른 한쪽은 기뻐서 웃는 양상을 띠기 때문에 정확한 대조법 표현 예가 될지는 논란이 될 수도 있다.

❖ 대구법과 대조법이 들어간 시련을 각각 한개씩 찾아봅시다.

○ 씩씩하고 용감한 소년과 곱고 예쁜 소녀
○ 붉은기는 중천에서 펄펄 날리고
부르죠아 낡은 기는 빛을 잃고 찢겼네

위의 학습 활동은 대조법과 대구법이 사용된 시련을 하나씩 적어 보라는 활동이다. "씩씩하고 용감한 소년"이라는 말마디와 "곱고 예쁜 소녀"라는 말마디는 내용상 연관성을 지니면서 마주 세워져 있는 대구 표현이다. 즉 대구법이 사용된 표현이다. 다음 두 번째 예시는 내용상 반대가 되는 뜻을 지닌 대조법이 사용된 표현이다. "붉은기는 중천에서 펄펄 날리고"라는 표현과 "부르죠아 낡은 기는 빛을 잃고 찢겼네"라는 표현은 마주 세워진 대구법 구조와 "펄펄 날리고"와 "빛을 잃고 찢겼네"라는 표현이 지닌 의미가 서로 반대가 되는 대조법이 적용된 것이다.

9.3. 의인법과 야유법

표현 수법 가운데 사람 아닌 것을 사람처럼 표현하는 것을 의인법이라 한다. 동물이나 자연 현상을 사람과 같이 말하게도 하고 행동하게도 하는 표현 수법이 바로 "의인법"이다.

> **의인법**이란 동물이나 자연현상을 사람과 같이 말하게도 하고 행동하게도 하는 표현수법을 말합니다.

○ 너구리는 말하였다.
해님도 기뻐 웃었다.

— ≪국어문법 3≫(2001 : 44)

위의 "너구리는 말하였다."에서 동물인 너구리가 말한다는 것은 너구리를 사람으로 의인화한 것이기 때문에 의인법이 사용된 것이다. 또 "해님도 기뻐 웃었다."에서도 무생물인 해님이 기뻐할 수도 없고 또 웃을 수도 없으니, 마치 해님을 사람인 것처럼 표현한 것으로 역시 의인법이 적용된 것이다.

❖ 다음 문장들을 비교해봅시다. 어느 문장이 더 생동하게 느껴집니까? 왜 그런가를 밝혀봅시다.

ㄱ) 시내물이 촐랑거리며 흘러갑니다.
시내물도 춤추며 흘러갑니다.

ㄴ) 밝은 해가 나를 환하게 비쳐주었습니다.
밝은 해님이 나를 보고 환하게 웃어주었습니다.

위의 예에서 ㄱ) "시내물이 촐랑거리며 흘러갑니다."는 시냇물이 흘러가는 모습을 그대로 묘사한 것이다. 이에 비해서 "시내물도 춤추며 흘러갑니다."는 '춤추며'에서 보다시피 마치 시냇물이 사람이라도 된 양 흘러가는 모습을 의인화하여 표현한 것이다. 이렇게 함으로 해서 두 번째 문장이 더 생동하게 느껴진다. ㄴ) "밝은 해가 나를 환하게 비쳐주었습니다."도 해가 나를 환하게 비춰준다는 객관적 사실을 그대로 묘사하고 있음에 비하여 "밝은 해님이 나를 보고 환하게 웃어주었습니다."에서는 주체도 '해님', 서술어도 '웃어주었습니다'라는 서술어를 사용함으로 해서 의인화하고 있다. 그렇게 함으로써 문장이 더 생동하게 느껴지는 것이다. 이처럼 의인법은 정서를 더욱 풍부히 해 주는 표현적 효과를 지니고 있다.

> **야유법**이란 단어나 문장의 뜻을 정반대로 표현하여 부정적인것을 빈정대고 비꼬아주는 표현수법을 말합니다.

○ 꼴 좋게 됐다.

우리는 어떤 누군가를 칭찬하기도 하고 야유하기도 한다. 칭찬하는 것 같은데 맥락상 칭찬이 아니고 야유를 하는 뜻을 지닌 경우가 종종 있다. '"꼴 좋게 됐다"라고 할 때 결코 칭찬을 하는 게 아니다. 단어나 문장을 정반대로 표현하여 부정적인 것을 빈정대고 비꼬는 이런 표현 수법을 바로 "**야유법**"이라 한다. '야유'라는 단어의 사전적 뜻이 '남을 빈정거려 놀림. 또는 그런 말이나 몸짓'이다.

❖ **다음 문장들은 철호와 영수가 수업시간에 지각한 남철이에게 해준 말입니다. 어떤 차이가 있으며 그 차이는 어디에서 생긴것인가를 찾아봅시다.**

철호 : 동문 어제도 지각하더니 오늘은 또 10분씩이나 늦나?
영수 : 너무 빨리 왔구나. 좀 더 늦게 오지.

위의 예는 지각한 남철이를 향하여 철호와 영수가 한 말이다. 철호는 남철이가 지각한 사실 그 자체를 있는 그대로 말하면서 비난을 하고 있다. 그런데 영수는 "너무 빨리 왔구나. 좀 더 늦게 오지."라고 하면서 칭찬하는 듯한 표현을 사용하고 있지만 실제로는 철호보다 더욱 비난을 넘어 야유를 하고 있다. 이처럼 야유법(揶揄法)은 정반대로 표현하여 빈정대고 비꼬는 표현 수법인 것이다.

❖ 다음 문장들에서 의인법과 야유법으로 된 표현을 찾아봅시다.

ㄱ) 클락새에게서 힘을 얻은 까치는 여우를 쏘아보며 어서 올라올테면 올라와 보라고 소리쳤습니다.

ㄴ) ≪…오늘은 자네가 내배속에 들어가주게. 내 가끔 자네를 생각해서 눈물을 흘려주지.≫

ㄷ) ≪옛다, 이것까지 더 받아먹어라!≫
마부는 불달린 헝겊뭉치를 곰한테 씽— 집어던졌습니다.

ㄹ) 창문으로는 보름달이 빠금히 머리를 내밀고 밤을 밝혀 공부를 하는 내 모습을 지켜보았다.

위의 예에서 사람이 아닌 것을 사람처럼 표현한 의인법을 사용하고 있는 것은 ㄱ), ㄴ), ㄹ)이다. ㄱ)에서 까치가 여우를 쏘아본다든가 소리치는 것은 까치를 사람으로 의인화한 표현이고, ㄴ)은 '까치와 여우'라는 동화에서 나오는 것인데, 제시된 표현은 여우가 말한 것이다. 즉 여우가 눈물을 흘려주겠노라고 말하는 것으로, 결국 여우가 사람처럼 눈물을 흘린다고 의인화해서 표현한 것이다. ㄹ)에서도 보름달이 머리를 내민다든지 내 모습을 지켜본다든지 하는 표현들은 모두 의인화한 표현들이다. 즉 의인법이 사용되었다는 것이다.

이에 비해 ㄷ)에는 야유법이 사용되었다. "옛다, 이것까지 더 받아먹어라!"

라는 표현은 곰한테 먹을 것을 준 게 아니라 불 달린 헝겊뭉치를 집어 던진 것이기 때문에 결코 곰을 위한 것이 아니라 정반대로 빈정대고 비꼰 표현이라고 할 수 있다.

9.4. 자리바꿈법과 내세움법

문장에서 자리를 바꾸어 놓음으로써 해당 표현을 더욱 힘 있게 하는 방법을 "**자리바꿈법**"이라 한다. 아래에서 '빛나라'를 앞에 놓아서 강조하는 방법인데, 이때 앞에 놓이게 되는 말마디는 주로 술어 혹은 술어를 포함한 표현이 된다.

> **자리바꿈법**이란 문장을 짤 때 일부러 말마디들의 자리를 바꾸어놓는 표현수법을 말합니다.
> 례 : 빛나라, 우리 평양

○ 우리는 조국을 사수하리라, 목숨으로!
○ 가자, 어서 대오를 이끌고
　가자, 튼튼히 무장을 갖추고

— ≪국어문법 3≫(2001 : 51-52)

위의 첫 번째 문장에서도 "우리는 조국을 사수하리라"라고 하는 표현을 앞에 둠으로써 강조하고 있다. 두 번째 문장에서도 "가자"라는 술어를 앞에 둠으로 해서 해당 표현을 힘 있게 만들어 주고 운율을 잘 살려 주는 표현적 효과를 지니고 있다.

❖ 다음 문장들을 각각 비교하여보고 어느 문장의 표현적 효과가 더 큰가를 말해봅시다.

ㄱ) 우리는 사회주의는 지키면 승리요, 버리면 죽음이라는것을 똑똑히 알았다.
우리는 똑똑히 알았다, 사회주의는 지키면 승리요, 버리면 죽음이라는 것을.

ㄴ) 일심단결, 이것은 우리의 의지이고 신념이다.
일심단결은 우리의 의지이고 신념이다.

위의 학습 활동은 자리바꿈법을 통해서 해당 표현의 효과를 확인하게 하는 활동이다. ㄱ)에서는 "우리는 똑똑히 알았다"라고 하는 표현을 앞에 둠으로써 그것을 힘 있게 만들어 주고 있다. ㄱ)의 문장은 본래 '우리는 [사회주의는 지키면 승리요, 버리면 죽음이라는것을] 똑똑히 알았다.'라는 구조로 되어 있던 것인데, 술어가 포함된 "우리는 똑똑히 알았다"를 앞에 둠으로 해서 그것을 강조하는 방식으로 되어 있음을 볼 수 있다. 이처럼 자리바꿈법이라는 표현 수법을 사용한 문장이 상대적으로 표현적 효과가 더욱 큰 것을 확인할 수 있다.

한편, ㄴ)에서는 "일심단결은 우리의 의지이고 신념이다."라는 문장에서 주어인 '일심단결'을 강조하여서 특별히 앞에 두고, 이어서 '이것'이라는 지시대명사를 사용하여 다시 받아서 쓰는 방식을 사용하고 있다. 이런 방식은 "**내세움법**"이라고 한다.

내세움법이란 문장에서 강조하려는 말마디를 특별히 앞에 내세워 두드러지게 하는 수법을 말합니다.
례 : 학습, 이것은 곧 전투이다.
학생들에게 맡겨진 기본혁명과업, 그것은 학습을 잘하는것이다.

위의 첫째 문장 예를 보면 '학습'이라는 말마디를 앞에 내세워서 강조하고 있으며, 이를 지시 대명사 '이것'으로 다시 받아서 주어로 사용하고 있다. 또한 둘째 문장에서는 "학생들에게 맡겨진 기본혁명과업"을 앞에 내세워서 강조하고 있고, 이를 다시 '그것'이라는 지시 대명사로 받아서 주어로 사용하고 있음을 볼 수 있다. 이처럼 내세움법은 문장에서 강조하려는 말마디를 특별히 앞에 내세워 두드러지게 하는 수법을 일컫는다.

❖ 다음 시련에서 자리바꿈법과 내세움법으로 된 표현을 찾아봅시다.

ㄱ) 그이께서는 지그시 연필에 힘을 주시여
원쑤들의 진지에 화살표를 집중하신다.
— 가자, 어서 대오를 이끌고
— 가자, 튼튼히 무장을 갖추고

ㄴ) 백두산
거기서 조선의 별이 뜨고
거기서 조선의 행복
조선의 미래가 시작되였다.

위의 ㄱ)에서는 '가자'라는 술어를 자리를 바꾸어서 앞에 둠으로써 힘 있게 표현하고 있으며, ㄴ)에서는 '백두산'이라고 하는 강조하려는 말마디를 특별히 앞에 내세워 두드러지게 하고 있다. ㄱ)의 자리바꿈법과 ㄴ)의 내세움법의 큰 차이는 단순히 자리를 바꾸었는지의 여부이다. 자리바꿈법은 "어서 대오를 이끌고 가자"에서 '가자'를 자리바꿈한 것이고, 내세움법은 "백두산에서 조선의 별이 뜨고"에서 '백두산'을 앞에 내세워서 쓴 다음에, 그것을 다시 지시 대명사 '거기'로 받아서 결국 '백두산, 거기서 조선의 별이 뜨고'처럼 한 것이다.

이를 통해서 우리는 **자리바꿈법**은 주로 술어 혹은 술어를 포함한 일정한 표현을 힘 있게 표현하는 수법이고, **내세움법**은 술어 이외의 다른 말마디를 앞에 내세워 강조하는 수법임을 알 수가 있다.

9.5. 과장법과 되풀이법

북한의 학교 문법 내용으로 과장법과 되풀이법도 제시되어 있다. 이 두 가지 표현 수법은 일정한 내용을 강조한다는 공통점이 있다.

> **과장법**은 이야기하려는 내용을 실지 사실보다 더 보태거나 줄여서 표현하는 수법입니다.

○ 만세소리가 하늘땅을 뒤흔들었다.
농사가 땅이 꺼지게 잘되였다.
간이 콩알만 해지다.

— ≪국어문법 3≫(2001 : 46)

위의 예들은 과장법이 적용된 표현들이다. 만세소리가 아무리 커도 하늘땅을 흔들지는 못하고, 농사가 아무리 잘 되었다고 해도 땅이 꺼지지는 않는다. 그러나 이렇게 사실보다 더 보태어서 과장함으로 해서 이야기하려는 내용을 두드러지게 강조하는 데서 매우 효과적이다. 또한 "간이 콩알만 해지다."에서는 간의 크기를 아주 작게 줄여서 표현하고 있는데, 이런 과장된 표현 역시 내용을 두드러지게 강조하는 효과를 지니고 있다. 이처럼 이야기하려는 내용을 실제 사실보다 더 보태거나 줄여서 표현하는 수법을 "과장법"이라 한다.

❖ 밑줄친 내용을 실지 사실과 대비해봅시다.

ㄱ) 무쇠가마로 만든 활촉도 어김없이 한살에 열놈, 백놈씩 꺼꾸러뜨렸습니다.
ㄴ) 눈깜빡할사이에 복습을 다하였다.

❖ 아래의 문장에서 과장법으로 씌여진 표현을 찾고 어떤 효과를 나타냈는가를 밝혀봅시다.

ㄱ) 억천만번 죽더라도 원쑤를 치자.
ㄴ) 꿀꿀이는 쪽배만 한 구유를 메고 남산만 한 배를 뚱기적거리며 나왔습니다.

위의 학습 활동들은 과장법이 사용된 표현을 찾아서 그 효과를 확인해 보는 활동이다. 첫 번째 활동에서는 화살 하나가 한꺼번에 "열놈, 백놈씩 꺼꾸러뜨렸습니다"라는 표현은 더 보태서 표현한 것이고, 복습을 "눈깜짝할사이에" 할 수는 없기에 줄여서 표현하여 해당 내용을 과장한 것이다. 두 번째 활동에서도 과장법 표현을 제시하고 있다. ㄱ)에서 죽음이 "억천만번"일 수는 없기에 더 보태서 과장한 것이고, ㄴ)에서도 "남산만 한 배"라는 표현이 역시 더 보태져서 많이 과장한 것이다.[3)]

이렇게 과장법을 사용하면 이야기하려는 내용을 두드러지게 강조하는 데에 매우 효과적이다. 그렇지만 그것은 어디까지나 사실을 허구적으로 과장한 것으로, 어디까지나 말과 글의 표현성을 높이려는 표현 수법일 뿐이다. 실제로는 비현실적인 내용들이기 때문에 함부로 남발해서는 안 될 것이다.

되풀이법은 한 문장이나 한개 시련에서 같은 단어나 표현을 되풀이하는 수법입니다.

○ 방울방울 은방울꽃 곱게 피는 은방울꽃

3) 남한의 띄어쓰기에서는 '남산 만한 배'라고 띄어 쓴다.

대원수님 계신 방에 향기 풍겨 드렸죠.

— ≪국어문법 3≫(2001 : 47)

"**되풀이법**"은 위의 정의처럼 단어든 구든 문장이든 일정한 표현을 되풀이하는 수법이다. 위의 예에서 '방울'이라는 단어를 되풀이했으며, '은방울꽃'이라는 단어를 되풀이하고 있다. 되풀이법을 통해서 문장에서 뜻을 힘 있게 강조하여 주고 있으며, 또한 어떤 때는 아래 ㄱ)에서처럼 "조국이여 조국이여"라고 되풀이하면서 격한 감정을 나타내기도 한다. 위에서 '방울방울', '은방울꽃' 같은 경우는 음악적 율동의 효과를 나타내 주기도 한다.

❖ 되풀이법이 어떤 효과를 나타내는가를 밝혀봅시다.

ㄱ) 아, 조국이여 조국이여

ㄴ) ≪내 쌀, 내 쌀, 그건 내 쌀이다.≫

ㄷ) 알알이 굵은 밤알
영글어갈 땐
바늘가시 날창가시
비껴들고요

위의 학습 활동은 되풀이법의 효과를 확인하는 활동이다. 앞에서도 언급한 바, ㄱ)에서는 '조국이여'를 반복함으로 해서 격한 감정을 드러내고 있으며, ㄴ)에서는 내세움법으로 앞에 둔 '내 쌀'을 두 번이나 되풀이 표현함으로써 말하는 사람의 생각을 힘 있게 강조하고 있다.

ㄷ)에서는 '알알이'의 '알'이 되풀이 된 것 이외에는 구체적인 단어의 반복은 보이지 않는다. '바늘가시'와 '날창가시'에서 '가시'가 반복되는 정도가 보인다. 그런데 시련(詩聯) 전체로 보면 'ㄹ'이라는 부드러운 활음이 반복적으로 사용되고 있음을 볼 수 있다. 그리하여 부드러운 음악적 율동감을 효과적으로 나타

내 주고 있다.[4)]

9.6. 물음법과 느낌법

북한의 학교 문법에서는 문장의 종류로 알림문, 물음문, 시킴문, 추김문, 느낌문을 들 수 있다. 앞의 네 가지 문장이 전형적인 것이고, 마지막 느낌문은 앞의 네 문장들을 갖고 감정 정서를 더욱 힘 있게 드러내 보이고자 할 때 사용하는 문장을 일컫는다고 했다. 이것들 가운데 특히 물음문은 말하는 사람의 여러 가지 감정을 효과적으로 나타내는 데 유용한데, "물음법"은 바로 그렇게 하는 표현 수법을 말한다.

> **물음법**이란 물음으로써 여러 가지 감정정서를 보다 효과적으로 나타내는 표현수법을 말합니다.
>
> 례 : 소년의 작은 가슴에 무겁게 드리운 그늘도 과연 그 누가 헤아려 볼수 있었을것인가.
>
> 물음법은 대답을 요구하는 물음이 아니라 일정한 표현적효과를 위하여 쓰이는 물음문을 가지고 꾸밉니다.

○ 소년의 작은 가슴에 무겁게 드리운 그늘은 그 누구도 헤아려볼수 없었을것이다.

-> 소년의 작은 가슴에 무겁게 드리운 그늘도 과연 그 누가 헤아려볼수

---

4) ≪조선말대사전≫(2017)에 제시된 '비껴들다'의 뜻풀이는 다음과 같다.
비껴들다[동](자. 타) ① 비스듬히 비치여들다 | 해빛이 ~. 그림자가 수변에 선명하게 ~. 인민의 분노가 서리발총창에 ~. | 뒤문 문틈으로 비껴드는 해빛이 부엌바닥에 트레방석을 깔고앉아 맴돌질을 하고있는 중년녀인의 얼굴을 비쳐주고 있다. (장편소설 ≪갑오농민전쟁≫ 1) ② (앞에 있는 목표를 겨누어서) 엇비듬하게 우로 쳐들다. | 열번 죽어도 가슴에 지닌 불타는 애국의 마음 그대로 싸우리라는 영용한 투지로 총창을 비껴들고 그들은 원쑤를 무찔러 돌격했다.

있었을것인가.

위에서 제시된 예문은 본래 "소년의 작은 가슴에 무겁게 드리운 그늘은 그 누구도 헤아려볼수 없었을것이다."라는 알림문을 물음문으로 바꾸어 쓴 것이다. 이러한 물음법으로써 감정 정서를 보다 효과적으로 나타내고 있는 것이다. 물음법은 일정한 대답을 듣고자 하는 게 아니라 일정한 표현적 효과를 위하여 사용된다. 남한에서 수사 의문문을 설정하는데, 바로 이것이 그것이다.

❖ 소설에서 알맞는 문장을 물음법이 쓰인 문장으로 바꾸고 표현적효과와 그것을 어떻게 꾸미는가를 설명해봅시다.

○ 용철이는 결코 장난삼아 이름 석자를 써넣었던것이 아니였다.
-> 용철이는 결코 장난삼아 이름 석자를 써넣었던것이 아니였는가.
○ 아, 장군님께서는 어쩌면 내 속마음까지 다 아실가.
-> 아, 장군님께서는 내 속마음까지 다 아신다.

— ≪국어문법 3≫(2001 : 173)

위의 학습 활동은 해당 단원의 본문 '소중한 싹'에 나타나 있는 한 알림문을 물음법을 적용한 물음문으로 바꾸고 그렇게 함으로써 얻게 되는 효과를 탐구하라고 하는 활동이다. 위의 첫 번째 문장은 알림문으로서 그것을 물음법으로 바꾸었는데, 해당 내용은 변함이 없고 당연히 그렇다는 뜻을 담고 있다. '-는가'라는 의문형 어미를 사용한 일종의 수사 의문문이라고 할 수 있다. 이렇게 함으로써 대답을 원하는 게 아닌, 용철이가 진지한 마음으로 이름 석 자를 적어 넣은 것임을 감정의 깊이를 더해서 효과적으로 나타낸 것이다.

두 번째 문장은 물음법으로 쓰인 물음문인데, 결코 상대방의 대답을 원하는 물음은 아니다. 알림문으로 바꾼 것처럼 장군님이 내 마음을 다 안다는 것을 사실로 알리고 있는데, 일정한 표현적 효과를 보이고 있는 것이다. 즉 화자의 마음, 곧 감정 정서를 더욱 효과적으로 드러내고 있는 것이다.

> **느낌법**이란 느낌으로 감정정서를 더욱 힘있게 드러내보이는 표현수법을 말합니다.
> 례 : • 영웅의 나라!
> • 백두산밀림에서 조국의 태양이 솟는다!
> 느낌법은 임의의 문장에 강한 느낌을 담는 방법으로 꾸밉니다.

한편 "느낌법"은 알림문, 물음문, 시킴문, 추김문에다가 말하는 사람의 감정 정서를 힘 있게 느낌문으로 드러내 보이는 표현 수법을 말한다. 임의의 문장에 강한 느낌을 담는 방법으로 느낌법은 만들어진다. "백두산밀림에서 조국의 태양이 솟는다."라는 알림문에다가 감정 정서를 담아서 강한 느낌을 전달하여, "백두산밀림에서 조국의 태양이 솟는다!"라는 느낌문으로 표현한 것이다.

그런데 "영웅의 나라!"라는 느낌법 표현은 하나의 온전한 문장이라고 말하기는 어렵다. 그럼에도 불구하고 느낌법이 실현된 표현 수법으로 제시한 것은 결국 느낌법은 근본적으로 문장 차원을 넘어서는 표현 수법임을 뜻한다. 요컨대 **느낌법**은 감정 정서를 힘 있게 드러내 보이고 사람들의 마음을 크게 움직이게 하는 표현 수법으로서 높은 표현적 효과를 지닌다고 하겠다.

❖ 소설에서 느낌법이 쓰인 문장을 찾거나 알맞는 문장을 느낌법이 쓰인 문장으로 바꾸고 표현적효과와 그것을 어떻게 꾸미는가를 설명해봅시다.

○ 아버지장군님! 꼭 쓰겠습니다. 꼭!

-> 아버지장군님, 꼭 쓰겠습니다.

— ≪국어문법 3≫(2001 : 176)

위의 예문은 '소중한 싹'이라는 본문 작품에 나와 있는 느낌문 문장을 알림문 문장으로 바꾸어서 제시해 본 것이다. "아버지장군님, 꼭 쓰겠습니다."라는 알림문에 비해서 "아버지장군님! 꼭 쓰겠습니다. 꼭!"이라는 느낌법이 적용된 느낌문은 뭔가 다짐하는 감정 정서가 잘 드러난다.

9.7. 벌림법과 점층법

동일한 표현을 되풀이해서 쓰는 것은 아니고 내용상 관련이 있는 말마디를 연이어 벌려 쓰는 표현 수법을 "**벌림법**"이라 한다. 아래에서 "수십개의 연구소에 큰 공장과 전시관, 도서관, 과학장려관…"이라는 표현은 내용상 관련 있는 말마디들을 연이어 벌려 쓴 것이다. 또 "그밖에도 멋진 살림집들까지 자리잡고 있다. 우리 집도 거기에 있다."라는 표현도 벌림법이 적용된 것이다. 이런 벌림법을 통해서 말과 글의 사상을 강하게 드러내기도 하고 또 율동성도 느끼게 하며 이야기하려는 내용을 정서적으로 펴 나가게도 한다.

> **벌림법**이란 내용상련관을 가진 말마디를 련이어 벌려쓰는 표현수법을 말합니다.
>
> 례 : 과학원은 굉장히 크다. 수십개의 연구소에 큰 공장과 전시관, 도서관, 과학자려관…
>
> 그밖에도 멋진 살림집들까지 자리잡고있다. 우리 집도 거기에 있다.
>
> 벌림법은 언제나 내용상 서로 련관을 가진 말마디들을 련이어 벌려쓰는 방법으로 꾸밉니다.

○ 순이는 학교에서도, 길가에서도, 길에서도 언제나 손에서 책을 놓지 않는다.

○ 두만강의 다정한 물소리도, 높이 솟은 백양나무의 속삭임도, 흐느적거리는

버들숲의 설레임도 이 영광의 땅을 찾은 우리를 반겨 맞는 듯 하였다.

—≪국어문법 3≫(2001 : 50)

위에서 보다시피 벌림법은 단어든 구든 일정한 말마디는 모두 벌려 쓰는 대상이 될 수 있다. 단 전제할 것은 각각은 모두 일정한 내용상 관련이 있어야 한다는 점이다. '학교에서도', '길가에서도', '길에서도'는 모두 순이가 책을 보는 일정한 공간을 지칭한다. 또한 '두만강의 다정한 물소리도', '높이 솟은 백양나무의 속삭임도', '흐느적거리는 버들숲의 설레임도'는 모두 우리를 반겨 맞아 주는 것들이다. 이처럼 벌림법의 대상들은 모두 내용상 일정한 관련이 있다.

> **점층법**이란 뜻이 점차 커지거나 작아지는 방향으로 여러개의 말마디들을 련이어 써나가는 표현수법을 말합니다.
>
> 례 : ≪그래서 너의 부모들은 자식보다 먼저 나라를 위해 한시간을 남들의 열시간, 백시간, 천시간 맞잡이로 일하는 것이 아니겠느냐? 암!≫
>
> 점층법은 뜻이 점차 커지거나 작아지는 차례로 여러개의 말마디들을 련이어 쓰는 방법으로 꾸밉니다.

○ 조국의 모습은 날마다, 달마다, 해마다 몰라 보게 달라 져 가고 있다.

○ 사랑하는 조국, 사랑하는 고향, 사랑하는 부모형제들을 위하여 나는 혁명의 길에 나섰다.

"점층법"이란 내용상 관련이 있는 것은 벌림법과 같으나 뜻이 점차 커지거나 작아지는 여러 개의 말마디들이 연이어 제시되는 표현 수법을 말한다. 위의 본문에서 "열시간, 백시간, 천시간"은 점차 커지는 방향으로 점층법이 적용된 것이다. 다른 첫 번째 예문에서 '날마다', '달마다', '해마다'도 역시 점차 커지는 말마디들을 연이어 쓴 점층법을 보인다. 한편 두 번째 예문에서는 '조국', '고향', '부모형제'라는 단어들을 점차 작아지는 차례로 연이어 쓰고 있다.[5)]

❖ 벌림법과 점층법이 쓰인 임의의 실례를 들거나 소설에서 알맞는 문장을 이 수법들이 쓰인 문장으로 바꾸고 표현적효과와 공통점, 차이점을 설명해봅시다.

○ 나는 살리라, 태양과도 같이 뜨겁게, 수정과도 같이 맑고 깨끗하게, 바위와도 같이 굳세게.

○ 한시간을 남들의 열시간, 백시간, 천시간 맞잡이로 여기는것이 오늘 우리의 평양시간이다.

벌림법과 점층법의 공통점은 모두 내용상 관련이 있는 여러 개의 말마디를 연이어 쓴다는 것이며, 차이점은 어떤 말마디를 연이어 벌려 쓰는가 하는 것이다. 벌림법은 내용상 관련이 있는 말마디를 단순 나열하는 것임에 비해서, 점층법은 그것들의 뜻이 점차 커지든지 작아지든지 순서대로 나열되는 것을 뜻한다. 이 모든 연이어 나오는 말마디들이 내용상 일정한 관련성이 있어야 함은 물론이다.

9.8. 정리 및 과제

지금까지 9장에서는 "표현수법"이라는 이름으로 북한의 학교 문법에 제시된 수사법 내용들을 살펴보았다. 직유법과 은유법, 대구법과 대조법, 의인법과 야유법, 자리바꿈법과 내세움법, 과장법과 되풀이법, 물음법과 느낌법, 벌림법

5) 한편, 남한에서는 점층법이라는 용어와 함께 점강법이라는 용어도 사용하고 있다. 점차 커지는 나열은 점층법이고, 점차 작아지는 나열은 점강법이라는 말이다. 물론 둘을 묶어서 통칭으로 '점층법' 하나로 부르는 경우도 있긴 하다.

과 점층법에 대한 내용이 제시되어 있다. 이것들은 남한에서 문학 분야에서 다루는 것들인데, 언어 표현 방법이라는 측면에서 학교 문법 영역에서 북한에서는 다루고 있다. 실제로 남한에서도 1970년대 이전에는 문법 분야에서 이것들이 다루어졌다. 이러한 북한의 학교 문법 영역의 확대 모습은 결국 문법 교육이 이론이 아니라 실제 언어생활과 밀접한 관련이 있다는 것을 방증해 준다고 하겠다.

수사법들 가운데 북한에서 '야유법'이라고 하는 것이 무척 낯설게 느껴진다. 단어나 문장을 정반대로 표현하여 부정적인 것을 빈정대고 비꼬아 주는 표현 수법이 야유법인데, 이런 것을 교육적 목적을 지닌 학교 수업에서 가르쳐도 되는가 하는 의구심이 든다. 남한의 학교 교육에서는 부정적인 것을 대놓고 교수 학습 내용으로 제시하지는 않는데, 북한에서는 그것을 교수 학습하는 것이다. 북한의 교육이 전쟁하의 적에 대한 적개심을 고취하는 데도 있어서 그런 것 같긴 하다. 여하튼 부정적 내용도 교수 학습의 자료 혹은 수단이 되는 것이 어떤 효과를 가져다줄지 논의가 필요한 점이다.

표현 수법들도 결국은 언어를 표현하는 방법의 하나이다. 어떻게 글을 쓸 것인가 그리고 어떻게 말을 할 것인가의 문제뿐만이 아니라 다른 사람이 글과 말을 어떻게 이해할 것인가의 문제에서도 표현 수법을 교수 학습할 필요가 있어 보인다. 실제적 문법 교육을 지향한다는 면에서 적극 고려해 볼 필요가 있다.

제10장 어문 규범

북한의 학교 문법의 구체적인 토대는 ≪조선문화어문법규범≫(1976)과 이를 좀 더 보완하여 나온 ≪조선문화어문법≫(1979)이라고 말할 수 있다. 거기서는 어음론, 형태론, 문장론 내용을 상세하게 제시하고 있다. 그러나 학교에서 다루어야 하는 어문 규범 내용에 대해서 ≪조선문화어문법규범≫(1976)에서는 부록으로 몇 가지 핵심적인 것들을 제시하고 있다. '맞춤법, 띄여쓰기, 문장부호법'라는 제목으로 ≪조선말규범집≫(1966)의 내용을 간략히 보여 주고 있다.

북한에서는 국어 교육의 실용성을 강조한다. 그리하여 문법 내용에서도 이러한 어문 규범 내용을 중요하게 교수 학습하고 있다.[1] 현재 북한 학교 문법에서 다루는 어문 규범 내용은 2010년에 나온 ≪조선말규범집≫에서의 것이라고 말할 수 있다. 그 속에는 '맞춤법', '띄여쓰기규정', '문장부호법', '문화어발

1) 북한에서는 어문 규범 대신 '언어 규범'이라는 용어를 사용한다. 이것은 문자 언어뿐만이 아니라 음성 언어 차원에서도 언어의 규범을 중시한다는 것을 뜻한다. ≪조선어규범리론≫이라는 제목의 김동찬(2005ㄴ)의 책을 보면 '언어규범'이라는 용어가 확립되어 있음을 확인해 볼 수 있다.

음법'이 들어가 있다. 이 내용들 가운데 '문화어발음법' 관련 내용은 앞서 3장에서 많은 부분을 다루었다. 10장에서는 북한의 국어 교과서에 제시된 '맞춤법', '띄여쓰기규정'과 '문장부호법'을 살펴보도록 한다.

10.1. 맞춤법의 기본 원칙과 주요 규칙들

북한의 학교 문법에서는 어문 규범들 가운데 특히 '맞춤법' 분야에 초점이 맞춰져 있다. 자기의 생각을 글로 적을 때는 누구든지 이미 정해져 있는 대로 적어야 한다. 말을 글로 적을 때 혹은 자기의 생각을 글로 적을 때 누구나 꼭 같이 지켜야 할 규칙을 **맞춤법**이라고 한다. 맞춤법을 알아야 제 나라 글을 틀리지 않게 적을 수 있을 뿐만이 아니라, 맞춤법을 잘 알아야 글에서 혼란을 피하고 글말의 통일성과 문화성을 보장할 수가 있다는 것이다.

북한의 맞춤법에서는 전통적으로 형태를 밝혀 적는 형태주의가 유지되어 왔다. 단어에서 뜻을 가지고 있는 가장 작은 단위인 "형태부"를 언제나 제 모양대로 적어야 한다는 것이 바로 맞춤법의 기본 원칙이다. '함박눈이'는 발음대로 하면 [함방누니]이지만, 표기로는 '함박눈이'로 적는다. 그래야만 '함박눈'이라는 단어에 주격토 '이'가 붙었다는 것을 알 수 있다.

❖ **다음 단어들의 형태부를 가르고 달라진 형태부의 원래모양을 밝혀봅시다.**

소나무, 부삽, 휘파람, 숟가락

그런데 위의 활동에서는 원래 모양과 다른 형태로 표기가 되어 있는 단어들을 보이고 있다. 여기 제시된 단어들은 각각 '솔+나무, 불+삽, 휘+바람, 술+가락'이었는데, 모두 원래 형태에 변화가 생겼다. 이처럼 북한의 맞춤법은 형태주의를 원칙으로 하지만 발음대로 적는 음소주의를 일부 받아들이기도 한다.

○ 맞춤법의 주요 규칙 10가지[2)]

① 합친말적기 : 꽃+봉오리 = 꽃봉오리
② 줄어든말적기 : 마음->맘, 지붕우에는->지붕우엔
③ 뒤붙이 ≪이≫가 붙어 만들어 진 본딴말적기 : 꿀꿀이, 짤룩이(거미) ; 기러기
④ 소리나 받침이 달라 진 말적기 : 불+삽->부삽, 듣다-들었습니다
⑤ 받침 없는 글자뒤에 오는 자음소리적기 : 하늘, 오빠
⑥ 토의 적기 : 하늘끝이, 조국은
⑦ 울림소리뒤에서 나는 된소리적기 : 반짝반짝, 엉뚱하다
⑧ ≪ㅅ≫받침적기 : 풋고추, 옛날
⑨ 뒤붙이 ≪이≫와 ≪히≫ 적기 : 기어이, 유쾌히
⑩ 모음 ≪ㅖ≫가 들어 간 말 적기 : 계산, 게시판

— ≪국어문법 1≫(2001 : 47-49)

북한의 ≪국어문법 1≫(2001 : 47-49) 교과서에서는 맞춤법의 주요 규칙으로 열 가지를 제시하고 있다. 위의 것들이 바로 그것들이다. 이것들 가운데 ①, ②, ④, ⑦, ⑨ 내용이 ≪국어 2≫(2014) 교과서에 제시되고 있다. 이들에 대해서 자세히 살펴보도록 한다. 더불어서 문장 부호와 띄어쓰기 관련 내용도 자세히 살피도록 한다.

---

2) 여기에 제시된 주요 규칙은 ≪국어문법 1≫(2001)에 있는 것이다. 그런데 "만들어 진", "달라 진", "들어 간"에서 보듯이 띄어쓰기가 많이 되어 있는 것이 눈에 띈다. 그것은 북한에서 2000년에 '조선말 띄여쓰기규범'에서 '-아/어' 계열을 뒤의 것과 띄어 쓰게 한 것과 관련이 있다. ≪국어문법 1≫ 교과서가 2001년에 나왔기 때문이다. 북한은 2003년에 다시 '조선말 띄여쓰기규정'에서 '-아/어' 계열을 붙이도록 하고 있다. 이관규(2021ㄱ : 144-145) 참조.

10.2. 울림소리 뒤에서 된소리적기

자음 가운데 울림소리는 'ㄴ, ㄹ, ㅁ, ㅇ' 네 가지이다. 이런 울림소리 뒤에서 된소리가 나는 경우가 있는데, 이때 소리대로 된소리 표기를 한다. 단 한 형태부(형태소) 안이라는 형태음소론적 조건이 붙어 있다.

> 한 형태부안에서받침 ≪ㄴ, ㄹ, ㅁ, ㅇ≫다음의 소리가 된소리로 나는 경우에는 그것을 된소리로 적습니다.
> 례 : 반짝반짝, 골짜기, 깜짝, 몽땅
> 그러나 토씨에서는 ≪ㄹ≫뒤에서 된소리가 나더라도 된소리로 적지 않습니다.
> 례 : ~ㄹ가, ~ㄹ수록, ~ㄹ지라도, ~올시다

'반짝반짝'에서 '반짝'이라는 하나의 형태부 속에서 받침 'ㄴ' 다음에 'ㅉ'으로 된소리가 나면 그대로 표기도 한다는 말이다. '골짜기, 깜짝, 몽땅'도 울림소리 'ㄹ, ㅁ, ㅇ' 뒤에서 된소리가 나서 그리 적는다.

그런데 어미와 같은 토씨에서는 이것이 적용되지 않는다. '-ㄹ가, -ㄹ수록, -ㄹ지라도, -올시다' 같은 경우는 울림소리 뒤에서 된소리가 나도 된소리 표기를 하지 않는다. 남한에서는 의문형 어미일 경우 '-ㄹ가'를 '-ㄹ까'로 적는 차이가 있다.[3)]

---

3) 북한의 ≪조선말규범집≫(2010)의 '맞춤법' 제6항에는 이들 울림소리 뒤에 된소리가 올 때 된소리로 적는다는 규정이 들어가 있다. 옳은 용례만 적고 그것을 적으면 다음과 같다.
제6항. 한 형태부안에서 받침 ≪ㄴ, ㄹ, ㅁ, ㅇ≫다음의 소리가 된소리로 나는 경우에는 그것을 된소리로 적는다.
례 : 반짝반짝, 걸써, 말씀, 벌써, 활짝, 훨씬, 알뜰살뜰, 움짝달싹, 뭉뚝하다
그러나 토에서는 ≪ㄹ≫뒤에서 된소리가 나더라도 적지 않는다.
례 : ～ㄹ가, ～ㄹ수록, ～ㄹ지라도, ～올시다

10.3. 받침이 달라지는 말과 줄어든말의 적기

맞춤법 표기에서 어려운 점은 소리와 표기가 다른 것들을 어떻게 표기할지 하는 문제이다. 본래 한글은 음소 문자라서 소리 나는 대로 표기하면 되긴 하지만 맞춤법의 기본 원리가 형태주의이기 때문에 고민해야 할 점이 많다. 그러나 남한에서 불규칙 용언이라고 하는 것들은 말 그대로 불규칙적이기 때문에 소리 나는 대로 적도록 하고 있다. 받침이 달라지는 말의 적기가 바로 이에 해당한다.

❖ 빈칸에 알맞는 말을 써넣고 받침이 달라지는 말을 어떻게 적어야 하는가를 알아봅시다.

ㄱ) 묻다, □고, □지 – □으니, □어
　듣다, □고, □지 – □으니, □어
　걷다, □고, □지 – □으니, □어
ㄴ) 젓다, □고, □지 – □으니, □어
　낫다, □고, □지 – □으니, □아
　덥다, □고, □지 – □우니, □워
ㄷ) 오르다, □□고, □□지 – □라
　부르다, □□고, □□지 – □러
　가르다, □□고, □□지 – □라

○ 묻다 : 묻고, 묻지 - 물으니, 물어
　듣다 : 듣고, 듣지 - 들으니, 들어
　걷다 : 걷고, 걷지 - 걸으니, 걸어
○ 젓다 : 젓고, 젓지 - 저으니, 저어
　낫다 : 낫고, 낫지 - 나으니, 나아
　덥다 : 덥고, 덥지 - 더우니, 더워
○ 오르다 : 오르고, 오르지 - 올라

부르다 : 부르고, 부르지 - 불러
가르다 : 가르고, 가르지 - 갈라

위의 활동은 ㄱ), ㄴ), ㄷ) 각각 남한에서 'ㄷ' 불규칙, 'ㅅ' 불규칙, '르' 불규칙 현상을 나타낸다는 용언들을 어떻게 표기할 것인지 학습하는 활동이다. ㄱ)에 있는 용언의 받침 'ㄷ'은 '-고, -지' 앞에서는 '묻고, 묻지'처럼 그대로 표기하지만 '-으니, -어' 앞에서는 '물으니', '물어'에서 보듯이 'ㄹ'로 바뀌어 표기를 한다. 규칙적이라면 [무드니], [무더]로 소리 나야 하는데, 불규칙적으로 [무르니], [무러]로 소리가 나며, 이것을 어간 형태를 밝혀서 '물으니, 물어'로 표기한다. '듣다'와 '걷다'도 'ㄷ' 불규칙 용언으로서 동일한 양상을 띤다.

ㄴ)의 '젓-'은 '-고, -지' 앞에서는 '젓고, 젓지'로 표기하지만, '-으니, -어' 앞에서는 [저으니], [저어]로 소리가 나서 소리 나는 대로 표기한다. 원래 규칙적이라 하면 [저스니], [저서]로 소리 나야 하는데 현실에서는 그렇지 않은 것을 표기에 그대로 반영한 것이다. ㄷ)의 '오르-'도 '-고, -지'와 함께는 '오르고, 오르지'처럼 소리도 나고 표기도 하지만, '-아'와 함께는 '올라'처럼 소리 나고 표기도 그렇게 한다. '부르-', '가르-'도 마찬가지 불규칙 현상을 보인다. 남한에서 '르' 불규칙 활용을 한다는 용언들이다. 위에서 '□라' 혹은 '□러'로 표시하여 마치 '-라' 혹은 '-러' 앞에서 변하는 것처럼 표시해 놨으나 실제로는 '-아' 혹은 '-어'라고 표시해야 한다. 그래야만 ㄱ), ㄴ)과 일관성을 가지게 될 것이고, 무엇보다 어미 '-아/-어' 앞에서 어간이 변하는 현상을 일관성 있게 탐구하는 학습 활동이 될 수 있을 것이다.[4)]

4) 받침이 달라진 말들을 적는 맞춤법 규정은 ≪조선말규범집≫(2010)의 '맞춤법' 제10항에 제시되어 있다. 그 가운데 본문 내용과 관련된 맞춤법 규정은 아래와 같다.

제10항. 일부 형용사, 동사에서 말줄기와 토가 어울릴 때에 말줄기의 끝소리가 일정하게 바뀌여지는 것은 바뀐대로 적는다.

1) 말줄기의 끝을 ≪ㄹ≫로 적거나 적지 않는 경우
례 : 갈다- 갈고, 갈며, 갈아 ; 가니, 갑니다, 가시니, 가오
돌자- 돌고, 돌며, 돌어 ; 도니, 돕니다, 도시니, 도오

❖ 다음 단어들에 대한 줄어든말 또는 본말을 찾고 줄어든말을 어떻게 적는가를 알아 봅시다.

슬기론, 뵈옵고싶다, 례하건대, 기럭아

○ 슬기론 <- 슬기로운
○ 뵈옵고싶다 -> 뵙고싶다
○ 례하건대 -> 례컨대
○ 기럭아 <- 기러기야

위의 학습 활동은 "줄어든말"을 어떻게 적을지 혹은 줄어든말의 본말은 무엇인지 탐구하는 활동이다. '슬기론'은 '슬기로운'에서 줄어들었고, '기럭아'는 '기러기야'에서 줄어들었다. 한편 '뵈옵고싶다'와 '례하건대'는 본말들이고 각각 '뵙고싶다'와 '례컨대'가 줄어든말들이다.

남북한이 '슬기론'과 '기럭아'는 동일한 본말 및 줄어든말 형태를 지니고

불다- 불고, 불며, 불어 ; 부니, 붑니다, 불어
2) 말줄기의 끝을 ≪ㅅ≫으로 적거나 적지 않는 경우
례 : 낫다- 낫고, 낫지 ; 나으니, 나아
짓다- 짓고, 짓지 ; 지으니, 지어
잇다- 잇고, 잇지 ; 이으니, 이어
4) 말줄기의 끝 ≪ㄷ≫을 ≪ㄹ≫로도 적는 경우
례 : 걷다- 걷고, 걷지 ; 걸으니, 걸어
듣다- 듣고, 듣지 ; 들으니, 들어
묻다-묻고, 묻지 ; 물으니, 물어
6) 말줄기의 끝 ≪ㄹ≫을 ≪ㄹㄹ≫로도 적는 경우
례 : 누르다- 누르고, 누르지 ; 느르러, 누르렀나
푸르다- 푸르고, 푸르지 ; 푸르러, 푸르렀다
이르다- 이르고, 이르지 ; 이르러, 이르렀다
7) 말줄기의 끝 ≪르≫를 ≪ㄹㄹ≫로도 적는 경우
례 : 기르다- 기르고, 기르지 ; 길러, 길렀다
빠르다- 빠르고, 빠르지 ; 빨라, 빨랐다
8) 말줄기의 끝을 ≪ㅡ≫로 적거나 적지 않는 경우
례 : 고프다- 고프고, 고프지 ; 고파, 고팠다
부르트다- 부르트고, 부르트지 ; 부르터, 부르텄다.

있다. 그런데 '뵈옵고싶다'는 남한에서 '뵙고 싶다'로 띄어쓰기를 하고 있는데, 북한에서는 '-고'로 이어진 두 용언은 붙여 쓰고 있다. 그리고 북한에서는 두음 법칙 적용이 안 되어서 '례하건대' 및 '례컨대'를 쓰지만, 남한에서는 '례하건대'는 물론 '예하건대'라고도 표기하지 않고, 단지 '예컨대'라고 줄어든말로만 표기하고 있다.

❖ 다음 줄어든말에서 무엇이 줄어들었는가를 찾고 줄어든 것을 어떻게 적었는가를 말해봅시다.

뒤뜰안엔, 산골짝, 나눠주다, 예까지, 아침핸가요

○ 뒤뜰안엔 <- 뒤뜰안에는
○ 산골짝 <- 산골짜기
○ 나눠주다 <- 나누어주다
○ 예까지 <- 여기까지
○ 아침핸가요 <- 아침해인가요

위에 제시된 것들은 모두 '줄어든말'이다. 그것들의 본말은 각각 '뒤뜰안에는', '산골짜기', '나누어주다', '아침해인가요'이다. 이처럼 줄어든말은 단어 안의 어느 한 소리마디가 줄어든 말을 가리킨다.

10.4. 뒤붙이 ≪이≫와 ≪히≫의 적기

부사들 가운데 접사 '-이'와 '-히'가 오는 것들이 무척 많다. 그런데 표기에서 혼란스러운 점이 많이 있다. 이런 현상을 ≪국어문법 1≫(2001 : 33-34)에서 자세히 설명을 하고 있는데, ≪국어 1≫(2013 : 196-197)에서는 간단히 아래처럼 학습 활동으로 제시하고 있다.

❖ 뒤붙이 ≪이≫와 ≪히≫가 각각 어떤 소리뒤에 오는가를 살펴보면서 적기규칙을 말해봅시다.

① ㄱ) • 가만히, 자연히
- 간절히, 착실히, 알뜰히
- 촘촘히, 삼삼히, 곰곰히
- 당당히, 정중히

ㄴ) 알알이, 줄줄이

② ㄱ) 굳이

ㄴ) 낱낱이, 샅샅이, 같이

ㄷ) 따뜻이, 깨끗이, 기웃이

ㄹ) 높이, 깊이

③ ㄱ) 간곡히, 정확히, 급히

ㄴ) 깊숙이, 나직이, 빽빽이

④ ㄱ) 분주히(분주하다○), 고요히(고요하다○)

ㄴ) 기어이(기어하다×), 가까이(가까하다×)

위의 학습 활동에서는 '-이', '-히'가 어떤 조건에서 나타나는지를 탐구하도록 하고 있다. ①의 ㄱ)에는 부사들이 모두 '-히'로 되어 있는데, 그 앞에 울림소리 자음인 'ㄴ, ㄹ, ㅁ, ㅇ' 받침을 모두 가지고 있는 걸 볼 수 있다. 그러나 ㄴ)에서는 '-이'로 되어 있는데, 이는 그 앞에 오는 '알알', '줄줄'처럼 명사 말뿌리가 거듭되는 특성을 보이고 있다. 한편 ②에서는 안울림소리 받침인 'ㄷ, ㅌ, ㅅ, ㅍ'이 뒤에 오는 환경을 보여 준다. 이때는 언제나 '-이'로 적는다.

③은 '-이' 혹은 '-히' 발음에 따라서 해당 부사를 그대로 표기하는 것을 보여 준다. ㄱ)은 각각 [간고키], [정화키], [그피]로 소리가 나기 때문에 '-히'를 붙이고, ㄴ)은 각각 [깁쑤기], [나지기], [빽빼기]로 소리가 나서 '-이'를 붙이고

있다. 한편 ④는 앞에 오는 것이 모음으로 끝나는 경우인데, '하다'를 붙여 보아서 그것이 붙으면 '-히', 안 붙으면 '-이'로 적는다는 규정이다. ㄱ)은 '분주하다, 고요하다'가 가능하기 때문에 부사 '분주히, 고요히'로 적는 것이고, ㄴ)은 '하다'가 붙지 못해서 '기어이, 가까이'로 적는 것이다.[5]

❖ 다음의 문장에서 뒤붙이 ≪이≫와 ≪히≫가 들어간 단어를 찾고 왜 그렇게 적었는가를 말해봅시다.

ㄱ) 마차가 두대씩이나 갑자기 그의 앞으로 달려드는 바람에 급히 길을 피하다가 벗겨졌는데 한짝은 어디로 갔는지 보이지 않았고 한짝은 어떤 장난꾸러기사내애가 집어들고 달아나버렸습니다.

ㄴ) 실실이 길게 자란 금빛머리에 눈이 소복이 내려쌓엿습니다.

ㄷ) 그러다가 소녀는 집이 두채 나란히 서있는데로 왔습니다.

ㄹ) 이렇게 하여 할머니와 소녀는 조용히 하늘로 올라간것입니다.

위의 학습 활동은 '-이'와 '-히'로 나누어 적은 이유를 탐구하라는 활동이다. ㄱ)의 '급히'는 '급하다'가 가능하기 때문이고, ㄴ)의 '실실이'는 비록 앞이 울림소리 'ㄹ'이지만 명사가 겹쳐 나는 것이기 때문에 '-이'가 붙었다. ㄷ)의 '나

5) 북한의 ≪조선말규범집≫(2010)에 있는 '맞춤법'의 제24항에는 '-이'와 '-히'에 대한 표기 규정이 제시되어 있다.

제24항. 부사에서 뒤붙이 ≪이≫나 ≪히≫가 그 어느 하나로만 소리나는것은 그 소리대로 적는다.

1) ≪히≫로 적는것(주로 ≪하다≫를 붙일수 있는것)

례 : 고요히, 덤덤히, 마당히, 번번히, 지극히, 뻔히

2) ≪이≫로 적는것(주로 ≪하다≫를 붙일수 없는것)

례 : 간간이, 고이, 기어이, 잭적이, 뿔뿔이, 짬짬이

3) 말뿌리에 직접 ≪하다≫로만 소리나는것은 ≪히≫로 적으며 말뿌리에 직접 ≪하다≫를 붙일수 있으나 ≪이≫로만 소리나는것은 ≪이≫로 적는다.

례 : 거연히, 도저히, 자연히, 작히

큼직이, 뚜렷이

란히'는 앞이 울림소리 'ㄴ'이기 때문에 '-히'가 왔고, ㄹ)의 '조용히'도 같은 이유로 '-히'가 왔다.

사실 '-이', '-히' 표기에 대한 이러한 설명들은 남한에서도 원칙적으로는 마찬가지로 적용된다고 볼 수 있다. 남한에서는 한글 맞춤법의 제51항에서는 "부사의 끝음절이 분명히 '이'로만 나는 것은 '-이'로 적고, '히'로만 나거나 '이'나 '히'로 나는 것은 '-히'로 적는다."라는 대 원칙을 제시하고 '이'로만 나는 것, '히'로만 나는 것, '이, 히'로 나는 것으로 나누어서 제시하고 있다. 즉 남한에서는 기본적으로는 소리 나는 대로 적는다는 큰 원칙을 말하고 있는 것이다. 그러나 해설 부분에서 '이'가 쓰이는 경우를 제시하고 있는데, 곧 "겹쳐 쓰인 명사 뒤, 'ㅅ' 받침 뒤, 'ㅂ' 불규칙 용언의 어간 뒤, '-하다'가 붙지 않는 용언 어간 뒤"라고 밝히고 있다. 물론 '히'로 적는 경우도 제시하고 있는데 곧 "'-하다'가 붙는 어근 뒤(단, 'ㅅ' 받침 제외), '-하다'가 붙는 어근에 '-히'가 결합하여 된 부사에서 온 말"로 나누어서 제시하고 있다.[6)]

결국 남북한이 '-이'와 '-히' 표기를 하는 데 있어서 크게 보면 소리 나는 대로 적는 원칙을 동일하게 가지고 있다고 하겠다. 개별 단어들 형태가 동일하다는 말이다.

10.5. 합친말적기

합친말은 둘 이상의 말뿌리(어근)가 합해져서 만들어진 말로서, 남한에서는 합성어라고 한다. 합친말은 기본적으로 하나의 단어이기 때문에 두 말뿌리를

6) 2018년에 새로 나온 국립국어원의 ≪한글 맞춤법, 표준어 규정 해설≫에서 "③ 어원적으로는 '-하다'가 붙지 않는 어근에 부사화 접미사가 결합한 형태로 분석되더라도, 그 어근 형태소의 본뜻이 유지되고 있지 않은 단어의 경우는 익어진 발음 형태대로 '히'로 적는다."라 하여 '작히'를 그 예로 제시하고 있기도 하다.

붙여서 쓴다.

첫째, 그때 본래의 말뿌리 모양대로 적는 것을 북한에서는 원칙으로 한다. 아래에서 '해빛'은 발음은 [핻삗]인데, 본래의 두 말뿌리인 '해'와 '빛'을 그대로 붙여 적는다. '뜰안'은 발음이 [뜨란]인데도 각각의 말뿌리를 밝혀 적는다. '수돼지', '암개', '암닭'은 각각 [수퇘지], [암캐], [암탁]으로 발음되지만 본래의 그 형태를 밝혀 적는 것도 물론이다. 이들 단어들에서 '암', '수'는 본래 중세어에서 'ㅎ' 종성을 갖고 있어서 현대어에서 발음이 [수퇘지], [암캐], [암탁]으로 발음이 되지만, 표기로는 공시적 차원에서 '암돼지', '암개', '암닭'으로 표기한다.

> 둘이상의 말뿌리가 합쳐서 이루어진 단어들을 합친말이라고 합니다.
>
> 례 : 해빛, 인민군대아저씨
>
> ① 합친말은 본래의 형태들을 각각 밝혀 적습니다.
>
> 례 : 학습장소, 뜰안
>
> 특히 ≪암, 수≫와 결합되는 동물의 이름이나 대상은 거센소리로 적지 않고 형태를 그대로 밝혀 적습니다.
>
> 례 : 수돼지, 암개, 암닭
>
> ② 합친말에서 오늘날 말뿌리가 뚜렷하지 않은것은 그 형태를 밝혀 적지 않습니다.
>
> 례 : 며칠, 이틀, 마파람
>
> ③ 합친말을 이룰 때에 빠진것은 빠진대로 적습니다.
>
> 례 : 마소, 화살, 여닫이
>
> ④ 합친말에서 앞말뿌리의 끝소리 ≪ㄹ≫이 닫긴소리로 된것은 ≪ㄷ≫으로 적습니다.
>
> 례 : 나흗날, 섣달

둘째, 합친말에서 오늘날 말뿌리가 뚜렷하지 않은 것은 그 형태를 밝히지 않고 그냥 소리 나는 대로 적는다. '며칠, 이틀, 마파람'이 이들 예이다. 물론

이들을 통시적 차원에서 조사 및 탐구하여 그 어원을 밝혀 낼 수는 있겠지만, 공시와 통시는 구분한다는 또 하나의 원칙인 것이다.

이러한 원칙은 셋째, 두 개의 말뿌리가 합쳐질 때 소리 나지 않는 것은 빠진 대로 적는다는 원칙과도 일맥상통한다. '마소, 화살, 여닫이'가 바로 그것들이다. 이들은 본래 '말+소, 활+살, 열+닫이'처럼 형태 둘이 합해진 것이겠지만 공시적 발음에 따라 '마소, 화살, 여닫이'로 적는다는 것이다. 물론 '여닫이'는 [여다지]로 구개음화되어 소리 나겠지만, 여기서는 '활'과 '살'에서 앞의 '활'이 [화]로만 나는 것에 집중한 것이다.

넷째, 합쳐지는 두 말뿌리에서 앞 말뿌리가 끝소리 'ㄹ'을 [ㄷ]으로 적는다는 원칙이다. '나흗날, 섣달'이 그 예들이다. 이들은 각각 '나흘+날 -> 나흗날 -> [나흔날]', '설+달 -> 섣달 -> [섣딸]'로 발음되는 과정을 거치게 된다.[7)]

❖ ≪암, 수≫와 결합되는 동물의 이름을 10개정도 찾아발음하고 적어봅시다.

○ 수개, 수고양이, 수거미, 수강아지, 수게
암개, 암고양이, 암거미, 암강아지, 암게

위의 학습 활동은 '암'과 '수'와 결합하는 동물 이름을 찾아보는 활동이다. 앞에서 보았듯이 '암, 수'는 중세어에서 'ㅎ'을 뒤에 오게 하는 'ㅎ' 종성 체언이다. 그것이 흔적으로 남아서 현대어에서는 [암캐], [수캐]처럼 소리 나게 된다.

7) 여기에 제시된 합친말 적는 법도 ≪조선말규범집≫(2010)의 '맞춤법' 제4장에서 모두 밝히고 있다. 예들은 생략하고 항목 내용만 그대로 적어 본다.

제4장 합친말의 적기

제14항. 합친말은 매개 말뿌리의 본래 형태를 각각 밝혀 적는것을 원칙으로 한다.
제15항. 합친말에서 오늘날 말뿌리가 뚜렷하지 않은것은 그 형태를 밝혀 적지 않는다.
제16항. 합친말을 이룰 때에 빠진 소리는 빠진대로 적는다.
제17항. 합친말에서 앞말뿌리의 끝소리 ≪ㄹ≫이 닫긴소리로 된것은 ≪ㄷ≫으로 적는다.

그러나 발음은 그렇게 나지만 맞춤법은 'ㅎ'은 무시하고 '암개', '수개'로 적게 한 것이다. "본래의 형태"라고 할 때 '본래'는 통시적 본래가 아니라 공시적 본래인 것이다.

이러한 점은 남한의 맞춤법과는 차이가 크게 난다. 남한에서는 그냥 소리 나는 대로 적는다. '수캐, 수코양이, 수커미, 수캉아지, 수케', '암캐, 암코양이, 암커미, 암캉아지, 암케'로 적는 것이다. 결국 북한은 뜻 파악에 집중하고, 남한은 소리 나는 대로 적는 셈이다. 이를 각각 형태주의와 음소주의 표기 방식의 차이로 파악하기도 한다. 그러나 전반적으로 볼 때, 남북한은 맞춤법에서 형태주의를 따르는 것이 원칙이고 음소주의를 간혹 허용하고 있다.

❖ 서로 합쳐질 때 소리가 빠진 합친말들을 5개정도 찾아봅시다.

○ 다달이, 마소, 무넘이, 부나비, 부넘이, 부삽, 부손, 소나무, 수저

이 학습 활동은 합친말 가운데 소리가 빠지고 빠진 대로 적는 것들을 찾아보는 활동이다. '마소, 수저, 소나무' 같은 것들을 보면 본래 '말+소, 술+저, 솔+나무'의 구성을 가졌는데, 합친말로 될 때 앞 받침인 'ㄹ'이 빠지게 된다. '다달이, 무넘이, 부나비, 부삽, 부손'도 마찬가지로 'ㄹ'이 빠진 합친말들이다.[8]

8) '부넘이'와 '무넘이'에 대한 ≪조선말대사전≫(2017)의 뜻풀이는 다음과 같다.

부넘이[명] 아궁으로부터 불길이 방고래로 넘어들어가게 한 목 또는 그 목을 통해서 불이 넘어가는것. =부넘기

무넘이[명] ① (동이나 뚝 같은데서) 물이 넘어갈수 있게끔 만들어놓은 턱 또는 그것이 있는 구조물. //~를 만들다. ② ≪수리≫ 물길이나 저수지의 결층물을 넘기는 구조물. 물높이를 조절하고 큰물피해를 막거나 물흐름량을 재는데 리용된다. 흔히 강기슭에 설치한다.

10.6. 띄어쓰기

북한의 '띄여쓰기규정'은 ≪조선말규범집≫(2010)의 4대 규정 가운데 하나로서 전체 6개 항으로 이루어져 있다. 그것들 가운데 몇몇 주목되는 것이 북한의 문법 교육 내용으로 들어가 있다.

10.6.1. 토와 관련된 띄어쓰기

북한에서는 조사와 어미 같은 허사를 토라 하여 중시한다. 토는 허사이기 때문에 앞 말에 붙여 쓰는 것이 원칙인데, 이것이 들어감으로 해서 뒷말도 함께 붙여 쓰는 경우가 많이 있다. 그리하여 ≪조선말규범집≫(2010)의 '띄여쓰기규정'에서는 그것을 특별히 다루고 있다.

○ 제2항. 하나의 대상이나 행동, 상태를 나타내는 말마디들은 토가 끼이였거나 품사가 달라도 붙여쓴다.

1) 토가 없이 이루어져 하나의 대상, 행동, 상태를 나타내는 경우

례 : -선군혁명로선, 군사중시사상, 조선민족제일주의
-건설하다, 각성되다, 궐기시키다, 꽃피다, 불타다, 애쓰다, 때이르다, 가슴뜨겁다, 기쁨어리다, 꿈꾸다, 잠자다
-척척박사, 갑작부자, 만세소리
-1호발전기, 3호변전소
-최신형설비, 혁명적군인정신, 조선식사회주의
-세손가락울림법, 미리덥히기, 갑작변이
-새날, 새서방, 별말씀, 온종일, 총지휘자, 총참모부, 대조선정책
-아침저녁, 서로서로, 가슴깊이, 다같이, 때아닌, 첫째가는, 지대공미싸일

2) 토를 가지고 이루어져 하나의 대상, 행동, 상태를 나타내는 경우

례 : -작은아버지, 큰고모, 잔돈, 멜가방, 앉을자리, 가가운바다, 먼바다,

찬단물, 식은담
-모내는기계, 붉은기, 푸른색, 짠맛, 신맛
-떨어지다, 몰아치다, 놀아나다, 빚어내다, 먹어대다, 붙어잡다, 놀고먹다, 가고말다, 먹고싶다, 짜고들다, 그르쳐주다, 돌아보다, 들었다놓다
-여러말할것없이, 의심할바없는, 아니나다를가, 가나오나, 가든오든, 가건말건, 달디단, 가네오네, 죽기내기로, 하다못해, 왜냐하면, 무엇보다먼저

위의 것은 토와 관련하여 북한의 '띄여쓰기규정'에서 제시한 것인데, 중요한 것은 토가 있든 없든 "하나의 대상이나 행동, 상태를 나타내는 말마디들은 … 붙여쓴다"라는 내용이다. 그리하여 북한의 학교 문법에서는 아래처럼 구체적인 제시를 하고 있다.

> 토를 가지고 이루어져 하나의 대상을 나타내는 경우는 붙여씁니다.
> 례 : 큰고모, 뜬소문, 앉을자리, 지난해
>
> — 국어 1-14 : 118

○ 뜬소문(-所聞) [명] 근거없이 떠도는 소문. ‖ ~이 돌아가다. | 왜놈수비수가 백리허로 떠났다는것도 조직을 통해서가 아니라 진가네 옥재판로동자들의 뜬소문을 듣고 알고있을 뿐 입니다 (장편소설 ≪무성하는 해바라기들≫ = 풍언, 뜬말, 뜬소리①.

○ 앉을자리[-짜-] [명] ① 물건의 밑바닥이 놓일 자리. ‖ 짐짝의 ~ ② ≪례의적으로나 도의적으로 적합한 위치≫를 이르는 말 | 앉을자리 설자리도 모른다. ③ 베틀에서 앉을수 있게 만든 나무판자.

○ 지난해 [명] 말하는 해를 기준으로 하여 바로 그에 앞서 지나간 해. =간해, 작년.

여기서는 '큰고모, 뜬소문, 앉을자리, 지난해'라는 예를 제시하고 있는데,

각 단어들이 토를 중간에 갖고 있지만 그것들은 하나의 대상을 나타내기 때문에 붙여 쓴다는 것을 구체적으로 보여 주고 있다. 여기 제시된 단어들은 모두 합친말, 즉 합성어에 속한다. 그렇기 때문에 하나의 대상을 나타낸다고 말할 수 있다.

> 토를 가지고 하나의 행동, 상태를 나타내는 경우 붙여써야 합니다.
> 례 : 앉아있다, 들고일어나다, 올려다보다, 크고작은
>
> — 국어 1-16 : 131

○ 들고일어나다 [동] (자) ① 기세 드높이 떨쳐일어나다. ② 항거하여 힘있게 일어서다. | 남조선청년학생들은 미제와 그 앞잡이들의 야수적탄압에도 굴하지 않고 계속 들고일어나 사회의 민주화를 위하여 억세게 싸우고있다. | 수리조합의 설치를 반대하여 농민들이 들고일어나자 왜놈들은 당황하여 날뛰였다. ③ 들고나다.

○ 올려다보다 [동] (타) ① 아래에서 우로 바라보다. //주체사상탑의 봉화를 ~. ② 존경하는 마음으로 높이 쳐다보거나 우러러보다. //감동된 마음으로 선군시대 공로자들을 올려다보게 되다.

— ≪조선말대사전≫(2017)

여기서는 '들고일어나다'와 '올려다보다'는 사전에 제시되어 있는 하나의 단어로서 합친말, 곧 합성어이다. 따라서 당연히 붙여 써야 한다. 그러나 '앉아있다'와 '크고작은'은 각각 두 개의 단어로 이루어져 있다. 사전에 표제어로 등재되어 있지 않는 말인데, 남한이라면 각각 '앉아 있다', '크고 작은'으로 띄어 써야 한다는 말이다.

그러나 북한 학교 문법에서는 위에 예로 제시한 바와 같이, "하나의 행동, 상태를 나타"낸다고 하여 붙여 쓰고 있다. 이것은 앞서 살핀 '띄여쓰기규정' 제2항 2)에 근거하여 붙여 쓴 것이다. 문제가 되는 것은 과연 "하나의 행동,

상태"라고 하는 것이 어떤 뜻이냐 하는 점이다. 보기에 따라서는 '앉다'와 '있다'라는 행동과 상태라는 두 가지 의미를 지닌 것 아니냐 하고 문제를 제기할 수 있다는 것이다. '크고작은'도 '크다'와 '작다'라는 두 가지 상태가 존재한다는 것이 아니냐 하는 점이다.

의미를 따진다 하면 '들고일어나다'와 '올려다보다' 같은 것들도 과연 하나의 행동 혹은 상태를 나타내느냐 하는 데에 문제를 제기할 수는 있을 것이다. 그렇지만, 일단 사전에 표제어로 올라가 있는 이상 하나의 합친말로 전제해야 할 것이다.

> 움직임이나 상태를 나타내는 단어에 토 ≪아, 어, 여≫가 끼여 하나의 움직임이나 상태를 나타낼 때에는 붙여씁니다.
>
> 례 : 넘어가다, 먹여주다, 희여멀쑥하다
>
> — 국어 1-5 : 46

○ 넘어가다 [동] I (자) ① (바로 서있던 물건이) 한쪽으로 기울어지거나 쓰러지다. | 울타리가 넘어갈 듯이 바람이 세게 불었다. ② 다음의 순서나 공정에 이르거나 또는 다른데로 옮겨가다. // 새로운 단계로 ~. | 일을 한가지씩 끝맺고 넘어가는 사업 기풍을 세우자. / 보고가 끝나자 곧 토론으로 넘어갔다. D 입 안에서 목구멍으로 지나가다. // 밥이 목구멍으로 ~. ③ (책임이나 권리, 소유권 같은것이) 한쪽에서 다른 쪽으로 옮겨가다. | 일제와 예속자본가들이 경영하던 공장, 기업소들이 모두 인민의 손으로 넘어갔다. ④ (사람이나 사물이) 한편에서 다른편으로 또는 다른데로 옮겨가다. // 다른편으로 ~. ⑤ 속임을 당하다. || 얼림수에 ~. ⑥ (일정한 기간이나 사래가) 지나가다. // 순조롭게 ~. ⑦ 노래소리나 음악의 곡조가 막힘없이 잘 불리여지거나 잘 연주되다. | 노래가 장단에 맞추어 멋들어지게 넘어간다. II (타) ① 무엇을 넘어서 그쪽으로 가다. || 고개를 ~ ② 두 대상사이의 사물이나 공간을 건너지나다. || 도랑을 ~.

○ 희여멀쑥하다[-쑤카-] [형] =희멀쑥하다

위의 예시에서 '넘어가다'와 '희여멀쑥하다'는 사전에 표제어로 올라와 있는 합친말, 즉 합성어이다. 문제는 '먹여주다'라는 표현인데, 이것은 '먹다'와 '주다'가 각각 하나의 단어인데, 용언토 '-아, -어, -여'로 이어졌을 때 붙여 쓴다는 북한 학교 문법에서의 설명이다. 하나의 움직임이나 상태라고 하는 것이 과연 무엇이냐는 것이 논란이 된다. 일단 '먹여주다'에서는 '먹다'라는 동사와 '주다'라는 보조 동사가 결합된 것으로 보아서 하나의 움직임을 나타낸 표현이라고 이해를 해 볼 수가 있다.

> 토없이 말뿌리가 같거나 비슷한 서로 다른 종류의 단어들이 결합된 경우 붙여써야 합니다.
> 례 : 꿈꾸다, 춤추다, 그림그리다
>
> ― 국어 1-19 : 176

○ 꿈꾸다[동] (자) ① 자면서 꿈을 이루다. ② 아직 실현되지 않은 공상이나 리상을 이루어보려고 희망을 걸고 생각하다. // 지상락원을 ~. | 우리 나라에는 인민들이 오랜 세월을 두고 꿈꾸어오던 무릉도원이 현실로 펼쳐졌다. ③ 실현될수 없는 것을 이루어보려고 꾀하거나 기도하다. | 미제국주의자들은 남조선에서 식민지통치를 영원히 유지해보려고 꿈꾸고있으나 그것은 헛되고 어리석은 망상에 지나지 않는다.

'꿈꾸다'와 '춤추다'는 하나의 표제어로 사전에 올라가 있으니 당연히 '꿈'과 '꾸다'를 붙여 써야 한다. 그러나 '그림그리다'는 합친말이 아닌 구(句)이기 때문에 남한이라면 띄어 써야 한다. 그런데 북한에서는 "토없이 말뿌리가 같거나 비슷한 서로 다른 종류의 단어들이 결합된 경우 붙여써야" 한다고 말하고 있어서 위에서처럼 '그림그리다'처럼 붙여 쓰고 있다.

요컨대 북한의 ≪국어≫ 교과서에서의 띄어쓰기 규정은 ≪조선말규범집≫(2010)의 '띄여쓰기규정'의 "제2항. 하나의 대상이나 행동, 상태를 나타내는 말마디들은 토가 끼이였거나 품사가 달라도 붙여쓴다."라는 것을 충실히 따르고 있음을 알 수 있다. 문제는 "하나의 대상이나 행동, 상태"를 나타낸다는 것이 어떤 의미인지 확인하는 것이다. 그래서 흔히 북한의 띄어쓰기는 웬만하면 붙여 쓴다고 말하곤 하는 것이다. 실제로 용언과 용언이 이어질 때 '-아, -어, -여'로 이어진 것은 모두 붙여 쓰는 것이 북한의 관례이며, 뒤에서 보겠지만 명사들이 이어질 때도 붙여 쓰는 게 규정에도 제시되어 있다.

10.6.2. 하나의 대상 및 굳어진 말

북한의 '띄여쓰기규정'에 따르면 "제1항. 토뒤의 단어나 품사가 서로 다른 단어는 띄여쓴다."라고 하여 조사나 어미와 같은 토가 온 다음의 단어는 띄어 쓰는 것으로 되어 있다. 그러나 대상화되거나 굳어진 말들은 붙여 쓰도록 되어 있다. 굳어졌다는 것은 다른 말로 하면 하나의 표제어로 가능하다는 말이기도 하다.

> 관형사가 명사와 어울려 하나로 굳어진것은 붙여쓴다.
> 새날, 첫걸음, 맨발, 딴마음
>
> ― 국어 2-20 : 159

여기에 제시된 예들은 모두 사전의 표제어로 되어 있는 합친말이다. 곧 관형사인 '새, 첫, 맨, 딴'과 명사인 '날, 걸음, 발, 마음'이 각각 합쳐져서 하나의 단어인 합친말이 되는 것이다. 이것들은 당연한 말이겠지만 굳어짐의 정도가 100%라 할 수 있다.

> 일상적으로 쓰는 말가운데서 대상화되거나 굳어진 것은 붙여씁니다.
> 례 : 옆집할머니, 무엇보다먼저, 묵은밥
>
> — 국어 1-6 : 55

○ 묵은밥 [명] ① 지어서 하루밤을 지난 밥.
② 이미 지어서 ≪식어진 밥≫을 햇밥에 상대하여 이르는 말.

굳어짐의 정도에서 상대적으로 좀 약한 것들이 있을 수 있다. '묵은밥' 같은 경우는 그 정도의 굳음이 인정받아서 사전의 표제어로 올라가 있다. 이 합친말을 붙여 쓴다는 것에 대해서는 이의가 없을 것이다. 그런데 '옆집할머니' 같은 단어는 하나의 단어인지 두 단어인지 모호하다. 사전에 올라가 있지 않으니, 일단 단어 하나라고는 말하기 어려워 보인다. 그럼에도 불구하고 표기에서는 '옆집할머니'처럼 붙여서 쓰도록 하고 있다. 하나의 대상을 나타내는 표현이라는 이유에서이다. '무엇보다먼저'라고 하는 표현은 정말 띄어쓰기 규정에서 어려움을 던져 준다. 남한이라면 당연히 '무엇보다 먼저' 이렇게 띄어서 쓴다. 북한에서는 붙여 쓰고 있는데, 이는 굳어진 표현이라는 이유에서이다. 남한에서는 연어라는 개념을 사용하여서 이것은 '무엇보다 먼저' 이렇게 띄어 쓴다. 결국 굳어짐의 정도성이 논란의 핵심이라 할 수 있다.

> 두개이상의 단어가 겹치거나 잇달리여 하나로 녹아붙어 하나의 대상, 현상을 나타내는 것은 붙여씁니다.
> 례 : 더욱더, 네일내일, 천번만번, 와뜰와뜰
>
> — 국어 1-4 : 37

○ 더욱더[-떠][부] ≪더욱≫을 강조하여 이르는 말. | 항일유격대원들은 백두산을 바라볼 때마다 더욱더 힘과 용기를 얻었다.
○ 와뜰와뜰[부] ① 잇달아 갑자기 마구 소스라쳐 놀라는 모양을 나타내는

> 말. | 발부리앞에서 갑자기 노루란 놈이 튀여나는 바람에 길을 가던 사람은 저도 모르게 와뜰와뜰 놀라고는 허구프게 웃고말았다. ② 몸이나 몸의 일부를 몹시 심하게 떠는 모양을 나타내는 말. ‖ 추워서 ~ 떨다. [참고; 우뜰우뜰]

위에 제시된 네 단어 가운데 '더욱더'와 '와뜰와뜰'은 사전에 올려진 합친말이다. 물론 '더욱'과 '더', '와뜰'이 각자 표제어인 것도 맞지만, 이들이 이어진 '더욱더'와 '와뜰와뜰'도 합친말이다. 이것들은 진정 하나로 녹아 붙어서 하나의 현상을 나타낸다고 말할 수 있다.

한편 '네일내일'은 해석하기에 따라 여러 가지 대상 혹은 현상을 나타낸다고 말할 수도 있다. 단지 두 개 이상의 단어가 겹치거나 잇달리어서 하나로 녹아 붙었다고 말할 수는 있다. 의미가 밀접하게 연결되어 있는 단어들이 함께 사용되기 때문이다. '천번만번'도 마찬가지이다. 북한 사전도 그렇고 남한 사전에서도 그렇고 이 표현은 표제어로 올라가 있지 않다.[9] '천번만번'은 의미상 '수없이'라는 뜻으로 하나의 현상을 나타내는 듯하긴 하다. 그렇지만 '네일내일'은 하나의 대상으로 보기는 쉽지가 않다. 결국 정도성의 차이라는 생각이 든다.

> 부정을 나타내는 ≪안≫, ≪못≫은 뒤에 오는 단어와 띄여씁니다.
> 례 : 못 잊다, 안 오다, 못 보다
> 그러나 ≪하다, 되다, 시키다≫와 결합할 때에는 붙여써야 합니다.
> 례 : 못하다, 안되다, 안시키다
>
> — 국어 1-15 : 127

---

9) '천만번(千萬番)'은 남한 사전에 아래와 같이 등재되어 있다.
수없이 여러 번. ≒천백번.
천만번 후회하고 천만번을 욕을 해도 속은 풀리지 않고 억울함만 더해 갔다.
그는 백암산으로 들어오기를 천만번 잘했다는 생각이 들었다. ≪문순태, 타오르는 강≫

위에서 '안'과 '못'이 부정의 의미로 해서 부사로 사용될 때에는 뒤에 용언과 띄어 쓰도록 하고 있다. 그런데 '하다, 되다, 시키다'와 결합할 때는 붙이도록 하고 있다. '못하다, 안되다, 안시키다'처럼 붙여서 쓰게 하는 것은 이것들이 하나의 뜻을 나타낸다고 보기 때문이리라 판단한다. 그런데 이 점도 판단의 근거가 무척 약하다.

10.6.3. 고유한 대상의 이름

북한의 띄어쓰기 규정 가운데 남한과 차이 나는 것으로 명사와 명사가 이어 나올 때 붙여 쓰는 규정이 있다. 특히 아래 제3항에서처럼 고유한 대상의 이름을 붙여 쓰고 일정한 마디마다는 띄어 쓰도록 하고 있다.

○ 제3항. 고유한 대상의 이름은 붙여쓰되 마디를 이루면서 잇달리는 것은 매 마디마디 띄여쓴다.

례 :
- 조선로동당, 조선민주주의인민공화국, 김책공업종합대학, 대동문식료품상점, 리계순사리원제1사범대학
- 조선로동당 평양시 중구역위원회, 평양시 중구역 대동문동, 사회과학원 행정조직국
- 조선통일지지 라오스위원회, 아시아지역 주체사상연구소
- 제20차 4월의 봄 친선예술축전, 로씨야 챠이꼽스끼명칭 모스크바국립음악대학합창단
- 조선로동당 중앙위원회 제○기 제○차전원회의, 조선민주주의인민공화국창건 56돐기념 중앙과학초론회
- 근위 서울류경수105땅크사단, 급성친위 제○○군부대, 2중3대혁명붉은기 ○○공장, 3중영예의 붉은기 ○○소학교
- 김영남군당책임비서, 리순실동사무장, 리남순과학지도국장, 리철호실장선생
- 인민과학자, 원사, 교수, 박사 ○○○선생

> 고유한 대상의 이름은 붙여쓰되 마디를 이루면서 잇달리는 것은 매 마디마디 띄여쓴다.
>
> • 조선소년단 전국련합단체대회장
>
> • 조선민주주의인민공화국창건 65돐기념 중앙과학토론회
>
> — 국어 2-19 : 149

위의 설명은 고유한 대상의 이름을 붙여 쓰도록 하지만 마디에 따라서는 띄어 쓰도록 하는 제3항의 규정을 ≪국어≫ 교과서에서 다시 한 번 확인시켜 주는 내용이다. '조선'과 '소년단'이 각각 명사인데, 이것을 묶은 '조선소년단'이 고유한 대상을 나타내는 이름이니까 붙여서 쓴 것이다. 또한 '전국', '련합', '단체', '대회', '장'도 각각 명사인데, 이것들을 묶어서 '전국련합단체대회장'도 하나의 고유한 대상을 나타내는 이름이라서 붙여 썼다. 그러나 크게 이 둘은 각각 마디를 이루기 때문에 띄어 쓴 것이다.

> 고유한 대상의 이름은 붙여씁니다.
>
> 고유한 대상의 이름의 앞에 오는 칭호는 띄여쓰며 뒤에 오는 칭호는 붙여씁니다.
>
> 례 : 세계탁구녀왕 박영순
> 소년영웅 서강렵
> 리철호교장선생님
>
> — 국어 1-9 : 77

위는 역시 고유한 대상의 이름을 붙여 쓴다는 내용을 담고 있다. '세계탁구녀왕'이라는 고유한 대상을 지칭하는 표현은 붙여 쓰며, 그 동일한 대상을 지칭하는 또 다른 표현 '박영순'은 따로 쓴다. 붙여 쓴 '소년영웅'이라는 고유

한 대상과 '서강렴'이라는 사람은 마디가 다르므로 띄어 쓴 것도 같은 이치이다. 그러나 이름이 앞에 오고 호칭이 뒤에 오는 경우에는 모두 다 붙여서 적는다. 이 내용은 ≪조선말규범집≫(2010)의 '띄여쓰기규정'에는 적시되어 있지 않고 단지 ≪국어 1≫ 교과서에만 나와 있다. 한편 남한에서는 이럴 경우 단어마다 모두 띄어 쓰는 게 원칙이고 필요에 따라 붙여 쓰는 것을 허용하고 있다.

10.6.4. 단위 명사 앞에 오는 숫자

엄밀히 말해서 숫자 하나하나는 모두 단어이다. 따라서 띄어 쓰는 것이 원칙이다. 그러나 남한에서는 아라비아 숫자가 나올 경우는 뒤에 오는 단위와 붙여 쓰는 것을 허용하고 있다. 이에 비하여 북한의 '띄여쓰기규정'(2010)에서는 아래에서 보는 것처럼 허용이 아니라 숫자를 백, 천, 만, 억, 조 단위 명사 앞에서 붙이도록 원칙으로 정하고 있다.

○ 제4항. 수사는 백, 천, 만, 억, 조단위로 띄여쓰며 수사뒤에 오는 단위명사와 일부 단어는 붙여쓴다.

례 : - 3조 2억 8천만
- 7만 8천 6백 20
- 닭알 3알, 살림집 두동, 학습장 5권
- 70평생, 60나이, 20여성상, 3년세월
- 서른살가량, 20명정도, 10°C이하, 150%

> 수자가 쓰이면서 하나의 대상을 나타낼 때에는 붙여씁니다.
> 례 : 5월 1일경기장, 청류3동사무소, 3.1인민봉기
>
> — 국어 1-2 : 17

위의 설명은 아라비아 숫자가 하나의 대상 앞에 올 때 붙여 쓴다는 내용을 담고 있다. 아라비아 숫자 뒤에 '월', '일', '동'과 같은 단위 명사가 올 때 붙여 쓰는 것은 물론이고 '3.1인민봉기'와 같은 숫자로 된 표현이 와도 붙이기로 한 것이다.

> 수를 나타내는 단어가 사람몸의 한 부분과 어울려쓰일 때에는 붙여씁니다.
> 례 : 한눈, 두귀, 한팔, 다섯손가락
>
> — 국어 1-10 : 83

위의 내용은 수를 나타내는 단어가 사람 몸의 일정한 부분과 어울려 쓰일 때 붙여 쓴다는 내용을 담고 있다. 비록 아라비아 숫자는 아니지만 '눈', '귀', '팔', '손가락' 같은 신체 부위 단어 앞에서 '한, 두, 한, 다섯' 같은 숫자 단어를 붙여 쓴다는 내용이다. 남한에서는 띄어 쓰도록 되어 있다.

> **수나 량의 단위를 나타내는 말**

한되박- 살의 분량을 나타내는 단위, 약 1.8L	마늘 한접- 100개
쌀 한홉- 한되의 10분의 1	김 한톳- 40장
한말- 열되	물고기 한두름- 20마리
쌀 한섬- 열말	바늘 한삼- 20개

— 국어 2-18 : 141

위의 내용은 수나 양의 단위를 나타내는 '되박, 홉, 말, 되, 섬, 접, 톳, 두름, 삼' 등에서 앞의 수나 양 표현을 붙여 쓴다는 규칙을 보여 주고 있다. 남한에서는 이들 단위 명사들 앞에 오는 한글 수나 양을 띄어 쓰도록 하는 차이점을 보인다. 즉 남한이라면 위에 제시된 각각은 '한 되박, 쌀 한 홉, 한 말, 한 되, 쌀 한 섬, 열 말, 마늘 한 접, 김 한 톳, 물고기 한 두름, 바늘 한 삼'처럼 모두 띄어서 써야 할 것이다.10)

> 수자를 나타내는 우리 말의 뒤에 사물현상을 세여서 나타내는 단어가 올 때에는 붙여쓰고 그렇지 않을 때에는 띄여써야 합니다.
> 례 : 두명, 다섯명, 두 소년단원, 다섯 소년
>
> — 국어 1-18 : 154

위의 내용은 수 단위 명사 앞에서 숫자 단어를 붙여 쓴다는 것을 담고 있다. '명'은 사람 단위 명사이기 때문에 앞에 '두, 다섯'이라는 숫자 단어를 붙이고 있다. 그러나 '소년단원, 소년'과 같이 단위 명사가 아닌 경우는 띄어서 쓰고 있다.

10.7. 문장 부호

문장 부호는 글을 쓸 때 문장에 치는 여러 가지 부호들을 가리킨다. 문장

---

10) 남한의 '한글 맞춤법' 제43항에 제시된, 단위를 나타내는 명사의 띄어쓰기 원칙은 다음과 같다.

제43항 단위를 나타내는 명사는 띄어 쓴다.

한 개	차 한 대	금 서 돈	소 한 마리
옷 한 벌	열 살	조기 한 손	연필 한 자루
버선 한 죽	집 한 채	신 두 켤레	북어 한 쾌

다만, 순서를 나타내는 경우나 숫자와 어울리어 쓰이는 경우에는 붙여 쓸 수 있다.

두시 삼십분 오초	제일과	삼학년	육층
1446년 10월 9일	2대대	16동 502호	제1실습실
80원	10개	7미터	

부호를 다르게 사용함으로 해서 문장의 의미가 달라지는 경우가 많이 있다. 아래 예에서 동일한 문장에 '점(.), 물음표(?), 느낌표(!)' 가운데 어느 것을 사용하느냐에 따라서 그 의미가 확연히 달라진다. 그리하여 북한에서는 학교 교육에서 문장 부호법이 무척 중요하게 다루어져 왔다.

○ 화분에 꽃이 피였어요.
화분에 꽃이 피였어요?
화분에 꽃이 피였어요!

— ≪국어문법 1≫(2001 : 60)

남한에서는 공식적으로 '한글 맞춤법'(1988, 2014)의 부록으로 문장 부호법이 제시되었지만, 북한에서는 1948년, 1954년, 1966년, 1987년, 2010년 총 다섯 차례에 걸쳐서 문장 부호법이 공포되었다.[11] 현행 북한의 '문장부호법'은 ≪조선말규범집≫(2010)의 4대 규범 가운데 하나로 들어가 있다. 규범집에 제시되어 있는 문장 부호는 '점(.), 두점(:), 반점(,), 물음표(?), 느낌표(!), 이음표(-), 풀이표(—), 줄임표(…), 인용표(≪ ≫), 밑점(......), 거듭인용표(< >), 숨김표(○○○, ×××, □□□), 쌍괄호(( )), 꺾쇠괄호([ ]), 같음표(〃), 물결표(~)' 등 16개를 설정하고 있다.[12]

---

11) 북한의 '문장 부호법'이 변천한 규정들은 다음과 같다. 구체적인 내용은 이관규(2021ㄱ)를 통해서 확인할 수 있다.

ㄱ. 조선어학회(1940=1946), <(개정한) 한글 맞춤법 통일안> 부록2 부호
ㄴ. 조선어문연구소(1948), ≪朝鮮語 新綴字法≫, 第5章 第2節 符號
ㄷ. 조선어 및 조선 문학 연구소(1954), ≪조선어 철자법≫ 제8장 '문장 부호'
ㄹ. 국어사정위원회(1966), ≪조선말규범집≫, '문장부호법'
ㅁ. 국어사정위원회(1988), ≪조선말규범집≫, '문장부호법'
ㅂ. 국어사정위원회(2010), ≪조선말규범집≫, '문장부호법'

12) 남한의 문장 부호는 2014년에 나온 것이 현행 것인데, '마침표, 물음표, 느낌표, 쉼표, 가운뎃점, 쌍점, 빗금, 큰따옴표, 작은따옴표, 소괄호, 중괄호, 대괄호, 겹낫표(겹화살괄호), 홑낫표(홑화살괄호), 줄표, 붙임표, 물결표, 드러냄표(밑줄), 숨김표, 빠짐표, 줄임표' 등 21개가 설정되어 있다.

북한의 현행 국어 교과서에서는 ≪국어 1≫과 ≪국어 2≫에서 문장 부호를 다루고 있다. ≪국어 1≫에서는 '점(.), 반점(,), 느낌표(!), 물음표(?), 인용표(≪≫), 거듭인용표(< >), 줄임표(…)' 등 7개를 다루고 있고, ≪국어 2≫에서는 '풀이표(—), 괄호(( )), 꺾쇠괄호(〔 〕), 두점 (:), 이음표(-), 밑점(. . .), 물결표(~), 같음표(〃), 숨김표 (○○○, □□□, ×××)' 등 9개가 제시되어 있다. 결국 ≪조선말규범집≫나온 16개 문장 부호가 그대로 "문법지식"의 하나로 교과서에 들어가 있는 셈이다.

10.7.1. 문장 부호(1)

북한의 ≪국어 1≫ 교과서에는 "문법지식을 새겨봅시다"라는 항목에 문장 부호를 7개 제시하고 있다.

❖ 점(.)

▶ 문장이 끝났을 때 문장끝에 칩니다.

례 : 위대한 김일성대원수님께서 야영소에 찾아오시였다.

▶ ≪년, 월, 일≫대신에 치거나 기타 준말의 사이에 칩니다.

례 : 주체42. 7. 27, 6.15공동선언, ≪ㅌ, ㄷ≫

❖ 반점(,)

▶ 같은 자격의 단어들이 토가 없이 련달아 쓰일 때 칩니다.

례 : 골뱅이깍지, 접복깍지, 조개깍지

▶ 부름말이나 느낌말의 뒤에 칩니다.

례 : 소장선생, 이 애들의 결심을 한번 밀어봅시다.

례 : 야, 자랑이 이만저만이 아니구나.

▶ 문장의 앞뒤가 바뀌였을 때 칩니다.

례 : 나가자, 판가리싸움에

❖ 느낌표(!)

▶ 느낌을 나타날 때 칩니다.
례 : 백두의 수림속에 거연히 솟아있는 정일봉!

❖ 물음표(?)

▶ 물음을 나타낼 때 칩니다.
례 : 너 어느 분단이냐?
▶ 의심이나 망설임을 나타낼 때 칩니다.
례 : 이 애들이 가짜야영생들이 아니야?
▶ 물음문으로 되어있으나 물음이 아니라 강한 느낌을 나타낼 때 물음표와 느낌표를 함께 칠수 있습니다.
례 : 집단야영말입니까?!

위에 제시된 문장 부호는 문장에서 자주 사용되는 것들이다. 문장이 끝났을 때 치는 '점(.)', 같은 자격의 단어를 연달아 쓰거나, 부름말 혹은 느낌말의 뒤에 치거나, 앞뒤가 바뀌었을 때 치는 '반점(,)', 또 느낌표(!)와 물음표(?)가 그것들이다. 느낌표(!)와 물음표(?)는 남북한이 동일한 명칭을 사용하는데, 북한의 '점'과 '반점'에 대해서 남한에서는 각각 마침표(.), 쉼표(,)라고 한다. 북한에서는 문장 부호의 형태를, 남한에서는 기능을 염두에 둔 명칭을 대개 취하고 있다.

❖ 인용표(≪ ≫)

▶ 남의 말을 그대로 옮길 때 칩니다.
례 : 두 아이가 배낭을 찾아 등에 지는데 등뒤에서 ≪너 정말 똑바로 매지 못하겠니?≫ 하는 목소리가 났다.

▶ 글의 제목이나 물건의 이름 같은 것을 특별히 두드러지게 나타낼 때 칩니다.

례 : 단편소설 ≪나래펴는 시절≫

례 : 인공지구위성 ≪광명성-3≫호 2호기

❖ 거듭인용표(< >)

▶ 인용표안에 또 인용표를 쳐야 할 때 칩니다.

례 : ≪단편소설 <낙시터의 불빛>을 보았니?≫

❖ 줄임표(…)

▶ 단어나 문장이 줄어들었다는것을 나타낼 때 칩니다.

위에 제시한 인용표(≪ ≫), 거듭인용표(< >), 줄임표(…)는 해당 문장 부호가 문장 안에서 하는 기능을 기준으로 한 명칭이다. 남한에서는 남의 말을 그대로 옮길 때 쓰는 북한의 인용표(≪ ≫)를 '큰따옴표'(" ")라고 하고, 인용표 안에 있는 인용표를 나타내는 '거듭인용표'(< >)를 '작은따옴표'(' ')라고 부른다. 단어나 문장이 줄어들었다는 것을 나타내는 줄임표(…)는 남한에서도 '줄임표'(……)라고 부른다. 단 점이 6개로 표시되어 있는 차이는 있다. 이것들은 모두 문장에서의 기능을 염두에 둔 명칭이다.

10.7.2. 문장 부호(2)

북한의 ≪국어 2≫ 교과서에는 "문법지식을 새겨봅시다"라는 항목에 문장 부호를 9개 제시하고 있다. 이들 가운데 '풀이표(—), 괄호(( )), 꺾쇠괄호(〔 〕), 두점(:)'에 대하여 먼저 보도록 한다.

❖ 풀이표(—)

▶ 서로 같은 대상이나 갈라지는 대상사이에 친다.

례 : 영광스러운 우리 조국 조선—조선민주주의인민공화국!

▶ ≪에서, 까지≫나 ≪부터, 까지≫를 나타낼 때 친다.

례 : 평양—청진

❖ 괄호(( ))

▶ 일정한 내용을 보충하는 말이 올 때 친다.

례 : 준호는 오늘도 도서관으로 갔다. (그는 최우등생이다.)

▶ 인용문의 출처를 밝힐 때 친다.

례 : (세계명작동화 ≪꿀벌 마야≫에서)

▶ 속생각을 나타낼 때 친다.

례 : (아니야. 처음부터 이렇게 나약해서는 안돼.)

▶ 번호를 달 때에도 친다.

례 : (1), (2), (3)

❖ 꺾쇠괄호(〔 〕)

▶ 인용표나 괄호를 한데 묶을 때 친다.

례 : [≪고난의 행군≫(총서 ≪불멸의 력사≫) 30페지]

▶ 개별적인 단어를 보충적으로 설명하거나 특별히 두드러지게 하려고 할 때 친다.

례 : 결사대[명사] (품사를 밝힐 때)
당성[당썽] (발음을 밝힐 때)
[련습문제]

❖ 두점(:)

▶ 뒤의 설명을 보라는 때 친다.

례 : 열매의 종류 : , 실험조건 : , 주의 : , 물음과 대답 : , 영수의 토론 :

같은 대상이나 갈라지는 대상을 구분할 때 치는 '풀이표'(—)는 기능상 명칭이고, '괄호'(( )), '꺾쇠괄호'(〔 〕), '두점'(:)은 형태상 명칭이다. 남한에서는 각각 '줄표(—), 소괄호(( )), 대괄호([ ]), 쌍점(:)'이라고 명명되어 있는데, 모두 형태상 명칭이다. 자세히 살펴보면 북한의 '꺾쇠괄호'(〔 〕)의 모양과 남한의 '대괄호'([ ])의 모양은 형태에 차이가 있다. 컴퓨터 자판 차원에서 볼 때 '[ ]' 표시를 사용하는 것이 유용하다. 남한에서는 중괄호({ })라는 문장 부호도 사용하고 있는데, 사용하는 범위의 크기가 소괄호(( )), 중괄호({ }), 대괄호([ ]) 순서대로 되어 있다.

❖ 이음표 (-)

▶ 나란히 놓인 두 개이상의 단어가 하나의 덩어리라는것을 나타낼 때 치며 풀이표보다 짧게 친다.

례 : 조-영사전

❖ 밑점 (. . .)

▶ 특별히 중요하다거나 눈여겨보라는것을 나타낼 때 친다.

례 : 인민군군인들은 세상사람들을 놀래우는 ≪마식령속도≫를 창조하였다.

❖ 물결표 (～)

▶ ≪내지≫를 나타낸다.

례 : 2~3월초(이 내지 삼월초)

❖ 같음표 (〃)

▶ 같음을 나타낼 때 친다.

례 : 제1과 읽기

제2과 〃

❖ 숨김표 (○○○, □□□, ×××)

▶ 글자로 나타낼 때 필요가 없을 때 치며 글자수만큼 친다.

례 : 어느 한 나라의 ××에서는 무더기비로 많은 피해를 보았다.

위의 문장 부호 가운데 '이음표'(-)와 '숨김표'(○○○, □□□, ×××)와 '같음표'(〃)는 기능상 명칭이고, '밑점'(· · ·)과 '물결표'(~)는 형태상 명칭이다. 북한의 '이음표'(-)는 남한의 '붙임표'(-)에 해당하고, '밑점'(· · ·)은 남한에서 '드러냄표'(˙)와 '밑줄'(___)이 해당한다. '물결표'(~)와 '숨김표'(○○○, □□□, ×××)는 남북한이 동일하다. 북한의 '같음표'(〃)는 남한에서는 설정되어 있지 않다.

10.8. 정리 및 과제

지금까지 10장에서는 북한의 초급중학교 국어 교과서에서 제시한 맞춤법, 띄어쓰기, 문장 부호 내용에 대하여 검토하여 보았다. 남한에서는 어문 규범이라 하여 다루고 있지만 북한에서는 언어 규범이라 하여 폭넓게 다루고 있다. 어문 규범에 이것들 말고도 '문화어발음법' 내용도 있지만, 그것은 이미 3장 말소리 부분에서 대부분 다루어진 바 있다.

북한에서는 이런 어문 규범 내용도 "문법지식을 새겨봅시다" 안에서 다루고 있어서 이것들이 학교 문법 내용의 일부로 들어가 있는 셈이다. 북한에서는 국어 교육에서 어문 규범 내용을 일찍부터 강조하여 왔다. 그것은 북한의 국어 교육 자체가 실용적인 성격을 띠고 있기 때문에 당연한 것이기도 하다. 맞춤법이 중요하다는 것은 누구나 알고 있다. 10장에서 살펴본 바, 된소리적기와 '이'와 '히' 구분하여 적기 등 대부분 남한에서도 중요하게 다루고 있는 내용들인데, 맞춤법의 근본 원리로 형태주의를 강조하고 있다.

북한에서 특히 주목하고 있는 것은 띄어쓰기이다. 남한에 비해서 대부분 붙여 쓰는 방향으로 규정이 이루어져 있다. 의존 명사와 보조 용언을 붙여 쓰도록 하고 있고, 특히 명사와 명사들이 이어질 때도 붙여 쓰며, 용언들이 이어질 때도 붙여 쓰는 경우가 무척 많다. 북한 학교 문법에서 띄어쓰기를 강조하는 것은 가독성을 높이기 위한 것이라 판단된다. 문제가 되는 것은 지나친 붙여쓰기로 인해서 가독성이 오히려 방해를 받는 경우가 있다는 점이다. 일례로 명사와 명사를 지나치게 길게 붙여 쓰는 것은 해당 표현이 무슨 뜻을 지니는지 파악하기 어려울 수도 있다. 또 하나는 원칙으로는 단어마다 띄어 쓴다고 해 놓고는 실제로는 너무 많이 붙여 쓰게 함으로 해서 원칙과 실제가 어긋나는 결과를 초래한다는 점이다.

문장 부호는 "문장부호법"(2010)에 있는 16개가 모두 국어 교과서에 들어가 있다. 정확한 표기를 지향하는 방향성을 엿볼 수 있다. 북한에서 문장 부호 교육을 강조하는 것은 그들이 소리마루 혹은 억양 교육을 강조하는 것과 관련이 있는 것 같다. 더불어서 북한에서는 정확한 의사전달을 목적으로 하는 경우가 많이 있어서, 그를 위해 문장 부호의 정확한 사용을 강조한다는 이유도 찾을 수 있을 것이다. 남한은 '문장 부호'를 한글 맞춤법의 부록으로 취급함에 비해서, 북한에서는 ≪조선말규범집≫(2010)의 한 종류로, '띄여쓰기규정'를 따로 설정하고 있어서 그 중요도 처리에 차이가 있음을 볼 수 있다.

제11장 결론 : 요약과 논의

지금까지 북한의 학교 문법에 대해서 논해 보았다. 먼저 북한 국어 교육의 현황을 2013년 공포된 교육강령을 중심으로 간략히 검토하고 학교 문법의 변천 과정을 시기별로 살펴보았다. 이어서 북한의 학교 문법을 말소리, 단어, 토, 문장 성분, 문장 갈래, 어휘 의미, 수사법, 어문 규범 순서대로 때로는 남한의 것과 비교 대조해 보면서 논하였다. 여기서는 그 내용들을 요약해 보면서, 앞으로 남북한 통일 학교 문법을 위해서 논의할 점들을 제시해 보도록 하겠다.

11.1. 요약

제1장에서는 현재 북한의 국어 교육이 어떠한지 김정은 시대에 발표된 2013년 '교육강령'을 갖고 검토하였다. 남한은 한국어, 북한은 조선어로 한민족 언어를 각기 부르지만, 과목 이름으로는 동일하게 '국어'를 사용하고 있다. 국어과의 내용 영역을 크게 '듣기, 읽기, 말하기, 글짓기, 기초원리지식'으로 나누고 있다. 소학교와 초급중학교에서는 기초원리지식이 대개 문법 내용을

담고 있으나, 고급중학교에서는 주로 문학 내용을 담고 있다. 소학교 1학년에서는 이것들 이외에 '글자교육, 글씨쓰기교육'이 추가되어 있다. 소학교와 초급중학교는 교과서 이름이 ≪국어≫이며, 고급중학교는 ≪국어문학≫이다. 후자에서는 문학 작품을 통해 주체사상과 사회주의 사상 교육에 집중하는 북한식 국어 교육의 일단을 보여 준다.

북한의 학교 문법은 남한의 중학교에 해당하는 초급중학교 ≪국어≫ 교과서에서 전체 내용을 볼 수가 있다. 소학교와 고급중학교의 문법 내용은 상대적으로 적은데, 특히 후자에서는 더욱 그렇다. 주로 초급중학교의 "문법지식을 새겨봅시다" 활동을 통해서 북한의 학교 문법 내용을 확인할 수가 있으며, 그 문법 내용은 ≪국어문법 1~3≫(1996, 2001)을 통해서 구체적으로 파악할 수 있다.

북한의 학교 문법은 크게 말소리, 단어, 문장, 어휘 의미, 수사법, 어문 규범으로 분류할 수 있다. 남한에서는 '말소리'를 주로 음운의 개념 및 음운의 변동이라 하여 대개 음운론 차원에서 기술하는데 반해 북한에서는 말 그대로 '말소리', 즉 어음론 차원에서 기술하는 차이가 있다. 실제적인 발음 생활에 이바지하는 교육 방향을 보여 준다. 그리고 상대적이긴 하지만 품사와 토를 중심으로 한 단어 교수 학습이 매우 강하게 강조된다. 문장에 대해서는 말소리나 단어에 비해 상대적으로 약하게 다루어진다. 북한 학교 문법의 특징은 무엇보다 "표현수법"이라 하여 수사법 내용을 포함하고 있다는 점이다. 남한에서는 문학 분야에서 수사법 내용을 다루는데, 북한에서는 언어 표현이라는 실용 차원에서 국어 교과서에서, 특히 문법 영역에서 다루는 것으로 이해된다. 하긴 남한에서도 1950년대~1960년대에는 수사법을 학교 문법 분야에서 다루었었다.

제2장에서는 북한의 각급학교에서 다루는 학교 문법의 내용과 약 75년 진행되어 온 변천 과정을 규범 문법서와 교과서를 중심으로 살펴보았다. 북한에서는 문법 교육을 무척 중시하여 왔다. 1940년대 후반 초기에 북한에서는 일찍

부터 인민학교에서 문법 과목을 학습하게 할 정도였다. 1959년부터 인민학교에서 '국어문법' 과목이 사라졌고 중등학교에서만 다루어졌으며, 1970~80년대에는 국어 교과서에서 통합적으로 문법이 다루어지기도 하였다. 1996년에 단독 문법 교과서 세 권이 중등 과정에서 등장하였고 2013년 이후 현재는 소학교와 초급중학교를 중심으로 국어 교과서에서 통합적으로 다루어지고 있다.

북한의 학교 문법 내용은 초기에는 김두봉의 견해가 반영된 ≪조선어 문법≫(1949)의 영향을 많이 받았으나 1958년 김두봉 숙청 후에는 규범 문법서 성격을 띤 ≪조선어 문법≫(1960, 1963)의 영향을 받게 되었다. 북한의 학교 문법의 실체는 ≪조선문화어문법규범≫(1976)과 ≪조선문화어문법≫(1979)을 통해서 구체화된다. 전자는 1984년과 2011년에 다시 판본을 바꿔서 출판되기도 한다. 고등중학교용 ≪국어≫(1986), ≪국어문법≫(1996, 2001), ≪국어≫(2013~2015) 등을 통해서 북한 학교 문법 역사를 확인할 수 있다. 특징적인 것은 북한에서는 조사와 어미를 품사로 보지 않고 '토'라 하여 무척 강조하고 있다는 점이다.

전체적으로 보면 북한의 학교 문법은 초창기의 중요도에 비해서 지금은 국어 교육에서 많이 약화된 감이 없지 않다. 북한의 국어 교육에서는 문학의 비중이 상대적으로 높다. 그것은 정치사상 교육의 도구로서 문학을 강조하기 때문이다. 그럼에도 불구하고 문법은 우리말에 대한 지식이 기본적으로 중요하다는 전제 하에서 우리말 우리글 교육을 중요시하고 있다. 통합적으로 교과서에 들어가 있는 문법 내용이 소학교에서부터 교수 학습된다는 것은 기초적 우리말 지식으로서의 문법을 여전히 중시한다는 것을 보여준다고 하겠다. 특히 실용적으로 문법을 다루는 북한의 국어 교육 방식은 시사하는 바가 많다.

3장에서는 말소리의 단위와 억양, 말소리의 갈래와 소리마루, 말소리의 바뀜에 대하여 살펴보았다. 남한 학교 문법에서는 대단원의 명칭으로 '말소리'를 사용하고는 있으나 실제로는 '음운의 개념과 종류', '음운 변동' 등을 다루고 있다. 즉 음운론 차원에서 '말소리' 단원을 제시하고 있다는 말이다. 실용적인 문법 교육이라는 점을 생각하면, 말소리 자체에 대한 교수 학습 내용은 물론이고 실제적인 말소리 교육이 필요하다. 그런 의미에서 북한 학교 문법의 '말소리' 부분에 대한 서술은 주목해 볼 필요가 있다.

말소리는 자음과 모음 같은 소리도 있지만, '소리마디', 즉 음절도 있고 단어, 구, 문장도 있다. 북한에서는 이들 각각에 대하여 대체로 '소리토막', '소리매듭', '소리동강'이라고 명명하고 있다. 또한 북한에서는 억양을 주목하고 있고 말하는 사람의 정서적 감정을 표현하는 '소리빛갈'을 다루기도 한다. 또한 단어나 문장에서 특정한 부분을 두드러지게 발음하는 '소리마루', 즉 '높이마루', '길이마루', '세기마루'를 다루기도 한다.

모음으로 홑모음 10개와 겹모음 11개를 설정하고 있는 것은 남북한이 동일하다. 그러나 북한에서는 특이하게 'ㅢ'를 홑모음 'ㅡ'와 홑모음 'ㅣ'가 합해진 "순수한 겹모음"이라 하는데, 이는 남한에서 'ㅢ'가 반모음과 단모음이 결합된 것이라는 설명과 차이를 보인다. 자음에 대해서도 남북한이 동일하게 19개를 설정하고 있는데, 북한의 용어는 순한소리, 거센소리, 된소리, 울림소리라 하여 남한의 평음, 격음, 경음, 유성음이라는 한자어 명칭과 차이를 보인다. 물론 남한에서 순한소리, 거센소리, 된소리, 울림소리라는 고유어 용어를 사용하기도 한다.

남북한의 말소리 단원에서 주목되는 차이는 남한은 '음운의 변동'이라고 하는데, 북한에서는 '말소리의 바뀜'이라고 하는 것이다. '받침단어들의 발음', '이어내기와 끊어내기', '소리닮기와 ≪지, 치≫로 되기', '된소리되기와 거센소리되기', '소리빠지기와 소리끼우기'라는 말소리 현상들은 남한 학교 문법에서도 모두 다루는 것들이다. 남한에서는 '음절의 끝소리 규칙', '연음과 절음', '음운동화와 구개음화', '경음화(혹은 된소리되기)와 격음화', '탈락과 첨가(혹은 사잇소리 현상)' 같은 용어로 제시되어 있다. 이러한 것들은 음운이 변한 것이 아니라 소리가 변한 것들이다. 추상적 음운 및 음운의 변동을 다룰 게 아니라 실제적으로 말하고 듣는 언어생활에 유용한 말소리 교육 내용이 되어야 할 것이다.

4장에서는 북한 학교 문법에 나타난 단어의 짜임, 단어만들기수법, 품사에 대하여 살펴보았다. 북한은 남한과 달리 조사를 품사로 인정하지 않는 8품사 체계, 즉 명사, 수사, 대명사, 동사, 형용사, 관형사, 부사, 감동사를 설정하고 있다. 감탄사 대신 감동사로 명칭이 다르며, 명사 다음에 대명사가 아닌 수사를 먼저 배열하고 있다. 명사, 수사, 대명사를 체언이라 하고, 동사, 형용사를 용언이라고 하는 것은 남한과 마찬가지이다. 그러나 관형사, 부사를 묶어서 수식언이라고 하지는 않는다. 마찬가지로 감동사를 독립언이라고 부르지도 않는다.

품사 분류에서 남북한의 큰 차이는 소위 수 관형사에서 나타난다. 남한에서는 '열 사람'의 '열'을 수 관형사라 하여 관형사의 하나로 보는데, 북한에서는 그냥 수사라고 본다. 물론 '열은 아홉보다 크다.'라고 할 때 '열'은 남북한이 모두 수사로 본다. 이것은 남한은 기능을, 북한은 의미를 더욱 중요한 기준으로 본다는 뜻이다. 또 한 가지, 남한에서는 동사와 형용사가 '가다, 가는, 예쁘다, 예쁜'에서처럼 어간과 어미가 합해진 것으로 보고 있음에 비하여, 북한에서는 '가-, 예쁘-'처럼 어간, 곧 말줄기만을 동사와 형용사로 보고 있다.

남북한의 단어 분류와 관련해서 가장 큰 어려움은 남한은 단어를 단위로 해서 띄어 쓰는데, 북한에서는 그러지 않는 경우가 많다는 점이다. 특히 체언과 체언을 붙여 쓴다는 원칙이나, 용언과 용언, 특히 '-어/아, -여'로 연결되는 용언구를 붙여 쓰는 북한의 띄어쓰기 원칙은 단어 판별에 더욱 어려움을 준다. 이 문제는 읽기의 가독성 문제와 밀접한 관련이 있다. 남한은 단어별 띄어쓰기 차원에서 이론을 중시하나, 북한은 그보다는 실용을 더욱 중시한다는 것이다. 그러나 지나치게 붙여서 쓰는 것이 논리성과 심지어는 가독성에도 어려움을 줄 수가 있다. 어느 지점에서 남북한이 합의를 볼 것인지가 중요하다.

5장에서는 북한에서 사용되는 토의 개념과 종류를 하나하나 살펴보았다. 체언토에는 격토, 도움토, 복수토가 있고, 용언토에는 맺음토, 이음토, 규정토, 상황토, 존경토, 시간토, 상토 등이 있으며, 이외에도 바꿈토라 하여 체언의 용언형토인 '이다'의 '이'와 용언의 체언형토인 '-음'과 '-기'가 설정되고 있다. 조사와 어미를 '토'라고 하여 허사를 하나로 묶는 것은 나름 의미가 있다. 한국어가 교착어라는 특성을 잘 드러내는 것이 바로 이 토이다. 토 가운데 상토는 피동토와 사동토를 나타내는데, 남한에서는 이들을 접미사로 보고 있어서 차이가 난다. 북한에서는 접두사나 접미사를 '앞붙이'와 '뒤붙이'라 하여 토로 취급하지 않는다.

토 분류에서 문제가 되는 것은 단순히 체언토 혹은 용언토로 구분하기 어려운 경우가 있다는 점이다. 남한의 관형어에 속하는 것으로 북한에는 규정어라는 문장 성분이 있다. 규정어를 만드는 토를 규정토라고 하는데, 이 규정토 안에 체언토인 '의'도 있고 용언토인 '-ㄴ/는/ㄹ/던' 같은 것도 있기 때문에, 결국 규정토는 체언토도 되고 용언토도 되는 문제가 생긴다. 체언의 용언형토 혹은 용언의 체언형토라고 하는 것을 굳이 체언형과 용언형과 대등한 범주로 다룰 필요는 없다고 본다. '-음'과 '-기'는 그냥 용언토일 뿐이고 '이다'의 '이'는 그냥 체언토이거나 혹은 용언일 뿐이다. 전자는 서술격 조사설 입장, 후자는 형용사설 입장을 염두에 둔 것이다. '이다'의 '이'가 '부산에서부터입니다' 같은 경우에 결코 체언의 용언형토라고 말할 수 없는데, '부산에서부터'가 체언은 아니기 때문이다.

북한 학교 문법에서 현재를 나타내는 시간토가 설정되어 있지 않은 것이 남한과 큰 차이점이다. 북한 학교 문법에서는 '간다, 먹는다'에서 '-ㄴ다, -는다' 자체를 하나의 용언토로 보는 입장을 보인다. 이는 '꽃이 예쁘다'가 현재 시간을 나타낸다는 것을 설명하는 데 도움이 되기는 하지만, 교육용으로 과거, 현재, 미래 시간을 표시하는 기제를 보일 수 없다는 한계는 있다. 또 한 가지 북한에서는 과거 시간토로 '-었-'과 함께 '-였-'을 제시하는 것도 남한과 차이나는 점이다. '있었다'에서는 '었'이, '철남이였다'에서는 '였'이 사용되었다는 것이다. 사실 후자에서 '였'으로 표기한 것은 앞의 'ㅣ' 때문에 '었'이 '였'으로 발음된 것으로 보아야 한다. 문제가 되는 것은 '대회였다'의 경우, 과거 시간토는 '였'인가 '었'인가 하는 문제이다. 이는 곧 소위 체언의 용언형토로 '이'를 설정할 것인가 안 할 것인가의 문제라고도 할 수 있다. 이 경우 'ㅚ'의 후행 'ㅣ' 때문에 '었'이 '였'으로 바뀌었다고 말하긴 어렵다. 'ㅚ'는 단모음일 뿐이며 'ㅣ'를 머금고 있는 이중 모음이 아니기 때문이다. 즉 이때는 '이'와 '었'이 음절 축약되어서 '였'으로 되었다고 보는 게 나을 것이다.

마지막으로 남한 학교 문법에서는 어미를 분류할 때 홑문장 및 겹문장 전체를 염두에 두어서 하곤 한다. 그런데 북한에서는 아직 그런 고려를 하고 있지는 않다. 명사형, 관형사형, 부사형 어미, 혹은 대등적 어미 및 종속적 어미 등을 설정할 때 전체 문장 속에 들어 있는 안긴절이나 대등절 혹은 종속절 등을 고려해서 용언토를 분류할 필요가 있다고 판단된다.

6장에서는 문장 성분에 대하여 '맞물린성분'과 '외딴성분'으로 나누어서 살펴보았다. 북한에서는 맞물린성분으로 술어, 주어, 보어, 인용어, 규정어, 상황어 6개를 설정하고 외딴성분으로 부름말, 느낌말, 끼움말, 이음말, 내세움말 5개를 설정하고 있다.

북한에서는 일정한 물음에 대한 대답이 어떤 역할을 하느냐로 문장 성분을 판별하는 방식을 택하고 있다. '어찌하는가, 어떠한가, 누구(무엇)인가'에 대한 대답은 술어에 해당하고, '누가(무엇이)'에 대한 대답은 주어이고, '무엇(누구)을, 무엇(누구)에게, 무엇(누구)과, 어디로, 어디에서, 누구(무엇)보다…'에 대한 대답은 보어라고 본다. 또한 '무엇(누구)이라고, 어찌(어떠)하다고'에 대한 대답은 인용어, '어떻게, 어느 정도로'에 대한 대답은 상황어, '어떤, 누구(무엇)의'에 대한 대답은 규정어라고 한다. 이 가운데 주어와 보어는 체언과 관련한 문장 성분이고, 술어와 인용어는 용언과 관련한 성분이다. 상황어와 규정어는 체언 및 용언에서 모두 나타난다.

한편 북한의 ≪조선문화어문법규범≫(1976), ≪조선문화어문법≫(1979)에서는 그 명칭들이 고유어 이름이었는데, ≪국어문법 1~3≫(1996, 2001) 및 현행 ≪국어 1~3≫에 와서는 한자어로 바뀌어서 사용되고 있다. 어떤 이유가 있었는지 지금으로선 파악하기 어려우나, 고유어를 높이 보던 북한에서 왜 그리하게 되었는지 궁금증을 더해 준다. 또 한 가지 ≪국어문법 1~3≫(1996, 2001)에서는 인용어가 맞물린성분에 속하지 않고 보어의 하나로 설정되어 있었다. 그것이 현행 ≪국어≫교과서에서는 맞물린성분으로 들어오게 되었다. 남한에서도 인용절이라 하여 안긴절의 하나로 취급되고 있기는 하지만, 굳이 대범주 차원에서 본다면 광의의 보어에 넣어도 크게 문제는 없다고 본다. 혹시 남한에서 그리하니까 북한에서도 동질성 회복을 위해서 따로 인용어를 구분해 둔 걸까 하는 기대감을 가져 본다.

7장에서는 북한 학교 문법에서 다루는 문장의 갈래를 살펴보았다. 첫 번째로 이야기 목적에 따라서 나눈 알림문, 물음문, 시킴문, 추김문, 느낌문은 남한의 평서문, 의문문, 명령문, 청유문, 감탄문과 일치한다. 단지 북한의 느낌문은 앞의 네 가지 문장 갈래에다가 이야기하는 사람의 강한 느낌이 담겨지면 이루어진다고 보고 있다. 북한에서는 이런 각 문장들이 보이는 억양 차이도 다루고 있다.

두 번째로 구조적 형식에 따라서 문장의 갈래를 단일문과 복합문, 단순문과 확대문으로 나누고 있다. 단일문과 복합문은 주술 관계가 한 번 있느냐 그 이상 있느냐에 따라서 각각 나뉜다. 주어가 아무리 많아도 술어가 하나만 나타나면 단일문이고, 술어가 아무리 많아도 주어가 하나만 나타나면 역시 단일문이다. 남한에서는 심층 구조를 인정하여 이런 것들을 겹문장으로 보고 있으나, 북한에서는 표면 구조만을 갖고서 단일문으로 보고 있는 것이다. 단순문과 확대문을 나눈 것은 확대 성분이 있느냐 없느냐에 따른 것이다. 단순문은 규정어나 상황어 같은 확대 성분이 없는 것이고 확대문은 이것들이 하나 이상 있는 것이다. 남한에서는 그냥 이런 현상을 문장의 확대라고 말한다.

북한에서는 문장의 갈래를 더 이상은 언급하지 않고 있다. 남한은 한 단계 더 나아가 안긴절들을 설정하여 겹문장의 유형을 더 나누고 있는데, 북한 학교 문법에서는 자세한 언급을 하지 않고 있다. 예컨대, 앞에서 살핀 "영만이가 영사막앞으로 바투 다가서는 순간 박사할아버지는 기계의 스위치를 넣었습니다."를 단지 "영만이가 영사막앞으로 바투 다가서는"이라는 규정어를 지니고 있는 확대문 겸 단일문이라고만 말하고 있는 것이다. 그러나 이 문장은 규정어 안에 다시 '영만이가'라는 주어와 '다가서는'이라는 술어가 또 오기 때문에 단일문이라고 말하기도 어려운 상태이다. 남한에서는 이 전체 문장을 관형사절을 안은 겹문장이라고 하고 있다. 겹문장, 즉 복합문을 더 세분화할 필요가 있다는 것이다.

남북한 학교 문법의 문장 갈래에서 모두 다루고 있지 않은 것은 얽히고설킨 복잡한 문장들에 대한 처리이다. 복잡한 문장들을 보면 이어지기도 하고 안기기도 하는 양상을 보이곤 하는데, 이것들은 예컨대 혼성문이라는 명칭으로 문장의 복잡도를 나타내 줄 필요가 있다는 것이다. 남한에서 이어진문장의 종류를 말하고 또 안긴절의 종류를 말하지만, 이것들은 어디까지나 홑문장과 홑문장의 결합 양상을 언급한 것일 뿐이며, 여러 홑문장들이 얽혀 있는 겹문장 전체에 대한 명명은 현재 남북한 학교 문법에서는 설정하지 않고 있는 상태이다.

8장에서는 '뜻같은말, 뜻반대말, 소리같은말', '단어의 감정적뜻빛갈', '성구와 속담', '문화어와 사투리', '고유어, 한자어, 외래어'를 '어휘 의미'라는 범주로 해서 살펴보았다.

어휘를 다루는 학교 문법에서 남북한이 가장 큰 차이가 보이는 것은 사투리, 즉 방언에 대한 입장 차이이다. 북한은 평양을 중심으로 한 문화어에 매우 큰 가치를 부여하고 있으며 사투리 어휘는 낮게 보고 있다. 문화어를 중심으로 한 언어생활을 강조하고 있는 것이다. 이에 비해 남한은 표준어와 방언의 높고 낮음의 차이를 두고 있지 않다. 오히려 방언의 가치를 높이 사고 있는 편으로 학교 교육에서도 방언 교육에 많은 시간을 할애하고 있다.

북한 학교 문법의 특징은 단어가 지닌 "감정적뜻빛갈"을 다루고 있다는 점이다. 단어가 자기의 기본 뜻 외에 더 가지고 있는 뜻을 '뜻빛갈'이라고 한다. 북한에서는 말하는 사람의 감정적 혹은 정서적 평가를 지닌 이런 어휘를 교육적으로 다루고 있다. 흔히들 양태 표현의 중요성을 이야기하는데, 특히 이런 "감정적뜻빛갈"을 드러내는 어휘들을 교육적으로 다루는 것은 언어생활을 더욱 풍부히 하는 방안일 수 있다.

한편, 북한에서 사용하는 '뜻같은말', '뜻반대말', '소리같은말'은 남한에서는 각각 유의어, 반의어, 동음이의어라는 용어로 사용된다. 고유어로 용어를 사용하는 것은 권장할 만한 일이다. 그러나 실제로 보면 뜻같은말이 존재하지 않고 북한의 교과서 학습 활동에서도 완전한 동의어가 없다는 것을 다루고 있음을 볼 때 용어 수정이 불가피해 보인다. '뜻비슷한말'이 정확한 용어가 될 것이다. 북한에서 '소리같은말'은 '낫, 낮, 낯' 등을 일컫는데, 남한에서는 이들을 동음이의어로 보지 않고 단지 동철이의어로만 본다. 즉 북한의 '소리같은말'과 남한의 동음이의어는 차이가 난다는 말이다.

북한의 '성구와 속담'은 남한에서는 '관용어와 속담'으로 묶어서 관용 표현이라는 용어로 다루고 있다. 남북한의 학교에서 다루는 어휘 의미 분야가 다루는 내용이 많은 동질적인 점이 있다.

9장에서는 "표현수법"이라는 이름으로 북한의 학교 문법 내용으로 제시된 수사법 내용들을 살펴보았다. 직유법과 은유법, 대구법과 대조법, 의인법과 야유법, 자리바꿈법과 내세움법, 과장법과 되풀이법, 물음법과 느낌법, 벌림법과 점층법에 대한 내용이 제시되어 있다. 이것들은 남한에서 문학 분야에서 다루는 것들인데, 언어 표현 방법이라는 측면으로 북한에서는 학교 문법에서 다루고 있다. 실제로 남한에서도 1970년대 이전에는 문법 분야에서 이것들이 다루어졌다. 이러한 북한의 학교 문법 영역의 확대 모습은 결국 문법 교육이 이론이 아니라 실제 언어생활과 밀접한 관련이 있다는 것을 방증해 준다고 하겠다.

수사법들 가운데 북한에서 "야유'법"이라고 하는 것이 무척 낯설게 느껴진다. 단어나 문장을 정반대로 표현하여 부정적인 것을 빈정대고 비꼬아 주는 표현 수법이 야유법인데, 이런 것을 교육적 목적을 지닌 학교 수업에서 가르쳐도 되는지 하는 의구심이 든다. 남한의 학교 교육에서는 부정적인 것을 대놓고 교수 학습 내용으로 제시하지는 않는데, 북한에서는 그것을 교수 학습하는 것이다. 북한의 교육이 전쟁하의 적에 대한 적개심을 고취하는 데도 있어서 그런 것 같긴 하다. 여하튼 부정적 내용도 교수 학습의 자료 혹은 수단이 되는 것이 어떤 효과를 가져다줄지 논의가 필요한 점이다.

표현 수법들도 결국은 언어를 표현하는 방법의 하나이다. 어떻게 글을 쓸 것인가 그리고 어떻게 말을 할 것인가의 문제뿐만이 아니라 다른 사람이 글과 말을 어떻게 이해할 것인가의 문제에서도 표현 수법을 교수 학습할 필요가 있어 보인다. 실제적 문법 교육을 지향한다는 면에서 적극 고려해 볼 필요가 있다.

10장에서는 북한의 ≪국어 1~2≫ 교과서에서 제시한 맞춤법, 띄어쓰기, 문장 부호 내용에 대하여 검토하여 보았다. 어문 규범에 이것들 말고도 '문화어 발음법' 내용도 있지만, 그것은 이미 말소리 부분에서 대부분 다루어진 바 있다.

북한에서는 이런 어문 규범 내용도 "문법지식을 새겨봅시다" 안에서 다루고 있어서 이것들이 학교 문법 내용의 일부로 들어가 있는 셈이다. 북한에서는 국어 교육에서 어문 규범 내용을 일찍부터 강조하여 왔다. 그것은 북한의 국어 교육 자체가 실용적인 성격을 띠고 있기 때문에 당연한 것이기도 하다. 맞춤법이 중요하다는 것은 누구나 알고 있다. 된소리적기와 '이'와 '히' 구분하여 적기 등 대부분 남한에서도 중요하게 다루고 있는 내용들인데, 맞춤법의 근본 원리로 북한에서는 형태주의를 강조하고 있다.

북한에서 특히 주목하고 있는 것은 띄어쓰기이다. 남한에 비해서 대부분 붙여 쓰는 방향으로 규정이 이루어져 있다. 의존 명사와 보조 용언을 앞 말에 붙여 쓰도록 하고 있고, 특히 명사와 명사들이 이어질 때도 붙여 쓰며, 용언들이 이어질 때도 붙여 쓰는 경우가 무척 많다. 북한 학교 문법에서 띄어쓰기를 강조하는 것은 가독성을 높이기 위한 것이라 판단된다. 문제가 되는 것은 지나친 붙여쓰기로 인해서 가독성이 오히려 방해를 받는 경우가 있다는 점이다. 일례로 명사와 명사를 지나치게 길게 붙여 쓰는 것은 해당 표현이 무슨 뜻을 지니는지 파악하기 어려울 수도 있다. 또 하나는 원칙으로는 단어마다 띄어 쓴다고 해 놓고는 실제로는 너무 많이 붙여 쓰게 함으로 해서 원칙과 실제가 어긋나는 결과를 초래한다는 점이다.

문장 부호는 "문장부호법"에 있는 16개가 모두 국어 교과서에 들어가 있다. 정확한 표기를 지향하는 방향성을 엿볼 수 있다. 북한에서 문장 부호 교육을 강조하는 것은 그들이 소리마루 혹은 억양 교육을 강조하는 것과 관련이 있는 것 같다. 더불어서 북한에서는 정확한 의사전달을 목적으로 하는 경우가 많이 있어서, 그를 위해 문장 부호의 정확한 사용을 강조한다는 이유도 찾을 수 있을 것이다. 남한은 '문장 부호'를 한글 맞춤법의 부록으로 취급함에 비해서, 북한에서는 ≪조선말규범집≫의 한 종류로, '띄여쓰기규정'를 따로 설정하고 있어서 그 중요도 처리에 차이가 있음을 볼 수 있다.

11.2. 논의

지금까지 북한의 학교 문법에 대하여 각 장별로 다루었던 내용들을 요약 및 정리하여 보았다. 마지막으로 여기서는 남북한의 학교 문법 동질성 회복 방안의 일환으로 몇 가지 내용을 지적해 보면서 앞으로 나아갈 방향을 제시하여 보고자 한다.

첫째, 북한 학교 문법의 특징으로 가장 먼저 체감되는 것은 실용성을 띤다는 점이다. 본래 학교 문법은 이론 문법과는 다른 실용 문법의 성격을 띠어야 한다. 북한에서 '말소리' 내용들을 제시하면서 일관되게 말소리의 갈래, 말소리의 바뀜 등의 용어를 사용하여 기술하는 것은 바로 그러한 실용적 학교 문법의 방향을 보여 준다고 본다. 남한에서의 음운의 특성과 갈래, 음운 변동 같은 표현을 사용하여 기술하는 것과는 분명히 다른 특징을 보인다.

둘째, 북한 학교 문법에서 단어를 다루면서 조사를 품사에서 뺀 것도 유의미한 특징이다. 북한에서는 '토'라 하여 체언토와 용언토를 설정하여서 남한의 조사와 어미에 해당하는 것을 따로 기술하고 있다. 토의 문법이라는 북한의 문법 성격을 잘 드러내는 이런 기술 방식은 한국어가 지니는 교착어로서의 특징을 극대화하는 방식이다. 남한 학교 문법에서도 조사와 어미를 더욱 교수 학습에서 중요시할 필요가 있다. 당연히 품사에서 조사를 빼는 방식이며, 개별 조사와 어미를 하나하나 다룰 필요가 있다는 말이다. 그런데 북한에서 예컨대 체언토인 '의'와 용언토인 '-ㄴ, -는, -ㄹ, -던'이 동일하게 규정토라고 명명해야 하는 경우가 발생한다. 단순히 체언토에는 규정토가 있다는 식의 기술 방식은 재고가 필요하다는 말이다.

셋째, 북한 학교 문법에서 문장 부분에 대한 것은 남한에 비해서 무척 소략하다. 본래 인간은 문장을 통해서 자신의 생각을 완전하게 나타낼 수가 있다. 따라서 단어 하나하나 다루기보다는 그것들이 이어져서 만들어진 완성된 문장에 대해서 더욱 학습하는 것이 중요할 것이다. 지나치면 그것도 문제가 될 것이지만 최소한 단어를 다루는 정도로 문장을 다루는 게 좋을 것 같다. 북한 학교 문법에서는 남한의 문법 요소 내용들을 별로 많이 다루지 않는데, 그 내용들을 보충하면 될 것이다. 남북한 모두 안은문장과 이어진문장들이 얽히고설킨 소위 혼성문에 대해서도 기술이 되어야 현상을 제대로 반영하는 것이 될 것이다.

넷째, 북한 학교 문법에서는 문장 이상의 단위인 담화에 대해서는 별로 다루고 있지 않다. 최소한 "문법지식을 새겨봅시다"라는 활동 안에는 전혀 담화 내용이 들어가 있지 않다. 단편적 사고 내용이 문장 안에서 이루어진다면 전체적 사고 내용은 담화를 통해서 이루어진다. 남한 학교 문법에서는 담화 단원을 설정하여 이를 다루고 있는데, 북한에서는 다루고 있지 않다. 실제적 학교 문법을 완성하기 위해서라도 북한에서도 담화 내용을 다룰 필요가 있어 보인다.

다섯째, 북한 학교 문법의 특징으로 어휘 교육의 활성화를 또 들 수 있다. "문법지식을 새겨봅시다"를 통해서 고유어, 한자어, 외래어에 대한 학습이 이루어지고 '뜻같은말, 뜻반대말, 소리같은말' 등도 다루어지고 있고, 특별히 남한에서 다루지 않는 '단어의 감정적뜻빛갈' 같은 내용도 다루어지고 있다. 이것들뿐만이 아니라 거의 모든 과마다 "어휘표현을 새겨봅시다"라 하여 특별한 어휘 표현들을 학습 활동으로 다루고 있다. 북한에서는 어휘가 문법 분야의 것이기도 하지만, 또한 문법을 초월한 모든 국어 활동의 기초로 다루어지고 있다는 말이다. 남한에서도 어휘 교육의 활성화가 필요해 보인다.

여섯째, 북한 학교 문법의 특징으로 고유어 용어를 많이 사용한 것을 들 수 있다. '맞물린성분, 합친말' 등 다양한 고유어 표현들을 볼 수가 있다. 그렇다고 해서 모든 문법 용어가 고유어인 것은 아니다. 품사 명칭과 문장 성분의 명칭을 한자어로 설정해 놓은 것은 실용성을 염두에 둔 것이라 판단된다. 가능하다면 외래어 표현은 한자어로, 한자어 표현은 고유어로 바꾸는 작업도 학교 문법에서 추구해야 할 것이라 생각된다. 이는 남북한 학교 문법의 동질성 회복을 위한 방안의 하나이기도 하다.

일곱째, 북한 학교 문법에서는 수사법 내용을 포함하고 있다는 것도 중요한 특징이다. "표현수법"이라는 제목으로 이것들을 다루고 있는데 본래 학교 문법도 결국은 언어 표현을 다루는 것이라는 점에서 긍정적으로 검토할 필요가 있다. 실제로 남한에서도 1960년대까지 수사법 내용들이 문법 교과서에서 다루어져 왔다는 것을 상기한다면, 정확하면서도 효율적인 언어생활이라는 점에서 수사법을 다룰 필요가 있어 보인다. 이 내용 역시 넓게 보면 담화 차원의 내용인 것은 물론이다.

여덟째, 북한의 국어과 교육강령에 따르면 국어과의 영역으로 문학은 빠져 있다. 실제로 소학교와 초급중학교에서는 '듣기, 읽기, 말하기, 글짓기, 기초원리지식'으로 영역 구분이 이루어져 있다. 이때 '기초원리지식'은 대부분 문법 내용이다. 그렇다고 해서 소학교에서 문학을 다루지 않는 것은 아니다. 예시문으로 제시된 많은 본문들이 문학 작품들이다. 그러니까 문학은 크게 보면 읽기 자료로 사용된 것이라는 말이다. 남한의 고등학교에 해당하는 고등중학교에서는 과목 이름이 ≪국어문학≫이며, 이때 영역 명칭인 '기초원리지식'은 대부분 문학의 이론들이다. 따라서 고급중학교 시기에는 문학 내용이 영역으로 들어가 있다고 하겠다. 물론 이때도 각 과의 본문이 대부분 문학 작품으로 이루어져 있는 것은 물론이다. 북한의 고급중학교에서 문학 수업을 강조하는 것은 주체사상 교육과 밀접한 관련이 있어 보인다.

아홉째, 북한 학교 문법에서는 어문 규범을 무척 중요하게 다루는 것은 앞서 말한 바 있다. 그 가운데 특히 띄어쓰기 교육을 강조하고 있음을 확인할 수 있다. 가독성을 높이기 위한 조치로 가능한 한 붙여서 쓰도록 하고 있다. 띄어쓰기 원칙으로는 단어마다 뛴다고 해 놓았지만, 실제로는 명사와 명사를 붙이고, 의존 명사와 보조 용언을 앞 말에 붙이곤 한다. 그러다보니, 너무 붙여서 가독성을 해치는 경우가 있게 되는 경우가 종종 발생한다. 예컨대 "조선민주주의인민공화국창건", "3대혁명붉은기쟁취운동"에서처럼 모두 붙여 쓴다. 이런 표현들은 입에 익숙해지면 모를까 처음 읽는 입장에서는 좀 생각을 하면서 띄어서 읽어야 올바른 뜻이 파악될 것이다.

또 한 가지 고려해야 할 점은 결과적으로 단어마다 띄는 것이 아니게 됨으로 해서 인공지능시대에 맞지 않는 띄어쓰기가 되는 경우가 많다. 이런 문제를 해결하기 위해서 북한에서는 2000년도에 "조선말 띄여쓰기규범"을 새로 만들어서 보조 용언을 띄게 하는 경우가 있었다. 그러나 관습상 붙여 쓰던 것들을 띄어서 하니 더욱 혼란이 있었기 때문에 2003년도에 "조선말 띄여쓰기규정"으로 다시 원위치하여 지금에 이르렀다고 한다. 띄어쓰기 문제와 전산화의 문제가 충돌하는 지점이다. 원칙대로만 할 것인가 아니면 원칙과 함께 허용 규정도 인정할 것인가 하는 점도 띄어쓰기와 전산화를 어떻게 할 것인가와 관련된 논란점이다.

열째, 전체적으로 볼 때 북한의 학교 문법은 초창기의 강화 시기에 비해서 현재는 무척 약화된 양상을 보인다. 이러한 변화 양상은 남한에서도 마찬가지이다. 이 문제는 비단 학교 문법의 문제를 떠나서 국어 교육 전체의 문제로까지 확대된다. 남북한 모두 점점 국어과의 약화 현상이 발견되기 때문이다. 그러나 아무리 세계화 시대에 있다고 하여도 근본적인 우리말 우리글 교육을 무시할 수는 없다고 본다. 말과 글이 우리 자신을 가장 잘 드러내는 표징이라고 할 때 국어 교육, 그 가운데서도 우리말 우리글에 대한 앎 교육이 기본이 되기 때문이다. 남북한의 정치적 차이에도 불구하고 그래도 남북한의 동질성을 확인할 수 있는 것이 언어이다. 그 언어에 대한 교육, 즉 문법 교육이 기본인 것은 물론이다. 남북한 동질성 회복이라는 점에서 보면 남북한 사람들이 함께 사용하는 우리말 우리글 교육은 멈추어서는 안 될 것이다.

열한째, 북한의 학교 문법을 살핀 이 책에서는 현행 북한의 국어 교과서에 나오는 문법 내용을 검토해 보았다. 북한의 학교 문법이 어떻게 변천해 왔는지 구체적인 흐름을 살필 필요가 있다. 내용의 가감은 물론이고 초기의 고유어 용어가 한자어 용어로 바뀐 이유들이 밝혀질 필요가 있다. 남한에서의 학교 문법은 광복 이후 지금까지 발간된 각종 학교 문법 교과서들과 교육과정들을 통해서 그 실체를 파악할 수 있다. 그러나 북한의 학교 문법에 대해서는 남한에서 알려진 자료가 너무 빈약하기 때문에 그 변천 사항을 정확히 파악하기 어렵다. 다행히 ≪국어문법 1~3≫(1996, 2001)은 물론 현행 ≪국어 1~3≫(2013~2015) 교과서에 제시된 문법 내용들을 통해서 어느 정도 북한 학교 문법의 실상을 파악할 수 있기는 하지만, 정확한 북한 학교 문법의 변천 사항이 밝혀져야 할 것이다. 더불어서 북한의 이론 문법들이 어떠한지 그리고 어떻게 변천해 왔는지 연구할 필요도 있다. 이론 문법과 학교 문법의 관계도 밝혀질 것이며, 궁극적으로는 이런 모든 것들이 남북한 동질성 회복에 한 걸음 나아가는 길이 될 것이다.

참고문헌

<<북한>>

<북한의 주요 국어 교과서 목록>*

1980년대

교육도서출판사(1985), ≪국어 1(인민학교 1)≫, 평양 : 교육도서출판사.
교육도서출판사(1985), ≪국어 2(인민학교 2)≫, 평양 : 교육도서출판사.
교육도서출판사(1985), ≪국어 3(인민학교 3)≫, 평양 : 교육도서출판사.
교육도서출판사(1985), ≪국어 4(인민학교 4)≫, 평양 : 교육도서출판사.
리광섭·김승룡·류화춘(1985), ≪국어 1(인민학교 1)≫, 평양 : 교육도서출판사.
김명근·윤근작·박현수·리광섭(1985), ≪국어 2(인민학교 2)≫, 평양 : 교육도서출판사.
리광섭·김병찬·리석마(1985), ≪국어 3(인민학교 3)≫, 평양 : 교육도서출판사.
김명남·최진호·김도교·리광섭(1985), ≪국어 4(인민학교 4)≫, 평양 : 교육도서출판사.

교육도서출판사(1986), ≪국어 1(고등중학교 1)≫, 평양 : 교육도서출판사.
교육도서출판사(1986), ≪국어 2(고등중학교 2)≫, 평양 : 교육도서출판사.
교육도서출판사(1986), ≪국어 3(고등중학교 3)≫, 평양 : 교육도서출판사.
교육도서출판사(1990), ≪국어문학 1(고등중학교 4)≫, 평양 : 교육도서출판사.
교육도서출판사(1990), ≪국어문학 2(고등중학교 5)≫, 평양 : 교육도서출판사.
교육도서출판사(1989), ≪국어문학 3(고등중학교 6)(6판)≫, 평양 : 교육도서출판사.
안옥규·최해룡(1990), ≪국어 1(고등중학교 1(10판))≫, 평양 : 교육도서출판사.
리천상·문재홍(1990), ≪국어 2(고등중학교 2(8판))≫, 평양 : 교육도서출판사.
허수산·강창조·림왕성(1990), ≪국어 3(고등중학교 3)≫, 평양 : 교육도서출판사.
김용은·현종호·렴주률·박춘명·리동수·안옥규·태필(1990), ≪국어문학 1(고등중학교 4)≫, 평양 : 교육도서출판사.

* 북한의 국어 교과서는 국정으로 되어 있다. 그러나 판권에는 집필자 명단이 모두 들어가 있다. 아래 제시된 것은 국정 차원에서 출판사 이름을 적었고, 이어서 개별 집필자 명단도 적어 두었다. 교육도서출판사(1986)과 안옥규·최해룡(1990) 교과서는 동일한 것으로 파악된다. 여기서 전자는 1986, 후자는 1990으로 표기한 것은 각각 1980년대와 1990년대 사용된 교과서라는 것을 나타내기 위해서 그대로 두었다.

리동수·렴주률·김용은·강창조(1990), ≪국어문학 2(고등중학교 5)≫, 평양 : 교육도서출판사.
렴주률·김용은·강창조·김성우(1989), ≪국어문학 3(고등중학교 6)(6판)≫, 평양 : 교육도서출판사.

1990년대~2000년대

교육도서출판사(1996), ≪국어문법 1(고등중학교 1)≫, 평양 : 교육도서출판사. (주체85)
교육도서출판사(1996), ≪국어문법 2(고등중학교 2)≫, 평양 : 교육도서출판사. (주체85)
교육도서출판사(1996), ≪국어문법 3(고등중학교 3)≫, 평양 : 교육도서출판사. (주체85)
최준영·서재길·류병설(1996), ≪국어문법 1(고등중학교 1)≫, 평양 : 교육도서출판사.
최준영·서재길·류병설(1996), ≪국어문법 2(고등중학교 2)≫, 평양 : 교육도서출판사.
최준영·서재길·류병설(1996), ≪국어문법 3(고등중학교 3)≫, 평양 : 교육도서출판사.

교육도서출판사(1996), ≪국어 1(고등중학교 1)≫, 평양 : 교육도서출판사.
교육도서출판사(1996), ≪국어 2(고등중학교 2)≫, 평양 : 교육도서출판사.
교육도서출판사(1996), ≪국어 3(고등중학교 3)≫, 평양 : 교육도서출판사.
전장길·문재홍·황철명·리광섭(2004), ≪국어 1(중학교 1)(4판)≫, 평양 : 교육도서출판사. [3판(2002)]
리기형·왕광수·한춘옥·문재홍·리광섭(2002), ≪국어 2(중학교 2)(3판)≫, 평양 : 교육도서출판사. [2판(2000)]
전장길·문재홍·황철명·리광섭·홍기천(2000), ≪국어 3(고등중학교 1)(2판)≫, 평양 : 교육도서출판사. [1판(1996)]

교육도서출판사(2001), ≪국어문법 1(고등중학교 1)≫, 평양 : 교육도서출판사. (주체90)
교육도서출판사(2001), ≪국어문법 2(고등중학교 2)≫, 평양 : 교육도서출판사. (주체90)
교육도서출판사(2001), ≪국어문법 3(고등중학교 3)≫, 평양 : 교육도서출판사. (주체90)
최준영·서재길·류병설(2001), ≪국어문법 1(고등중학교 1)≫, 평양 : 교육도서출판사.
최준영·서재길·류병설(2001), ≪국어문법 2(고등중학교 2)≫, 평양 : 교육도서출판사.
최준영·서재길·류병설(2001), ≪국어문법 3(고등중학교 3)≫, 평양 : 교육도서출판사.

교육도서출판사(2001), ≪국어 1(고등중학교 1)≫, 평양 : 교육도서출판사. (주체90) [1판 1996, 2판 2000]
교육도서출판사(2002), ≪국어 3(고등중학교 3)≫, 평양 : 교육도서출판사. (주체91)
교육도서출판사(2003), ≪국어 2(중학교 2)(3판)≫, 평양 : 교육도서출판사. (주체92) [2판 2000]
교육도서출판사(2004), ≪국어 1(중학교 1)(4판)≫, 평양 : 교육도서출판사. (주체93) [3판

2002, 4판 2004]*

2010년대

교육도서출판사(2013), ≪국어 1(소학교 1)≫, 평양 : 교육도서출판사.
교육도서출판사(2014), ≪국어 2-1, 2-2(소학교 2)≫, 평양 : 교육도서출판사.
교육도서출판사(2014), ≪국어 3-1, 3-2(소학교 3)≫, 평양 : 교육도서출판사.
교육도서출판사(2016), ≪국어 4-1, 4-2(소학교 4)≫, 평양 : 교육도서출판사.
교육도서출판사(2016), ≪국어 5-1, 5-2(소학교 5)≫, 평양 : 교육도서출판사.
리수향·성순옥·김화옥·하정순·송일녀·염정실·김성옥·박은하(2013), ≪국어 1(소학교 1)≫, 평양 : 교육도서출판사.
리수향·하정순·성순옥·송일녀·염정실·김성옥·박은하·리은희(2014), ≪국어 2-1, 2-2(소학교 2)≫, 평양 : 교육도서출판사.
리수향·염정실·송일녀·김성옥·하정순·성순옥·박은하·리은희(2014), ≪국어 3-1, 3-2(소학교 3)≫, 평양 : 교육도서출판사.
리수향·송일녀·김성옥·염정실·성순옥·박은하·하정순(2016), ≪국어 4-1, 4-2(소학교 4)≫, 평양 : 교육도서출판사.
리수향·김성옥·송일녀·염정실·성순옥·박은하·하정순(2016), ≪국어 5-1, 5-2(소학교 5)≫, 평양 : 교육도서출판사.

교육도서출판사(2013), ≪국어 1(초급중학교 1)≫, 평양 : 교육도서출판사.
교육도서출판사(2014), ≪국어 2(초급중학교 2)≫, 평양 : 교육도서출판사.
교육도서출판사(2015), ≪국어 3(초급중학교 3)≫, 평양 : 교육도서출판사.
우인철·구경희·방복림·문성·백광명·장광길·리정화(2013), ≪국어 1(초급중학교 1)≫, 평양 : 교육도서출판사.
우인철·백광명·구경희·문성·방복림·장광길(2014), ≪국어 2(초급중학교 2)≫, 평양 : 교육도서출판사.
리근세·최은향·한송이·구경희·김만경·박복실(2015), ≪국어 3(초급중학교 3)≫, 평양 : 교육도서출판사.

교육도서출판사(2013), ≪국어문학 1(고급중학교 1)≫, 평양 : 교육도서출판사. (주체102)

* 여기 제시된 교육도서출판사(2001, 2002, 2003, 2004)는 본래 1996년에 나온 것으로 파악된다. 여기에 적은 연도는 모두 판권에서 현재 필자가 소유하여서 확인할 수 있는 것들만 적은 것이다. 한가지 이상한 것은 이 시기는 '고등중학교'가 6년제로 있었는데, 교육도서출판사(2003, 2004)에는 '중학교'라고 판권은 물론 책 표지에도 제시되어 잇는 점이다. 일단 필자가 갖고 있어서 직접 확인할 수 있는 대로 여기에 적어 둔다.

교육도서출판사(2014), ≪국어문학 2(고급중학교 2)≫, 평양 : 교육도서출판사. (주체103)
교육도서출판사(2015), ≪국어문학 3(고급중학교 3)≫, 평양 : 교육도서출판사. (주체104)
황금순·최학·배창국·라성학·정애련(2013), ≪국어문학 1(고급중학교 1)≫, 평양 : 교육도서출판사. (주체102)
최학·황금순·정애련·배창국·라성학·안철권(2014), ≪국어문학 2(고급중학교 2)≫, 평양 : 교육도서출판사. (주체103)
김선일·리정철·최학·정애련·황금순·림창덕·한춘영(2015), ≪국어문학 3(고급중학교 3)≫, 평양 : 교육도서출판사. (주체104)

<북한에서 나온 논저>

강상호·김태섭·오정식(2003), ≪조선문화어 : 사범대학 국어문학과용 2≫, 평양 : 교육도서출판사.

강진철(2005), ≪조선어실험음성학≫, 평양 : 사회과학출판사.

고신숙(1987), ≪조선어리론문법(품사론)≫, 평양 : 과학, 백과사전출판사.

과학원 언어 문학 연구소(1960), ≪조선어문법(Ⅰ) : 어음론, 형태론≫, 평양 : 과학원 출판사.

과학원 언어 문학 연구소(1963), ≪조선어문법(Ⅱ) : 문장론≫, 평양 : 과학원 출판사.

교육도서출판사 편(1961), ≪조선어 : 교원 대학용≫, 평양 : 교육도서출판사.

교육위원회(2013), 제1차12년제의무교육강령(고급중학교), 교육위원회.

교육위원회(2013), 제1차12년제의무교육강령(소학교), 교육위원회.

교육위원회(2013), 제1차12년제의무교육강령(초급중학교), 교육위원회.

국어사정위원회(1966), ≪조선말규범집≫, 조선민주주의인민공화국 국어사정위원회.

국어사정위원회(1988,), ≪조선말규범집(2판)≫, 조선민주주의인민공화국 국어사정위원회.

국어사정위원회(2010), ≪조선말규범집(3판)≫, 조선민주주의인민공화국 국어사정위원회.

김갑준(1988), ≪조선어 문장론 연구≫, 평양 : 과학백과사전출판사.

김광식(2013), 언어학연구론문집. 2, 평양 : 사회과학출판사.

김동찬(1987), ≪조선어리론문법(단어조성론)≫, 평양 : 고등교육출판사.

김동찬(2005ㄱ), ≪조선어단어조성론≫, 평양 : 사회과학출판사.

김동찬(2005ㄴ), ≪조선어실용문법≫, 평양 : 사회과학출판사.

김백련(2005), ≪조선어문장론≫, 평양 : 사회과학출판사.

김병제(1961), ≪조선어 문법 : 어음론, 형태론(중급 학교용 제1,2학년)≫, (조선 민주주의 인민공화국 교육 문화성 비준), 동경 : 학우서방.

김병제(1984), ≪조선어학사≫, 평양 : 과학, 백과사전출판사.

김병제(1988), ≪조선언어지리학시고≫, 평양 : 과학, 백과사전출판사.

김선철(2008), ≪남북 교과서 학술 용어 비교 연구2≫, 국립국어원.

김성근(2005ㄱ), ≪조선어음운론≫, 평양 : 사회과학출판사.

김성근(2005ㄴ), ≪조선어어음론≫, 평양 : 사회과학출판사.

김수경(1954ㄱ), ≪조선어 문법 : 어음론, 형태론(초급중학교 제1,2학년용)≫, 평양 : 교육도서출판사.

김수경(1954ㄴ), ≪조선어 문법 : 문장론(초급중학교 제3학년용)≫, 평양 : 교육도서출판사.

김수경·렴종률·김백련·송서룡·김영황(1964), ≪조선어문법≫, 평양 : 고등교육도서출판사.

김영황(1983), ≪문화어문장론≫, 평양 : 김일성종합대학출판사.

김영황(2015), ≪현대국어문법론≫, 평양 : 과학백과사전출판사.
김영황(2018), ≪20세기의 조선어학≫, 평양 : 과학백과사전출판사.
김영황·권승모 편(1996), ≪주체의 조선어연구 50년사≫, 김일성종합대학 조선어문학부. (박이정(2001))
김옥희(2005), ≪조선어품사론≫, 평양 : 사회과학출판사.
김용구(1986), ≪조선어리론문법 : 문장론≫, 평양 : 과학백과사전출판사.
김용구(1989), ≪조선어문법≫, 평양 : 사회과학출판사.
김일성(1964), 조선어를 발전시키기 위한 몇 가지 문제 -언어학자들과 한 담화-. ≪김일성전집≫ 32.
김일성(1966), 조선어의 민족적 특성을 옳게 살려나갈데 대하여 -언어학자들과 한 담화-. ≪김일성전집≫ 36.
김일성종합대학 조선문학부(1972), ≪문화어문법규범(초고)≫, 평양 : 김일성종합대학출판사.
김일성종합대학 조선문학부(1976), ≪조선문화어문법규범≫, 평양 : 김일성종합대학출판사.
김일성종합대학출판사(1970), ≪조선어 문법≫, 평양 : 김일성종합대학출판사.
렴종렬(1980), ≪문화어형태론≫, 평양 : 김일성종합대학출판사.
렴종률(1980), ≪조선어문법사≫, 평양 : 김일성종합대학출판사.
류옥근(1961), ≪조선어(교원 대학용)≫, 평양 : 교육 도서 출판사.
리근영(1985), ≪조선어리론문법(형태론)≫, 평양 : 과학, 백과사전출판사.
리기만(2005), ≪조선어문장성분론≫, 평양 : 사회과학출판사.
리형태(2003), ≪조선문화어 : 사범대학 국어문학과용 1≫, 평양 : 교육도서출판사.
문영호(1973), 사회주의적민족어건설시기 언어규범화에 대한 위대한 수령 김일성동지의 사상, ≪위대한 수령 김일성동지의 로작 <조선어를 발전시키기 위한 몇가지 문제>발표 10돐기념론문집≫, 평양 : 사회과학출판사.
문영호(2005), ≪조선어의미구조론≫, 평양 : 사회과학출판사.
박상준(1947), ≪조선어 문법 : 품사편(초급중학교 제2학년용)≫, 평양 : 북조선 인민위원회 교육국.
박상준(1948), ≪조선어 문법 : 문장편(초급중학교 제2학년용)≫, 평양 : 북조선 인민위원회 교육국.
박상준(1949), ≪조선어 문법(3판)(초급중학교 제2학년용)≫, 평양 : 교육성.
박재원(1965), 국어 교육의 내용 문제, ≪조선어학≫ 4호.
박재호(1996), 언어규범, ≪주체의 조선어학발전 50년≫, 평양 : 평양출판사.
박재호(1996), 언어규범연구사, ≪주체의 조선어학연구 50년사≫, 김일성종합대학 조선어문학부.
사회과학원 언어학연구소(1979), ≪조선문화어문법≫, 평양 : 과학, 백과사전출판사.

서광순(1949), ≪국어 문법(인민학교 제2학년용)≫, 평양 : 교육성.
안문구(1956), ≪국어 문법(인민학교 제4학년용)≫, 평양 : 교육도서출판사.
원우흠 편(1954), ≪조선어 문법 : 어음론, 형태론(초급중학교 제1,2학년용)≫, 평양 : 교육도서출판사.
정렬모·리근영(1955), ≪국어문법 : 소학교 4≫, 평양 : 교육도서출판사.
정렬모·안문구(1955ㄱ), ≪국어문법 : 인민학교 제2학년용≫, 평양 : 교육도서출판사.
정렬모·안문구(1955ㄴ), ≪국어문법 : 인민학교 제3학년용≫, 평양 : 교육도서출판사.
정렬모·안문구(1956), ≪국어문법 : 인민학교 제4학년용≫, 평양 : 교육도서출판사.
정순기(2005), ≪조선어형태론≫, 평양 : 사회과학출판사.
정태순(1996), 품사연구사, ≪주체의 조선어학연구 50년사≫, 김일성종합대학 조선어문학부.
조선 어문 연구회(1948), ≪조선어 신철자법≫, 조선 어문 연구회.
조선 어문 연구회(1949), ≪조선어문법≫, 평양 : 문화출판사.
조선교육도서출판사(1933), ≪조선말사전(학생용)≫, 평양 : 조선교육도서출판사
조선문화어문법규범편찬위원회(2011), ≪조선문화어문법규범(2판)≫, 평양 : 사회과학출판사.
조선문화어문법규범편찬위위원회 편(1984), ≪조선문화어문법규범(1판)≫, 평양 : 김일성종합대학출판사.
조선어 및 조선 문학 연구소(1954), ≪조선어 철자법≫, 조선 민주주의 인민 공화국 과학원 편집 출판 위원회.
조춘옥(2005), ≪조선어어휘의미론≫, 평양 : 사회과학출판사.
총련중앙상임위원회 교과서편찬위원회 편(1966ㄱ), ≪우리말(초급용)≫, 동경 : 학우서방.
총련중앙상임위원회 교과서편찬위원회 편(1966ㄴ), ≪국어 : 고급 학교 제1학년용≫, 동경 : 학우서방.
총련중앙상임위원회 교과서편찬위원회 편(1967ㄱ), ≪국어 : 고급 학교 제2학년용≫, 동경 : 학우서방.
총련중앙상임위원회 교과서편찬위원회 편(1967ㄴ), ≪국어 : 고급 학교 제3학년용≫, 동경 : 학우서방.
최완호(2005), ≪조선어어휘론≫, 평양 : 사회과학출판사.
최완호·뮤영호(1980), ≪조선어어휘론연구≫, 평양 : 과학, 백과사전출판사.
최정우(1983), ≪조선어학개론≫, 평양 : 과학, 백과사전출판사.
학우서방 편(1966), ≪조선어 어음 괘도 해설서≫, 동경 : 학우서방.
한경남(2002), ≪문화어(교원대학용)≫, 평양 : 교육도서출판사.
해주제2사범대학·평양제2사범대학(1973), ≪국어교수법(교원대학용)≫, 평양 : 교육도서출판사.
황부영(1962), 조선어 형태론의 몇 가지 문제에 대한 학설사적 개괄, ≪조선어학≫ 1962-4호.

<남한에서 나온 논저>

간노 히로오미(1997), 북한 문법학의 계보와 소련 언어학의 관계(1945~1990), ≪동방학지≫ 98, 연세대학교 국학연구원, 353-417쪽.

강보선(2018), 북한 초급중학교의 학교문법 내용 분석, ≪국어교육≫ 161, 한국어교육학회, 119-157쪽.

강보선(2020), 통일 대비 문법 교재 개발의 쟁점 -내용 관련 쟁점을 중심으로-, ≪문법교육≫ 38, 한국문법교육학회, 69-98쪽.

강보선·권순희·주재우·정진석·김진숙(2017), 남북한 초등학교 문법교육 내용 비교, ≪우리말글≫ 72, 우리말글학회, 31-65쪽.

고영근(1988), 북한의 문법연구, ≪국어생활≫ 15, 국어연구소, 75-90쪽.

고영근(1989), 북한의 문법 용어, ≪말과 글≫ 38. (고영근(1994)재록.)

고영근(1992), 북한 언어학의 형성과 발전에 관한 제문제, ≪어학연구≫ 23-3, 429-444쪽.

고영근(1993), 남북 규범문법의 이질화문제, ≪이중언어학회·국제고려학회 공동국제학술대회 발표집≫. (고영근(1994) 재록.

고영근(1994), ≪통일시대의 어문문제≫, 길벗.

고영근(2001), 남북 규범문법의 통일 방안, ≪새국어생활≫ 11-1, 국립국어연구원, 29-45쪽.

고영진(1997), 북한 문법의 '단어조성론'의 성립 과정, ≪동방학지≫ 98, 연세대 국학연구원, 469-508쪽.

고영진(2014), 김수경의 조선어 연구와 일본 –김수경(1989)에서 읽는 한국 역사비교언어학의 한 모습, ≪사회과학≫ 44-1, 동지사대학인문과학연구소.

고정희·김종철·구본관·민병곤·위현길·김호태·윤구희·이은정·차경미·조진수·문찬란·김진아·심미진·심봉섭·김태웅(2015), ≪남북한 초·중·고등학교 국어교육 통합을 위한 기초 연구 –국어의식 및 국어교육 체계의 차이 극복을 중심으로-≫, 서울대학교 사범대학 부설학교 교육연구진흥본부.

곽충구(2011), 남북한 언어이질화와 그에 관련된 몇 문제, ≪새국어생활≫ 11-1, 국립국어원, 5-27쪽.

국립국어원(2009), ≪2009년 남북 언어 학술대회 논문집≫, 국립국어원.

국립국어원(2018), ≪한글 맞춤법, 표준어 규정 해설≫, 국립국어원.

권미정(1997), 북한에서의 국어 교육, ≪김정일 시대의 북한언어≫, 태학사. 189-214쪽.

권순희(2018), 2013년 개정 북한 국어 교과서 분석, ≪국어교육학연구≫ 53-3, 5-47쪽.

권재일(1991), 김 용구 지은 ≪조선어리론문법(문장론)≫ 평설, ≪한글≫ 213, 209-253쪽.

권재일(2004), 우리말의 미래와 남북 언어 통합 방안, ≪우리말글≫ 31, 1-27쪽.

권재일(2012), ≪북한의 『조선어학전서』 연구≫, 서울대학교출판문화원.

권재일(2014), ≪남북 언어의 어휘 단일화≫, 서울대학교출판문화원.

권재일·고동호(2004), ≪국어학 고유어 용어 분류 체계에 관한 연구≫, 국립국어연구원.

김남돈(2003), ≪(「토」를 중심으로 본) 북한 문법 이론의 발전 과정≫, 한국문화사.

김동규·김형찬 편집·해설(2000), 북한교육사(조선교육사 영인본), 교육과학사.

김문오(2007), ≪남북 교과서 학술 용어 비교 연구≫, 국립국어원.

김민수 편(1991ㄱ), ≪북한의 조선어 연구사 1 : 학술분야≫, 녹진.

김민수 편(1991ㄴ), ≪북한의 조선어 연구사 2 : 실용분야≫, 녹진.

김민수 편(1991ㄷ), ≪북한의 조선어 연구사 3 : 문헌해제≫, 녹진.

김민수 편(1991ㄹ), ≪북한의 조선어 연구사 4 : 사료문헌, 참고문헌, 연표, 총색인≫, 녹진.

김민수 편(1997), ≪김정일 시대의 북한언어≫, 태학사.

김민수(1972), 북한의 언어정책, ≪아세아연구≫ 21-12, 고려대 아세아문제연구소, 1-53쪽.

김민수(1978ㄱ), 북한의 문법연구(Ⅰ) -과학원 언어 문학 연구소, 「조선어 문법」에 대하여-, ≪아세아연구≫ 21-1, 고려대학교 아세아문제연구소, 237-290쪽.

김민수(1978ㄴ), 북한의 문법연구(Ⅱ) -과학원 언어 문학 연구소, 「조선어 문법」에 대하여-, ≪아세아연구≫ 21-2, 고려대학교 아세아문제연구소, 267-320쪽.

김민수(1985), ≪북한의 국어연구≫, 고려대학교 출판부.

김민수(2007), ≪현대어문정책론 : 그 실태와 개선안≫, 한국문화사.

김병문(2016), 북한의 규범문법 성립 과정에 관한 연구 -'자리토'와 '끼움토'의 설정을 중심으로-, ≪동방학지≫ 175, 연세대학교 국학연구원, 267-294쪽.

김양희(2002), 인민학교 1학년 교과서 제재 분석 -『국어 1-1』(1986), 『국어 1-2』(1985)를 중심으로-, ≪국어교육연구≫ 10, 서울대 국어교육연구소, 243-271쪽.

김양희(2003), 근현대 민족어문교육 기초 연구 : 1980년대 인민학교 『국어』 교과서 연구 -'련습'에 나타난 학습요소를 중심으로 하여-, ≪국어교육연구≫ 11, 서울대 국어교육연구소, 249-281쪽.

김영국(2001), ≪북한 언어 지식의 교육 내용에 관한 연구 : 고등 중학교를 중심으로≫, 고려대 교대원 석사논문.

김영수(2006), 북한 연구동향 평가 : 성과와 과제, ≪동아연구≫ 50, 서강대학교 동아연구소, 25-50쪽.

김영식(1978), 북한의 교육제도와 그 운영, ≪북한교육론≫, 북한연구소.

김인전(1998), 북한 인민학교 국어, 수학, 자연 교과서 분석, ≪초등교육연구≫ 12-1, 한국초등교육학회, 87-118쪽.

김재원(2018), 남·북한 국어교육정책 비교연구 -이승만 정부시대를 중심으로-, ≪한국사상과 문화≫ 95, 한국사상과문화학회, 39-59쪽.

김정은(2018), 북한이탈청소년 대상 국어 문법 학습 어휘의 선정에 관한 연구-중학교 국어

'돋움 교과서'를 중심으로-, ≪국어교육연구≫ 41, 서울대학교 국어교육연구소, 1-35쪽.

김진숙 외(2015), ≪통일 대비 남북한 통합 교육과정 연구(Ⅰ)≫, 한국교육과정평가원.

김진숙 외(2016), ≪통일 대비 남북한 통합 교육과정 연구(Ⅱ) : 총론, 국어, 사회과를 중심으로(RRC 2016-2)≫. 한국교육과정평가원.

김진숙 외(2017), ≪통일 대비 남북한 통합 교육과정 연구(Ⅲ) : 총론, 중등 국어과, 중등 사회과를 중심으로(RRC 2017-4)≫, 한국교육과정평가원.

김형찬 편(1990), ≪북한의 교육≫, 을유문화사.

김형찬(1988), ≪북한교육발달사≫, 한백사.

류현국(2019), 북한 『국어』 인민학교 교과서에 나타난 타이포그래픽 디자인 -『우리 글』 유치원용과 『국어』 인민학교 제1학년부터 제4학년 교과서의 분석 -, *Design Works.* 2019-01 2(2), 한국디자인학회, 30-42쪽.

문무영·김태훈(2001), 개편된 북한(北韓) 국어(國語) 교과서(敎科書)의 체제와 내용 -고등중학교(高等中學校) 1~3학년(學年) 교과서(敎科書)를 중심으로-, ≪어문연구≫ 29-3, 한국어문교육연구회, 260-283쪽.

문용린(1987), ≪북한의 학교교육과정 분석 : 인민학교 및 고등중학교≫, 국토통일원.

민현식(2011), 국어 교육과 이념의 문제, ≪한국어문교육≫ 10, 고려대학교 한국어문교육연구소, 177-235쪽.

민현식·윤여탁·김종철·신현숙·서혁·주세형·남민우·김혜정·조희정·허재영·김호정·윤금선·황혜진·김양희·박건숙·김영란·이상호·이주영·서명희·이상일·기준성·홍은실·최영란(2007), ≪미래를 여는 국어교육사Ⅰ≫, 서울대학교출판사.

박동운·김종철·김영식·이중·박용헌·이상주·이원순·차경수·이종학·송병순(1978), ≪북한교육론≫, 북한연구소.

박민제(1993), 북한의 국어교육 : 집중적인 조기교육, ≪통일한국≫ 115, 평화문제연구소, 102-105쪽.

박삼서(2020), '학교 문법 용어'의 변천과 교육의 변화 - '학교 문법 용어' 자료 제시를 중심으로-, ≪선청어문 47≫, 서울대 국어교육학과, 249-335쪽.

박상우(2020), 북한의 교육법제에 관한 고찰 - 보통교육을 중심으로 -, ≪법학연구≫ 63, 전북대학교 법학연구소, 595-628쪽.

박소은(2020), 북한의 국어 교과서에 나타난 '존경 표현' 교육 내용 연구 -맺음토와 존경토를 중심으로, ≪청람어문교육≫ 75, 청람어문교육학회, 183-212쪽.

박용헌(1990), 교육 제도와 행정, ≪북한의 교육≫, 을유문화사, 115-130쪽.

박찬석(2013), ≪북한 교육 연구≫, 한국학술정보.

북한언어연구회(1989), ≪북한의 어학혁명≫, 백의.

서상규·박석준(2005), ≪북한의 국어학 용어 분류 체계에 관한 연구≫, 국립국어원.

성낙수(2010), 학교 문법 품사 설정 및 용어 결정의 과정과 문제점, ≪문법교육≫ 10, 한국문법교육학회, 229-269쪽.

소강춘(2000), 북한의 국어교육 실태 연구 -고등중학교 1, 2학년 '하반학기 국어교수안'을 중심으로-, ≪국어교육≫ 103, 한국어교육학회, 209-244쪽.

송명현 외(2016), 초·중등학교 통일 교육과정 연구 동향과 과제, ≪한국교육문제연구≫ 34-3, 중앙대학교 한국교육문제연구소, 1-20쪽.

송미영(2019ㄱ), 북한의 띄어쓰기에 대한 고찰 : 어문 규범과 국어·문법 교과서를 중심으로, ≪어문연구≫ 101, 어문연구학회, 5-38쪽.

송미영(2019ㄴ), 북한의 '소리 끼우기'에 대한 고찰 : 어문 규범과 국어·문법 교과서를 중심으로, ≪한국언어문학≫ 111, 한국언어문학회, 7-34쪽.

신중진 외(2017), ≪2016년 남북 전문용어 구축≫, 국립국어원.

오현아(2019), 통일 대비 남북 교과 전문 용어 비교 분석 연구에 대한 시론 -고등학교 문법 교과서를 중심으로-, ≪우리말글≫ 82, 우리말글학회, 59-96쪽.

윤계월(1989), ≪북한 교육과정 변천에 대한 연구≫, 동국대 박사논문.

윤여탁·김광해·신현숙·민현식·김창원·최영환·허재영·윤금선·이지영·김혜정·조희정·김양희(2006), ≪국어교육 100년사 Ⅰ≫, 서울대학교출판부.

윤종혁(2008), ≪남북한 교육 체제 변화와 통합 전망≫, 한국교육개발원.

윤희원(1989), 북한의 국어교육에 관한 한 고찰, ≪주시경학보≫ 4, 주시경연구소, 46-80쪽.

윤희원(1999), 북한 지역 국어교육의 현황, ≪선청어문≫ 27, 서울대학교 국어교육과, 211-225쪽.

윤희원·박갑수·박영목·이주행·한철우·민병곤·이영숙(1997). ≪남북한 중·고등학교 국어과 교육과정 및 교과서 비교 분석 연구≫. 서울대학교사범대학 통일대비 국어과 교육과정 연구위원회.

이관규(1997), 남북한의 규범 문법에 대한 연구, ≪수련어문논집≫ 23, 수련어문학회, 147-187쪽.

이관규(1999), 북한 학교 문법의 체계와 내용, ≪화법연구≫ 1, 한국화법학회, 371-438쪽.

이관규(2007), 관형사형 어미 '다는'에 대한 고찰, ≪새국어교육≫ 77, 한국국어교육학회, 489-504쪽.

이관규(2021ㄱ), ≪남북한 어문 규범의 변천과 과제≫, 고려대학교 출판문화원.

이관규(2021ㄴ), 북한의 교육 제도에 따른 국어 교육 변화 양상, ≪한국어문교육≫ 35, 고려대 한국어문교육연구소, 7-30쪽.

이관규·박경희·신호철·신희성·이동석·정지현·하성욱(2019), ≪언어와 매체≫, 비상교육.

이관규·이순영·안찬원·신희성·진용성·정혜현·노하늘·성수진·권혁수(2021), ≪남북한 교과서 어휘 사전 개발을 위한 기초연구≫, 미래엔.

이기동(2008), 북한의 언어정책과 연구내용에 대한 고찰, ≪우리어문연구≫ 31, 우리어문학회, 43-68쪽.

이기동(2011), 북한의 말소리연구에 대한 고찰, ≪한국학연구≫ 38, 고려대학교 한국학연구소, 209-233쪽.

이동배(2006), 북한 국어 교재 분석 -변용된 주체이념을 중심으로, ≪국어교육학연구≫ 27, 국어교육학회, 399-440쪽.

이민형(2019), 북한 초급중학교 교수요강과 교과서 비교 분석 -듣기·말하기 영역을 중심으로-, ≪화법연구≫ 44, 한국화법학회, 31-80쪽.

이상혁(2011), 북한 조선어학의 특징에 대하여 -<조선어학전서>(2005)와 <언어학연구론문색인사전>(2006)을 대상으로-, ≪어문논집≫ 64, 민족어문학회, 137-161쪽.

이성희(2019), ≪북한의 의무교육체제와 정치교육부문 연구 -국어과 교육 분석 중심≫, 경기대 박사논문.

이성희·최재원(2020), 북한 의무교육체제와 정치교육 변화 분석, ≪대한정치학회보≫ 28-4, 대한정치학회, 93-118쪽.

이승욱(1988), 북한의 국어연구와 언어정책 -제 3,4차 당대회기간(1956~1969)에 나타난 특징, ≪동아연구≫ 14, 서강대학교 동아연구소, 31-72쪽.

이용을(2017), 남북한 교육제도의 비교 분석을 통한 교육 통합 방안 연구, ≪공공사회연구≫ 9, 한국공공사회학회, 5-53쪽.

이인제(2005), 통일 한국의 국어 교육과 교육 과정 통합의 방향, ≪국어교육≫ 117, 한국어교육학회, 177-232쪽.

이인제·최미숙·송현정·이재기·민병곤(2000), ≪남북한 초·중등 국어과 교육 과정 및 교과서 통합 방안 연구≫, 한국교육과정평가원.

이주행(2004ㄱ), 남한과 북한의 규범 문법 비교 연구, ≪국어교육≫ 113, 한국어교육학회, 589-627쪽.

이주행(2004ㄴ), 남한과 북한의 외국인을 위한 문법 교과서 비교 분석, ≪국어교육≫ 115, 한국어교육학회, 377-407쪽.

이향규·조정아·김지수·김기석(2010), ≪북한 교육 60년 : 형성과 발전, 전망≫, 교육과학사.

임창복 엮음(2010), ≪당정책사와 함께 가는 북한 교육의 변천사≫, 한국기독교교육교역연구원.

임홍빈(1990), <조선문화어문법규범>을 통해 본 북한의 문법, ≪북한의 말과 글≫, 을유문화사.

임홍빈(1997), ≪북한의 문법론 연구≫, 한국문화사.

임홍빈·한재영(2003), ≪국어학 용어 분류 체계에 관한 연구≫, 국립국어연구원.

장소원·김성규·황선엽·김현·문숙영(2017), <통일문법> 정립을 위한 북한 규범 문법 분석 시론, ≪관악어문연구≫ 42, 서울대 국어국문학과, 15-60쪽.

전은주(1991), 북한의 국어교육사, ≪북한의 조선어 연구사 2≫, 녹진, 216-242쪽.

정순기(2006), 규범문법에서 찾아볼 수 있는 북과 남의 차이에 대하여(형태론과 품사론을 중심으로), ≪제5차 겨레말큰사전 편찬회의 자료. 겨레말큰사전 남북공동편찬사업회≫. 1-15쪽.

정순기·리금일(2001), ≪조선어문법편람≫, 도서출판 박이정.

정옥란(2007), ≪북한 고등중학교 국어 교과서의 어휘 연구≫, 조선대 박사학위논문.

정종수(2015ㄱ), 남북한 전문용어 통합 기준에 관한 연구 -초, 중등 교과서를 중심으로-, ≪인문학연구≫ 100, 충남대학교 인문학연구소, 337-358쪽.

정종수(2015ㄴ), 남북한 교과서 전문용어 통일 기준 위계 연구, ≪인문학논총≫ 39, 경성대학교 인문학연구소, 51-574쪽.

정주리(1989), 남·북 교육실태 연구, ≪북한의 어학혁명≫, 도서출판 백의, 323-364쪽.

정주리(1997), 북한의 국어와 국어 교육, ≪한국어학≫ 6, 한국어학회, 99-116쪽.

조경임(1991), 국어교수법(교원대학용), ≪북한의 조선어 연구사 3≫, 녹진. 32쪽.

조선어학회(1940=1946), <(개정한) 한글 맞춤법 통일안>, 조선어학회.

조정아·이교덕·강호제·정채관(2015), ≪김정은 시대 북한의 교육정책, 교육과정, 교과서≫, 통일연구원.

주영훈(2019), ≪북한 사범대학 문법 교재 <조선문화어> 분석≫, 한양대 석사논문.

주재우(2018), 김정은시대의 북한 초급중학교 국어교과서 분석, ≪독서연구≫ 48. 한국독서학회, 133-163쪽.

진용성·차해나(2018), 북한 소학교 1학년 국어교과서(2013)와 남한 초등학교 1학년 국어교과서(2017)의 비교 연구, ≪청람어문교육≫ 66, 청람어문교육학회, 59-83쪽.

최영란(2010),『문화어학습』으로 본 북한의 문법, ≪국어교육연구≫ 25, 서울대국어교육연구소, 229-269쪽.

최영란(2016),『국어 문법』으로 본 북한의 문법 교육, ≪어문학보≫ 36, 강원대 국어교육과, 81~110쪽.

최영지(2017), ≪남북한 국어 교과서의 비교 연구 : 중학교 1학년 국어 교과서를 중심으로≫, 고려대 교육대학원 석사논문.

최현섭(1993), 북한 국어교육 이론 고찰 -≪국어 교수법≫ 분석을 중심으로-, ≪한글≫ 222, 한글학회, 165-200쪽.

최호철(1997), 북한어학에 대한 남한의 연구, ≪한국어학≫ 3, 한국어학회, 43-91쪽.

하치근(1993), ≪남북한 문법 비교 연구≫, 한국문화사.

한동완(1997), 북한의 국어학 체계 개관, ≪동아연구≫ 33, 서강대학교 동아연구소, 45-95쪽.

한만길(1997), ≪통일시대 북한교육론≫, 교육과학사.

한만길(2015), 북한 교육법의 변천과 교육통합의 과제, ≪북한법연구≫ 16-1, 통일과 북한법학회, 209-232쪽.

한용운(2007), 남북 규범어의 통합 방안, ≪한국사상과 문화≫ 40, 한국사상문화학회,

301-322쪽.
허동찬(1990), 교육 과정, ≪북한의 교육≫, 을유문화사, 131-166쪽.
호정환(2010), 외국어로서의 북한어 '토-문법' 교육 -남북한 문법 대조 중심으로, ≪한국언어문학≫ 75, 한국언어문학회, 213~261쪽.
홍종선(1999), 남·북한 국어 문법의 통일, ≪국제고려학회 논문집≫ 창간호, 국제고려학회, 3-33쪽.
홍지혜(2018), ≪북한의 2013 국어과 교육과정과 국어 교과서 분석 연구 : 북한 초급중학교 『국어1,2,3』을 중심으로≫, 고려대 교육대학원 석사논문.
황정규·이성호·허숙·이종각·정영수(1990), ≪북한교육의 조명≫, 법문사.

찾아보기

ㄱ

ㄴ

ㄷ

ㄹ

ㅅ

ㅇ

ㅈ

저자 이관규

저자는 충청남도 부여에서 출생하고 서울에서 청소년기를 지냈다.

고려대학교 국어교육과를 졸업하고 동교 대학원에서 박사 공부를 하였다.

부산여자대학교(현 신라대학교)와 홍익대학교 교수를 역임하였으며 지금은 고려대학교 사범대학 국어교육과에서 연구하고 가르치는 일을 하고 있다.

국어교육학회와 한국문법교육학회에서 회장을 역임하였고, 문화관광부 국어심의회 심의위원을 맡는 등 여러 봉사활동을 하기도 하였다.

≪학교문법론≫, ≪학교문법교육론≫, ≪문법을 어떻게 가르칠 것인가≫, ≪교사를 위한 문법 이야기≫ 등 주로 문법 교육 분야의 저술을 집필하였으며, 최근에는 ≪남북한 어문 규범의 변천과 과제≫를 집필하고 ≪체계기능언어학 개관≫을 발간하는 등 연구 영역을 새로이 확장하고 있다.

북한의 학교 문법론

초판 1쇄 인쇄 2021년 6월 3일
초판 1쇄 발행 2021년 6월 6일

저　　자 이관규
펴 낸 이 이대현

책임편집 권분옥
편　　집 이태곤 문선희 임애정 강윤경
디 자 인 안혜진 최선주 이경진
마 케 팅 박태훈 안현진

펴 낸 곳 도서출판 역락
주　　소 서울시 서초구 동광로 46길 6-6(반포4동 문창빌딩 2F)
전　　화 02-3409-2060(편집부), 2058(영업부)
팩　　스 02-3409-2059
등　　록 1999년 4월 19일 제303-2002-000014호
이 메 일 youkrack@hanmail.net
홈페이지 www.youkrackbooks.com

ISBN 979-11-6742-004-6 93710